特殊兒童心理與教育

何 華 國 著

美國北科羅拉多大學教育學博士
嘉義大學特殊教育學系退休教授
南華大學特殊教育學教授

五南圖書出版公司 印行

《著者簡歷》

何華國

臺 灣 嘉 義 人
民國三十六年生

學 歷

臺南師範專科學校國校師資科畢業

臺灣教育學院輔導學系教育學士

美國北科羅拉多大學特殊教育碩士

美國北科羅拉多大學教育學博士

經 歷

曾任：國民小學級任教師、教務主任

　　　國民中學益智班教師、輔導教師

　　　臺灣教育學院特殊教育系副教授兼特殊教育中心主任

　　　臺南師範學院特殊教育學系教授兼系主任

　　　澳洲昆士蘭大學訪問學者

現任：嘉義大學特殊教育學系退休教授

　　　南華大學特殊教育學教授

著 作

智能不足國民職業教育

　　　高雄復文圖書出版社，民 71

特殊教育：普通班與資源教師如何輔導特殊兒童（編譯）

　　　臺北五南圖書出版公司，民 71

傷殘職業復健

　　　高雄復文圖書出版社，民 80

啟智教育研究

　　　臺北五南圖書出版公司，民 92

人際溝通

　　　臺北五南圖書出版公司，民 92

特殊兒童親職教育

　　　臺北五南圖書出版公司，民 93

四版序

　　處於二十一世紀這個知識經濟的時代，的確令人對資訊快速變化的脈動有明顯的感受。近五年來，國內外特殊教育的發展方向雖然變化不大，但對特殊兒童的定義、分類、鑑定標準、鑑定工具、及科技的應用等的若干變異與發展，應是從事特殊教育實務與研究者所不可忽視的。本書此次的修訂，主要在反映國內外特殊教育相關的現實或論點。在這資訊爆增的時代，「特殊兒童心理與教育」之論著應與時俱進，確是作者的想望。然受限於個人識見，雖勉力而為，若有疏漏，尚祈先進同道不吝賜教。

何華國　謹識

民國九十三年元月七日

於臺灣諸羅城寓所

三版序

　　本書第二版在民國八十四年底出版至今，雖僅有三年多，但國內在特殊教育法令方面卻出現了重大的更新。其中最顯著的是八十六年四月原「殘障福利法」經修正並更名為「身心障礙者保護法」，以及同年五月「特殊教育法」的修正公布。這兩項法案的修正，可以說是總結了過去多年來我國在特殊教育與殘障者復健服務的實踐經驗，為求特殊教育與身心障礙者服務工作的周延完善，所作出的政策強化與宣示。除了這兩項法案外，其他的相關子法，當然也隨著增修。為落實特殊教育學術的本土化，本書對因法令的更易，所出現的特殊教育對象分類、定義、與鑑定工作，以及特殊教育服務措施與程序等的變化，應適時加以反映。此外，國內外特殊教育相關的研究成果，亦利用本書此次修訂的機會，在有關章節加以引用增列。在即將邁入二十一世紀的前夕，希望本書的修訂對我國特殊教育學術進一步的本土化，能略盡棉薄。此次修訂作者雖勉力為之，惟疏失難免，尚祈我特教同道先進不吝指正是幸。

何華國　謹識

民國八十八年三月二日

於臺灣諸羅城寓所

增訂版序

　　本書在民國七十六年元月出版迄今，已歷八年有餘。在此期間，國內無論是政治的興革，或經濟與社會的發展，皆有令人耳目一新的印象。特殊教育與殘障福利是國家整體發展的一個環節，最近幾年我們也不難看到這方面明顯前進的腳步。例如，殘障福利法的第二次修正、特殊教育發展的中長期規劃、殘障相關社團的勃興、特殊教育系所的普遍設立、特殊教育班（校）的大量設置等，對特殊兒童教育與相關服務需求的滿足，皆可提供具體的幫助。然而，身為本書的作者，除應注意國內在特殊教育發展的脈動外，對於國內外特殊教育相關概念之演變及學術研究成果的貢獻，也須加以關心。本書的增訂，除在努力反映特殊兒童心理與教育知識的進展外，作者也亟思對特殊教育學術的本土化能略盡棉薄。惟作者此番意念是否真已落實，尚祈諸先進方家不吝指正是幸。

何華國 謹識
民國八十四年四月十六日
於臺灣諸羅城寓所

初版序

　　教育工作的實施，至聖先師孔夫子早已明示，須注意學生的個別差異，並因材施教。民國五十七年筆者自師專畢業到國民小學任教。在五年的服務期間，曾先後帶了三個班級。當時筆者感觸最深的，是同一班級之內，學生程度固然甚為參差，然隨著學生年齡的成長，其個別差異也益為突顯。民國六十三年至臺灣教育學院進修，學習助人的專業——輔導與諮商，更體會到「人是獨特的」這句銘言。畢業後，由於一個偶然的機會，被安排到國民中學的益智班任教。雖然一個班級的學生只有十位左右，同時也皆被認定是智能不足者，但彼此之間在能力、性向、人格特質等各方面的差異，可能會出乎一般人意料之外。由幾年來從事中小學教育工作的體會，筆者一直有個執著的信念，認為教育工作之品質，實繫乎吾人因材施教的程度而定。筆者要感謝教育部與行政院研考會，先後提供筆者公費赴美國學習特殊教育的機會，使筆者能進一步認識因材施教的意義。

　　如果每一位教育工作者，在傳道、授業、解惑時，皆能因學生之材，而循循善誘之，則無特別倡言「特殊」教育之必要。不過問題在於學生的材質各異，期望每位教師皆能盡識之，誠有困難；至於教導之方，如須因學生之材而變通，亦實非每位教師皆能拿捏得準；同時由於某些客觀條件的限制，如班級學生數過多，教育經費不足等，縱教師真有因材施教之能，也難免心餘力絀之憾。在一般班級教學無法充分發揮因材施教的功能之下，最為不利的可能是那些在身心狀況方面與常人過於懸殊的兒童。這些兒童之所以特殊，可能係由於其為資賦優異、智能不足、視覺障礙、聽覺障礙、語言障礙、行為問題、肢體障礙、身體病弱、學習障礙，或數種障礙併合而成的多重障礙者。為了使具有上述這些身心狀況的兒童之教育需要能獲得滿足，吾人不僅對彼等的身心特性須有清

楚的認識，同時在教育與輔導上可加採行的因應之道，也該知所掌握。本書的撰寫，即在為有志特殊兒童教育的同道，提供概論性的入門知識。

　　全書計分十章，除第一章「緒論」用以探討特殊教育的基本概念外，餘則就我國特殊教育法中所提特殊兒童的類別，分章論述各類特殊兒童的意義、鑑定方法、身心特質、及教育與輔導的措施等。撰寫本書所參考的資料，除國外文獻外，本國相關的文獻，也不偏廢，以收中西比較印證之效。全書對特殊兒童的心理與教育，除作描述性的介紹外，對一些常引發爭辯的主題，也提出討論分析，以引起讀者進一步研究的興趣。

　　筆者深信，吾人對特殊兒童的研究與教育，亦有助於普通兒童教育品質的提升。特殊教育所注意的，不僅是教學方法的研究與應用，最重要的是教育工作者對待特殊兒童的態度。研究發展的教育精神與對兒童溫暖接納的態度，正是提升教育品質的動力。因此，特殊教育的充分發展，對一般教育的改進，無疑地將產生積極的催化效果。

　　本書的出版，應該感謝師長友好的鼓勵，以及五南圖書出版公司楊榮川先生的慨允支持。而本書在撰寫的過程中，內子秀櫻的後援，與小兒東儒、菊修的體諒，也是功不可沒。

　　筆者忝為特殊教育工作者之一，不揣譾陋，勉力拋磚，只為引玉。野人獻曝，疏失難免，尚祈方家有以教之也。

何華國　謹識

民國七十五年雙十國慶前夕

於國立臺灣教育學院

目　次

第二章　資賦優異兒童 ——————————— 37

第一章

緒　論

第一節 個別差異的存在

☪ 一、個別差異的研究

人類的許多身心特質，雖然可以找出其一般的趨勢，但就每一個體而言卻是獨特的。吾人雖可發現人我之間的相近之處，卻不可否認個別差異存在的事實。個別差異的現象，常是許多學術領域關切的重點（*Hardman, Drew, & Egan, 1984*）。例如醫學界視具有某些病徵為異常，疾病徵候的缺乏則為正常或健康的。在心理學方面，則將違離常態標準（the criteria of normalcy）的行為，視為一種變態（abnormal）。致力於社會行為研究之社會學，認為正常人其行為須符合社會的規範；一個人若無法順應其社會角色或建立適當的人際關係，則屬異常。探討人類的起源、社會習慣、信仰、人種特徵、與文化發展的人類學，則特別注意因不同的社會結構，所衍生的行為模式上的差異。站在教育的立場，對學生個別差異的關切，即為自古以來的重要論題。

教育的功能在促進個人的福祉，文化的傳承，以及國家與社會的發展，因而上述醫學、心理學、社會學、人類學等領域的知識，常成為教育研究與應用的基礎。然對教育工作者最為其關心的，常是那些足以影響受教者學習的身心因素。學生具有齊一的身心特質，對教師的教學當然十分方便。惜真正同質團體（homogeneous group）的出現，可能性卻甚低。教育對象仍然存在程度不一的個別差異現象，值得吾人確切地加以研究。

☪ 二、個別差異的現象

柯克與葛拉格（*Kirk & Gallagher, 1983*）認為個別差異實具有雙重涵義，一為個別間差異（interindividual differences），另為個別內在差異（intraindividual differences）。所謂個別間差異，是指某一個群體彼此間在某一身心特質上的差異狀況。而這種差異情形如以圖形加以表示，多呈常態分配（normal distribution）。如圖 1-1 即顯示小學六年

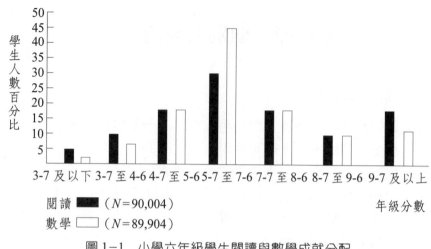

圖1-1 小學六年級學生閱讀與數學成就分配
（採自 Kirk & Gallagher, 1983, p. 41）

級學生在閱讀能力與數學成就測驗上的成績分布情形。同樣是六年級的學生，但其閱讀與數學能力的程度，則分別自三至九年級不等，不過仍以相當於六年級程度左右的居多。程度特別好與特別差的，還是居少數。圖1-2則顯示一個大群體兒童在接受魏氏兒童智慧量表（the Wechsler Intelligence Scale for Children）後，其智商（intelligence quotient，簡稱 IQ）可能的分配情形。這是一個標準的常態分配圖形。人類大部分的身心特質，其彼此間的差異情形，多趨近這種分配。亦即具備極端特質的學生只占少數，特質趨中者則占多數。然而，不管如何，學生個別間在學習能力上具有顯著差異，則為不爭的事實。

而所謂的個別內在差異，則指對同一個學生而言，其內在各種特質或能力之間，也可能顯現差異。事實上不同的能力原本是無法作比較的，其比較的依據還是以各種能力在群體中（與別的學生比較）所占的地位而定。通常側面圖（profile）的使用，即在顯示個別內在能力的差異情形。從圖1-3吾人可以看出甲乙兩個兒童在身高、體重、動作協調、智力、社會成熟、語言發展、閱讀能力、數學推理、數學運算、拼字、行動能力、視力、聽力，與人際關係等方面的內在差異狀況。甲乙兩兒童同為十歲，且就讀五年級，也皆有正常的聽力與視

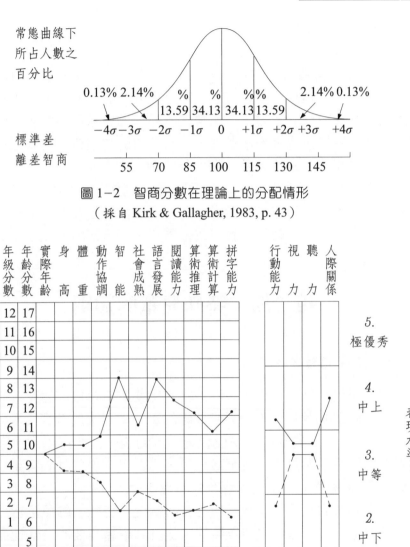

常態曲線下
所占人數之
百分比

0.13%　2.14%　%　%　%%　2.14%　0.13%

13.59　34.13　34.13　13.59

標準差
離差智商

-4σ　-3σ　-2σ　-1σ　0　$+1\sigma$　$+2\sigma$　$+3\sigma$　$+4\sigma$

55　70　85　100　115　130　145

圖 1-2　智商分數在理論上的分配情形
（採自 Kirk & Gallagher, 1983, p. 43）

甲（資賦優異兒童）———
乙（智能不足兒童）-----

圖 1-3　兩個兒童的能力側面圖
（採自 Kirk & Gallagher, 1983, p. 47）

力。除此之外，其他方面則與一般兒童有相當的出入。從這個側面圖
我們可以看出，就個別兒童而言，其在各項能力的發展水準並不一
致。如甲兒童在智力與語言的發展特別突出，相較之下，則動作協
調、社會成熟、與數學運算方面，則更接近一般人的水準；不過大致
上說來，其各方面的能力，似比常人優異。乙兒童則不然，除動作協
調與社會成熟較接近平均水準外，其餘各項能力則皆比常人低劣。這
種能力水準起伏不定的現象，即通稱的個別內在差異。

　　個別差異的觀念在教育上深具意義。例如個別間差異現象的存
在，常導致不同教育安置的考慮。而為了配合學生在能力上長短或優
弱的個別內在差異，教師於教學或輔導時，也須知所因應，並採取適
當的對策。

第二節　特殊兒童的類別

☾一、特殊兒童的意義

　　瞭解學生在身心特質上個別差異的現象，而對每一個兒童的學習
需要給予個別的考慮，應是天經地義的事。不過由於教育資源（如教
育經費與人員等）的限制，學校教育內容的設計自始即以大多數具有
相近特質的兒童為對象。直至最近一、二百年，那些身心特質較為突
顯的「特殊兒童」，才受到應有的注意。

　　站在教育的立場，並不是所有身心狀況「特殊」的兒童皆可稱之
為特殊兒童。特殊兒童之所以特殊，係就其學習需要的特殊性而言，
單純身心特質的突顯，並非構成特殊兒童的充分條件。例如某一兒童
天生白髮，當其入學後，自然與眾不同。這種身體上的特質固然十分
顯眼，但其學習需要與一般兒童並沒有兩樣，自然不應視為特殊兒
童。可是另有一名兒童智能特別低下，無論如何也無法趕上教師在班
級教學中的進度，他的學習需要比較特殊，需要教師在課程與教學上
給予個別的考慮，可能即是教育上所謂的特殊兒童了。

　　教育界為了對特殊學習需要的學生，能有明確的服務對象，常對

特殊兒童給予必要的定義。例如唐恩（*Dunn, 1973*）曾對特殊兒童作如下的定義：

> 特殊學生之受到標記，僅在他的學校生涯中當(1)他的違常生理或行為特質，以特殊教育的目的而言，顯然具有學習的資產或缺陷之性質；以致(2)經由試探性服務設施之提供足以判定，給予直接或間接的特殊教育服務比傳統一般學校的教育，他能獲致更大的全面性的適應與學業上的進步。（*p. 7*）

布列克（*Blake, 1981*）也指出特殊兒童是那些在成長與發展組型上具有突顯的個別差異，以致在學習上需要特別協助的學生。郭為藩（民 69）則認為：

> 特殊教育的對象——特殊兒童與青少年乃是在教育情境中較為特殊，（個別差異特別顯著），可能有特別的學習困難（尤其在普通班級中）需要特殊教育方案的學生。（3 頁）

柯克與葛拉格（*Kirk & Gallagher, 1983*）對特殊兒童的定義是：

> 在(1)心智特質，(2)感覺能力，(3)神經動作或生理特質，(4)社會行為，(5)溝通能力方面偏離一般或常態的兒童，或(6)具有多重障礙的兒童。而這種偏離的情形，須達到兒童得靠學校教育設施的調整，或特殊教育服務的提供，才可發展其最大潛能的程度。（*p. 4*）

從上述中外學者對特殊兒童所下的定義，吾人大致可以瞭解，所謂特殊兒童必須是由於其身心特質的過分突顯，非得藉助特殊的協助，將無法滿足其教育需要的兒童。因此身心特質與一般人雖有差異，仍能適應普通的教育環境者，自然不得列為特殊兒童。

☾＊二、特殊兒童的分類

教育工作者為了彼此溝通上的便利，常依特殊兒童身心特性而予以分類。一般說來，分類的方法，有的採概括式，有的則用細分法。

採概括式者如柯克與葛拉格（*Kirk & Gallagher, 1983*），他們將特殊兒童分成下列五大類：

㈠**心智偏異**（mental deviations）：包括智能優越（intellectually superior）與學習能力低下——智能不足（mentally retarded）兒童。

㈡**感覺障礙**（sensory handicaps）：包括聽覺損傷（auditory impairments）與視覺損傷（visual impairments）的兒童。

㈢**溝通異常**（communication disorders）：包括學習障礙（learning disabilities）與語言障礙（speech and language impairments）的兒童。

㈣**行為異常**（behavior disorders）：包括情緒困擾（emotional disturbance）與社會不適應（social maladjustment）兒童。

㈤**多重與重度障礙**（multiple and severe handicaps）：包括如腦麻痺（cerebral palsy）、智能不足、盲聾、重度生理與智能障礙等各種狀況之混合。

哈德曼、朱路與伊根（*Hardman, Drew, & Egan, 1984*）對於特殊兒童也是採取概括性的分類方式：

㈠**學習與行為異常**（learning and behavioral disorders）：包括智能不足、行為異常（情緒困擾）、與學習障礙。

㈡**語言異常**（speech and language disorders）：包括說話異常（speech disorders）與語言異常（language disorders）。

㈢**感覺異常**（sensory disorders）：包括視覺異常（visual disorder）與聽覺異常（hearing disorder）。

㈣**生理與其他健康問題**（physical and other health disorders）。

㈤**資賦優異**（gifted or talented）。

至於對特殊兒童的類別採用細分法者，可見諸美國 94-142 公法（一九七五年之全體殘障兒童教育法）對殘障兒童（handicapped children）之分類：

㈠聾（deaf）。

㈡盲聾（deaf-blind）。

㈢重聽（hard-of-hearing）。

㈣智能不足（mentally retarded）。

㈤多重障礙（multiple handicapped）。

㈥肢體傷殘（orthopedically impaired）。

㈦其他健康問題（other health impaired）。

㈧嚴重情緒困擾（seriously emotionally disturbed）。

㈨特殊學習障礙（specific learning disabled）。

㈩說話障礙（speech impaired）。

㈩一視覺障礙（visually handicapped）。

此外，美國一九七八年的資優教育法（the Gifted and Talented Act of 1978）則將資優兒童分為下面幾類：

㈠普通智能（intellectual）方面。

㈡創造力（creative）方面。

㈢特殊學業（specific academic）方面。

㈣領導才能（leadership ability）方面。

㈤表演與視覺藝術（performing and visual arts）方面。

我國在民國九十年經立法院修正通過的「特殊教育法」，基本上將特殊兒童分為資賦優異與身心障礙兩大類。並於此兩大類下再加細分類別。在我國特殊教育法中所謂的資賦優異兒童包括：

㈠一般智能。

㈡學術性向。

㈢藝術才能。

㈣創造能力。

㈤領導才能。

㈥其他特殊才能。

而所謂的身心障礙則包含下列幾方面：

㈠智能障礙。

㈡視覺障礙。

㈢聽覺障礙。

㈣語言障礙。

㈤肢體障礙。

㈥身體病弱。

㈦嚴重情緒障礙。

㈧學習障礙。

㈨多重障礙。

㈩自閉症。

(十一)發展遲緩。

(十二)其他顯著障礙。

至於我國在民國九十二年修正公布的「身心障礙者保護法」稱身心障礙者，係指個人因生理或心理因素致其參與社會及從事生產活動功能受到限制或無法發揮，經鑑定符合中央衛生主管機關所定等級之下列障礙並領有身心障礙手冊者為範圍：

㈠視覺障礙者。

㈡聽覺機能障礙者。

㈢平衡機能障礙者。

㈣聲音機能或語言機能障礙者。

㈤肢體障礙者。

㈥智能障礙者。

㈦重要器官失去功能者。

㈧顏面損傷者。

㈨植物人。

㈩失智症者。

(十一)自閉症者。

(十二)慢性精神病患者。

(十三)多重障礙者。

(十四)頑性（難治型）癲癇症者。

(十五)經中央衛生主管機關認定，因罕見疾病而致身心功能障礙者。

(十六)其他經中央衛生主管機關認定之障礙者。

本書對特殊兒童之分類，將以「特殊教育法」為本，並將身心特質相近的特殊兒童合併介紹，如將肢體障礙與身體病弱合為一章。嚴重情緒障礙與自閉症，則以「行為異常」通稱之。發展遲緩則置於多重障礙一章中加以討論。因此本書將把特殊兒童分成下列九類：

　　㈠資賦優異兒童。

　　㈡智能不足兒童。

　　㈢視覺障礙兒童。

　　㈣聽覺障礙兒童。

　　㈤語言障礙兒童。

　　㈥肢體障礙與身體病弱兒童。

　　㈦行為異常兒童。

　　㈧學習障礙兒童。

　　㈨多重障礙兒童。

☪三、特殊兒童的出現率

所謂特殊兒童的出現率（prevalence rate）是指在某一段時間內，特殊兒童在同樣年齡範圍的人口中所占的百分比（*Gearheart, 1980; Kirk & Gallagher, 1983*）。從特殊兒童出現率的資料，我們可以估計特殊兒童的數量，對師資的培育與特殊兒童教育的規劃，當然十分重要。不過由於大家對特殊兒童的定義，並沒有一致的看法，因此在特殊兒童的鑑定程序上，也就有所出入；加以研究調查或推估方法可能的差異，因而對特殊兒童出現率的研究並沒有定論。儘管如此，但一般對出現率範圍（range of prevalence）的看法，則比較接近（*Gearheart, 1980*）。

吉爾哈（*Gearheart, 1980*）根據美國一九八○年全國性的統計資料及有關研究結果，對全美特殊兒童的出現率曾作推估，其結果如表1-1所示。從表1-1我們大概可以瞭解，吉爾哈認為美國五至十八歲特殊兒童的出現率係介於12.6%至19.0%之間。

柯克與葛拉格（*Kirk & Gallagher, 1983*）根據一九七八年美國五歲至十七歲近四千七百萬名學童，所作的特殊兒童出現率之推估如表1-2。他們認為美國特殊兒童的出現率大概介於8.2%至16.2%之間。

表 1-1　美國特殊兒童的出現率

障礙狀況	百　分　比	兒童數（5-18 歲）
視覺障礙	0.1	55,000
聽覺障礙	0.5-0.7	275,000-385,000
語言障礙	3-4	1,650,000-2,200,000
肢障與身體病弱	0.5	275,000
情緒困擾	2-3	1,100,000-1,650,000
智能不足	2-3	1,100,000-1,650,000
學習障礙	2-3	1,100,000-1,650,000
多重障礙	0.5-0.7	275,000-385,000
資賦優異	2-4	1,100,000-2,200,000
總　計	12.6-19.0	6,930,000-10,450,000

（採自 Gearheart, 1980, p. 54）

表 1-2　美國特殊兒童之推估

類　　別	估計百分比	特殊兒童估計數
資賦優異	2.0-3.0	938,000-1,407,000
智能不足	1.0-3.0	469,000-1,407,000
學習障礙	1.0-3.0	469,000-1,407,000
情緒困擾	1.0-2.0	469,000-938,000
視覺障礙	0.1-0.2	46,900-93,800
聽覺障礙	0.3-0.5	140,700-230,450
語言障礙	2.5-4.0	1,172,000-176,000
肢體障礙	0.3-0.5	140,700-230,450
總　　計	8.2-16.2	3,845,300-7,589,700

（採自 Kirk & Gallagher, 1983, p. 52）

　　在美國大多數的教育學者認為特殊兒童占美國學童的比率約在 10-15%之間（*Kneedler, Hallahan, & Kauffman, 1984*）。另外該國「全體 殘障兒童教育法」所認定的殘障兒童所占的比率為 12%，同時聯邦政 府也以該比率作為教育經費補助的上限（*Gearheart, 1980*）。惟這一百 分比並未包括資賦優異兒童在內。如將資賦優異兒童也列進去，則根

據吉爾哈和柯克及葛拉格對資賦優異兒童的推估資料，全美特殊兒童的出現率必在 15%左右，而與該國一般的看法相若。

　　在我國郭為藩（民 73）曾依據民國六十五年臺灣區六歲至十二歲特殊兒童普查資料，推估我國特殊兒童的出現率。其推估結果如表 1-3 所示。該表顯示依普查所得特殊兒童的出現率，與國外比較，似乎偏低。郭氏對此曾作解釋：

表 1-3　我國特殊兒童出現率之推估

特殊兒童類別	依普查所得出現率	修正或推估出現率
資賦優異者		3%
智能不足者	0.433%	2%
視覺障礙者	0.036%	0.08%
聽覺障礙者	0.078%	0.15%
言語障礙者		3%
肢體殘障者	0.336%	0.4%
身體病弱者	0.043%	0.1%
性格或行為異常者		0.8%
學習障礙者		1%
多重障礙者	0.194%	0.2%
總　　　計	1.12%	10.73%

（採自郭為藩，民 73，20 頁）

　　　我國特殊兒童普查結果求得的實際出現率所以特別低，有二點原因值得推敲。一者，特殊兒童出現率較高的資賦優異兒童、言語障礙兒童、性格或行為異常兒童、學習障礙兒童，均未列為此次普查對象。再者，此次普查的程序係先由教師就在學兒童與未入學兒童（在民國五十年九月一日至五十七年八月三十一日之間出生者），根據普查手冊所提供資料提出疑似對象後再由醫學與心理專門人員加以鑑定。很多輕度智能不足與輕、中度弱視重聽者，因其外表特徵不顯著，致未被教師所指認，自然未能接受複查。（郭為藩，民 82，11 頁）

　　根據郭氏的推估，我們全部特殊兒童的出現率約在 10%左右。此項估計似近於國外一般推估的下限。如果我國特殊兒童的實際出現率和此一推估結果沒有多大出入的話，則在教育上需要特別協助的兒童，其數量還是相當可觀。不過根據最近我國所作的第二次特殊兒童普查，身心障礙兒童的出現率則僅 2.121%（見表 1-4），此一結果與學理上的推估結果，仍有相當的差距，其主要原因是輕度障礙者多數在初查時即被遺漏或過濾掉（教育部特殊兒童普查執行小組，民 82）。

☾★四、標記的問題

　　當某一個兒童被認定是某一類的特殊兒童後，他已經受到了標記（labeling）。通常標記與分類（classification 或 categorization）是一體的，兩者如影隨形，相伴不離。標記的目的，在便於描述與易於區

表 1-4　中華民國第二次特殊兒童普查各類身心障礙兒童人數及出現率

類　　別	人　　數	占身心障礙兒童百分比	占學齡兒童母群體百分比
智能障礙	31,440	41.46	0.883
視覺障礙	1,931	2.56	0.054
聽覺障礙	2,876	3.81	0.081
語言障礙	2,916	3.86	0.082
肢體障礙	3,456	4.57	0.097
身體病弱	2,111	2.79	0.059
性格及行為異常	7,089	9.38	0.199
學習障礙	15,512	20.53	0.436
顏面傷殘	318	0.42	0.009
自閉症	598	0.79	0.017
多重障礙	7,315	9.68	0.205
總　　計	75,562	100.00	2.121

註：民國七十九學年度 6-14 歲全國學齡兒童母群體人數為 3,561,729 人
（採自教育部特殊兒童普查執行小組，民 82，ii 頁）

分。會給予兒童標記的，並不限於學校的教育人員，同學、親友、家長等皆可能是標記的來源。不過此處對標記問題的討論，將僅限於教育人員對特殊兒童的標記。

標記的產生多由於個體偏離了某些既定的標準或期望，也就是前述所謂的具有明顯的個別差異。而標準或期望所依據的可能是基於統計的相對性（statistical relativity）、文化的相對性（cultural relativity）與個別或內在的相對性（individual or internal relativity）（*Hardman, Drew, & Egan, 1984*）。統計的相對性是與發展的觀點相一致的，而以「平均」情況作為比較的基礎。文化的相對性顧名思義，即知係以某一文化的價值觀點，作為標記個別差異的依據。至於個別或內在的相對性，則指個人自加的標記（self-imposed label）；這種標記開始時不見得與社會的觀點一致，但久而久之也可能為人所認同。

標記所產生的影響，一直是個爭論不休的問題。有許多人曾經為標記所可能產生的正面作用列舉其理由，其中常見的不外：

㈠標記提供撥給教育經費的基礎，亦即無標記，即無經費。

㈡標記的存在便於專業人員彼此之間的溝通。

㈢標記提供對特殊兒童處遇（treatment）的指標，亦即教育人員該提供何種適切的協助。

㈣標記的存在便於政府制定必要的法令。

至於標記可能產生的負面影響，常被提及的有：

㈠標記可能造成當事人永久性的心理創傷。

㈡可能因標記而受到友朋的拒斥。

㈢從標記找不出其在教育上的關聯性。

㈣由於對特殊兒童作錯誤的診斷時有所聞，標記有其潛在的危險性。

㈤標記不利於兒童自我觀念的發展。

對於標記可能產生的負面影響，一般認為多只限於輕度的傷殘兒童。因為這些兒童最容易因診斷錯誤，而受到不當的標記，不利的影響也因之而生。有人認為殘障兒童之所以受到排斥，是出於他們的行為，而非來自標記（*Gottlieb, 1974*）。更有人認為，並非所有的標記都

會造成永久性的影響（*Feldman, 1978*）。不過不管如何，標記的運用似乎無法避免，怎樣將標記不利的影響減到最低限度，應該才是我們關心的所在。

對於如何減低標記的不利作用，何伯斯（*Hobbs, 1975*）曾建議採取下列的對策：

㈠改進特殊兒童的分類系統。

㈡對心理測驗的使用作適當的限制。

㈢對特殊兒童早年的鑑定方法作適當的改進。

㈣對個案記錄的運用須有適當的保護措施。

㈤在鑑定與安置特殊兒童時須遵行法定的過程。

梅原（*Meyen, 1978*）認為如果我們能將評量工作的重心由兒童的缺陷轉移到去發現他們的長處，並對特殊兒童的教育安置採取較為保守的作法，且力求改進所提供的教育方案，則標記可能引起的傷害將會減少。因而面對無從避免的標記問題，教育工作者除了在消極方面須預防標記可能產生的負面影響外，更應積極地改善對特殊兒童教育服務的品質，使「標記」成為幫助特殊兒童成長與發展的「標幟」。

第三節　特殊教育設施

☾★一、特殊教育的意義

為了滿足特殊兒童的特殊學習需要而設計的教育即為特殊教育（special education）。特殊教育之所以異於普通教育（regular education），乃其注意到兒童個別間與個別內在差異的存在。因此，吾人若視特殊教育為普通教育無法發揮其完全功能的自然產物，或教育進步的表徵，皆無不可。

美國的全體殘障兒童教育法案（PL 94-142）曾指出，所謂特殊教育乃是為滿足學童的獨特需要，而特別設計的教學（instruction）。我國在民國八十六年修正通過的「特殊教育法」第十七條也指出，特殊教育之設施，以適合個別化教學為原則，並提供無障礙之學習環境及

適當之相關服務。為滿足兒童的獨特需要，事實上也只有透過個別化教學才有可能辦到。因而，個別化教學（individualized instruction）遂成為特殊教育實施的指導原則。這一原則的運用，基本上是遵循著評量——教學——評量的程序（何華國，民 74）。學習前的評量，著重在學生學習能力的評估與推斷學習困難之所在，以作為擬定學生學習目標與教學準備之依據。學習後的評量，則在考核學生的學習進步情形，必要時並瞭解學習困難的原因，以作為補救教學（remedial instruction）之根據。因此，評量——教學——評量實為一周而復始的循環過程。教師只有對這一充滿回饋（feedback）性的過程作積極的反應，特殊兒童的獨特教育需要才得以逐步獲得滿足。由此可見評量（assessment）與教學在特殊教育中是如影隨形，不可一時或離的。特殊教育的意義實由特殊兒童能否接受適性的教育而定，而不在其是否得到特殊的安置（placement）。

為了對特殊兒童的個別化教學發揮更大的效益，一些相關服務設施（related services）的提供也十分必要。這些相關服務設施，是一種支持性服務的性質，常因個別兒童的需要而有不同，主要包括治療（therapy）、復健諮商（rehabilitation counseling）、社會工作服務（social work services）、交通接送（transportation）、與其他有關之服務（*Heward & Orlansky, 1992*）。而提供相關服務設施的人員不外語言病理學家（speech language pathologists）、聽力專家（audiologists）、心理學家（psychologists）、物理治療人員（physical therapists）、醫師、職業復健專家（vocational rehabili-tation specialists）、與社會工作員等（*Jenkins & Odle, 1980*）。

事實上，個別化教學與相關服務的提供即是特殊教育之所以「特殊」之所在，也是構成「個別化教育計畫」（或稱個別化教育方案）的要素。民國九十二年修正公布的「特殊教育法施行細則」即指「個別化教育計畫」，係運用專業團隊合作方式，針對身心障礙學生個別特性所擬定之特殊教育及相關服務計畫，其內容應包括下列事項：

㈠學生認知能力、溝通能力、行動能力、情緒、人際關係、感官功能、健康狀況、生活自理能力、國文、數學等學業能力之現況。

㈡學生家庭狀況。

㈢學生身心障礙狀況對其在普通班上課及生活之影響。

㈣適合學生之評量方式。

㈤學生因行為問題影響學習者，其行政支援及處理方式。

㈥學年教育目標及學期教育目標。

㈦學生所需要之特殊教育及相關專業服務。

㈧學生能參與普通學校（班）之時間及項目。

㈨學期教育目標是否達成之評量日期及標準。

㈩學前教育大班、國小六年級、國中三年級及高中（職）三年級學生之轉銜服務內容。

此外，參與擬定個別化教育計畫之人員，應包括學校行政人員、教師、學生家長、相關專業人員等，並得邀請學生參與；必要時，學生家長得邀請相關人員陪同。由此可知，特殊教育實為一項團隊合作的服務事業。

☪二、特殊教育的安置型態

特殊教育之有別於普通教育者，除可能在課程內容（包括教材與教法）作適當的調整外，對於特殊兒童的學習環境，也常因其學習能力，身心特性，與客觀條件的性質，而採取不同的安置型態。一般說來，中外常見的特殊兒童教育安置類型，約有以下數種。

㈠普通班（regular class）

被安置於普通班（regular class）的特殊兒童，其學習問題可能較為輕微，普通班教師只要接受一般性特殊教育課程的訓練，或獲得類如教師輔導員（teacher consultant）的諮詢服務，即可應付自如。讓普通班教師皆接受某種程度的特殊教育訓練，是當今的大勢所趨（何華國，民 71a）。事實上，普通班是特殊兒童真正的「家」，任何特殊教育的努力，無非是要幫助特殊兒童，最後得以回到他們的「家」。根據我國第二次特殊兒童普查的結果，發現身心障礙類的特殊兒童就讀於普通班者高達 84.44%（教育部特殊兒童普查執行小組，民 82）。可見

普通班是特殊兒童很重要的安置方式。問題是除了普通班的安置外，我們仍應提供必要的輔助服務。

㈡巡迴輔導制

特殊兒童大致上仍被安置於普通班中，惟由巡迴輔導人員（itinerant personnel）提供必要的協助。這些巡迴輔導人員如語言病理學家，社會工作員、學校心理學家，以及巡迴輔導教師等。他們定期或不定期地巡迴所服務的學校，對特殊兒童提供部分時間的教學，或與普通班教師磋商特殊兒童的輔導策略，或對普通班教師提供必要的特殊教材。我國行之有年的盲生走讀計畫，即為享譽中外的巡迴輔導制度（教育部社會教育司，民70）。在此一制度下，編入各普通班就讀的盲生，其一般課程仍由各該班級之教師與普通學童同樣實施教學，特殊課程如點字（braille）教學等則由盲生巡迴輔導員負責指導。

㈢資源教室（resource room）

所謂資源教室（resource room），乃是學生於特定的部分時間前去接受特殊協助的一種教學環境（instructional setting）（*Wiederholt, Hammill, & Brown, 1978*）。而在資源教室中主持評量與教學工作的，則通稱資源教師（resource teacher）。資源教師除負責對轉介至資源教室的學童，提供診療教學（prescriptive teaching）之服務外，也須與該學童之班級教師，甚或家長，保持密切的聯繫，以期對特殊兒童能夠提供充分而有效的協助，並讓其在適當的時候能全部時間在普通班就讀。因此資源教室常被視為特殊兒童回歸主流（mainstreaming）的過渡橋樑。雖然大部分資源教室的服務對象，似以輕度殘障學生為主，但卻不限於殘障學生，資賦優異兒童也常以資源教室方式加以安置。我國資賦優異學生之「分散式」教育實驗，即屬資源教室的安置型態。

㈣自足式的特殊班（Self-Contained Special Class）

這是一種集合教育需要相近的特殊兒童，在普通班外另成班級，且全部時間在該班級受教的安置方式。一九六〇年代前，特殊班的收

容對象多為輕度殘障兒童，而目前則用於中重度殘障者居多（*Meyen,*
1978）。但在我國特殊班仍為特殊教育的主要安置型態。如啟智班、
益智班、啟聰班、肢障班，與集中式的資賦優異兒童之教育實驗，皆
屬自足式的特殊班。

(五)特殊學校

此種安置型態又可分為通學制特殊學校（special day school）與住
宿學校（residential school）兩類；或同一特殊學校中通學與住宿的學
生同時存在。我國多數的啟聰、啟智、啟明學校等皆採通學與住宿雙
軌並行制。至於對學生究採那一種方式加以安置，可能須視其殘障程
度、行動能力、住處離校遠近、交通接送之有無、及家長之意願等因
素而定。特殊學校之特色，乃在其具備較多受過專業訓練的特殊教育
師資及相關服務的專門人員，且所需的儀器設備亦可能較為充實，可
對重度與多重殘障者提供更為完整的服務。

(六)醫院與在家教學服務（hospital and homebound services）

對於一些因生理殘障或身體病弱而須住院或在家治療與休養的兒
童，為免其因而荒疏學業，以致趕不上一般班級的教學進度，教育或
學校當局常因此派遣教師前往實施床邊教學與輔導。實施床邊教學的
教師，其輔導學生的數目，常因兒童的殘障類別與學業上所需的協助
而異。也有些大型的復健醫療院所，甚至與鄰近的相關學校合作，直
接在醫院內開設班級，為殘障兒童提供正常進度的教學服務；國內的
振興復健醫學中心曾採取此一型態的服務設施。尤有甚者，美國更有
雙向對話系統（two-way telephone communication）之採用，使困於病
床之兒童得以身歷其境地聆聽與參與學校教室內之討論活動。事實
上，有些被認定為在家教育的個案，如果能提供無障礙的教育環境，
亦可能獲得「升級」至學校就讀（*何華國*，*民 83b*）。

以上所列舉的，乃是特殊教育中常被提及的安置型態。然而有時
特殊教育人員，為因應某些兒童的特殊教育需要，很可能會對某一安
置方式加以修正，甚或採取折衷的安置型態；只要所提供的學習環境

能切合特殊兒童的需要，即屬妥適的設計。因而前述的六種安置方式，吾人很難遽論其利弊，因各安置方式的存在，皆為滿足某些特殊兒童的教育需要而設。重要的是，吾人應提供一富有彈性的教育安置架構，亦即吉爾哈、韋森與吉爾哈（*Gearheart, Weishahn, & Gearheart, 1992*）所謂的連續性教育安置變通方式（the continuum of educational placement alternatives）。因學生的教育需要會隨著時間、矯治工作，或補救教學的結果，而發生變化。教育安置的措施也正應反映這種變化。準是以觀，吾人似可將上述六種安置型態，排列於如圖 1–4 之倒立三角形內，以顯示教育方案的變通與連續性。三角形中各安置方式的階層代表方案的連續性，而階層之間的虛線則表示特殊教育安置的變通性。特殊教育的目標，應是幫助特殊兒童逐步適應最少限制的環境（least restrictive environment）。而所謂最少限制的環境，即是讓殘障兒童得以盡其最大的可能，而與非殘障者一起參與普通學校活動之環境。由於殘障兒童仍有個別間差異之存在，且學生也有不斷成長與發展之可能，因而最少限制的環境，其意義也常因人因時而不同。在某一時間對某些特殊兒童而言，其最少限制的環境可能是特殊學校，對另外一些學童而言則是資源教室；可是在另外一個時候（經過一段時間的特殊教育後），屬於他們的最少限制之環境，可能又分別是特殊班與附加諮詢服務的普通班了。辛普森（*Simpson, 1982*）認為最少限制的環境應由每一兒童的需要及教師和家長對這些需要的解讀，而非由學區中已存在的服務設施所決定。此誠為最少限制環境的中肯之見。吾人希望透過特殊教育的因材施教，特殊兒童得以人盡其才，逐漸適應正常社會環境，而獲得自我的實現。

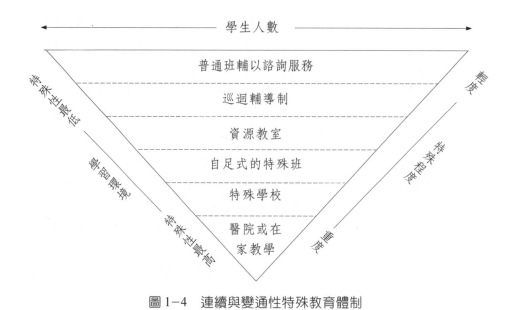

圖 1-4　連續與變通性特殊教育體制

第四節　特殊教育的發展

☪ 一、西洋特殊教育發展史

　　自有人類以來，特殊兒童的問題即已存在。然而特殊兒童所受到的處遇（treatment），卻隨著時代而有不同。即以殘障兒童為例，吉爾哈、韋森與吉爾哈（*Gearheart, Weishahn, & Gearheart, 1992*）認為殘障者的教育發展史可分為(1)早期的歷史：人類的起源至一八○○年；(2)養護機構期：一八○○至一九○○年；(3)公立學校──特殊班的時代：即一九○○至一九六○／七○年；(4)加速成長期：一九六○年至今。柯克與葛拉格（*Kirk & Gallagher, 1983*）則認為吾人對殘障兒童態度之演變，在歷史上大致可分成四個階段。第一階段係在基督教興起之前，殘障兒童常受到漠視、虐待，與摒棄。第二階段係在基督教擴展時期，他們則受到保護與憐憫。十八、十九世紀養護機構的興起，以提供殘障兒童隔離的教育，則屬第三階段。第四階段則始自二十世

紀後葉，接受殘障兒童與讓他們儘可能回歸社會主流的運動，逐漸蔚為當代風尚。嚴格地劃分特殊教育發展的歷史階段，並不是一件容易的事；因為每一段歷史的分劃很難有肯定的分界線，其間仍有相當的重疊之處。不過吾人似可發現，殘障者所受到的處遇，常是社會大眾對殘障者態度的反應。社會大眾在態度上的轉變，則在特殊兒童的教育設施上，也會產生若干更革。吉爾哈、韋森與吉爾哈及柯克與葛拉格對殘障者教育發展之歷史觀點，大致上是一致的。殘障者從歷史早期受到極度的排斥與今日的受到接納，適代表接受量尺上的兩個極端。幾百年來的殘障者處遇型態，也從極度的隔離逐漸演變到對回歸社會主流的強調；這種教育觀念上的變化，並非一蹴可就，而是關心特殊兒童教育的人士長期努力的結果。歷史是一面鏡子，對特殊教育過去發展歷程的瞭解，必有助於導引我們未來的去向。作者將對西洋特殊教育發展史上的大事，按發生先後逐一列舉如下以供參考。

- 十六世紀末葉，西班牙的一位教士名樂翁（Pedro Ponce de Leo'n），成功地以小班級的方式教會聾童說、讀、寫。這無疑是一項重大的突破，因為根據亞里斯多德（Aristotle）的論著，當時的教會認為聾人是不能說話，也無法接受教育的。
- 1620 年博納（Juan Bonet）發展出指拼法（finger spelling）以教導聾生。
- 1651 年赫德福爾（Harsdorffer）在德國創造一種盲人可用鐵筆在塗有蠟質的平板上寫字的方法。柏諾利（Bernouilli）則在瑞士發明一種可導引鉛筆在紙上寫字用的型板（frame）。
- 1690 年英國哲學家洛克（John Locke）嘗試去分辨智能不足與精神病之差異。
- 1760 年雷士貝（Charles-Michel Lespee 或以教銜 Abbé de l'Épée 稱之）在巴黎開辦第一所聾學校，這是正式聾教育的開始。
- 十八世紀時波艾拉（Jacob Pereira）曾對博納的指拼法加以改良，而發明讀唇法（lip reading）。
- 1784 年胡威（Valentin Haüy）於巴黎設立第一所盲學校，而採用凸字進行教學。

- 十八世紀末海尼克（Samuel Heinicke）主張教聾童讀唇及發音，而創造了口語教學法。
- 1799 年伊達（Jean Marc Gaspard Itard）開始採用個別化而系統性的感官訓練方法，以教導顯然為智能不足的一個阿維隆地方的野孩子（the Wild Boy of Aveyron）──維多（Victor）。
- 1817 年哥老德（Thomas Hopkins Gallaudet）在美康州哈特福（Hartford）開辦美國的第一所聾學校。
- 1832 年何威（Samuel Gridley Howe）創辦美國的第一所盲人教養院。
- 1834 年法國之盲教師柏萊爾（Louis Braille）發明點字（braille），使盲教育產生革命性的變化。
- 1837 年西根（Edouard Seguin）在巴黎創辦第一所智能不足者之學校。強調以感覺動作的方法來訓練智能不足者。
- 1848 年美國創設第一所州立智能不足者學校於麻塞諸塞州的南波士頓城（South Boston）。
- 1860 年德國創立第一個為智能不足兒童而設的特殊班。
- 1866 年美國紐澤西州伊利莎白（Elizabeth, New Jersey）地方之學校，開始對資賦優異兒童實施系統性的鑑定與教學，並採學習能力分組，使能力優越之學生得以加速學習。
- 1875 年美國在克里夫蘭市 （Cleveland） 開辦第一個智能不足兒童特殊班。
- 1886 年蘇利文（Anne Sullivan）開始教導海倫凱勒（Helen Keller），並獲得突破性的進展。
- 1890 年蒙特梭利（Maria Montessori）開始教導智能不足兒童，並發展學前教育的理論與課程。同年，貝爾（Alexander Graham Bell）發明了電話，導致了對嗣後聽障者所用的助聽器之開發。
- 1891 年美國開始發展「劍橋計畫」（the Cambridge Plan），允許資賦優異學生在四年內完成小學六年的學業。
- 1899 年英國倫敦創設第一所肢體傷殘者的學校。
- 1904 年法國教育部任命比奈（Alfred Binet）與西蒙（Theo-dore Simon）發展鑑定智能不足兒童之測驗，並根據測驗結果將此等兒童轉

介至特殊班。

- 1904 年德國柏林創設第一所身體病弱兒童之露天學校。
- 1911 年美國各大城市開辦資賦優異兒童特殊班。同年比奈與西蒙修訂他們的智力測驗，並用心理年齡（mental age）之觀念來解釋測驗結果。
- 1916 年涂爾門（Lewis Terman）於史丹佛大學（Stanford University）將比奈——西蒙測驗翻譯成英文，並建立美國的常模，而成為史丹佛——比奈智力測驗（the Stanford-Binet Intelligence Test）。
- 1922 年國際特殊兒童協會（the International Council for Exceptional Children）成立。此為日後特殊兒童協會（the Council for Exceptional Children）之前身。
- 1939 年魏契斯勒（David Wechsler）編造了魏氏智慧量表（the Wechsler-Bellevue Intelligence Scale），此為魏氏成人智慧量表（the Wechsler Adult Intelligence Scale）與魏氏兒童智慧量表（the Wechsler Intelligence Scale for Children）之前身。
- 1949 年魏契斯勒編造了魏氏兒童智慧量表。
- 1966 年美國在當時的聯邦教育署（the U. S. Office of Education）內成立殘障者教育局（the Bureau for the Education of the Handicapped），以推動殘障者之教育。
- 1968 年唐恩（Lloyd Dunn）發表專文，對特殊班的價值提出質疑。此文之提出咸認對一九七○年代之回歸主流運動（the mainstreaming movement），具有相當的影響力。
- 1973 年美國智能不足學會（the American Association on Mental Deficiency）對智能不足（mental retardation）這一名詞重新加以界定，對智能不足的認定影響深遠。
- 1973 年美國制定復健法（Rehabilitation Act；即 PL 93-112）。
- 1975 年美國制定全體殘障兒童教育法（the Education for All Handicapped Children Act；即 PL 94-142）。此一立法經多次修正後在 1990 年已改名為殘障者教育法（the Individuals with Disabilities Education Act；簡稱 IDEA）。

- 1978 年美國制定資優教育法（the Gifted and Talented Act；即 PL 95-561）。
- 1979-80 年美國教育署從衛生、教育，與福利部（the U. S. Department of Health, Education, and Welfare）分出，而成為獨立的教育部（the U. S. Department of Education）。同時殘障者教育局也與復健服務局（Rehabilitation Services Administration）合併，成為特殊教育與復健署（the Office of Special Education and Rehabilitation），有助於該國特殊教育與福利行政事權之統一。
- 1990 年美國制定殘障美國人法（the Americans with Disabilities Act；即 PL 101-336）。此一立法對無障礙環境的提供，有相當具體的規定。

☾ 二、我國特殊教育發展史

　　我國特殊教育之發展與西洋相較，其發展之起步與速率容有差異，然其發展之軌跡則大致相同。特殊教育之對象先始自聾、盲等兒童，再漸次擴及智能不足、肢障、資賦優異等其他類別。特殊教育之興辦，多由私人開創於先，再由政府致力於後。早期特殊教育之實施，可能多出諸人道主義之善意，最後政府以立法來顯示維護特殊兒童受適當教育的權利之決心。當我們瀏覽以下所列舉的我國特殊教育發展史上的大事後，應不難瞭解以上所言我國特殊教育發展之軌跡。

- 民國前四十二年，英國長老會牧師莫偉良（William Moore）首設「瞽目書院」於北平，專收盲童，授以讀書、算術、音樂等科。並創中國盲點字「瞽目通文」此為我國盲點字之開端。
- 民國前二十五年，美國籍的梅耐德夫人（Annette Thompson Mills）於我國山東登州府創設「啟瘖學校」，收容聾啞兒童，曾出版以「貝利」字母編輯的「啟瘖初階讀本」，為我國聾啞教育之始。
- 民國前二十二年，英國長老會牧師甘雨霖（William Gambe1）在臺南設立訓盲院，教以盲人聖書、點字、手藝等。為今日省立臺南啟聰學校之前身。
- 民國五年，南通張季直先生創設盲啞學校，是我國最早的盲聾合校。
- 民國十六年，南京市立盲啞學校之創辦，是我國第一所公立的盲聾

學校。

- 民國十八年，無錫中學實驗小學實施天才教育實驗計畫，此為我國早期的資優教育實驗（葛承訓，民 18；何華國，民 75a）。
- 民國五十年，臺北市東門國民小學首設「兒童心理衛生室」，以輔導行為異常之兒童。
- 民國五十一年，臺北市中山國民小學開始試辦「啟智班」，以輔導智能不足兒童。
- 民國五十二年，屏東縣仁愛國民小學首設「啟能班」，以輔導肢體傷殘兒童。
- 民國五十三年，臺北市福星國民小學與陽明國民小學首設「資優班」，以試辦資賦優異兒童之教育輔導。
- 民國五十五年，首創盲生混合教育計畫，以協助視覺障礙學生得與普通學生混合就讀國民中小學。並在省立臺南師專成立「盲生師資訓練班」，以培育巡迴輔導所需師資。
- 民國五十六年，省立仁愛實驗學校成立，以教育肢體傷殘的兒童與少年。
- 民國五十七年，頒布「九年國民教育實施條例」，規定對體能殘缺，智能不足及天才兒童應施以特殊教育或予以適當就學機會。
- 民國五十七年，實施盲聾分校政策，公立的盲聾學校，各分設為啟明（盲）與啟聰（聾）學校。
- 民國五十七年，首創體育資優學生訓練計畫，以培植體育成績優異之學生。
- 民國五十八年，彰化縣二林國民小學首設啟聰班，以教育聽覺障礙學童。
- 民國五十九年，省立臺北師專成立「智能不足兒童教育師資訓練班」。
- 民國五十九年，臺北市金華、成淵、大同、大直四所國民中學首設「益智班」，以推展智能不足學生教育實驗研究。
- 民國五十九年，教育部公布「特殊教育推行辦法」。
- 民國六十二年，教育部訂定「國民小學資賦優異兒童教育研究實驗計畫」，以對資賦優異兒童進行有系統的教育研究實驗。

- 民國六十二年，公布「兒童福利法」，規定政府對特殊及身心不健全之兒童，應按其需要，給予特殊保育。
- 民國六十三年，臺北市福星國民小學及臺中市光復國民小學首設「音樂資賦優異兒童教育實驗班」。
- 民國六十三年，教育部公布「特殊兒童鑑定及就學輔導標準」。
- 民國六十三年，臺灣師範大學成立特殊教育中心。
- 民國六十四年，臺灣省立教育學院成立特殊教育系，以培養特殊教育師資。
- 民國六十四年，教育部公布「特殊學校教師登記辦法」。
- 民國六十四年，臺中市五權國民中學首設「美術班」，以輔導美術資賦優異學生。
- 民國六十四年，臺北市新興國民中學首設「啟聰班」，以輔導國民中學聽覺障礙之學生。
- 民國六十五年，臺南市首設「啟智學校」，是我國第一所智能不足兒童特殊學校。
- 民國六十五年，高雄市博愛國民小學首設「數學資優班」，以輔導國小數學能力優異之兒童。
- 民國六十五年，高雄市福東國民小學首創「語言矯治計畫」，以輔導語言有障礙之學童。
- 民國六十八年，首創「科學資優學生夏令活動」及「工藝性向資優學生輔導計畫」。
- 民國六十八年，教育部將資賦優異教育實驗延伸至國民中學，以集中式之「實驗班」或分散式之「資源教室制」，進行資賦優異教育研究實驗。
- 民國六十八年，公布「國民教育法」，規定「國民教育階段，對於資賦優異、體能殘障、智能不足、性格或行為異常學生，應施以特殊教育或技藝訓練」。
- 民國六十八年，公布「高級中學法」，規定對資優學生應予特別輔導，並得縮短其優異學科之學習年限。
- 民國六十九年，公布「殘障福利法」，規定殘障者福利、復健有關

事項。

- 民國七十一年公布「強迫入學條例」，其中亦涉及特殊教育有關之規定。
- 民國七十三年十二月七日，立法院三讀通過「特殊教育法」，同月十七日由總統公布實施，我國特殊教育之發展，從此邁向一個新的紀元。
- 民國七十九年一月二十四日「殘障福利法」修正公布。
- 民國八十三年起教育部試辦高職特殊教育實驗班計畫。
- 民國八十六年四月二十六日公布「身心障礙者保護法」。
- 民國八十六年五月十四日「特殊教育法」修正公布。

☾三、特殊教育的發展趨勢

我國特殊教育的發展，雖然起步較各歐美先進國家為晚，但自民國五十年代以還，各種特殊教育體制的創設，如特殊班，資源教室，與各種類別特殊兒童教育方案的成立等，頗能反映歐美先進國家特殊教育之走向。儘管大部分的特殊教育方案多屬「實驗」性質，距離滿足所有特殊兒童教育需要的目標尚遠，不過至少顯示國內在發展特殊教育時急起直追先進國家之精神。以言目前及未來特殊教育的發展趨勢，乃就舉世之一般潮流而論。這些發展趨勢，在我國有的固已略見其端倪；有的因政治、社會、文化，或經濟條件的差異，而尚未形成氣候；不過吾人卻難確保我國特殊教育的發展不受國外潮流之衝擊與影響。目前及未來特殊教育的發展趨勢，就其潛在的影響力而舉其犖犖大者，約有下列數端。

㈠重視造成殘障的生態因素

過去吾人對造成殘障狀況（handicapping conditions）的原因，多歸諸兒童內在身心上的困難，也即以醫學的觀點來解釋殘障的存在。這對多數重度殘障者固然無可厚非。但當許多輕度殘障者的教育需要也受到注意時，特殊的定義（the definition of exceptional），就不只包括個人的身心特質，同時也包含個體對環境要求的反應水準（*Kirk & Gal-*

lagher, 1983）。換句話說，對特殊性（exceptionality）的界定，已逐漸從醫學模式（medical model），轉移到注意特殊兒童與環境互動（interaction）狀況的生態模式（ecologicalmodel）。一九七〇年美國白宮智能不足委員會（the President's Committee on Mental Retardation）曾發表一篇名為「六小時的智能不足兒童」之報告，以說明智能不足的存在有的是具有環境特殊性的。不同的文化環境對個體的期待與要求往往不同。兒童是否被認定是特殊的，往往須考慮其成長的生態環境。

㈡對特殊兒童不加分類

對特殊兒童不加分類的作法（non-categorical approach），已逐漸受到特殊教育工作人員的注意。在瑞典即以「具有特殊需要的兒童」來概括傳統各類的特殊兒童；英國一九八一年的教育法（Education Act），則以「具有特殊教育需要的兒童」而統稱之（*Mitchell, 1983*）。不加分類的作法，主要在揚棄傳統醫學本位的殘障標記，而注意特殊兒童功能上的損傷（functional impairment），以提供適合其需要的協助。對特殊兒童不加分類的作法，在美國似多針對輕度的殘障者而言（*Idol-Maestas, Lloyd, & Lilly, 1981*）。伴隨此一措施而出現的是特殊教育師資的培養，亦採取不分類的方式。據估計在一九八一年全美國至少已有40%的州，已提出不分類的特殊教育教師證書頒授標準，或正進行類此的行政作業（*Blackhurst, 1981*）。目前我國師範學院特殊教育系之課程，也富有不分類的特殊教育教師培育色彩。至於我國現在將特殊教育教師的登記，分為身心障礙與資賦優異兩類的作法，似亦有向此一趨勢傾斜的意味。

㈢重視特殊兒童教育權益之保障

目前特殊兒童受教育的權利雖然受到普遍的認同，然而為免特殊教育的提供流於一時的善意，因此透過政府的立法以保障特殊兒童的教育權益誠為必需。例如美國的 94-142 公法即指陳，為保障特殊兒童的教育權益，美國政府應為該國的特殊兒童，提供免費而適當的教育，將學生安置在最少限制的環境，並訂定個別化的教育方案（individualized education program，簡稱 I.E.P.）以作為提供服務設施的依據，並為確保所提供教育的適當性，且對教育的過程規定種種的保障措施。諸如家長對子女鑑定與安置資料的接觸、獨立性的評量、特殊兒童監護人的任命、以及家長對子女的鑑定與安置工作有被書面告知和舉行公聽會的權利等（*Simpson, 1982*）。美國此一特殊教育立法對特殊兒童權益之保障，其規定之嚴密，舉世似無出其右者。聯合國為促進殘障者平等參與及發展的機會更制定有「殘障者機會均等標準規範」（*United Nations, 1994*；何華國，民 83a）。我國目前的「身心障礙者保護法」與「特殊教育法」，雖對特殊兒童的教育與福利措施皆有系統化的規定，惟如何確切落實與保障特殊兒童接受適性教育之權利，才是吾人應嚴肅面對的課題。

㈣對正常化原則、回歸主流與融合教育的強調

所謂正常化原則（normalization principle）乃是：「儘可能運用有如文化常態的方法，以建立或保持儘可能有如文化常態的個人行為與特徵。」（*Wolfensberger, 1972, p. 28*）換句話說，正常化原則是要使得殘障兒童的生活或教育環境儘可能跟非殘障兒童相似。這一原則最早是由北歐國家的智能不足教育界所提出（何華國，民 71b）。最後再流行於北美及其他地區，並擴及特殊教育的其他領域。對正常化原則提倡的結果，即形成非機構化（deinstitutionalization）與社區本位服務設施（community based service systems）的運動（*Menolascino, 1979*），這對殘障者的教育與服務，確具有深遠的影響。而回歸主流（mainstreaming）指的是將特殊與普通兒童混合安置以接受教育，不過仍對就讀普通班的特殊兒童提供必要的協助，使特殊兒童儘可能有與普通兒童交相互動的機會（*Kirk & Gallagher, 1983*）。正常化原則與回歸主流這兩個觀念，其精神看似相近，若就其應用的情況而言，實略有差異。正常化原則似多用於重度或中度的殘障者，而回歸主流所談論的對象，則以輕度或中度的殘障者居多。然而不論如何，這兩個運動在避免隔離（segregation）與傾向混合（integration）的精神是一致的。此外，自一九八〇年代以來逐漸盛行的融合教育（inclusive education）

之觀念，則主張讓殘障兒童直接在普通班中接受教育，但仍輔以必要的協助。這種開放性的教育理念，較之回歸主流誠不多讓。為使殘障者的教育、生活與工作能和正常的社會相融合，因此如何教導社會大眾善解與接納殘障者，將是舉世共同努力的目標。

(五)學前教育之受到重視

學前殘障兒童的早期鑑定與處遇（intervention）之重要性已受到廣泛的注意。卡內斯與戴斯卡（*Karnes & Teska, 1975*）曾指出：

> 兒童之發展地位能否經由精心設計的教育方案而改變呢？根據目前已有的研究結果，答案應是肯定的。吾人相信將兒童的智力分數提高半個到一個標準差是可能的。……吾人亦有足夠的證據可以支持「越早開始教育，成效會越好」這一理念。（*pp. 238-239*）

美國的 94-142 公法即規定各州如欲得到聯邦政府的經費補助，須對三至二十一歲的殘障者提供免費而適當的教育。美國有三分之一的州更將嬰兒的處遇方案（infant programs）列為學校服務設施的一部分（*Mitchell, 1983*）。英國一九八一年的教育法對地方教育當局，也賦以鑑定兩歲至十九歲之兒童是否有特殊教育需要的責任。此外，在家長的同意或要求下，也可對兩歲以下的幼兒實施鑑定的工作。我國特殊教育法（民 90）除規定學前特殊教育可從三歲開始外（第九條），並指出：「學前教育階段，在醫院、家庭、幼稚園、托兒所、特殊幼稚園（班）、特殊教育學校幼稚部或其他適當場所實施。」（第七條）學前特殊教育的實施，在北美地區從出生至十八個月（一歲半）止多於家庭中進行，以後再逐漸轉移至學前教育中心或學校中實施。在整個學前教育過程中，家長的參與和多方面專家團隊的合作，成為一大特色（*Mitchell, 1983*）。

(六)家長對特殊兒童教育的積極參與

家長參與特殊兒童教育的決策、實施，與教育權益的衛護，已普

遍受到認同與鼓吹。尤有甚者，為凝聚家長的力量以對特殊教育構成更具體的影響，更有家長團體的組成，如美國的「全國智能不足國民協會」（the National Association of Retarded Citizens）、「腦麻痺聯合會」（the United Cerebral Palsy Association）以及國內的智障者家長總會、自閉症協進會、啟智協會（南投縣政府，民 82）等對特殊教育立法的推動，特殊教育素質的提高，與喚醒社會大眾對特殊教育的注意，皆有積極的貢獻。美國的 94-142 公法即規定特殊兒童之家長，須參與其子女個別化教育方案（IEP）之訂定，學校對其子女教育決策是否得當，該法也賦予家長申訴權。他如英國與加拿大等，對家長參與特殊兒童教育決策的權利，也有相似於美國的規定。我國目前的特殊教育立法，對此一問題也漸加注意。吾人須知特殊兒童的家長不只是教育專業人員輔導知能的收受者，在特殊兒童的整個教育過程，更應成為教育人員的工作夥伴，他們也有許多經驗可以作為教育人員的參考。家長不只是特殊兒童權益之衛護者（advocate），更是特殊教育工作的監督者（monitor）。因而家長在特殊教育的角色，將益形重要。

(七)生涯教育之課程取向

所謂生涯教育（career education），柯卡斯卡與布羅林（*Kokaska & Brolin, 1985*）曾將之界定為：

> 系統地協調所有學校、家庭、與社區的組成力量，以促進個人經濟、社會、與生活潛能的實現，並參與有益於個體或他人之生產性工作活動的過程。（*p. 43*）

「由於生涯教育具有生活中心、實用，與能力本位的本質，它不只能滿足一般學生的教育需要，更是特殊兒童所急需。因此生涯教育觀念受到普遍接納似可預期。」（何華國，民 *75b*，18 頁）至於如何將生涯教育的觀念，反映到特殊兒童課程的編製上，應該是未來特殊教育工作者努力之目標。與生涯教育的概念有關的是對終生教育的提倡。此外，最近轉銜教育（transition education）觀念的興起，其目的

即在強調如何幫助特殊兒童從學校過渡到社區生活，使其得以獨立地在社區中生活與工作。這應是生涯教育觀念另一較新的發展（*Clark & Kolstoe, 1990*）。

㈧現代科技在特殊教育上的應用

現代科技的發展（technological advances）對特殊教育也產生莫大的影響。其中比較明顯的如殘障狀況的預防、傷殘的早期診斷、新式教學方法的運用、無障礙環境的提供、以及藉著許多輔助器材的幫助，使殘障者得以生活得更為正常等（*Kneedler, Hallahan, & Kauffman, 1984*），都是現代科技對特殊教育的貢獻。因此，為了對特殊兒童提供最適當的服務，特殊教育的發展常須集合各有關專業團隊的力量，各獻所能，才可有效地提升服務的品質。因而，在特殊教育中對科技整合的強調，也是今後重要的發展趨勢。

㈨司法當局在特殊教育中的仲裁角色

當各國憲法都承認受教育是國民的基本權利，而民眾對其權利與義務的分際更為瞭然時，特殊兒童如因其「特殊性」而得不到教育的機會，或雖有教育的機會，但教育的內容卻不適當，而不能滿足其需要時，家長與教育界的爭議常因之而起，甚且有的更對簿公堂。美國之能有比較周延的特殊教育立法，許多特殊教育訴訟的判例，實在功不可沒（*Bateman & Herr, 1981*）。預料未來司法當局在特殊教育中的仲裁角色，將益形突出，特殊教育立法應能反映這種漸增的壓力與需要。

㈩殘障預防與研究工作的加強

此一趨勢常與前述「現代科技在特殊教育上的應用」相提並論。對殘障研究工作的努力，即在發展科技知識，以對殘障的預防與處遇能提出更有效的對策。而預防殘障的途徑，可能從下述幾方面去努力（*Menolascino, 1979*）：(1)加強產前的照顧；(2)防止產前與產後的疾病感染；(3)運用諸如羊膜穿刺術（amniocentesis）、絨毛取樣法（chorionic villus sampling）、超音波檢查（sonography）等的早期診斷方法，以預

知出現殘障的可能性，並及早採取處遇對策；(4)外在（如鉛與水銀）
與內在（如 Rh 血液因子不合症）毒害因素的預防；(5)對處於不利的社
會與心理環境的兒童，及早提供必要的處遇措施，以增進其發展的潛
能。此外，隨著基因療法（gene therapy）的研究發展，未來應可降低
某些身體殘障狀況出現的機會。吾人咸信透過有效的研究與預防工作
之努力，對今後殘障兒童出現率的降低，必然大有助益。

第二章

資賦優異兒童

第一節　資賦優異的意義

一、資賦優異的定義

能力特別卓越的兒童，過去多以天才稱之，最近則多改稱為資賦優異（gifted and talented）。得天下英才而教育之，誠為教育工作者最感快慰的事。因為吾人期望資賦優異的兒童，經由適當的教育與輔導，對國家、社會的發展，能比一般人作更大的貢獻。尤其當一個國家正面臨經濟、社會、文化等發展的轉型期時，許多成長上的問題亟待突破，人力資源的開發成了旋乾轉坤，繼往開來的原動力，大家對資賦優異兒童的寄望，也自然格外殷切。

在談到如何輔導與教育資賦優異兒童之前，我們首須瞭解什麼樣的兒童才算是資賦優異兒童。在英文裡頭常將 gifted 和 talented 並列。不過按字義來講，gifted 通常是指的智力特別高而言，而 talented 則指才能上的卓越。將 gifted 和 talented 並列而用，應可以中文「資賦優異」來稱之。按我國「特殊教育法」中所謂之資賦優異，即包括一般智能、學術性向、藝術才能、創造能力、領導才能、及其他特殊才能方面的優異。因此資賦優異一詞並不像三十多年前一樣僅限於高智力者，如今實亦包含具有特殊才能的兒童在內。這可由下面所提各個「資賦優異」的定義得到證明。

一九七二年美國當時的教育署長馬蘭（*Marland, 1972*），曾對「資賦優異兒童」界定如下：

　　資賦優異兒童是由合格的專業人士所鑑定出來，由於其能力的卓越，將會有高度的成就表現。這些兒童需要超乎一般學校所提供的特別教育方案或服務，以實現其自我並對社會有所貢獻。

會有優越表現的兒童，包括下列任何一種或多種領域具有成就或潛能的兒童：

1. 一般智能（general intellectual ability）。

2. 特殊學術性向（specific academic aptitude）。

3. 創造性與生產性思考（creative and productive thinking）。

4. 領導才能（leadership ability）。

5. 視覺與表演藝術（visual and performing arts）。

6. 心理動作能力（psychomotor ability）。（*p. 2*）

馬蘭的這一定義，曾被置於美國的教育立法（**91-230 公法**）中。儘管以後略有更動，但其定義的周延性，則一再受到稱道。一九七八年的美國資優教育法中對資賦優異的界定，多少也沿襲了馬蘭定義之精神。該法對資賦優異的定義如下：

資賦優異兒童或青少年，是指其在學前、小學，或中學階段，經過鑑定而確認其在智能，創造力，某些學科，或領導才能，或表演與視覺藝術方面，有具體成就或潛在能力者而言。基於此一原因，因而他們需要學校提供一些特殊的服務或活動。（*Public Law 95-561, Section 902*）

最近美國聯邦政府對「資賦優異學生」的定義，除了重申過去資賦優異多元的概念之外，也特別注意到資賦優異的界定需要顧及環境、文化、經濟等因素。美國聯邦政府新近的這一定義指出：

具有傑出才能的兒童與青年當與其所屬年齡、經驗、或環境的他人比較時，表現顯著的高度成就水準或顯示表現的潛能。

這些兒童與青年在智能、創造力、與／或藝術的領域顯示高度的表現能力，具有不凡的領導能力，或在特殊學術領域表現傑出。他們需要非學校一般所提供的服務或活動。

傑出的才能出現在來自於所有文化族群、跨越所有經濟階層，及在所有人類努力的領域之兒童與青年。（*Ross, 1993*；引自 *Kirk, Gallagher, & Anastasiow, 2000, p. 118*）

　　此外，阮朱利（*Renzulli, 1977*）根據對資賦優異成人特質之研究結果，認為資賦優異者須具備較高的智力，富於創造力，與專注於學習或工作的動機。阮朱利認為一個資賦優異者必須同時具有這三個條件，否則就不太可能有傑出的表現。資賦優異兒童即是指那些在智力、創造力、與專注動機上有卓越表現或潛在能力者而言。

　　為了對資賦優異兒童提供適當的教育，我們需要對何謂「資賦優異兒童」給予明確的界定。但就上述幾個較受矚目的定義來看，不管其所涵蓋的能力或特質如何，幾乎皆以兒童的「具體表現」或「潛能」作為判定是否資賦優異的基礎。然而，我們總覺得「表現」易察，而「潛能」則難測。一般說來，我們若以兒童的「表現」來判定其是否為資賦優異，應該會比純憑對其「潛能」的臆測更為正確。然而在學中的兒童若為資賦優異，也多屬尚未雕琢的璞玉，多數難以其表現而斷定是否為資賦優異。為了實施特殊教育的目的，吾人大多只能從「潛能」的觀點去界定資賦優異兒童。這應該是目前資賦優異定義的難題之一。此外，目前吾人多以多元能力的概念來看待資賦優異者，認為資賦優異者並非一定要是全才。一個人如果在某一方面有傑出的表現或非凡的潛力，也同樣有機會被認定為資賦優異。這與近年來流行的多元智力（multiple intelligences）的觀念，認為人類的智力可包括語言、邏輯—數學、空間、身體知覺、音樂、人際關係、與個人內省能力諸多的領域，似相當符合（*Ramos-Ford & Gardner, 1997*）。另外，資賦優異也可能隨時間與情境的不同，而有所變化 （*Kneedler et al., 1984*）。亦即有些人可能一輩子皆表現卓越的才能，但有的人其傑出的成就或對社會的貢獻，則僅限於人生中某一時期而已。也有些人在某種學校的活動表現資優，其他的活動則不然。類似上述的情形，皆值得特殊教育工作者的關切，使資賦優異中的「特殊」兒童，也能獲得必要的協助（*Renzulli & Smith, 1980*）。更進一步的說，一個妥適的資賦優異定義，不僅須涵蓋所有資賦優異的因素，更不可忽略資賦優異者中尚有一些特殊對象的存在，如殘障者、少數民族，社會經濟不利的兒童等，皆很容易被排斥於資賦優異之外；而殘障、少數民族、與社會經濟不利者中，無可否認的仍然存在著資賦優異的兒童。

☾★二、資賦優異的類型

前面在討論資賦優異的定義時,曾約略提到資賦優異的類型(*Marland, 1972; PL 95-561, 1978*)。為使資賦優異的分類更見明確,特將常見資賦優異的類型分別敘述於下。

㈠學術資賦優異兒童

學術資賦優異兒童(the academically gifted)是指具有卓越的一般智力或特殊學術性向者。這類兒童的鑑定,智商常成為重要的決定因素,葛拉格(*Gallagher, 1960*)曾根據史丹佛——比奈智力測驗的評量結果,將學術資賦優異兒童再分成三種層次。最低的一個層次,他稱之為學術優秀(academically talented),約占學校學生總數的15-20%,智商在116以上(即平均數一個標準差以上)。再上來的一個層次稱之為資優(gifted),智商在 132 以上(平均數二個標準差以上),約占學生數的 2-4%。最高的層次稱為非常資優(highly gifted),智商在148以上,約占學生總數的0.1%。另外白納圖與柏濟(*Pegnato & Birch, 1959*;引自 *Meyen, 1978*)也認為在鑑定學術資優兒童時,如不採用個別智力測驗,則併用團體智力測驗與教育成就分數,也可得到滿意的結果。從一九二一年起,涂爾門與歐丹(*Terman & Oden, 1959*)對約一千名資賦優異兒童所作的長期追蹤研究,也正是學術資優兒童,其智商皆在140以上。他們發現這些兒童在抽象思考方面較之同年級的學生為優越,學業成績也一直在同年齡的友伴之上。差異比較小的主要在書法、運動、與手藝訓練等與動作技能有關的科目方面。涂爾門與歐丹也發現聰明的兒童一般也會成為聰明的成人,他們的健康與生活適應能力皆比普通兒童為強,同時也比一般人更具生產性。

㈡創造力資賦優異兒童

富有卓越創造或生產性思考能力的人即稱之為創造力資賦優異(creatively gifted)者。而所謂的創造性思考是:

在有問題出現，或需要出點子（ideas）的場合，能想出許多主意。它也就是能想到許多不同的，特出的，或獨創的主意，並且對這些觀念有所闡發。有時候它是問一些好的問題，而把困難加以澄清。它也能把觀念轉化成可溝通或表達的形式，而讓人們對該觀念有所掌握或對問題加以解決。因而，它需要運用有關的文字或媒體（media）、音樂、戲劇、動作等，以表達我們的想法、答案、或感覺。（何華國，民71c，1頁）

陶倫斯（E. P. Torrance）認為創造力是對事物感覺出差異或混淆，遺漏的要素，提出觀念或假設，試驗假設，並且溝通對假設驗證的結果，甚或進一步的修正與對假設再驗證的過程。而創造的過程，葛拉格（*Gallagher, 1975*）認為一般經歷準備（preparation）、潛伏（incubation）、豁朗（illumination）與驗證（verification）四個階段。至於創造的行為，則大致可歸納為流暢性（fluency）、變通性（flexibility）、獨創性（originality）、與精密性（elaboration）四大類。創造力資賦優異者的選拔方法，不應只限於一般傳統的程序。非常的創造才能，更需要非常的鑑定方法。

㈢社會心理能力資賦優異兒童

社會心理能力的資賦優異（psychosocially giftedness）是指具有政治與社會的卓越領導才能，可有效地達成團體目標，並促進團體之內的和諧關係而言。具有優異社會心理能力的兒童，常可能成為政治、社會上的領導人才，對整個國家未來的發展，其影響將極為深遠。這類兒童常成為其同輩的行為楷模。他們的看法或建議，常被團體內的其他成員奉為決策的依據。社會心理能力資優的兒童一般多能勇於負責，引導團體成員突破障礙，獲致目標的達成。因此這類資賦優異應屬領導才能的範疇。

㈣身體知覺能力資賦優異兒童

在視覺、表演藝術、或心理動作能力方面，具有高水準表現的通

稱身體知覺能力資賦優異（kinesthetic giftedness）。許多著名的藝術家、舞蹈家、演員、音樂家、運動員，皆可泛稱為身體知覺能力方面的資賦優異者。這類資賦優異者對社會精神文明層次的充實與提升，居功厥偉；其鑑定多藉專家之推薦（expert recommendation）而行之。

國內在資賦優異兒童教育實驗中，一般資優班（不管是集中或分散式）或對語文、數理等特優學生之輔導，其對象皆可視為學術資賦優異兒童。另外美術、舞蹈、音樂、戲劇、工藝等實驗專班之設立或對成績優異學生之特別輔導，其對象皆可劃歸身體知覺能力資賦優異兒童。創造力之啟發雖列為我國資賦優異兒童教育的重點工作，但目前並無特別為創造力資賦優異兒童而興辦的任何教育實驗方案；另外社會心理能力資賦優異兒童也同樣等待吾人寄予應有的關切。

☾三、資賦優異兒童的出現率

資賦優異兒童的出現率常受鑑定標準所左右。羅帝特（*Louttit, 1947*）根據涂爾門（L. M. Terman）一九二五年對 168,000 個兒童調查資料所作的推估，發現智商在 115 以上者約占 100‰，智商 130 以上者占 10‰，而智商在 160 以上者則不到 1‰。何林午思（*Hollingworth, 1926*）的研究也認為，如果人類的智商呈常態分配（normal distribution）的話，則智商 180 以上者，可能只有百萬分之一。如果我們純以智商作為界定資賦優異兒童的標準，則智商 130 以上者僅約 2%左右。如將標準降至 115，則達到資賦優異兒童標準者將高至 15%；不過大多數的教育與心理學家，皆不認為資賦優異兒童的出現率有這麼高（*Kneedler et al., 1984*）。阮朱利（*Renzulli, 1982*）則認為純粹以智商作為推估資賦優異兒童的出現率，常易產生誤導作用。他認為資賦優異兒童的鑑別標準不應只限於智商，還應將工作或學習動機及創造力包括在內。然而，不論如何，資賦優異兒童的出現率大概介於3%至5%之間，則為大多數教育與心理學家共同的看法。其中的下限 3%係僅以高智商作為取捨的標準，而上限 5%則把未達高智商標準的特殊才能兒童也包括在內。

此外，資賦優異兒童出現的百分比常顯現區域性的差異。因為

「資賦優異」乃是比較的結果。如果兒童在各自的學校內相互比較，則各校資賦優異學生的出現率，大概不會有多大的出入。如果是與某一個大區域甚或全國的兒童作比較，則某些學校資賦優異兒童的百分比會較高，某些學校則較低，是極為可能的。而在界定與鑑別資賦優異兒童時，其作為比較或參照群體的決定，則為一爭論不休的問題（*Kneedler et al., 1984*）。

☾★四、形成資賦優異的原因

資賦優異人之所欲也，但不見得每一個人皆可成為資優。到底資賦優異的形成，其條件為何，是值得探討的。一般而言，資賦優異的產生，離不開生物因素（biological factors）與社會環境及文化因素的影響。

在生物因素中，最常被提到的是遺傳對智力的影響。十九世紀時高爾登（Sir Francis Galton）根據名人傳記與直接訪談，發現能力卓越者，其家族常是一脈相承。社會上的傑出人士，其近親也常非泛泛之輩（*Plomin, DeFries, & McClearn, 1980*）。許多利用同卵雙生子或血緣相近者為樣本的研究，多肯定遺傳對智力的影響力（*Bouchard & McGue, 1981; Freeman, 1981*）。唯至今吾人仍無法瞭解的是到底那些遺傳基因（genes）造成資賦優異兒童的特殊能力，以及這些基因代代相傳的幅度到底有多大。遺傳之外的其他生物因素，如適宜的營養與疾病和傷害的避免，一般也認為或能提高產生資賦優異兒童的機率，但卻得不到研究上的支持（*Fisch, Bilek, Horrobin, & Chang, 1976*）。因此，除了遺傳以外，其他生物因素對智能發展的影響，尚有待進一步的研究。

兒童的能力固因遺傳而與父母的能力息息相關，但這種相關性又深受父母所提供予子女的學習環境而定。換句話說，遺傳與機會的結合，才是形成資賦優異的動力。如果兒童成長的社會與文化環境，能激勵、認可，與增強其對社會所重視的成就之追求，將有利於資賦優異的產生。許多研究也指出兒童的父母及其家人，在培養兒童的特殊能力方面，實具舉足輕重的角色（*Bloom, 1982; Callahan & Kauffman, 1982*）。

第二節　資賦優異兒童的鑑定

✦一、一般的鑑定程序

　　資賦優異兒童的鑑定自來就是教育界的一個熱門話題。鑑定資賦優異兒童的目的，應該在提供他們適切的教育方案。因此，資賦優異兒童的鑑定工作，須與其教育目標相互配合，是十分自然的事（*Stephens & Wolf, 1978*）。也就是要提供什麼樣的教育方案，就去選拔適合那個教育方案的學生。而教育方案設立之初，即對所要教育的對象有所界定。因此，資賦優異兒童的鑑定程序（identification procedures），莫不自資賦優異兒童的定義衍生而來（*Gallagher, 1975*）。一般而言，資賦優異兒童的鑑定工作，大致可分成兩個階段來進行。第一個階段稱為篩選（screening）或初選，其目的在透過普查的方式，找出具有資賦優異傾向的學生。第二階段則稱為鑑定（identification）或複選階段，其目的在從初選名單中，利用詳密的個別評量方法，以確定將安置於資優教育方案的人選。茲以常見的一般智能優異兒童之鑑定為例，將這兩個階段的工作內容，分別說明於後。

㈠初選階段

　　在辦理資賦優異兒童的初選工作時，應儘量讓每一個兒童皆有機會參選，以免遺珠之憾，並且所用的選拔方法，應能有效地篩選出再接受複選的學生。初選時幾個方法的併用，應比單一方法要有效而可靠得多。初選常用的方法約有下列幾種：

　　1. 教師的推介（teacher nominations）：經由教師推介的方式，以選拔可能是資優兒童的作法，被運用得十分普遍。但為了增進教師對兒童提名的客觀性，以及提升推介的效能，在使用此一方法之前，常須提供教師一些觀察兒童的線索或評量工具，以幫助教師瞭解學生。例如吉爾哈（*Gearheart, 1980*）即指出教師欲有效地推介學生，不妨注意兒童是否經常有下列之行為表現：

(1)強烈的好奇心。

(2)不尋常的工作毅力。

(3)對反覆而機械式的工作感到不耐。

(4)獨創的工作表現。

(5)豐富的想像力。

郭萬與陶倫斯（*Gowan & Torrance, 1971*）曾要求教師指出下列學生的人選，以協助其對資優兒童的提名：

(1)最好的學生。

(2)最有領導能力的學生。

(3)最具有創意的學生。

(4)學習動機最強的學生。

(5)最有科學性向的學生。

(6)學業成績最好的學生。

(7)最受歡迎的學生。

郭萬與陶倫斯的方法，對於不見得每一個學生皆認識得很清楚的中學教師，的確方便不少。另外，加德諾（*Gardner, 1977*）也指出若干資優的症候，可作為教師在觀察兒童的參考：

(1)表現獨創性或高度的技術水準。

(2)輕易而迅速地學會，具有強烈的好奇心。

(3)多才多藝的表現。

(4)在身高、體重、健康、與體能方面，皆有超乎常人水準的發展。

(5)能提早正確運用許多詞彙。

(6)對聽到與看到的資料皆很容易記住。

(7)觀察敏銳，反應迅速。

(8)表現出解決高度抽象問題的能力。

(9)輕易地學到閱讀的技能。

(10)在需要語文理解與運用的學科上，有優異的成績表現。

(11)卓越的社會與情緒適應能力，較具獨立與支配性。

(12)高度資優的兒童，可能因孤立，在學習上得不到滿足，以及對倫理、道德問題的關切，而產生個人或社會的問題。

⒀由於才能的卓越，非經由特別的輔導，無以充分發展其潛能。
⒁比一般兒童的興趣更為廣泛。

教師在運用上述觀察線索時，應避免受到學生某些症候的影響，務求多方考核，再作綜合研判，以期客觀周延。最近，為了提高推介資優兒童的正確性，已有若干量表發展出來，以供教師觀察兒童行為之用，其中最有名的當推阮朱利、史密斯、懷特、卡拉漢、與哈特曼（*Renzulli, Smith, White, Callahan, & Hartman, 1976*）為資優學生所設計的行為特質評定量表。該評定量表共分成五部分，分別為學習的特質、動機的特質、創造力的特質、領導才能的特質、視覺與表演藝術的特質。在國內也有「教師對兒童行為觀察量表」的編製（吳鐵雄、陳英豪、*Schaffer*、簡真真，民 69）。對教師在推介資優兒童時，皆有相當的助益。

2.團體智力測驗：在資賦優異兒童的篩選，團體智力測驗應比個別智力測驗，在時間與費用上要更為經濟。不過團體測驗的問題在於它可能不像個別測驗那樣可靠，同時它也不易區分能力頂尖學生的差異，更由於測驗時間的限制，常令某些學生無法將能力充分發揮出來。這些都是吾人在運用團體智力測驗時，應該加以注意的。目前國內可供國民中小學使用的團體智力測驗，約在十種左右（張蓓莉，民 80）。吾人在選用這些團體測驗時須注意各測驗在信度與效度上的資料，可供參照的常模（norm）其適切性如何，以及測驗是否適合學生之用。

3.成就測驗：此項測驗的目的，乃在概括地瞭解學生的教育成就。其型態有採分科，也有以綜合成就測驗而實施者。大致上對於團體智力測驗的批評，以及應注意事項，同樣可用於成就測驗上。實施成就測驗最大的難題，在於不易找到合適的工具。因為測驗內容如果未能與兒童的學習內容相互配合，則測驗結果實不易真正反映學生之教育成就。類此情況，測驗工具可能只有自編一途。

4.除了上述的教師推介、團體智力測驗、成就測驗外，在初選時也常可藉助(1)對家長的訪談，(2)同儕的推介，與(3)學生具體的學習成果而進行評選（*Clark, 1979*）。

以上所提到的初選階段常用的這幾種方法，不管其實際運用時項目怎樣選擇與組合，其所獲得的資料貴能互相參照與印證，以找出可能的資賦優異兒童。

(二)複選階段

參加複選的學生，一般須再接受更詳密的個別化評量。而這些評量工具應能確實反映教育當局對資賦優異的定義。此外，在選用測驗時更須注意其信度、效度、以及常模的適用性。以免因為測驗的選用不當，而在評量結果上產生偏失。複選階段常加運用的評量項目，約有下列數種。

1. 個別智力測驗：在智力的評量上，個別智力測驗應比團體測驗要來得精確。儘管智力測驗一直廣受批評：諸如它對人類智力的估測，並非完全正確而不帶偏見；它並不見得可以測量到我們所謂的智力；但它的確仍是我們在鑑別資賦優異兒童時一項不可缺少的重要工具。雖然智力測驗仍有其缺失，但它仍是目前我們所能使用的最有效的智力評量工具。高智商雖不是資賦優異的充分要件，但超常的智力卻為一般智能資優的必要特質（*Kneedler et al., 1984*）。國內最常被使用的個別智力測驗是比西智力量表與魏氏兒童智力量表兩種。最近教育部又完成「中華智力量表」的編製，國內在個別智力測驗的運用方面，又新增另一選擇。

2. 創造力測驗：把創造力列為甄選資賦優異兒童的測驗項目之一，似乎是對資賦優異的定義須包括創造力特質的一種肯定，或顯示吾人對資賦優異兒童應發展其創造能力的一種期待。智力測驗所測量的大致上是兒童聚斂性思考（convergent thinking）的能力。而創造力測驗則著眼於兒童擴散性思考（divergent thinking）能力之評量。不管聚斂性思考或擴散性思考，吉爾福（*Guilford, 1977*）認為皆是智能結構或思考運作的一部分。因此，就廣義而言，創造力應屬智力功能的一部分。由於一般創造力測驗的內容皆有別於智力測驗，因此它應能測量智力測驗所測量不出的能力。創造力測驗雖在資優兒童甄選時廣被運用，但其困難在於創造力的定義言人人殊，評量方法也各異其趣。

有的針對兒童的行為或作品，施以主觀的判斷；有的則採取標準化的測驗。究以何種方法為當，實無定論。國內已有的創造力測驗多數由陶倫斯（E. P. Torrance）所編製的陶倫斯創造思考測驗（the Torrance Tests of Creative Thinking）修訂而來。該項測驗分成語文與圖形兩類，國內資賦優異兒童的甄選，常以此項測驗作為評量兒童創造力的工具。

3.通常複選時除了實施上述的個別智力測驗與創造力測驗外，有的也可能對兒童的動機特質、自我觀念，與人格特性等，再作進一步的評量與瞭解（*Meyen, 1978; Kneedler et al., 1984*）。

蒐集到上述複選學生的資料後，接著便須決定要安置到資優教育方案的學生人選。通常這項工作多透過委員會的型態來進行。委員會的成員多包括資優教育專家、心理學家、教師、與學校行政人員等。接受資優教育學生人選的決定，須根據所獲得的資料，作綜合性的研判，以選拔適當的資優教育對象。惟在實際作業時，為避免無謂的人情包圍，有的資優兒童鑑定委員會可能對各項評量成績預設標準，然後再根據這些標準，選出接受資優教育的兒童；對於一些模稜兩可，有爭議的人選，再訴諸委員會的公斷。

我國對資賦優異學生的鑑定程序，大致上也是分成初選與複選兩個階段。例如按民國七十六年「特殊教育法施行細則」第八條之規定（教育部，民76），資賦優異學生之鑑定，係依下列順序辦理：

1.由班導師或任課教師依下列資料推選具有資賦優異特質之學生。

(1)教師之觀察。

(2)成績考查結果。

(3)校內外活動表現。

2.由學校有關主任、輔導教師及教師組成小組，綜合下列資料遴選符合資賦優異規定之學生，經其父母或監護人同意後，報請主管教育行政機關鑑定之。

(1)教師推選資料。

(2)學校紀錄之分析資料。

(3)各項測驗結果。

至於所謂資賦優異，民國九十一年教育部所公布的「身心障礙及

資賦優異學生鑑定標準」，對一般智能與學術性向優異之鑑定分別有下列的規定：

　　1. 一般智能優異：指在記憶、理解、分析、綜合、推理、評鑑等方面較同年齡具有卓越潛能或傑出表現者；其鑑定標準如下：

　　(1)智力或綜合性向測驗得分在平均數正一點五個標準差或百分等級九十三以上者。

　　(2)專家學者、指導教師或家長觀察推薦，並檢附學習特質與表現等具體資料者。

　　2. 學術性向優異：指在語文、數學、社會科學或自然科學等學術領域，較同年齡具有卓越潛能或傑出表現者；其鑑定標準為下列各款規定之一：

　　(1)某領域學術性向或成就測驗得分在平均數正一點五個標準差或百分等級九十三以上，經專家學者、指導教師或家長觀察推薦，並檢附專長學科學習特質與表現等具體資料者。

　　(2)參加國際性或全國性有關學科競賽或展覽活動表現特別優異，獲前三等獎項者。

　　(3)參加學術研究單位長期輔導之有關學科研習活動，成就特別優異，經主辦單位推薦者。

　　(4)獨立研究成果優異，經專家學者或指導教師推薦，並檢附具體資料者。

　　此外，對於中小學資賦優異學生的降低入學年齡、縮短修業年限及升學輔導，國內也訂有明確的實施辦法（見附錄九）。

☾ 二、特殊才能的鑑定

　　上面所敘之一般鑑定程序，多用於鑑別學術資賦優異兒童（包括一般智力與特殊學術性向資優者）。至於特殊才能的鑑定，則須按才能的特殊性，而分別設定其考量的項目。一般說來，特殊才能的鑑定，常將智力測驗也列入，並著重對學生在各特殊領域的成果與表現的評鑑。

　　在鑑別創造力資賦優異兒童時，可能會用到一些特殊的創造力測

驗，或針對兒童的論文、詩詞、藝術作品加以評鑑，以選拔真正具有創造力的資優兒童。領導能力資優學生之鑑定，則多透過教師對兒童行為之觀察與評鑑，看看被評鑑的學生是否具備卓越領導人才之特質，如勇於負責；具有追求目標，完成任務的毅力；在解決問題時具有冒險性與獨創性；充滿自信心；能忍受人際關係上的壓力；能忍受挫折與延宕；具有影響他人行為的能力；能促進成員的團結，以達成共同目標（*Arnold, 1976*）。音樂、舞蹈、美術等視覺與表演藝術資優兒童的甄別，雖也常用到各類藝術性向測驗，而透過專家的鑑賞與判斷的方式，則普遍受到推崇（*Kirk & Gallagher, 1983*）。不過對專家的判斷，可能出現的主觀與偏見，倒是值得吾人寄以關切。

我國目前對藝術才能、創造能力、領導才能，及其他特殊才能優異之鑑定分別有如下之規定（*教育部，民 91*）：

1. 藝術才能優異：指在視覺或表演藝術方面具有卓越潛能或傑出表現者；其鑑定標準為下列各款規定之一：

(1)某領域藝術性向測驗得分在平均數正一點五個標準差或百分等級九十三以上者，或術科測驗表現優異者。

(2)參加國際性或全國性各該類科競賽表現特別優異，獲前三等獎項者。

(3)專家學者、指導教師或家長觀察推薦，並檢附藝術才能特質與表現等具體資料者。

2. 創造能力優異：指運用心智能力產生創新及建設性之作品、發明，或問題解決者；其鑑定標準為下列各款規定之一：

(1)創造能力測驗或創造性特質量表得分在平均數正一點五個標準差或百分等級九十三以上者。

(2)參加國際性或全國性創造發明競賽表現特別優異，獲前三等獎項者。

(3)專家學者、指導教師或家長觀察推薦，並檢附創造才能特質與表現等具體資料者。

3. 領導才能優異：指具有優異之計畫、組織、溝通、協調、預測、決策、評鑑等能力，而在處理團體事務上有傑出表現者；其鑑定

標準為下列各款規定之一：

(1)領導才能測驗或領導特質量表得分在平均數正一點五個標準差或百分等級九十三以上者。

(2)專家學者、指導教師、家長或同儕觀察推薦，並檢附領導才能特質與表現等具體資料者。

4.其他特殊才能優異：指在肢體動作、工具運用、電腦、棋藝、牌藝等能力具有卓越潛能或傑出表現者；其鑑定標準為下列各款規定之一：

(1)參加國際性或全國性技藝競賽表現特別優異，獲前三等獎項者。

(2)專家學者、指導教師或家長觀察推薦，並檢附專長才能特質與表現等具體資料者。

☾ 三、鑑定時容易忽略之對象

吾人在運用上述的鑑定程序以甄選資賦優異兒童時，因為所用的工具多屬常模參照（norm-referenced）的標準化測驗，對於文化背景歧異（culturally different）、經濟地位不利（economically deprived）、女性、或傷殘的兒童，則相當不利。因而這些兒童被鑑定為資賦優異的比率，可能就相形偏低。例如，文化背景與社會主流歧異的兒童，由於其經驗、語言，與認知型態（cognitive styles）的特殊，常無法充分地在標準化的智力、成就等測驗上，顯露其應有的才賦；傳統文化對女性角色的成見，也使得她們不敢隨便的嶄露頭角，或規避某些特殊性向（*如數理學科*）的發展，難免影響彼等在甄選測試上的發揮；有些傷殘兒童如生理障礙、情緒困擾、視、聽覺障礙者，由於身心功能的缺陷，難免損及他們在標準化測驗上的表現水準。在資賦優異的鑑定上，上述的這些教育上不利的（educationally disadvantaged）兒童，近年來已普遍受到重視（*Meyen, 1978; Blake, 1981; Swassing, 1985*）。這些兒童或許可稱為資賦優異兒童鑑定上的特殊群體（special groups）。

為了免除傳統資優甄選程序對這些特殊群體鑑定的困難，似應避免完全倚賴標準化的測驗作為鑑別資優兒童的工具（*Lewis & Doorlag, 1983*）。梅可（*Maker, 1977*）認為欲有效地鑑定資優的殘障者（the gifted handicapped），可採行下列三種途徑：

　1.鑑定兒童的潛能（potential）而非其已顯現的能力（demonstrated ability）。

　2.殘障兒童與殘障兒童本身相互比較。

　3.對於殘障者那些能有效補償其障礙的特質，在鑑定的評價上給予更大的比重。

　梅可認為在鑑定兒童的潛能時，並不需用到測驗，像陶倫斯（Torrance, 1974）的創造性特質檢核表（the Checklist of Creative Positives），即可用以觀察兒童在視覺藝術、音樂、舞蹈、戲劇、科學，與寫作活動方面的才賦。陶倫斯所提示的十八種創造性特質是：

　1. 表達感受與情緒的能力。

　2.能以常見的器材作即興表演。

　3.能邊說邊演。

　4.在繪畫、雕刻等視覺藝術上具有鑑賞與表現的能力。

　5.在舞蹈、戲劇等表演藝術上具有鑑賞與表現的能力。

　6.在音樂、韻律等活動上具有鑑賞與表現的能力。

　7.在說話方面具有表情達意的能力。

　8.能流利順暢地從事非語言的溝通。

　9.在小組的活動中，具有鑑賞與表現解決問題的能力。

　10.對具體的事物具有感應的能力。

　11.對運動感覺方面具有感應的能力。

　12.具有以姿勢，身體的語言（body language）從事表情達意的能力。

　13.富有幽默感。

　14.對非正式的語言（informal language）具有豐富的想像力。

　15.在解決問題方面，能有開創性的想法。

　16.具有以問題為中心的思考習慣。

　17.具有在情緒上回應的能力。

　18.在情緒上極易提振而上路。（Torrance, 1974, pp. 481-482）

　梅可指出以兒童的潛能，而非其已顯現的能力作為鑑定是否為資優的根據，目前似比後兩種鑑定途徑獲得更多的支持。然而，梅可也

承認上述的三種鑑定途徑仍有其限制，諸如潛能與已顯現的能力之區分不易；殘障者的生活環境，其組成分子大多數仍為非殘障者，如未能與正常人為比較的對象，則不易看出其可能成功的潛能何在；另外，對殘障者那些能有效補償其障礙的特質之鑑定與評量，也的確並非易事。類此情況，吾人可知特殊群體中資優兒童的鑑定雖然不可忽略，但其鑑定問題實值得進一步的研究。

第三節　資賦優異兒童的特質

一、研究資賦優異兒童的特質之問題

到底資賦優異兒童像什麼？或資賦優異兒童在身心方面有怎樣的特徵？過去對這類問題一般人皆有一些偏頗的看法，認為資賦優異者除了智力較高以外，可能是弱不禁風、性情古怪或情緒不穩的人。現今吾人則多認為資賦優異者在身心方面都是比較成熟而健康的，同時他們在許多方面也超人一等。目前對資賦優異者的觀點，也難免令人產生資賦優異兒童萬事皆強，且不會有嚴重的情緒或健康問題之刻板印象（*Kneedler et al., 1984*）。吾人須知，資賦優異者就整體來看，可能在許多方面皆勝人一籌，不過他們也可能從身心適應良好至身心適應不良，各種情況皆可能出現。

資賦優異兒童特質之研究，所以會產生一些刻板印象，大致與下列兩個因素有關：

㈠出於對資賦優異定義的歧異

有許多對資優兒童特質的研究，其樣本多取自高智商的兒童，其研究結果對許多特殊才能兒童特質的瞭解，自然有所不逮。由於目前對資賦優異已趨於多面性的定義（multifaceted definitions），因此吾人實不好將資賦優異者視為一同質性的群體。對資優兒童特質研究之結果，也應探究其研究的確實對象為何。

(二)出於取樣對象的差異

　　儘管研究者間對資賦優異可能具有共識，但取樣上的偏執，也可能產生不同研究結果。由於環境背景的差異，不同的人對相同的情境可能會有不同的反應。如果取樣的對象缺乏代表性，則所獲得的資優兒童的特質，也只是所選的研究樣本之反映而已。要是我們的研究對象有許多是有情緒問題的資優者，則難免會有資賦優異者都是稀奇古怪的偏見。

　　基於上述兩個因素，我們在解釋資賦優異者特質研究的發現時，應該抱持審慎的態度；尤應瞭解研究結果所根據的研究對象為何，以免對資賦優異兒童的特質，產生以偏概全的看法。

☾★二、資賦優異兒童的身心特質

　　對資賦優異兒童的身心特質最早作長期研究的，要屬涂爾門（Lewis M. Terman）。從一九二五年起，涂爾門即開始對 1,528 名資優兒童進行追蹤研究，直到他一九五六年去世為止。五巨冊的「天才進化的研究」（Genetic Studies of Genius）即是他對資賦優異兒童歷時三十多年的研究結果。涂爾門的研究樣本係取自美國加州的公立學校。而以教師推介和團體智力測驗作為初選的方法。其最後入學的學生智商（一九一六年的史丹佛──比奈智力量表）皆在 140 以上。這些資優兒童多來自社會經濟地位較高的家庭；無論家長的教育程度或收入，皆遠較一般水準為高；且來自破碎家庭的比率也比較低。因而吾人在詮釋涂爾門的資優兒童特質之研究結果時，似應將這些兒童優越的家庭環境因素考慮進去（Kirk & Gallagher, 1983）。涂爾門對資賦優異兒童特質之研究，其重要發現有下列幾方面：

(一)生理特徵

　　資優兒童的身高、體重，健康情形等多較普通兒童優越。而感官缺陷、齲齒、營養不良、體態不佳的情形也較一般兒童為少。

㈡人格特性與心理適應

資優者多具有超乎常人的意志力、情緒穩定性、道德推理與對美學的鑑賞力。同時他們也充滿自信，具有幽默感，且甚孚眾望。其婚姻的適應情形與其同儕無異。不過其離婚率卻比一般人稍低。而自殺、濫用藥物，或心理健康的問題也比較少出現。

㈢智力特質

在一九四〇年，涂爾門的研究對象曾再接受一次成人的智力測驗。結果發現並沒有人的測驗成績退到一般成人的水準。但有不到10%的研究對象，其成績則在百分等級（percentile rank）八十五以下。因而涂爾門認為聰明的孩子，長大後仍然是聰明的，這也可顯示資賦優異者心智的穩定性。

㈣教育成就方面

一般而言，資賦優異兒童在入學之前多已能閱讀，他們且擅長於語文與數學上的推理。在許多成就測驗上的成績也多維持在頂尖的10%以內的名次。涂爾門所研究的這些資優兒童嗣後上大學的比率，更是一般兒童的八倍。他們參加課外活動的範圍也較常人為廣泛。

㈤興趣特質

這些資賦優異兒童對諸如文學、辯論、古代歷史等抽象課業比較感興趣。比較不感興趣的則是一些諸如抄寫與手工訓練的作業。而在運動與遊戲的興趣，資優與普通兒童則無二致。不過他們顯然較缺乏社交的興趣，因而做遊戲時多只有一個玩伴。

㈥職業成就方面

在一九五五年所作的調查發現，男性資優者從事專業性工作（professions）的比率為一般男性的八倍。而這些資賦優異者的配偶，多半擔任專業性與管理性的職位。女性的資優者所擔任的多是教師或家庭

主婦的工作（可能與當時的文化期待有關）。這些被研究的資優者的收入多明顯的高於一般人的收入水準。如將最成功的資優男性與最不成功者作比較，涂爾門與歐丹（*Terman & Oden, 1951*）發現，影響資優者成功與否的是成就動機與社會的適應能力。換句話說，成功的資優者其情緒多較平衡，且能突破挫折的羈絆，而不斷努力精進。難怪歐丹（*Oden, 1968*）會說除了少數例外，資賦優異的兒童終將成為資賦優異的成人。

涂爾門的「天才進化的研究」堪稱研究資賦優異兒童的經典之作。涂爾門之後，探討資賦優異兒童特質的研究雖然不少，但多是短期性的，且多支持涂爾門的研究結果（*Kirk & Gallagher, 1983*）。克拉克（*Clark, 1992*）曾將過去許多人對資優兒童特質的研究結果加以整理，把資優兒童的特質歸納成認知的（cognitive）、情意的（affective）、身體的（physical）與直覺的（intuitive）四方面。在討論每一領域的特質時，並將資優兒童的需要與其可能產生的問題，相對並舉，對資賦優異兒童的教育與輔導頗有參考的價值。克拉克所整理出來的資優兒童上述四方面的特質，分別列於表 2-1，2-2，2-3，與 2-4。

最近瓦伯格等人（*Walberg, Tsai, Weinstein, Gabriel, Rasher, Rosencrans, Rovai, Ide, Trujillo, & Vukosavich, 1981*）曾研究二百多個卓越男士孩提時代的特質與其環境背景。他們發現這些名人絕大多數皆有很高的智力，他們在擴散性思考、聚斂性思考，與溝通的能力方面，就整體而言，也都極為優異。絕大多數的這些卓越人士，皆顯示許多正面的情意特質（positive affective traits），諸如人緣良好、具有吸引力、敏感、樂觀進取，且重視倫理道德。不過也有四分之一至三分之一的人，具有神經質、內向，與多病的症候。有38%的人被認為身材高大，而有62%則被認為是英俊貌美的。如對這二百多個名人的成長背景加以分析，瓦伯格等人也發現父母、教師的鼓勵與期待，早年與許多成人或名人接觸的機會，成功的學校生活經驗，以及對所好奇的事物有自由探索的自由等，皆可能是這些卓越人士所以成名的原因。

表 2-1　資優者的認知特質

特　　質	相關需要	可能之問題
知識特別豐富，不尋常的記憶力	接觸環境與文化中具有挑戰性與新的知識。包括美學、經濟、政治、教育、與社會科學；早日獲取基本技能的熟練。	對普通課程感不耐；對「等待團體的進度」也缺乏耐心。
高度的理解力	去接觸具挑戰性的課程與智慧友伴。	與同年齡能力較次的兒童人際關係不佳；大人視其「出類拔萃」，討厭反覆學習已瞭解的概念。
不尋常的多樣興趣與好奇心	去接觸不同的學科；允許發展個人的興趣。	順從團體的作業有困難；精力旺盛，一次從事太多的作業。
語言高水準的發展	逐漸使用更為困難的語彙與概念。	被同年齡的孩子視為「好表現」。
高水準的口語能力	口頭深入的分享觀念意見。	把持討論時間，老師與同學皆不以為然；巧言以避免困難的思考作業。
不尋常的處理訊息的能力	去接觸許多水準與種類的觀念。	討厭被間斷；被認為太過於認真；不喜歡常規與反覆練習。
急速的思考步調	接觸與個人學習步調相符的觀念意見。	因缺少活力與進展而感挫折。
思考過程的變通	允許以不同的方式來解決問題。	被視為對權威與傳統的不敬與歧異。
綜合性的統整	對觀念允許有較長的時間去加以孕育。	在從事新的探究活動之前，對於期限與完成的規定感到挫折。

早期的擱延作結的能力	允許去探討與統整新的觀念,而不強迫其作結或要求提出作品。	如要求以作品作為學習的證明,會拒絕從事其他有興趣主題的探究活動。
看出不尋常與不同的關係,及統整各種觀念與學門之高超的能力	在許多的材料、觀念及多種學門之學習機會中瞎忙。	被認為離開主題或與主題無關的探究深感挫折;被他人認為荒誕不經。
產生有創意的觀念與解決方法之能力	培養解決問題與生產思考的技能;對有意義的問題有機會貢獻出解決方案。	對拘泥式的服從感到困難;可能因不遵從指示而受懲處;可能以背叛的方式來處理別人的拒絕。
在思考過程上,早期表現特殊的形式(如變通性思考,抽象的詞彙,感覺出結果,說出一般化的情形、視覺性思考、使用隱喻與類推。)	去接觸變通性情況,抽象形式,選擇的結果,與有機會導出一般化的情形並加以證驗,以及使用視覺或隱喻的策略解決問題。	細節的拒絕或省略;質問他人的歸納結果,這種行為會被視為不敬;認為直線性作業是不完全與無聊的。
早期的使用,與形成概念化架構的能力	使用與設計概念性架構以蒐集資料和解決問題;尋求秩序與一致性;發展對混淆情況的忍受力。	對別人的無法瞭解或欣賞其創意的組織或洞察感到挫折;個人設計的體系或結構可能與日後所教的系統的程序相衝突。
對他們自己與他人的評鑑式做法	去接觸各種不同能力與才能的個人,以及觀察和解決問題的不同方式;設定實在而可實現的短期目標;發展評鑑資料與做決定的技能。	被他人視為精英、自負、卓越、太吹毛求疵;可能因自我批評而沮喪,如果失敗的恐懼太大,會阻礙對新領域的嘗試;被看成太過於強迫與要求;當他人無法做到資優者所定之標準時會影響人際關係;不能忍受愚蠢。
表現不尋常強烈、持續的目標導向的行為	在分配的時間以外從事探究活動,去設定並評鑑優先順序。	被視為頑固、剛愎、不合作。

(採自 Clark, 1992, pp. 38-39)

表 2-2　資優者的情意特質

特　質	相關需要	可能之問題
累積大量未被知悉之有關情緒的知識訊息	①認知性地處理經驗的情緒意義，②說出自己的情緒，指出自己與他人的知覺過濾情況與防衛體系，③擴展與澄清對物理環境的認識，④澄清對他人之需要與感受之瞭解。	錯誤解釋了的資料會對個人有消極的影響。
對他人之期待與感受有不尋常的敏感性	學習澄清別人的感受與期待。	容易受他人的批評所傷害，高度需要成功與承認。
敏銳的幽默感——可能是溫和或敵對的	去學習瞭解行為如何影響他人的感受與行為。	使用幽默以批評攻擊他人，導致對人際關係的傷害。
高度的自我覺察，並有所「不同」的感受	學習不防衛地肯定自己的需要與感受；為自我澄清，而與他人分享自我。	孤立自我，導致被認為倨傲，有被拒絕感，把差異視為一種消極的特質，因而導致降低自尊，並限制了情緒與社會性的成長。
理想主義與正義感，早年即已出現	以發現自己可以委身的價值，來超越消極的反應。	企圖從事不實際的改革與目標，而導致深度的挫折（自殺即由抑鬱而起，即有此性質）。
內在制握與滿足的早期發展	澄清個人衝突的價值之優先順序。與他人的價值系統對質與互動。	順從的困難；拒絕外在的理由，選擇依個人的價值而生活，這種價值可能被視為對權威或傳統的挑戰。
在情緒上之非常的深度與強度	從個人的價值體系去發現目的與方向。把承諾轉換成日常生活中的行動。	非常容易受傷害；問題集中在生活上之實際目標。
對自我與他人之高度期待，常導致對自我、他人與情境的高度挫折感；完美主義	學習設定實際的目標，並接受挫折為學習過程的一部分；聽取他人表達在接納自我的成長。	由高度自我批評而來的沮喪與挫折；當他人無法保持資優者的高標準，良好人際關係之維持會有問

		題，由於高度挫折而停止行動，這種挫折是由情境與優越的期待相違而起。
對抽象的價值與個人的行動之間的一致性有強烈的需要	找到一種職業，以提供實現學生個人價值體系，以及表現其才能的機會。	對自我與他人的挫折，導致限制了自我的實現與人際的關係。
高度的道德判斷水準	對非常的道德律，能得到認可。	同輩團體的不能見容與缺乏瞭解，導致了拒絕與可能的孤立。
被自我實現的需要所強烈促動	遵循分殊性途徑與從事強烈興趣的機會。幫助瞭解對自我實現的需求。	因不覺得受到挑戰而挫折；失去了沒有實現的才能。
對概念化與解決社會問題具有高度的認知與情意能力	與社會問題接觸，瞭解社會問題的複雜性。解決問題之程序的概念性架構。	趨向於「急速」的解決，而不考慮問題的複雜性；年紀輕的資優者，常把有用的變通方案變成可疑；年紀大，更有經驗的決策者，可能不會認真地注意資優者的表現。
領導能力	瞭解各種領導步驟，並練習領導技能。	缺乏機會去建設性地使用這種能力，會導致它的消失，或轉變成消極的特質，如群黨領袖。
對社會與環境問題的解決	有意義的參與真實的問題。	假使這些特質，不給予輔導與有意義的參與機會去加以發展，是社會的損失。
以社會形而上的需要來參與（如正義、美、真理）	探討人類最高度的思想；把這種知識應用到今天的問題上。	參與具有狹隘、完美主義信仰的模糊性社團。

（採自 Clark, 1992, pp. 40-42）

表 2-3　資優者的身體（感覺）特質

特　質	相關需要	可能之問題
經由高度的覺識，而從環境獲得非常數量的訊息輸入	從事把感覺資料統整與同化的活動。	注意力擴散到許多有興趣的領域；由於缺乏統整，而使精力過度消耗；似乎沒有系統，不連貫。
在身體與智能發展上的非常差距	欣賞他們身體上的能力。	導致資優成人在身心功能上的二分現象；僅在心智活動上才能輕鬆地表達他們自己的資優兒童，會造成在身心上有限的發展。
對於他的標準與體育技能之間的遲滯、落後，有低度的容受力	去發現可作為喜悅來源之身體活動；在小的進步中去發現滿足；從事沒有競爭的身體活動。	拒絕參與他們不擅長的任何活動；以其他輕鬆，具建設性之身體活動，限制了他們的經驗。
忽略身體的健康，並避免身體的活動	從事導致身心統整的活動。發展負起自己身體健康的承諾。把這種關切之心擴展到社會與政治的範圍。	有害於身心的健康，並限制個人潛能的發展。

（採自 Clark, 1992, p. 43）

表 2-4　資優者的直覺特質

特　質	相關需要	可能之問題
早期的參與並關心直覺的認知以及形而上的觀念和現象	有機會與哲學家和其他有關的人士就這些觀念從事有意義的對話；明白自己直覺的精力與能力；輔導發展與使用直覺的精力與能力。	被同伴所恥笑；不被年長者認真地加以注意；被認為荒誕奇特。
能開放這方面的經驗；將試驗精神與形而上的現象	輔導他熟悉、分析，並評鑑這些現象；應提供歷史的方法。	對沒有根據的信仰體系，會變得過分狹隘地專注。
顯然在所有領域的努力，都能表現創造力	輔導其能評鑑創造性努力的適當運用方法；鼓勵繼續發展創造性的能力。	被視為違常；對世俗的工作感覺不耐；會被視為惹是生非者。
預測的能力；對未來有興趣	提供探索「如果……會怎樣」的問題、機率與預測的活動之機會。	喪失高度有價值的人類能力。

（採自 Clark, 1992, p. 44）

　　涂爾門對資賦優異兒童的縱長性研究（longitudinal study），固然消除了長久以來許多人對資優兒童特質的誤解。涂爾門以後的許多資優兒童特質之研究，更使得我們對資賦優異者的身心特性，能獲得更完整的認識。資賦優異兒童就整體而言，他們的表現是突出的，不過彼此之間不管是在能力、人格、成就等方面，還是存在著許多個別差異。

第四節 資賦優異兒童的教育與輔導

一、教育安置的方式

　　資賦優異兒童雖然具有良好的發展潛能，但仍需要我們提供適切的學習環境，才有可能發揮其潛能，實現其自我，而服務社會貢獻人群。資賦優異兒童教育安置的方式，在我國主要採取集中式與分散式兩種型態。我國集中式的教育安置，目前係以特殊班（special classes）為主；而分散式則是將資優學生安置在普通班級，然後再透過資源教室對資優學生提供有關學科之教學與輔導。上述這兩種教育安置方式，皆同時應用於國民中小學的資賦優異學生。大致上說來，集中式的安置充滿隔離的色彩，而分散式則傾向於將學生回歸主流。

　　對資賦優異兒童的教育安置，雷諾與柏濟（Reynolds & Birch, 1977）曾提出一系列的變通方式如圖 2−1。在他們的這一教育安置體系中，特殊學校，特殊班等算是較為隔離的安置方式；資源教室方案等方式則兼顧學生回歸主流的需要；最能充分讓資優學生回歸主流的，應是將學生安置在普通班，再輔以必要的協助措施。唯教育安置方式的選擇，除了考慮學校在教育安置上的條件外，最應注意的是學生的個別學習需要。正如傷殘學生的教育安置一樣，最少限制的環境也是資優學生教育安置考慮的基點。資賦優異兒童教育安置的目標，應在使其獲得富有挑戰與激勵性的學習環境，以發揮其優異的潛能，並在人格上獲得健全的發展。

充分回歸主流 完全隔離

◄ ■■■■■■■■■■■■■■■■■■■■■■■■■■■■■■■■■ ►

■暑期特殊研習班
■特殊學校
■普通學校的特殊班
■參加人數受限的研習班
■資源教室與學習輔導中心
■學校中參加人數受限的參觀旅行
■普通班中的能力分組
■參加人選受限的普通班以外之課外活動
■普通班中的個別輔導
■普通班中的獨立與個別化的學習研究

圖 2-1　資優學生變通的教育安置
（修正自 Reynolds & Birch, 1977, p. 243）

☾ 二、課程設計的型態

　　對資賦優異兒童課程的安排，目前主要採取加速制（acceleration）與充實制（enrichment）兩種型態。所謂加速制係允許資優學生比普通學生以更快的速率，去完成一般課程的要求。而充實制則強調學習經驗的加深或增廣。無論是加速或充實課程，皆可分成不同的編製型態，當然也互見其優劣，茲分敘如後。

㈠加速制

　　資賦優異學生課程與教學加速性的安排，一般可分成下述幾類：
（*Kirk & Gallagher, 1983; Blake, 1981; Hardman, Drew, & Egan, 1984*）

　　1. 跳級（skipping grades）：係讓學生跳過某一學年或某一學期的課程而升級的方式。這種加速方式，過去雖流行過一段時期，但目前已較少採用（*Solano & George, 1976*）。一般認為讓學生跳級，可能會

產生社會適應的問題。

2. 縮短修業年限（telescoping grades）：即讓資優學生以比一般所需的年限為短的時間，修完普通學生的課程。這種加速方式不像跳級一樣，會造成學生經驗斷層的現象。我國國民教育法即規定，國民小學資賦優異學生經鑑定通過者，得縮短修業年限一年，提早畢業升入國民中學。縮短修業年限的作法，在一些不分年級（ungraded）的教育方案中，實施起來可能更為順遂些。學生所能縮短的修業年限，應按其能力與修業進度而定。

3. 提早入學（early school admission）：大多數的國家對於兒童進幼稚園或小學的年齡，在法令上皆有明確的規定。對於心智與社會成熟水準皆令人滿意的資賦優異兒童，則可讓其提早進入幼稚園或小學一年級。

4. 提早修習大學課程（early college programs）：這種方式的課程安排，主要採取三種途徑，以讓資優學生提早接觸大學教育。第一種稱為提早進大學，第二種是讓仍在高中的資優生選修大學課程，第三種則是通過大學科目的測驗，以取得或抵免某些大學科目的學分。

加速制的課程安排對資優學生最大的好處，應該是在才智的發展和學業成就方面。然而欲發揮此項成效，除了須注意提供資優學生良善的學習環境外，如何選擇適合加速制的學生，似為一重要課題（*Braga, 1969*）。由於接受加速課程的資優學生，其同儕可能皆較其年長，因而如何協助其在社會與情緒方面獲得良好的適應，也一直是受到關注的問題。

(二)充實制

資優學生充實課程的運用，主要採取下列兩種型態。

1. 水平充實（horizontal enrichment）：這就是所謂在課程上加廣的型態。也就是提供資優學生廣泛的「通識課程」。它所重視的是課程的廣度而非深度。

2. 垂直充實（vertical enrichment）：課程的垂直充實所強調的是發展資優學生較高層次的概念與思考技能。換句話說，提高教材的深

度，成為此類充實課程的特色。

　　一般說來，資優學生課程的充實，既強調水平充實，亦強調垂直充實，也就是說，既要加深也要加廣。另一方面，吾人也不難看出，某些充實制的課程，實亦脫離不了加速制的色彩。例如課程的垂直充實，即是在學習層次上有所逾越，本身即包含加速的意義。因此，充實與加速實在是相互關聯的。「美國資賦優異兒童教育之歷史約可分為三期：一八六七至一八九九，採彈性升級制（flexible promotions）；一九○○至一九一九年，採加速化方案（accelerated program）；一九二○至今，則盛行課程充實制（enrichment of the curriculum）。」（郭為藩，民73，40頁）目前我國中小學的資優教育，亦以充實制為課程編製的主要取向。

　　資優教育課程的充實目前雖然已逐漸蔚為風尚，但如不注意課程內容的設計，也可能成為「充實」其名，加重學生無謂的「作業」其實，學生未必就能獲得這種「特殊教育」的好處。因此，吾人如欲發揮充實制課程的優勢，必須對資優教育的目標、教學內容、教學人員的安排、與教學的評鑑等作適當的規劃，使資優兒童的學習活動，既含深度也富廣度。

　　對資賦優異學生充實課程的設計比較有名的，當推阮朱利（Renzulli, 1977）的三合式充實方案（the Enrichment Triad Model）。阮朱利曾將充實方案分為三種型態：(1)一般的探索活動；(2)團體的訓練活動；(3)個別和小組對真實問題的探究。他指出第一、二種型態的充實方案，如用之於所有的學生都很適當，但惟有第三種型態的充實方式最能表現資優教育的特色。無論如何，這三種型態的充實方案，各有其功能，它們是相互關聯的。就可能實施的層次言，探索活動發生較早，訓練活動實施在後，而以問題的探究及成果的展現為終極鵠的。阮朱利所稱的「一般的探索活動」係包括那些經過精心設計，使學生得以接觸到他所感興趣的學習題材之經驗或活動。其主要的目標在提供師生，有關真正的第三種型態之充實方案的某些暗示，以及幫助教師決定第二種充實活動應採行的方向與種類。而「團體訓練活動」則包括了與發展思考和感覺有關的一些方法、材料、和教學技術。它所強調

的是過程（process）而非內容導向（content-oriented）。換句話說，它所著重的是學生心智運作能力的增強，使他們得以有效的處理所面對的學習材料，而不在學習材料本身的吸收。這些訓練活動如果選擇得當，對於學生高層次思考的激發，深一層研究的引導，與乎解決問題能力的培養，都有莫大的裨益。然而，無論如何，這種充實方案應不是整個充實模式的全部或目的，它的主要功能在於承接第一種充實方案及促進第三種充實方案的發展，否則即難免本末倒置，輕重不分了。至於第三種型態的充實方案——「個別和小組對真實問題的探究」，其目標則在培養學生(1)其思想作為都能像個專家學者；(2)引導與轉化他們的興趣以產生具有創造性的成果；(3)在探究的過程上發展彼等的研究方法與能力。

如以阮朱利的觀點來看目前國內中小學的資優教育充實課程，似仍以第一、二種型態的充實方案居多，而這兩種方式的課程安排，與普通兒童的教育相較，在素質上仍缺乏區分性。因此，吾人如欲求目前的資賦優異學生的教育，有所突破與創進，則應重視阮朱利所強調的第三種充實方案在資優課程編製上的價值（何華國，民69）。

☾三、教育與輔導的重點

資賦優異兒童也是人，在教育目標上我們對一般兒童的期待，也同樣深盼資賦優異兒童亦能夠達到。然而正如　國父所言，聰明才智大者當服千百人，甚至千萬人之務；由於資賦優異兒童其聰明才智可能具有更大的發展潛力，因而，吾人對彼等的期盼也更為殷切。我們希望藉著特殊教育的提供，資優學生能夠實現其自我，並對社會有更大的貢獻。根據資賦優異兒童的學習需要以及社會對資優兒童的期盼，資優兒童的教育與輔導，似應以下述幾方面為重點。

㈠發揮主動與獨立學習的精神

當今許多為資賦優異學生所設計的教育方案（*Maker, 1982; Renzulli, 1977; Williams, 1986; Treffinger, 1978; Kolloff & Feldhusen, 1984; Betts, 1985*）似有一共同的特色，即是要培養學生成為一主動、獨立、且能自我指

導的學習者。資優學生具有良好的學習能力,且多有較強的成就動機,吾人如能提供自由、開放、與支持性的學習環境,不只有助於其主動與獨立學習精神的發揮,同時也比較容易滿足其學習上探索、冒險、與創新的需求。

㈡課程內容應強調高層次概念的學習

由於資賦優異兒童對概念的理解與運用,其層次多高於普通兒童。難怪資優兒童在適合普通兒童學習的教室情境中會坐立不安,無所事事。因為普通兒童所用的教材,對他們可能一學即會,缺乏挑戰性。葛拉格(*Gallagher, 1975*)曾以「營養」之教學單元為例,說明可供資優、普通,與學習遲緩兒童學習的不同層次的概念如表 2-5。

其中提供給資優學生學習的教材其抽象化的程度自比提供給普通與學習遲緩者為高。由此我們也可以瞭解,同樣的教學單元名稱,對不同能力層次的兒童,我們所提供的教材,其難度或深度也可以有所差異。資優學生所需要的課程,便是那些具有挑戰性,而需要他們多花心思的內容。前面所提及的充實課程之所以受到重視,也在它能滿足資優兒童對教材加深與加廣的需要。為了教材的加廣,吾人儘可提早將各學科基本的概念或知識教給學生。因為任何知識或概念,只要我們教學得法,照樣可以教給年幼的兒童(*Bruner, 1966*)。我們不只應教給資優兒童各學科的基本概念,還應提供他們應用這些基本概念的機會,而不在強調知識的記誦。至於教材的加深或高層次概念的學習,則應要求資優學生不僅要「知其然」,還應「知其所以然」。

表 2-5 適合不同能力水準兒童學習之營養概念

能力水準	營養概念
資優兒童	食物之生物化學;食物轉化為能量
普通兒童	營養的認識如醣類、蛋白質、脂肪等
學習遲緩兒童	有營養之食物的購買;均衡的食物舉例

(修正自 Gallagher, 1975, p. 78)

(三)重視思考能力的培養

資賦優異者所以異於常人，除了具有優越的發展潛能外，他們不應只是知識的消費者，更應該成為知識的生產者；因此他們所表現的學習特性，應不是資料的報導，而是問題的探究與知識的開發。然而對問題的探究與知識的開發，則端賴思考能力之佐助，方得竟其功。因此資優兒童思考能力之培養是很重要的。而兒童之思考過程（the process of thinking）與型態，常受教師的教學方法所左右。國內張玉成（民72）在教師發問技巧及陳龍安（民73）在創造思考作業對學生創造思考能力影響之研究，皆支持這種看法。至於人類的思考過程或型態到底如何呢？布魯姆（*Bloom, 1956*）與吉爾福（*Guilford, 1967*）的研究，應可以提供良好的參考架構。

布魯姆（*Bloom, 1956*）曾將認知學習的目標依次分成知識（knowledge）、理解（comprehension）、應用（application）、分析（analysis）、綜合（synthesis）與判斷（judgment）六個層次。其中以知識的認知層次為最低，判斷的層次為最高。無可否認的，高層次的思考，仍須以較低層次的認知為基礎。不過對於資優兒童的教學，似應將重點置於應用、分析、綜合、與判斷這些較高層次思考能力的培養上面。

吉爾福（*Guilford, 1967*）將人類的心智能力分成內容（content）、成果（product）與運作（operation）三個向度（dimensions）。其中在心智能力的運作方面，吉爾福將之分成認知、記憶、擴散性思考、聚斂性思考，與評鑑五個思考類型。在一般智力測驗中，常無法測量到學生的擴散性思考與評鑑的能力。而擴散性思考與創造能力又有密切的關係，更需要教師對資優學生加以鼓勵與培養。

在培養資優學生的思考能力方面，不管所採用的技術為何（如腦力激盪、屬性枚舉、型態組合分析法、分合法等），對學生所提出的問題之性質，往往可以決定其思考的方向。因此欲培養學生思考的能力，實有賴教師對學生提出需要高層次思考的問題（如布魯姆的應用、分析、綜合與判斷，和吉爾福的擴散性、聚斂性與評鑑性思考），以刺激與鼓舞其心智的運作活動。除此之外，資優兒童也需要一個自由、開

放、容許，與接納的學習環境，使其勇於探究問題並開拓新知。

㈣陶冶健全人格並激發對社會之責任感

正如普通兒童一樣，資優兒童的發展不只在認知、技能方面，也需在情意方面有平衡的發展。我們不只希望他們能發揮潛能，實現自我，更希望他們能有民胞物與的胸懷，愛人如己，服眾人之務，對社會有具體的貢獻。因此只注意智能或才藝發展的資優教育是偏頗的，資優兒童對未來社會的影響，究為正或負，實仍為未定之數。只有身心健全，善體他人感受，勇於承擔責任的資賦優異者，才是社會之福。資優兒童何去何從，教育將是一個主導的力量。

㈤注意生涯輔導之需要

生涯輔導（career guidance）同為普通與資優兒童所必需。不過由於資賦優異兒童生涯發展上所遭遇的問題，往往有異於普通兒童者，因此其特殊的生涯輔導需要，實值得吾人寄予關切。資優學生常見的發展上的問題，如多才多藝卻為未來的發展取向而苦惱；父母、教師等對資優兒童的期待所帶給他們的壓力；到底該發展自個兒的興趣，或滿足家長、教師等的期望，常令資優兒童有無所適從之感；由於資優兒童與普通兒童在發展上的差異，常讓他們感覺與普通兒童有某種程度的疏離感；其他如資優的女性或殘障者，也皆有其獨特的發展上之問題。德賴爾（*DeLisle, 1980*）也指出，資優學生常見的問題包括感覺與眾不同、有疏離感、對其人際關係感到不滿、對學校課程安排的不當充滿挫折感，以及對未來發展決策的舉棋不定等。類似上述這些情況，皆值得學校教育與輔導人員的注意，並根據學生問題的性質，對學生本人或有關人士（*如家長、教師、同儕等*）提供必要的個別或團體輔導與諮商的措施，以幫助資優學生克服其發展上的阻力，實現自我並貢獻人群。

☽ 四、科技的應用

現代科技在資優教育上的應用，最突出的要屬電腦（computer）。

電腦在資優教育上的價值是多方面的。電腦的應用將使資優兒童有能力接觸更多的資訊（information）；且以電腦為工具，也有利於問題的探究；特別是資優學生可以運用網際網路的資源，以滿足其學習與研究的需要。此外微電腦（microcomputer）更可用作教學機（teaching machine），資賦優異學生可以按照自個兒的進度去學習；無論是加廣或加深的充實教材，資優學生的學習都可以是個別化的。如果把電腦的程式語言也教給資優兒童，則他們在設計程式的同時，也可以學到邏輯思考，創造性的變通，以及解決問題的技巧；對於資優學生思考能力的訓練，當然極具價值。因而，電腦科技的急速發展及在學校中的普遍應用，對資賦優異學生提供適當的教育方面，將扮演十分重要的角色。

除了電腦在資優教育上的應用受到矚目以外，許多科技上的新發明對殘障的資優者潛能的發展，亦產生具體的貢獻。例如幫助一些生理傷殘人士（physically disabled person）得以與人溝通或獨自行動的科技產品，確實可以讓這些人不但是殘而不障，同時也可以使他們的才藝稟賦不致被漠視不聞。

☾五、教師應具備的特質

資賦優異兒童的聰明才智固然極具發展潛力，但這並不表示他們將來必然有所成就。他們是否能有所成，還要看我們所提供的教育機會與發展環境而定。由於資賦優異學生有其突出的特質與需要，吾人極需在教育設施上作適當的調整，以滿足彼等的特殊教育需求。在學校教育方案的修正上，葛拉格（*Gallagher, 1975*）認為可從教材內容（content）、學習型態（learning style），與學習環境（learning environment）的變更上著手。然而，吾人須知這三方面的調整，實有賴於教師對之有積極的作為。因此，師資應為資優教育成敗的關鍵。換句話說，有怎樣的教師，便有怎樣的資優教育。那麼資優教育的教師應具備怎樣的特質呢？根據作者從有關文獻的探討中，發現資優學生的教師需具備的特質或能力，實不離乎下述所列者（*何華國，民70，8頁*）：

㈠人格方面

1. 健康良好且體能優越。

2. 智能卓越。

3. 成熟可靠。

4. 高度的成就需求。

5. 多才多藝且興趣具有智慧性質。

6. 公平堅定且具有耐性。

7. 有自信心。

8. 性情平和。

9. 具幽默感。

㈡知識與能力方面

1. 資優者特質與需要的知識。

2. 對學科教學與學習理論的熟稔。

3. 對個別差異的認識。

4. 能設計適當的教學計畫,並有效地實施。

5. 能運用團體作業活動(group projects)。

6. 豐富的教學技能。

7. 教室活動方式(classroom approach)的安排具系統化與企業式樣(business-like)。

8. 教學具有創造性與啟發性。

9. 能使用測驗與測驗資料。

10. 能運用團體動力(group dynamics)

11. 能運用諮商與輔導的方法。

12. 對自我與教師的角色有清楚的瞭解。

13. 願意做個催化者(facilitator),而非學習的指導者(director of learning)。

14. 能發展具有彈性的個別化課程。

15. 能運用教學策略,使學生從事較高層次的智能活動。

*16.*能承認錯誤。

*17.*做個引導者（guide），而非獨斷者（dictator）。

*18.*善於臨機應變。

㈢態度方面

*1.*友善、溫暖與真誠。

*2.*積極的態度與期待。

*3.*趨向以學生為中心（student-centered）。

*4.*對資優學生的問題具有同情心。

*5.*支持資優學生的特殊教育設施。

*6.*教學熱心並熱中於教材之研究。

*7.*願意貢獻額外時間於教學活動。

*8.*對教學活動能自得其樂。

　　韓愈曾言，世有伯樂然後有千里馬。千里馬常有，而伯樂不常有。資賦優異學生就如千里馬，正待教師扮演伯樂的角色，不只須識千里馬，更應善待之，方能發揮其千里之能也。

第三章

智能不足兒童

第一節　智能不足的意義

☪一、智能不足的定義

　　人類智能不足現象的存在，可能與人類的歷史同樣久遠。然而由於智能不足狀況的複雜，描述此一狀況所用的名詞也相當分歧，例如在美國的用語就包括智能遲滯（mental retardation），發展障礙（developmental disabilities），智能低下（mental subnormality）、智能缺陷（mental deficiency）、智能缺損（mental defective），與智能障礙（mentally handicapped）等；在英國則採用低能（feeblemindedness）一詞；在蘇俄、法國、及北歐諸國則慣稱智能不足為oligophrenia（*Gearheart & Litton, 1979*）；近鄰的日本，在一九四一年以前都使用「低能兒」一詞，而在一九四一年以後，則改稱「精神薄弱兒」（*張紹焱，民63*）。中國大陸、新加坡、香港則多以「弱智」稱之。在我國對此一狀況的稱呼，除「智能不足」外過去有低能、傻瓜、呆子、白癡、下愚等，目前「特殊教育法」與「身心障礙者保護法」皆以「智能障礙」命名。

　　儘管智能不足者普遍受到人類學、教育、醫學、心理，與社會學界的關注，但到目前為止，吾人尚無法找到一個大家共同接受的智能不足之定義，揆諸其因不外與下列因素有關（*Gearheart & Litton, 1979*）：

　　㈠定義一般皆為某一社會文化標準的反映，而此項標準則常變動不居。

　　㈡各個不同的研究領域常各自創造適於己用的名詞與定義。因此，適於某一領域的定義，不見得對其他領域就恰當可用。

　　㈢智能不足的成因與狀況皆極為複雜，且在此一領域也存在許多相互對立的理論。

　　㈣人們對智能的高下皆十分重視，因此任何一個描述智力低下的定義，都帶有消極的意味。而使某些人在下定義時，有不直接論及智力的情形。

就吾人已知的許多智能不足的定義來看，一般對智能不足所下的定義，實不離乎生物、社會、或心理測量的觀點。以下將就這三方面的觀點先作敘述，最後並就廣受重視的美國智能不足學會（American Association on Mental Retardation，簡稱 AAMR）的定義，進一步加以討論。

㈠生物學的定義

醫護人員通常是最早發現智能不足現象的人士，這也難怪早期對智能不足所下的定義，大多充滿生物學的色彩。在西元一九○○年時智能不足的概念，要比現在狹隘得多。艾爾蘭（W. W. Ireland）就曾指出：「白癡是發生於出生前或兒童心智發展前，因神經中樞營養不足或疾病，所引起的智能不足或極度愚蠢的現象。低能一詞一般係指智能不足程度難以確定的情況」（引自 *MacMillan, 1977, p. 33*）八年之後，崔國（*Tredgold, 1908*）同樣強調智能不足的機體因素（organic origins），不過他又加上社會適應作為決定智能不足與否的標準。他對智能不足的定義是：「出生或早年因腦部的發育不全，所造成的智能缺陷，會使當事人無法盡其身為社會成員的責任。」（*Tredgold, l908, p. 2*）從智能不足這些早期的定義看來，似皆把智能不足的原因歸諸生理上的問題，從而導致社會適應上的困難。因此其對智能不足的界定也就特別強調生物學上的標準（biologica1 criteria）。

㈡社會的定義

由於智能不足是一實際的社會問題，因此有人遂從比較實際的標準考慮定義的問題。例如個人能否獨立照顧自己的生活；是否能有效地適應社會環境等。採取此一觀點者，早期有凱諾（*Kanner, 1949*），最近則有墨索（*Mercer, 1973*）。

凱諾曾在一九四九年將智能不足分成絕對性（absolute）、相對性（relative）與表面性（apparent）三種。他認為相對性的智能不足是根據環境相對的要求來界定的。例如一些智力較差者在鄉村總比在城市的適應要容易得多。因為城市對個人在生活適應上的要求遠比鄉村為

複雜。因此只要能充分適應其所處的環境，就不該被視為智能不足。即使是智能不足者，只要社會對他在智力上的要求，在其所能應付的範圍，他仍可有相當多成功的機會。

墨索則採社會制度的觀點（social system perspective）來界定智能不足。她認為智能不足係在所存在的社會中獲致的社會地位（social status）。而個人是否會被如此界定，皆視其表現能否符合社會的期待（social expectations）而定。因此有些在學校被視為智能不足的兒童，在家中或鄰里，別人對其可能就有不同的看法。因為在學校中，教師對學生的期待所根據的參考架構（frame of reference）與學生的父母或鄰里並不完全一致。

除凱諾與墨索外，杜爾（Doll, 1941）對智能不足者的鑑定，也包含社會適應的觀點，此可由其對智能不足者的六個衡量標準看出：(1)社會適應力不足，(2)智能低下，(3)發展遲滯，(4)得自成熟階段，(5)由於體質的原因，(6)根本無法治癒。

㈢心理測量的定義

儘管根據社會的觀點，智能不足並不是絕對的，而與個體所處的環境具有相對的關係。然而，由於智力測驗的發展，智能的量化成為可能，遂有以智商的高低來界定是否為智能不足者。如涂爾門（L. M. Terman）與魏契斯勒（D. Wechsler）就曾以其各自編訂的智力測驗對大量的樣本施測，而對智商予以等級分類；兩者皆以智商 70 作為智能不足與否的分界點（見表 3–1）。克勞遜（Clausen, 1967）對單獨使用智商以界定智能不足之提倡，更是不遺餘力。誠然，純粹以智商來界定是否為智能不足的確有許多好處，例如它簡單客觀，容易溝通，且可有效地預測在學校中的成就，對於研究工作的進行甚為方便。不過採用智商為界定智能不足的唯一標準，而忽略智能不足與環境的相對性，便可能將許多生活適應良好的人，也視為智能不足者。因此這一觀點所受到的批評，實比所得到的支持為多（MacMillan, 1977）。

表 3-1　根據史比與魏氏智力測驗所作的智商分配

Terman 的分類	智商範圍	Wechsler 的分類
極優秀（1.33%）　—	160～169 150～159 140～149　—	極優秀（2.2%）
優　秀（11.3%）　—	130～139 120～129	優　秀（6.7%）
中　上（18.1%）	110～119	中　上（16.1%）
中　等（46.5%）　—	100～109 90～99　—	中　等（50.0%）
中　下（14.5%）	80～89	中　下（16.1%）
臨界智能缺陷（7.6%）—	70～79 60～69	臨界智能不足（6.7%）
智能不足（0.63%）	50～59　— 40～49 30～39	智能不足（2.2%）

（修正自 Robinson & Robinson, 1976, p. 28）

　　上述三種定義觀點，似各從不同的角度來界定智能不足，此乃各時代對成因、症候、病理、社會適應，與智商的重要性，皆各有其不同的著重點所致。但一個能得到普遍接受的定義，對上述三方面的觀點莫不一併加以考慮。最近美國智能不足學會的定義，頗能符合此一趨勢。

四美國智能不足學會的定義

　　美國智能不足學會對智能不足定義的努力，應溯自一九二一年其前身美國智能不足者研究學會（American Association for the Study of the Feebleminded）與全國心理衛生委員會（National Committee for Mental Hygiene）所共同訂定的智能不足的定義。其後在一九三三、一九四一、一九五七、一九五九、一九六一、一九七三、一九八三、一九九

二、二〇〇二年皆相繼加以修訂。

一九七三年的定義指出：「智能不足係指在發展時期，即已產生之一般智力功能明顯低於常態之現象，而且它常伴隨適應行為方面的缺陷」（*Grossman, 1977, p. 11*）。一九八三年此一定義又作了些微的修訂而成為：「智能不足係指在發展時期，即已產生之一般智力功能明顯低於常態之現象，而且它常導致或附帶適應行為方面的缺損」（*Grossman, 1983*）。一九八三年的這一個定義大致與一九七三年的定義相若，不過對智能與適應行為的關係又給予新的詮釋。前者並未指出兩者有必然的關係。而後者則明確指出智能的低下會引起或附帶適應行為的缺損，對兩者存在的關係予以肯定。另外，一九七三年的定義對適應行為的不良係用缺陷（deficits）加以描述，而一九八三年的定義則改用缺損（impairments）。除此之外，前後兩個定義的精神與內涵大致是相同的。

一九七三年的定義對所謂一般智力功能「明顯低於常態」，指的是智商低於平均數以下兩個標準差。如以常用的個別智力測驗比西與魏氏量表而言，則智商應在 68 和 70 以下，才有可能被鑑定為智能不足。一九八三年的定義也容許將智能不足智商分界點提高到 75，以配合一般學校在安置智能不足學生的實際情況（*Kneedler et al., 1984*）。至於適應行為是就個人年齡與文化群體（cultural group）對其獨立生活與擔當社會責任的期待。而適應行為的期待在不同的年齡階段是有其差異的。它並將在各個不同的年齡階段，應加評量的適應行為之種類詳加列舉：

 1. 嬰兒期是著重於

⑴感覺動作技能的發展。

⑵溝通技能。

⑶自理技能（self-help skills）。

⑷社會化的發展（與他人互動的能力）。

 2. 兒童與少年期則在

⑸應用基本的學術技能於日常生活之中。

⑹適當推理與判斷能力之運用。

(7)社會技能（團體活動與人際關係之參與）。

3.青年與成人生活是在

(8)職業與社會責任及表現（*Grossman, 1977, p. 13*）。

而所謂的發展時期（developmental period），係指從出生到滿十八歲這段期間。因而，根據美國智能不足學會一九七三年與一九八三年的定義，智能不足的界定應符合三個要件：(1)智商低於平均數以下兩個標準差，(2)具有適應行為的缺陷，(3)上述兩種情況係發生於十八歲之前。因此如被鑑定者的年齡在十八歲以下，單純智力低下，並不足以被認定為智能不足者，必須同時伴隨有適應行為的缺損，才得算是真正的智能不足。這種採用智力功能與適應行為雙重標準的情形，可從圖3-1看出。

一九九二年美國智能不足學會基於當時對智能不足觀點的改變，對智能不足又採用了新的定義與分類系統（*Luckasson, Coulter, Polloway, Reiss, Schalock, Snell, Spitalnik, & Stark, 1992*）。根據此次的定義，智能不足係指：

目前的功能有實質上的限制。其特徵為智力功能顯著低於平均的水準，同時伴隨下列兩種或兩種以上可資應用的適應技能領

智　力　功　能

	遲　　滯	不　遲　滯
適應行為 遲　　滯	智能不足	非智能不足
適應行為 不　遲　滯	非智能不足	非智能不足

圖3-1　美國智能不足學會對智能不足定義採智力
功能與適應行為雙重標準之情形
（修正自 MacMillan, 1977, p. 39）

域之相關限制：溝通、自我照顧、居家生活、社交技能、社區資源使用、自我指導、健康與安全、功能性學科能力、休閒、與工作。智能不足發生於十八歲以前。（*Luckasson et al., 1992, p. 5*）

此一定義在使用時有下列四項基本假設：（*Luckasson et al., 1992, p. 5*）

1. 有效的評量須考慮文化與語言、溝通及行為因素的差異性。

2. 適應技能所存在的限制，係出現於和個體年齡相仿同儕所生活的典型社區環境中，並可作為個體個別化支持需求之指標。

3. 特定適應技能的限制，常與其他適應技能的長處或個人的其他能力同時存在。

4. 給予一段時期的適當輔助支持後，智能不足者的生活功能通常會有所改善。

一九九二年的定義發布之後，經歷時間的考驗，似引發不少實際應用信、效度的質疑。因此，二○○二年美國智能不足學會遂對一九九二年的定義又做了修訂。這次的定義指出（American Association on Mental Retardation, 2002）：

　　智能不足是在智力功能和表現在概念、社會、與實際的適應技能之適應行為方面具有明顯限制的一種障礙。這種障礙發生於十八歲以前。

美國智能不足學會對前述定義的應用，也提出下列五項基本假設：

1. 目前功能的限制須在個人的年齡同儕與文化典型的社區環境中加以考量。

2. 有效的評量考量文化和語言的不同，以及在溝通、感覺、動作、與行為因素的差異。

3. 限制與長處常並存於個體之中。

4. 描述限制的重要目的是在發展所需的支持系統。

5. 經由持續一段時間適當個別化的支持，智能不足者的生活功能通常會有所改善。

　　依據美國智能不足學會二○○二年對智能不足所修正的定義，吾人可以發現一個人要被鑑定為智能障礙，必須是智能不足發生於十八歲之前，智商低於平均數兩個標準差以下，並且在概念、社會、與實際的適應技能之適應行為方面具有明顯的限制（即在概念、社會、與實際的適應技能領域中有一個領域或三個領域的總分，低於其各自平均數兩個標準差以下）。本次的定義較為突出之處，是將適應行為歸約為概念、社會、與實際的適應技能三個領域。然而，二○○二年與一九九二年的定義似皆在強調去找出智能障礙者在身心各方面的優勢與短處，從而配合適當個別化支持系統的提供，以改善彼等的生活功能。

　　我國對智能障礙的定義，根據「身心障礙及資賦優異學生鑑定標準」的規定，係指個人之智能發展較同年齡者明顯遲緩，且在學習及生活適應能力表現上有嚴重困難者；其鑑定標準如下：

　　1.心智功能明顯低下或個別智力測驗結果未達平均數負二個標準差。

　　2.學生在自我照顧、動作、溝通、社會情緒或學科學習等表現上較同年齡者有顯著困難情形（教育部，民91）。

　　而衛生署（民91）所制定之「身心障礙等級」中對智能障礙之定義則為：「成長過程中，心智的發展停滯或不完全發展，導致認知、能力和社會適應有關之智能技巧的障礙稱為智能障礙。」國內上述兩個定義，同樣肯定「智力」與「適應」能力是界定智能不足的兩個重要標準，其旨趣似與前述美國智能不足學會一九七三年與一九八三年的定義較為近似。

☾ 二、智能不足的分類

　　智能不足的分類，無論從事研究、溝通，或對智能不足兒童行為的瞭解，皆有其必要。早期的分類皆相當籠統，此與過去在這方面知識的限制不無關係。如史特勞斯和雷鐵南（*Strauss & Lehtinen, 1947*）使用外因性（腦傷）與內因性（非腦傷）兩類。凱諾（*Kanner, 1949*）則分為絕對性、相對性與表面性三種智能不足。陸易斯（*Lewis, 1933*）即

分成病理型與低文化型智能不足。分類系統的建立，概因不同的目的，而採用不同的標準。因此智能不足的分類系統，可能不斷會受到修正。智能不足的分類系統極多，在英語中即不下二十三種（*Gelof,* *1963*）。唯目前運用比較普遍者，有依受教育的可能性（或學習潛能）、智能的高低、行為適應的情形、醫學病源、以及智能不足者所需支持的程度等五種分類系統，茲分別說明於下：

㈠依教育可能性的分類

教育界對智能不足的分類，主要是基於方便教學的理由。吉爾哈（*Gearheart, 1972*）曾根據許多這方面的分類，認為下列的分法較為普遍：

1. 接近正常　　　　　　　　智商 76 至 85。
2. 可教育性智能不足　　　　智商 50 至 75。
3. 可訓練性智能不足　　　　智商 30 至 49。
4. 養護性智能不足　　　　　智商 30 以下。

這一分類方法的後三類，與我國過去行之有年的「特殊兒童鑑定及就學輔導標準」，根據智能不足兒童受教育之可能性的分類相同（教育部社會教育司，民 70）。「特殊兒童鑑定及就學輔導標準」在此項分類上的規定為：

1. 可教育性智能不足兒童：其智齡發展極限為十至十一歲，對讀、寫、算等基本學科之學習較感困難，但若施予適當之補助教學，尚能學習日常事務。

2. 可訓練性智能不足兒童：其智齡發展極限為六至七歲，學習能力有限，在監督下只能學習簡單之生活習慣與技能。

3. 養護性智能不足兒童：其智齡發展極限為三歲以下，幾無學習能力，其一切衣食住行終身皆需依賴他人之養護（教育部社會教育司，民 70，350 頁）。

㈡依智能程度的分類

如美國智能不足學會，就曾將智能不足依其智能程度作如表 3–2

表 3-2　美國智能不足學會智能不足程度之分類

程　度	標準差之範圍	智　商	
		比西量表	魏氏量表
輕度智能不足	−3.00 至 −2.01	67−52	69−55
中度智能不足	−4.00 至 −3.01	51−36	54−40
重度智能不足	−5.00 至 −4.01	35−20	39−25
極重度智能不足	−5.00 以下	19 以下	24 以下

（修正自 Grossman, 1977, p. 19）

之區分（*Grossman, 1977*）。這種以輕度、中度、重度、極重度之分類方式，雖無法與前述依受教育可能性的分類作截然的比對，但一般而言，輕度與可教育性，中度與可訓練性，重度以下與養護性智能不足約略相仿。

另外，民國七十六年公布之「特殊教育法施行細則」，曾將智能不足分成下列三類：

1. 輕度智能不足：個別智力測驗之結果在平均數負三個標準差以上未達平均數負二個標準差。

2. 中度智能不足：個別智力測驗之結果在平均數負四個標準差以上未達平均數負三個標準差。

3. 重度智能不足：個別智力測驗之結果未達平均數負四個標準差。

至於衛生署（*民 91*）的「身心障礙等級」則將智能障礙分成以下四級：

1. 極重度：智商未達智力測驗的平均值以下五個標準差，或成年後心理年齡未滿三歲，無自我照顧能力，亦無自謀生活能力，須賴人長期養護的極重度智能不足者。

2. 重度：智商介於智力測驗的平均值以下四個標準差至五個標準差（含）之間，或成年後心理年齡在三歲以上至未滿六歲之間，無法獨立自我照顧，亦無自謀生活能力，須賴人長期養護的重度智能不足者。

3.**中度**：智商介於智力測驗的平均值以下三個標準差至四個標準差（含）之間，或成年後心理年齡介於六歲至未滿九歲之間，於他人監護指導下僅可部分自理簡單生活，於他人庇護下可從事非技術性的工作，但無獨立自謀生活能力的中度智能不足者。

4.**輕度**：智商介於智力測驗的平均值以下二個標準差至三個標準差（含）之間，或成年後心理年齡介於九歲至未滿十二歲之間，在特殊教育下可部分獨立自理生活，及從事半技術性或簡單技術性工作的輕度智能不足者。

㈢依適應行為的分類

根據適應行為而對智能不足者的分類，蓋依個人獨立自主的情形與行為和社會標準符合的程度而作判斷。史龍與柏濟（*Sloan & Birch, 1955*）曾將適應行為按其程度分成四級，且在不同的年齡階段皆有其評量的重點。如其學前是評量成熟與發展，學齡階段則在教育和訓練，而成人期則在社會與職業的適應，其內容如表 3-3。史龍與柏濟的分類和葛樂斯曼（*Grossman, 1977*）依適應行為把智能不足分成輕度、中度、重度和極重度的方式是相通的。

唯在史龍與柏濟之分類表中，視可訓練性智能不足兒童，在學前階段「一般無法從自理生活的訓練獲益」，及在學齡階段「無法學習日用的學術技能」，這在許多個案固然如此，但卻不能一概而論。然而，撇開這些謬誤不談，史龍與柏濟能將適應行為的內容作了精確的細分，實有助於指出智能不足者在適應行為上不同的缺陷程度。

㈣依醫學病源的分類

從醫學的觀點看來，智能不足常被認為是疾病或生理上的缺陷所造成的。最近心理因素也被列為應加考慮的變項（variables）之一。美國智能不足學會曾根據智能不足的「病因」而將之分成下述十大類：（*Grossman, 1977, pp. 38-46*）

1.**感染及中毒**：如先天性梅毒、麻疹、藥物中毒、Rh血液因子不合症等。

表 3-3　根據適應行為所作的智能不足之分類

	學前階段 （出生-5歲） 成熟與發展	學齡階段 （6-21歲） 教育與訓練	成人階段 （21歲以上） 社會與職業的適應
第一級	發展普遍遲滯；極少表現感覺動作能力；需要養護。	表現某些動作上的發展；無法從生活自理的訓練中獲益；需要完全的照護。	表現某些動作和語言的發展；完全無法照顧自己；需要完全的照顧與督導。
第二級	動作發展不良；語言極少；一般無法從自理生活的訓練獲益；很少或不具溝通技能。	能說或學習溝通；能訓練基本的衛生習慣；無法學習日用的學術技能；能從有系統的習慣訓練獲益（可訓練性）。	在完全督導下能部分自立；在控制的環境下能發展些許有用的自衛技能。
第三級	能說或學習溝通；不良的社會知覺；動作發展良好；可從某些自理生活這訓練獲益；以中等程度的督導可加管理。	如予特殊教育，在二十歲以前約可學到小學四年級程度的日用學術技能（可教育性）。	在非技術性或半技術性的職業中能自立生活；在輕微的社會或經濟壓力下需要監督與輔導。
第四級	能發展社會與溝通技能；在感覺動作領域輕微遲滯；在本階段仍與普通人難以區分。	在二十歲之前能學到小學六年級程度的學術技能；無法學習普通中學的科目；在中學階段尤需特殊教育（可教育性）。	如接受適當的教育與訓練則在社會與職業上會有良好的適應；在嚴重的社會與經濟壓力下，常要接受監督與輔導。

（修正自 Sloan & Birch, 1955, p. 262）

　　2.外傷或物理因素：如車禍、X光的照射、缺氧等。

　　3.新陳代謝或營養不良：如苯酮尿症（phenylketonuria，簡稱

PKU）、甲狀腺素分泌不足所引起的癡呆症（cretinism）等。

4.腦器質疾病（*產後*）：如結節性腦硬化症（tuberous sclerosis）等。

5.不明的產前影響：如小頭症（microcephaly）與大頭症（hydrocephalus）等。

6.染色體異常：如道恩氏症候（Down's syndrome）等。

7.妊娠失常：如早產（prematurity）等。

8.精神失常。

9.環境的影響。

10.其他的情況。

㈤依所需支持程度的分類

在一九九二年美國智能不足學會對於智能不足一反傳統以智商高低的分類方式，建議按智能不足者在儘可能發揮其功能時所需的支持程度（levels of support）而加以類分。若按此一新的分類系統，智能不足可分成下列四種（AAMR Ad Hoc Committee on Terminology and Classification, 1992）：

1. *間歇的*（intermittent）：這是一種零星、因需要而定的輔助。智能不足者並非經常需要支持，有可能只是在關鍵時段需要短期的輔助（*如失業或面臨緊急病況時*）。

2. *有限的*（limited）：所需要的支持是經常性且有時間限制的，但並非間歇性的。和所需支持程度較高者比較，它所需的支持人力較少，成本也較低。如短期的就業訓練，或從學校過渡到成人就業階段的輔助支持等。

3. *廣泛的*（extensive）：最少在某些環境（*如工作上或家中*）需要持續性（*如每天*）的支持，且沒有時間的限制（*如長期居家生活的支援*）。

4. *全面的*（pervasive）：所需要的支持具有恆常、高強度、各種環境的普遍性，且可能終身需要之特性。這種支持通常比廣泛的或有時間限制的輔助需要更多的人力與強制介入。

　　智能不足者若按所需支持程度加以分類，主要是以提供服務為著眼。因此，某一按智能高低而區分出的重度智能不足者，可能會被描述為需要自我照顧、居家生活、與工作方面獲得廣泛支持的智能不足者。這種充滿服務取向的智能不足分類方式，固然令人鼓舞，但它是否能完全取代傳統的分類方式，則仍有待進一步的觀察（*Hallahan & Kauffman, 1994*）。

　　智能不足重要的分類系統雖有如上面五種。然因智能不足狀況的複雜，任何採用單一標準的分類方法，在實際運用時可能會遭遇到困難。因此各種分類方式的兼採並蓄，確為對智能不足作科技整合研究時所必需。

☾三、智能不足的出現率

　　為了對智能不足兒童的教育與服務設施能做有效的規劃，因此智能不足者出現率的調查與推估是極為必要的。國外在這方面的研究不少，但其調查結果出入卻甚大。如瓦林（J. E. Wallin）曾分析一八九四年至一九五八年間所做的六十個研究，發現智能不足的出現率從 0.05% 至 13% 不等（引自 *Robinson & Robinson, 1976, p. 35*）。另外，赫伯（*R. F. Heber, 1970*）也指出在二十八個調查研究中的出現率則從 0.16% 至 23%，而中數為 1%（引自 *MacMillan, 1977, p. 64*）。根據我國第二次特殊兒童普查發現，全國共有 31,440 名六至十四歲學齡階段智能障礙兒童，在全國學齡兒童總人數（以 79 學年度計）中，占 0.883%（教育部特殊兒童普查執行小組，民 82）。雖然對出現率的研究歧異如此之大，不過目前普遍被接受的智能不足者的出現率，約占總人口的 3%。吉爾哈與賴頓（*Gearheart & Litton, 1979*）曾依智能不足的等級，而推測各類智能不足者所占的百分比如表 3-4。

　　至於何以對智能不足出現率的研究，會有前述明顯的分歧現象，主要歸因於對出現率的推估，受到許多變項，如定義、研究方法、社區情況、年齡、種族背景、地理環境、性別等因素的影響，而有以致之也。

表 3-4　各類智能不足的出現率

程　　度	在總人口的百分比	在智能不足人口中的百分比
可教育性智能不足	2.6	86.7
可訓練性智能不足	0.3	10.0
養護性智能不足	0.1	3.3
總　　計	3.0	100.0

（修正自 Gearheart & Litton, 1979, p. 35）

☾ 四、智能不足的成因

　　智能不足是一種十分複雜的狀況，智能不足原因的瞭解亦非易事。儘管吾人對智能不足的知識日益豐富，不過至少有 50% 的智能不足案例，其成因還是不得其解（*Gearheart, 1980*）。然而，智能不足原因的探討仍有其價值。我們如果瞭解智能不足的成因，則可相對地採取必要的處遇或預防措施，使智能不足的出現率得以降至最低的限度。

　　在智能不足成因的探討方面，吾人可將智能不足的發生歸於生物——醫學因素、文化家族性因素，及心理因素等三大類，茲分別說明於次。

㈠生物——醫學因素

　　到目前為止，造成智能不足已知的病理因素，約在二百種以上。而智能不足者中約有 10-25%，具有中樞神經系統（central nervous system）的缺陷。前述美國智能不足學會之醫學病源十大分類，已將智能不足的生物——醫學因素概略提出。如將這些因素依出現時間的先後而加以區分，則大致有下列之狀況：

1. 產前因素

　　(1)染色體之變異：最常見的是道恩氏症候（Down's syndrome）。道恩氏症候中最普遍的情形是在第二十一對染色體中多出一個染色

體，成了三個而非正常的一對染色體。道恩氏症候約占中重度智能不足者的10%左右，由於其生理特質的突出，尤其上下眼皮縐褶寬厚，眼上斜，舌厚而有裂溝，經常伸出，頸短，皮膚乾燥，手、腳、手指短小等，故極易辨識。道恩氏症候兒童的出現機率，常隨雙親，尤其是母親年齡的增高而加大。此外母體經常受到放射線的照射，或感染病毒也皆可能造成染色體的變異。不過產前所採用的羊膜穿刺術（amniocentesis），已能有效的檢查出胎兒的染色體情況，而採取必要的防範措施（如人工引產），以避免生產諸如道恩氏症候等染色體異常的嬰兒。

(2)疾病感染：如母體感染德國麻疹、梅毒等，皆可能將病毒傳染給胎兒，除了造成智能不足外，更可能出現耳聾目盲，說話缺陷等異常狀況。

(3)外傷及物理傷害：常見的如車禍、X光的過度照射、缺氧等，在在皆可能影響胎兒的正常發育或傷害到胎兒的神經系統。

(4)中毒與過敏反應：婦女的嗜煙酗酒，濫用藥物，不僅傷身害體，更可能累及懷孕的胎兒。而母體與胎兒Rh血液因子的不合（Rh-incompatibility）所引起的過敏作用，亦會傷及胎兒的中樞神經系統，而形成智能不足。

(5)內分泌失調：如甲狀腺分泌不足所引起的克汀症（cretinism），或稱呆小症，也有稱之為甲狀腺機能衰退症（hypothyroidism）者。克汀症所引發的智能不足，視甲狀腺素缺乏的程度、甲狀腺素從母體傳輸至胎兒的變化情形，以及被發現時的年齡而定。

(6)新陳代謝失調：最常被提及的是苯酮尿症（phenylketonuria，簡稱PKU）。它是一種基因缺陷（gene defect）所造成的新陳代謝疾病。這類患者的體內因無法將苯丙氨酸（phenylalanine；含於乳類食物中）轉化為酪氨酸（tyrosine），以致苯丙氨酸在血液中積聚毒害到腦部組織，而形成智能不足。苯酮尿症患者如發現得早，並供以含苯丙氨酸較低的飲食，也有可能不致成為智能不足。換句話說發現越晚，治療越遲，則腦部受到的傷害越深，智能不足的程度也就越嚴重。

(7)頭部異常：如腦水腫症（hydrocephalus）與小頭症（microcephaly）等。腦水腫也稱水腦症。它是由於腦脊髓液（cerebrospinal fluid）分泌異常，無法被吸收或順暢流通，以致過多的髓液壓制腦部的發育，並擴脹頭蓋骨，而形成前額特別突出，兩眼顯得特別分開，眼瞼常無法合閉，鼻子變扁等現象。腦水腫症患者其智能程度，端視腦部受到壓制而傷害的程度而定。如發現得早，也可經由手術而減少髓液的分泌並疏導過量的髓液，以預防智能不足的產生。小頭症之形成，多由腦部組織的發育不全所造成，頭越小，其智能也越遲滯。小頭症與水腦症的成因皆難確定。

2. 出生時之因素

(1)出生時因胎兒異位，器械之使用，而引起的腦傷，或因難產缺氧而傷及腦部組織，也會造成智能不足；其程度，概依腦部受傷的程度而定。

(2)早產（prematurity）兒出現智能不足的比率也比正常生產者為高，因其出生前發育不成熟，分娩時更易受傷害之故。早產是指妊娠期在三十七週以下，或出生體重在 2,500 公克以下之新生兒的生產而言。

3. 產後因素：如出生以後感染腦膜炎（meningitis）、腦炎（encephalitis）等，也會導致腦部組織受到傷害，而形成智能不足。腦部受到重擊而造成腦傷，也有成為智能不足的可能。

此外，由於營養不良，有毒化學藥物（如殺蟲劑）或金屬（如鉛、水銀）等的接觸，不管在產前或產後，也可能是導致智能不足的因素。只不過產前是經由母體對胎兒造成間接的影響，而產後則是對嬰幼兒產生直接的影響。從生物——醫學的觀點來看，智能不足的產生不是出於遺傳基因的缺陷，就是因一些不足或有害因素對腦細胞所造成的戕害。所謂不足的因素如營養不良或缺氧，會阻抑腦細胞的正常發育或生命力。而有害因素如有毒化學藥物或金屬的接觸，或出之物理性的破壞（如腦部受到撞擊或刺傷等），皆會對腦部組織有所侵害；只不過有毒的化學藥物或金屬多半經由血液的傳遞傷害到腦細胞，物理性的破壞對腦部的傷害則往往是直接的。上述不足與有害的因素，皆可能造成腦細胞的缺陷或傷害。因而，基因缺陷與腦傷遂成為從生物——醫學觀點探討智能不足成因的兩個重要因素。

㈡文化家族性因素

文化家族性智能不足（cultural-familial retardation）是智能不足兒童中為數最多的群體。這類智能不足的界定，須符合下列三個標準，缺一不可：(1)須是輕度智能不足者；(2)沒有腦部病理；(3)在雙親中至少有一人與同胞中至少一人以上（如有其他兄弟姐妹的話）有智能不足的現象（MacMillan, 1977）。文化家族性智能不足的成因可能有二，一為來自遺傳的缺陷（genetic draw），此即受到其雙親遺傳因素累積的結果，而影響其中樞神經系統的結構與功能。另一個原因則為來自環境因素的阻抑。有關的環境變項如營養不良、智能不足的雙親、不良的醫藥照顧與語言模式、較低的成就需求、以及其他與低收入或貧窮相關的因素等。由此可見，社會、文化、經濟地位不利的兒童是比環境優越的孩子，有更高的危險性以發展成為智能不足者。但吾人很難將某一可能因素單獨分出，因為兒童的遺傳、生理、與社會心理的環境，在許多方面應該是交互影響的。

㈢心理因素

有些人之所以被界定為智能不足，可能係由於嚴重的情緒失常（emotional disorders）所造成的。因此美國智能不足學會在作智能不足分類時，特訂有精神失常後（following psychiatric disorder）智能不足一類。像這些因心理因素而暫時被鑑定為智能不足的人，吾人不應視其為永久性的智能缺陷，而低估了他們就學與就業的潛能。因此，如何區分情緒失常的假性與真正智能不足者，實為教育上的重要課題。

第二節　智能不足兒童的鑑定

☾一、一般的鑑定程序

智能不足兒童的鑑定，基本上是應該按照智能不足的定義來作判斷。按照目前多數人接受的標準，係以智力與適應行為的低下，作為

界定智能不足兒童的基礎。因此智能與適應行為的評量，即成為智能不足兒童鑑定的基本要件。唯這是指正式的鑑定工作而言。由於智力與適應行為評量的工具，皆有其適用的年齡範圍，對於有些學齡前的兒童並不適用。為了早期發現智能不足兒童，以及早提供必要的教育與訓練起見，一些學前智能不足的篩選方法，亦值得吾人的注意。現就學前及入學後智能不足的鑑別方法分別說明於後。

㈠學前的甄別

在學齡前智能不足的甄別，多限於那些有明顯生理或發展缺陷的中重度智能不足者。學前的甄別，可溯及胎兒期，常加運用的方法稱為羊膜穿刺術。以抽取羊水做生物化學方面的檢查，或培養細胞以探知是否有染色體異常的情形。這種方法對有些遺傳症候（如道恩氏症候）的鑑定十分有效。產婦從此一方法預知胎兒可能的問題後，即可針對問題狀況採取必要的因應措施。

對於新生嬰兒，吾人也可運用一系列先天性異常篩選檢查項目（如苯酮尿症、先天性低甲狀腺功能症等）與「艾普格檢查」（Apgar test）以及早發現可能的智能不足者。其中艾普格檢查須在嬰兒出生後五分鐘內實施之。此項檢查分別就心跳速度、呼吸情況、肌肉張力、鼻孔對橡皮管刺激之反應、皮膚顏色五個項目加以評分，其評分方法如表3-5。艾普格檢查的總分為十分，情況應屬最好，而評分在七分以下者則須加以急救（董英義，民72）。

從出生至進小學這段期間，智能不足的發現，多是基於兒童身心發展上的遲滯現象。諸如動作、說話、生活自理能力等較一般兒童落後，則須警覺是否存在智能不足的問題。因此，在這一階段的評量工具是以兒童的發展資料為主，即以一般正常兒童的發展做為比較的標準，以瞭解被評量的對象在發展上是否有明顯的偏差（邱上真，民72）。我國教育部的「特殊兒童鑑定及就學輔導標準」亦指出，智能不足兒童之發現，應儘可能在入學前為之；而學前智能不足兒童的甄別，應注意社會生活能力、運動能力及語言能力之檢查、家族史及發展史之調查，並依實際需要進行包括一般身體檢查、神經系統機能檢

表 3-5　艾普格檢查評分法

症　狀	0 分	1 分	2 分
心跳速度	無	少於每分鐘 100 次	多於每分鐘 100 次
呼吸情況	無	慢且不規則	良，大聲哭
肌肉張力	無反應	四肢稍屈曲	四肢屈曲良好
鼻孔對橡皮管刺激之反應	無反應	臉部肌肉徵收縮	咳嗽或打噴嚏
皮膚顏色	蒼白或藍色	四肢藍色，身體呈粉紅色	全身呈粉紅色

（修正自董英義，民 72，467 頁）

查、腦波檢查、聽力測定等的醫學診斷（教育部社會教育司，民 70）。

(二)入學後的鑑定

決定兒童是否為智能不足，雖然所根據的是學童在智力與適應行為評量的結果。這兩項評量工作皆須個別為之，十分耗時費力。如果每一位學童皆接受這兩種評量、時間與財力的耗費將相當可觀，事實上也沒有必要。因此，一般學校皆由各班教師提供疑似智能不足兒童的名單，轉介給學校的智能不足學生鑑定小組或鑑定委員會，以作進一步詳密的教育診斷。唯教師在提出疑似智能不足學生的名單前，已對每一名學童在團體智力測驗、學業成就、生活適應等的表現分別加以評估。被轉介的學童在上述這些領域，可能比班上大多數的學生表現為差。我國的「特殊兒童鑑定及就學輔導標準」也規定一般在學中智能不足兒童的鑑定，得依下列各款程序而辦理：

1.由各班導師依平日觀察及學業考核之結果，選列可能障礙之學生。

2.根據名單進行家庭訪問，調查兒童家庭生活能力，並徵詢其他有關教師之意見。

3.整理學生在校行為表現、語文與數學基礎學力之資料。

4.洽請臨床心理學家或受過心理測量專業訓練之特殊班教師、或

指導活動教師，進行個別智能評量。

　　5.凡經測量結果顯示可能為智能不足者，應補充必要的個案資料，其中包括生長史、社會生活能力檢查、動作能力及人格測驗資料。

　　6.凡屬大腦神經損傷之可疑外因性案例，應洽請精神神經科醫師詳細檢查。

　　7.將初步鑑定之結果與家長交換意見。

　　8.舉行會議並決定教育輔導方針。

　　由上述的鑑定程序，吾人可知我國在學中智能不足兒童的鑑定，基本上係依循轉介→評量→會商→安置的過程，與國外智能不足兒童的鑑定工作並無二致。

　　在評量工作中兩項重要的評量項目是個別智力測驗與適應行為的評量。國內常用的個別智力測驗工具，一為「比奈西蒙智力量表第四次修訂本」（簡稱比西量表），另為「修訂魏氏兒童智力量表」。最近教育部編製完成的「中華智力量表」，也屬個別智力測驗的工具。其中比西量表適用於實足年齡三歲至十八歲之受試者，測驗結果可以用心理年齡表示，也可以換算成智商。而魏氏兒童智力量表的適用範圍為六歲至十五歲之兒童及青少年。該測驗包括語文與作業測驗兩部分，因此測驗結果可以計算出語文智商（verbal IQ）、作業智商（performance IQ），以及總分智商（total IQ）。中華智力量表則為適用於五歲至十四歲的個別智力測驗。該量表之內容分為語文及非語文兩部分。測驗結果可轉化得語文、非語文及全量表標準分數。這些標準分數的平均數皆為100，標準差也同為15。

　　至於適應行為的評量，國內目前常用的工具有「修訂文蘭適應行為量表」與「中華適應行為量表」。修訂文蘭適應行為量表之用途，在評量日常生活中所需之自理及與人相處的各項能力表現水準，作為鑑定智障學生或他類特殊學生之參考。其適用範圍並無年齡的限制（張蓓莉，民80）。至於中華適應行為量表則在評量個人獨立生活的能力，並探討可能的異常行為。目前該量表已建立臺灣地區五至十五歲之適應行為常模（徐享良，民92）。

☾★二、鑑定時應注意的問題

一般認為年齡與智能不足的出現似存在某種函數關係。墨索（*Mercer, 1973*）曾指出出生至四歲智能不足出現的百分比為 0.7，五歲至九歲為 0.54，十歲至十四歲為 1.15，十五歲至十九歲為 1.61，二十至二十四歲為 0.90，二十五歲以上則為 0.13。這種現象似乎顯示在學時期比學前和離校後，更容易出現智能不足的個案。此項差異多來自輕度智能不足兒童的影響。因為中重度智能不足早在入學前即已被鑑定出來，智能不足的標記可能從此終其一生。而輕度智能不足兒童的鑑定在學前並非易事。要在入學後，因無法應付學校的課業要求與教師的期待，才有機會被鑑識為智能不足。而在未入學前及離校後，如其尚能適應家庭與社區生活，許多人可能就不被鑑定為智能不足了。各類智能不足的鑑定與能見度（visibility）從表 3-6 可見其梗概。由此我們可以發現，輕度智能不足兒童是否被視為智能不足者，常隨年齡而有改變，其鑑定尤須持之審慎。

表 3-6　智能不足的鑑定與能見度

智能不足的分類	約占智能不足人口的百分比	一般被鑑定出來的年齡	首先發現問題的人士	確認為智能不足之診斷的人士	被視為智能不足的情形
輕度	80-85%	6歲以上	教師 父母	學校心理學家診斷小組	隨年齡而變化；常於入學後被鑑定為智能不足，但離校後卻不再有此標記。
中度	10%	1-5歲	父母 醫生	醫師 診斷小組	終其一生大部分的時間皆會被視為智能不足。
重度	3-4%	出生-1歲	醫師	醫師	終其一生皆被視為智能不足。

（採自 Payne & Patton, 1981, p. 52）

　　一般而言，輕度智能不足兒童的鑑定多倚賴測驗的結果，因此測驗工具及實施測驗人員的適切性值得加以注意。如果接受測驗的學童其經驗與語言背景迥異於測驗常模所取樣的群體，則測驗結果的解釋尤須小心。如就智力測驗而言，或許再施以其他非語文的智力評量工具是可考慮的變通方式（*Gearheart, 1980*）。因此，避免逕以一種測驗結果來決定是否為智能不足是很重要的。我國「特殊兒童鑑定及就學輔導標準」也指出智能不足兒童的鑑定，須符合下列各項之規定：

　　㈠智能程度及其發展狀況。

　　㈡可能成因之推斷。

　　㈢其他障礙之檢查。

　　㈣學力調查——特別是語文與數學基礎能力之調查。

　　㈤社會成熟性與情緒穩定性之評定。

　　㈥家庭背景與父母養育態度之瞭解。

　　換句話說，智能不足兒童的鑑定須依據多重的標準，而避免倚賴單一測驗的分數，以減少鑑定工作可能產生的偏失。

　　此外，鑑定工作的偏誤也可能來自實施測驗的人員。實施測驗的人員如果未經適當的訓練，即貿然施測，往往影響到測驗結果的可靠性。這種情形尤以個別智力測驗為然。國外對個別智力測驗的施測人員，往往訂有資格限制，其目的即在確保測驗結果的可靠性。反觀國內在法令上似無明確規範，很值得吾人加以檢討改進。

第三節　智能不足兒童的特質

　　智能不足兒童之所以特殊，除了其智能較低與適應行為不良外，在其他身心特性上尚有許多突出之處。唯這些身心特徵係就智能不足兒童與普通兒童比較的結果。雖然由於研究取樣與研究工具等的差異，對智能不足兒童身心特性的描述，或許會有不同的結論。但吾人仍可從多數的研究結果，歸納出智能不足兒童在身心特徵上的一般傾向。本節將就生理成長與動作發展、認知能力、學習、人格、及職業適應，分別介紹智能不足兒童在這幾方面的特徵。這些特質在智能不

足兒童身上，似比其同齡的普通兒童更常發現。由於智能不足兒童並非是一個同質性的群體，其個別間受到智能水準、環境背景、生活經驗等差異之影響，並不適於用某一特質模式來加以概括。吾人在描述智能不足兒童的身心特性時，應以可能的傾向視之。在解釋某一智能不足兒童的身心特質時，仍須就其本身的狀況，而作個別的考慮。

☪ 一、生理成長與動作發展的特徵

如將智能不足者與普通人作比較，則越是重度的智能不足者，其在生理與動作方面的發展，與普通人的差異可能益形顯著。如與同年齡的正常人相較，智能不足兒童的身高、體重、骨骼之成長皆較劣，其發展速率較慢，且成熟也晚。

在動作發展方面，最差的可能是視動控制、平衡、上肢協調、速度與靈巧，表現稍佳的是跑速與敏捷性、雙側平衡、體力與反應速度，惟仍多次於普通兒童。尤其是那些常有中樞神經系統損傷的中重度智能不足兒童，其動作的協調、步態、精細動作技能，更常出現問題。智能不足兒童的生理與動作發展除可能具有上述之特徵外，其附帶障礙出現的比率也相當高（如表 3-7 所示）。智能不足兒童在動作技能方面的缺陷，與他們在這方面缺少發展的機會，多少也有關係（Meyen, 1978）。如果吾人能提供適當的訓練機會，確實對其動作能力的增進會有幫助（Bruininks, 1974）。特殊奧林匹克運動會（Special Olympics）的成立，即是基於此一理念，希望鼓勵智能不足者踴躍參與體能活動，以增進其動作技能的發展。

☪ 二、認知能力方面的特徵

㈠認知發展

皮亞傑（Jean Piaget, 1896-1980）曾將人類認知發展的整個歷程分成感覺動作期、運思前期、具體運思期、與形式運思期四個階段（王文科，民 72）。智能不足兒童的認知發展亦可以皮亞傑的發展理論加以說明，不過其發展的速率一般比普通兒童為遲緩，且其發展所能達

表 3-7 智能不足者中附帶障礙出現的百分比

功 能	無障礙	部分障礙	嚴重障礙
走 動	57.8	32.4	9.9
上肢、大肌肉控制	57.5	34.2	8.2
上肢、小肌肉控制	56.1	34.9	9.0
語 言	45.1	33.4	21.5
聽 力	85.0	11.5	3.4
視 力	73.3	20.9	5.9
癲癇或痙攣	82.3	15.1	2.7
行為、情緒失常	58.1	35.7	6.3
大小便訓練	77.5	10.2	12.3

（修正自 Meyen, 1978, p. 171）

到的最高階段也比普通兒童為低。殷赫德（*Inhelder, 1968*）曾指出各類智能不足兒童可能達到的認知發展最高階段分別是：

　　1. 重度與極重度智能不足：感覺動作期。

　　2. 中度智能不足：運思前期。

　　3. 輕度智能不足：具體運思期。

　　4. 臨界智能不足（*智商 70-85*）：僅能從事較簡易的形式運思。

　　各類智能不足兒童認知發展上的特徵，對於這些兒童教育課程的編製與教材教法的運用，應該是具有深切意義的。

㈡語言能力

　　智能不足兒童在語言發展方面一般較普通兒童為遲緩。林寶貴、邱上真（*民 72*）的研究即指出，智障兒童之語言能力較同年齡普通兒童落後，且語言能力與智力相關密切。他們在常用字彙、文法規則等的理解與運用常較同年齡的普通兒童為晚，且說話缺陷（*如構音問題*）的情形，也十分普遍。吳永怡（*民 74*）的研究就發現，智障學生之構音缺陷出現率達 31.83%。陸利亞（*Luria, 1963*）發現智能不足兒童在語

言對動作行為的控制力方面，亦顯現缺陷。一般說來，智能不足兒童不只在語言發展的速率與普通兒童有所差異，其語言運用的品質，也較普通兒童為低（*如無法使用較複雜的語句*），這自然影響其與別人作有效的溝通；此一現象隨著智能不足程度的加深，而益形顯著。

㈢歸納推理與概念化的能力

智力測驗的許多題項多與歸納、推理與概念化能力的評量有關。由於智能不足兒童在這些測驗上的成績皆偏低，因而其歸納、推理與概念化的能力也在普通兒童之下。歸納、推理與概念化能力的短絀，與前述語言能力的低下應有密切的關聯，因為語言正是代表概念的符號。由於智能不足兒童一般皆有歸納、推理與概念化上的困難，因此也限制其對抽象教材的學習與解決問題的思考能力。

㈣思考策略的運用

目前許多心理學家與特殊教育學者很注意智能不足兒童對資訊（information）執行控制過程（executive control processes）之研究（*Baumeister & Brooks, 1981*）。所謂執行控制過程即個人在面對需要運用到記憶、注意、語言，概念學習等的作業時所採行的思考策略。例如在記憶方面，復習與資訊的組織即是常被採用的兩種思考策略，以增進記憶的成效。智能不足兒童與普通兒童比較，就顯得不善於運用適當的思考策略，以從事學習或解決所面對的問題。不過智能不足兒童對思考策略還是具有學習能力的。因此智能不足者思考策略的學習就成了教育工作者的責任了。

☪三、學習方面的特徵

㈠對學習具有失敗的預期

個體的期望（expectancy）跟他的學習經驗具有密切的關係。智能不足者由於比常人經驗了更多的失敗，這種屢次的挫折，極易造成自信心的貶損。從而，在他們面對學習或工作情境時，往往對成功有著

較低的期待，甚或尚未開始行動，即認為無法成功，只會失敗。除了對任何行事，常有預期失敗的心理外，對事情的成敗，也認為非個人因素所可決定，而受外在的制握（external locus of control），因此常過分採取尋求周遭環境中他人的協助與輔導的外導性（outer-directedness）策略（*Mercer & Snell, 1977*）。

㈡注意力的缺陷

有關智能不足注意力的研究要以齊曼與郝史（*Zeaman & House, 1963*）及費舍與齊曼（*Fisher & Zeaman, 1973*）最享盛名。根據他們對智能不足者辨認學習（discrimination learning）的研究結果，發現智能不足者對刺激的特徵，存在著選擇及注意的困難。一旦工作的概念被他們所瞭解，則他們作業速率之提高，與常人可謂不相上下；只不過他們需要花更長的時間，去辨認有關的刺激，以從事正確的反應。換句話說，智能不足者與常人的差別，不在進步一旦開始後的速率，而在進步開始前，嘗試次數的多寡。另外，智能不足者的注意廣度（breadth of attention）也比一般人為狹窄。這種注意困難的原因，目前尚不得而知。不過特紐爾（*Turnure, 1970*）倒認為，很可能由於智能不足者，慣採外導性解決問題的策略，一味注意環境中其他線索，而不專注於學習材料的本身所引起的。為了提高智能不足兒童在學習時的專注程度，教師似可減少教學情境中不必要的刺激，提高學習材料的顯明度，細分教材的難易序階，並善用適當的增強，或可提高智能不足兒童學習時的注意力。

㈢不善於組織學習材料

根據史匹茲（*Spitz, 1966*）的研究，智能不足者較之常人，在組織學習材料（input organization）方面有更多的困難。因為這項缺陷，也就嚴重地影響到他們回憶已學得材料的能力。他認為缺乏組織的材料，比組織過的材料，更不易回憶。史匹茲的這項理論顯然根據他的智能不足者腦皮質功能的假設：智能不足者的腦皮質細胞的電子化學活動（electrochemical activity）比較容易陷於膠著，無法有效統整外在

的刺激與訊息。針對智能不足者這種無法有效組織學習材料的缺陷，教師似可從下列幾方面去斟酌，以增進其學習效果：

　　1.無論是聽覺或視覺性的訊息，當呈現給智能不足兒童學習時，應作適當的組織使成有意義的形式。

　　2.可借用外在線索（external cuing）如 2 1 3，或 2 1 3，使視覺性材料的組織更為醒目。

　　3.聽覺材料的類聚呈現與適時停頓，也可使聽者更容易掌握頭緒。

　　4.提醒學童依據物理性質、功能、概念等的不同而分類與組織所學習的材料。

　　5.除了採類聚法以呈現教材外，也可在評量學習效果時，要求學生以類聚法作答。

㈣短期記憶的缺陷

　　有關智能不足者記憶的研究，要以艾里斯（N. R. Ellis）最為有名。早期艾里斯係以刺激痕說（stimulus trace theory）來解釋智能不足者的記憶缺陷（*Ellis, 1963*）。他認為智能不足者由於其本身腦部結構的羸弱與神經系統統整功能的鬆懈，因此外界的刺激與訊息留存在腦皮層的刺激痕跡也較弱，從而造成彼等記憶上的困難。果如此，則這種先天器質上的缺陷，吾人將難以救補。但由於實驗上的許多消極性的結論（*Detterman, 1979*），艾里斯目前已放棄刺激痕的說法，而認為智能不足者記憶上的缺陷，主要在他們的短期記憶方面（約 30 秒以內）；又說他們短期記憶的困難，在於他們無以善用適當的復習策略所致（*Ellis, 1970*）。而智能不足者在復習策略上的缺陷，很可能是由於其語言能力不足的結果，從而限制了彼等語言復習的過程（verbal rehearsal processes）。這種論點的改變，至少帶給教師在教學上一個較為樂觀的遠景。換句話說，只要我們協助智能不足者，採用合宜的復習策略，雖然遷移與持久的效果或許有限，但多少可以增強他們在記憶上的能力。

㈤學習遷移的困難

所謂學習遷移即是利用已學得的經驗以解決新問題或適應新環境的能力，亦即是學習效果的擴展現象。智能不足兒童與普通兒童相較，在學習遷移方面也顯現更多的困難（*Denny, 1964*）。這種困難與其語言能力的低下不無關聯。亦即他們往往不易以語文符號來概括學習的經驗，以作為解決新問題的佐助。為了幫助智能不足兒童在學習上能作有效的遷移，教師在選擇教材時應注意其具有意義與實用性；並按教材的難易程度作順序性的排列，以減少學習的困難；且指導學生如何應用所學，以增進智能不足兒童學習遷移的能力。

☾四、人格方面的特徵

智能不足者的人格發展，並不完全受到其智能程度的影響，其存在的環境與生活經驗，實具有相當的決定力量。根據羅賓遜與羅賓遜（*Robinson & Robinson, 1976*）、麥克米倫（*MacMillan, 1977*），巴拉與齊格勒（*Balla & Zigler, 1979*）等人之研究，吾人可歸納出智能不足者可能具有下列的人格特性：

㈠智能不足者與普通人的人格特徵，比較言之，只是程度的差異，而沒有種類的區別。

㈡比起普通人，智能不足者有更高的焦慮；而收容在機構中的智能不足者其焦慮程度，又比不在機構中的智能不足者為高。

㈢由於在生活與學習上長期失敗經驗的挫折，智能不足兒童對任何事物失敗的期待要比成功的期待為高，他們的自我觀念也因此較普通人為消極。且由於過去長期失敗的歷史，導致對自己的內在資源缺乏信心，遇事則偏於外在導向（outer-directedness），而專事模仿，企圖從中尋求解決問題的線索。對事物成敗的觀念，亦多偏於外在制握，其內在制握的發展較一般人為遲緩。可見如何增加智能不足兒童成功的機會，以增強其自信心是十分重要的。

㈣智能不足兒童比一般兒童更常使用較原始性的防衛機制（primitive defense mechanisms），如拒絕、退化、壓抑等。而且他們在防衛機制

的使用上也較缺少變通，很可能對某些防衛機制一而再，再而三的使用，這也顯示他們在面對心理衝突時常是束手無策的。

㈤由於智能不足者常得不到社會的接納與讚許，因此他們對接納與讚許的需求程度也比常人為高。尤其那些長期被收容於養護機構的智能不足者，因其社會性接觸的缺乏，對別人接納與讚許的需求尤其強烈。如果智能不足者因而表現出喜歡與人接觸的情形，即是所謂的積極反應傾向（positive reaction tendency）。但也有些智能不足者因在過去與他人（如保育員、護士、醫師等）交往的挫折經驗，而顯得怕生畏縮，即所謂的消極反應傾向（negative reaction tendency）。一個智能不足者到底所表現的是積極或消極的反應傾向，全視那一種傾向比較強烈而定。

㈥智能不足者在好勝動機（competence motivation or effectance motivation）方面要比常人為低；而在養護機構中的智能不足兒童則又比不在養護機構者為低。

㈦智能不足兒童的行為常表現固執性（rigidity），而缺乏臨機應變的能力。勒溫（*Lewin, 1935*）認為智能不足者行為的固執性是由於其思想方式的缺乏變通，而思考方式的缺少變通又與他們的心智結構分化不足有關，以致遇事反應刻板，缺乏彈性，不過，齊格勒（*Zigler, 1962*）卻認為智能不足者行為的刻板性，乃起於彼等社會性接觸的不足，而導致其對社會認可的追求；他們行為的反覆出現，目的即在與對其接納與認可的成人保持經常的接觸。

㈧智能不足兒童的行為比普通兒童更受外在動機（extrinsic motivational orientation）所左右。一個受到外在動機所支配的兒童，往往對安全、舒適，金錢或其他具體的獎勵，會比單純從成就所產生的內在滿足更感興趣。換句話說，對智能不足兒童而言，有形的增強物比起抽象或精神上的鼓勵，更能促進他們行為的改變。

☪五、職業適應的特徵

一般而言，輕度智能不足者所能從事的，多屬於非技術或半技術性的工作。他們當中失業的比率亦比普通成人為高。有些智能不足者

在職業上的失敗，常導因於其個人或社會適應的不良，而非其工作技能本身。福斯與彼特森（*Foss & Peterson, 1981*）的研究也指出，智能不足者在職業上是否受到接納，往往與其能否遵從上司的指示，對上司的批評與糾正能否作適當的回應，避免出現干擾性的行為，在工作上與同事充分合作，並不需要經常督促也能獨當一面的工作等具有密切的關係；上述這些特質即在強調個人與社會適應對職業適應的重要性。輕度智能不足者如給予適當的訓練，有許多還是可以安置在競爭性的工作崗位，而自食其力。

中度智能不足者在職業上的發展，似比輕度智能不足者更有限。在嚴密督導下，他們也可從事一些非技術性的工作。對中度智能不足者的職業安置，似以庇護工場（sheltered workshops）居多。他們完全自謀生活的情形，似比輕度智能不足者為少。

重度智能不足者的學習與工作能力過去皆被認為十分低下，縱使安置在庇護工場中，其生產力也極有限。他們多被認為無法在社區中獨立生活，且他們所需要的應該是嚴密的督導與照顧。但自從一九八〇年代對重度殘障者實施支持性就業（supported employment）觀念的興起（*Bellamy, Rhodes, Mank, & Albin, 1988*），重度智能不足者如給予充分的支持，也被發現具有在社區與非殘障者混合的環境（integrated settings）中就業的可能性。國內何華國、曾世杰、王明雯與曾怡惇（民83）的研究，對臺灣地區殘障者支持性就業的成效，也給予高度評價。重度智能不足者在就業方面既有這樣正面的可能性，其他如輕、中度智能不足者，則其希望應屬更大，端看吾人如何提供有效的支持與輔導了。

第四節　智能不足兒童的教育與輔導

☾ 一、教育安置的型態

智能不足兒童教育安置型態的決定，不只須考慮智能不足的類別（如可教育性，可訓練性，或養護性），其他因素如家長的期待、態

度，與支持程度，學童過去教育經驗與可能的附帶障礙，可運用的教學資源等，亦皆應一併列入考慮。不管智能不足的程度如何，不同發展階段的智能不足者，可能需要不同的教育安置型態。此外，目前在正常化（normalization）、回歸主流（mainstreaming），最少限制的環境（least restrictive environment）等教育理念的衝擊下，智能不足者的教育安置，亦儘可能在尋求讓智能不足者與一般人有混合生活與接受教育的機會。因此，提供智能不足兒童連續性與變通的教育安置方案是極為必要的。目前常見的智能不足者教育安置型態，約有下列數種。

(一)資源教室

資源教室的性質，似為介於特殊班與普通班之間的過渡橋樑。即學生大部分時間仍在普通班上課，小部分時間則到資源教室學習。被安置在資源教室者，多屬輕度智能不足的學生。我國自民國六十七年以後，已陸續在各縣市少數的國民中小學成立資源教室，其中有一部分的招生對象，即為輕度智能不足學生。資源教室最大的好處，在於智能不足學生能從資源教師（resource teacher）那兒獲得個別化教學的好處，且有許多與一般學生交往互動的機會。唯國內在實施此一制度時，常因缺少資源教師的編制及排課不易，而出現不少困擾。自從特殊教育法公布實施後，智能不足的教育對象，已逐漸擴及中重度智能不足兒童，因此資源教室可能成為未來輕度智能不足兒童主要的安置方式。

(二)特殊班

這是一種設在普通學校的自足式（self-contained）班級，智能不足兒童即全部時間在這樣的班級上課。有些學校為了讓智能不足兒童和普通兒童有接觸的機會，亦可能讓他們在音樂、美術、體育等藝能科目一起上課。我國在國民小學為智能不足兒童而設的特殊班通稱為「啟智班」，過去在國民中學則稱「益智班」。目前則不論國中或國小為智能不足學生而設的特殊班，皆以「啟智班」稱之。過去啟（益）智班的招生對象，向以智商七十五至五十的可教育性智能不足

學生為主，目前中重度智能不足兒童的「教育」需要已逐漸受到重視。預料未來將有許多專為智商五十以下的智能不足兒童而設的特殊班。

㈢特殊學校

這是將智能不足兒童集中在一個學校，然後再分班施教的型態。被安置在特殊學校的智能不足兒童似以中、重度者居多。智能不足兒童的特殊學校，有採住宿制，也有採非住宿制者，更有兩者兼而有之的混合制。由於全校學生皆為智能不足者，因而可以針對彼等的特殊教育需要，在教育設施上作完整而縝密的規劃，同時也利於教學與研究發展工作的推動。此一教育安置型態比較不利的是智能不足學生與普通學生接觸的機會較少，對彼等正常社會生活的適應，可能產生負面的影響。臺灣地區較早設立者有省立臺南啟智與高雄市立啟智學校。前者創於民國六十五年，後者創於七十一年。兩校皆招收國小、國中與高職部的智能不足學生。最近幾年新設的尚有臺北、桃園、嘉義、彰化、花蓮、林口等多所啟智學校，對智能不足學生就學機會的提供，助益甚大。

㈣養護機構

養護機構所招收的智能不足者，以中、重度或具有多重障礙者為多。養護機構多由政府社會福利部門、私人慈善或宗教團體所設立。因此其政府主管機關也與前述的資源教室、特殊班、與特殊學校有別。特殊班、資源教室、特殊學校係由政府的教育部門主管，而養護機構則由社會福利部門負責監督。一般為智能不足者而設的養護機構，多採住宿制，而以生活訓練及醫療復健為其主要的服務設施。例如，臺灣省立南投啟智教養院在其組織規程中，即規定該院設教導、保健兩組，其中教導組所掌理者為教導、訓練、生活管理、家庭訪視、個案調查、分析研究等事項；而保健組則負責心理矯治、疾病醫療、預防、體能復健訓練、衛生教育、保健與設施等事項（臺灣省政府社會處，民73）。雖然一般人並不將「養護機構」視為「學校」；

吾人寧可將它視為另一種形式的「特殊學校」，切不可將其單純作為智能不足兒童的收容所，而忽略了其在生活上學習自立的潛能。

(五)職業訓練機構

此類機構多為已離校或成人智能不足者而設，其主要的功能以職業技能的訓練為主，兼及日常生活技能的輔導。一個功能完整的智能不足者職業訓練機構，所提供服務設施並不限於職業技能的訓練而已。例如美國科羅拉多州（Colorado）格列里市（Greeley）的薛佛復健中心（Schaefer Rehabilitation Center）即專為智能不足成人而設，其所提供的服務包括職業評量（vocational evaluation）、工作適應訓練（work adjustment training）、工作活動訓練（work activity）、工作技能訓練、生活技能訓練、就業安置與追蹤輔導等；此為獨立設置的訓練機構。另有附設於學校、養護機構，或工商企業單位者，如過去臺灣省社會處委託臺南鴻佳電機公司所附設之智障者福利工廠，及各教養院所附設的庇護工場（sheltered workshop）皆是。

☪二、課程的重點

智能不足兒童是一個異質性很高的群體，他們除了智力功能同屬低下外，其學習能力與需要往往顯現極大的個別差異。因此智能不足者所需要的課程，就個別學童而言，其範圍與程度實存在著相當大的出入，吾人很難舉述一套適用所有智能不足兒童的課程模式。儘管為全體智能不足兒童規劃統一的課程並不可能，也不恰當，吾人卻可發現不同類別（如輕、中、重度）智能不足兒童所需課程的概括性歸趨。以下將就輕度、中度、與重度智能不足兒童所需課程的重點，分別加以介紹。

(一)輕度智能不足者的課程

輕度智能不足兒童的教育目標，一般說來與普通兒童的教育目標十分接近，亦即在培養他們未來在社會上能有效生活與工作的態度與技能。柯士多（*Kolstoe, 1976*）認為可教育性智能不足兒童所須學習的

不外算術、社會、溝通、安全、健康、職業、動作與休閒方面的技能。這些技能或可以柯克與詹森（*Kirk & Johnson, 1951*）所謂的職業、社會、與個人適應的能力加以涵蓋：

1. *職業適應能力*（occupational adequacy）：輕度智能不足兒童所能從事的大多屬於非技術或半技術性的工作。有效職業生活的適應，工作技能的熟稔固屬重要，還須配合良好的工作習慣與態度。這些都是智能不足兒童所應學習的職業技能。

2. *社會適應能力*（social competence）：輕度智能不足兒童大多可以在社區中與一般人共同生活。為了有效扮演其社區成員的角色，他們應該學習如何成家生活、養兒育女、敦親睦鄰，並尊重他人的權益，以善盡各種社會角色的責任。

3. *個人適應能力*（personal adequacy）：社會適應的學習所注重的是如何待人接物，而個人適應的學習則強調如何以自處。換句話說乃在培養自知之明，建立自信，能對自己的行為負責，並進而實現其自我。

上述所提者為輕度智能不足兒童的教育目標及其課程領域。如就課程發展與學習階段而觀，學前似應以知覺動作的訓練為重點；小學階段則注重基本學術技能（*如讀、寫、算等的實用技能*）的培養；國中階段則再強化小學基本工具學科的學習及應用，並實施職業陶冶以試探學生職業性向；到高中階段則以職業訓練為主，且讓過去所學的基本學術技能有在實際生活與工作上應用的機會。由此可見各課程領域，為配合輕度智能不足兒童的學習與發展程度，在學前、國小、國中、與高中階段雖有輕重之分，大體言之這些領域還是齊頭並進的。

(二)中度智能不足者的課程

中度智能不足兒童如獲得良好的教育與訓練，可望在監督下有效的生活與工作。這雖是一般特殊教育人員的共同期待，但吾人實不應畫地自限，而應幫助他們把潛能發揮盡致。柯克與葛拉格（*Kirk & Gallagher, 1983*）認為中度智能不足兒童的教育目標主要有三：

1. 培養生活自理的技能（self-help skills）。如照顧自己的穿著、

飲食，梳洗沐浴等，而不必事事仰賴於人。

2.培養在家庭與鄰里的社會適應能力。如聽從指示、遵守秩序，瞭解他人的情緒反應，能與別人合作及分享等，這些能力皆須透過團體活動的經驗去發展與培養。

3.發展在家庭或庇護性環境中從事經濟活動的能力。如在家中能幫忙做家事，在工廠中於督導下也能做簡單的工作皆是。

吉爾哈與賴頓（*Gearheart & Litton, 1979*）則將中度智能不足兒童的教育目標及課程內容細分成下列七個領域：

1.培養照顧個人生活需求的能力。如對飲食、大小便、穿著、梳洗沐浴、安全等的自我照顧。

2.培養與他人有效溝通的能力。如能以語言、手勢等和別人適當的溝通情感與意見；不只能聽懂，也可以自我表達。

3.培養適當的社會行為並發展穩定的情緒。如學習如何自我控制情緒、樂與人處、並發展誠實、熱心，令人信賴的品格及對異性的適當態度。

4.培養適當的知覺與動作的技能。如跑、跳、身體知覺、手眼協調、動作的敏捷性、速度、與體力等。

5.培養實用（能發揮功能）的學術技能。所學得讀、寫、算的技能，必須與日常生活需求的滿足具有密切的關係。

6.培養休閒活動的技能。培養學生從事體能（如騎車、游泳、登山等）或藝能（如音樂、舞蹈、美勞等）活動的嗜好與技能。

7.發展從事職業或經濟活動的技能。如能使用日常的器械（如熨斗、洗衣機、吸塵器等），幫做家事（如打掃、洗碗筷、投郵等）、使用與就業有關的工具（如鐵鎚、油漆刷、鋸子等）、以及具備適當的工作習慣、態度、與技能等。

就中度智能不足者整個課程發展來看，學前及國小階段似應以生活自理與知覺動作技能的訓練為主，兼及社會適應、溝通、與實用學術技能的培養；至於職業技能的發展，則應是在前述技能已具備相當基礎時，才成為中度智能不足兒童中學年齡階段的課程重點。

㈢重度智能不足者的課程

此處所謂的重度智能不足係涵蓋重度和極重度智能不足者（the severely and profoundly mentally retarded）兩類。同樣是重度智能不足，其彼此之間的身心差異，往往十分可觀。重度智能不足者常有許多附帶障礙，因此其對醫療服務的需求，也就相當迫切。過去許多人認為重度智能不足兒童不具備學習能力，他們所需要的是給予終身的養護（custodial care）。不過這種觀念現在已不被接受。一般咸認只要吾人教導得法，重度智能不足者也能學習一些基本的生活技能。尤其過去十多年來，行為改變技術（behavior modification techniques）在重度智能不足者行為的訓練上頗著成效，更激起了人們對他們教育與訓練的信心。對重度智能不足者而言，最需要學習的應該是諸如飲食、穿著、梳洗等的生活自理技能。唯在學習這些基本技能之前，有許多重度智能不足者可能在注意力、知覺、動作、頭、手、腳的控制、溝通等方面已有明顯的缺陷，需要教師先行設計合宜的訓練方案，選擇適當的輔助器材（如易於拿握之餐具、溝通板、行動輔助器等），並採用必要的激勵措施，以矯治這些身心缺陷，然後生活自理技能的學習才有可能。重度智能不足者具有學習的潛能，唯技能的學得有賴精確地細分步驟，實施系統化的訓練，並需要教師具備耐心與毅力。

☾三、教育與輔導的策略

為使智能不足兒童的潛能獲得最大程度的發展，智能不足兒童的教育與輔導，似應考慮從事下列幾方面的努力。

㈠實施早期教育

有許多輕度智能不足者的成因，是起自成長環境文化刺激的缺乏。輕度智能不足的鑑定，也多在兒童進入小學以後。不過吾人如能對學前可能形成智能不足的危險群，提早給予教育的機會，不只可充實其成長的環境，更可預防智能不足的產生。有一項稱為「艾布斯達利安」計畫（the Abecedarian project）的嬰兒激勵方案（infant stimulation program），即以一個半月大嬰兒為對象，提供他們知覺、智能、語言、與社會發展的刺激經驗，發現對這些孩子智力缺陷的預防極有幫助（*Ramey & Campbell, 1979*）。早期教育對因環境不利而可能形成輕度智能不足的兒童，固有預防的效果，對中、重度的智能不足者也有助於提升他們的成就水準；換句話說早期教育的效果會更好些。一項在明尼蘇達大學（the university of Minnesota）進行名為 EDGE（為 expanding developmental growth through education 的簡稱）的研究計畫，即對兩歲半的道恩氏症兒童提供感覺動作與語言的學習經驗，一直到兒童入學就讀為止，結果發現有這種早期學習經驗的道恩氏症兒童，在概念的習得、語言的表達，與智商方面，皆較無此學習經驗的道恩氏症兒童，有更高的發展水準（*Rynders & Horrobin, 1975*）。

㈡鼓勵家長的合作與參與

智能不足兒童的教育要發揮其最大的效果，家長的合作與參與是不可或缺的。前述的「艾布斯達利安」與 EDGE 兩個早期教育方案，也都讓家長共同參與智能不足子女的教育計畫。家長的參與，不只可從特殊教育教師學到教導智能不足子女的適當方法，也可做為教學助理以減少教師的教學負荷，更可在家庭中增強兒童的學習經驗，對智能不足兒童教學成效的提高極有助益。此外，家長在參與子女的教育活動後，對於其智能不足子女的學習潛能，將可有更清楚的認識；更由於親自參與子女的教育，也有助於減少因有智能不足子女而產生的不適感，從而提振對其子女教育的信心。因此，智能不足兒童的教師應鼓勵家長共同參與其子女的教育計畫，如家長能到校親自參與訓練活動固然最好，如其不然，也應該多與學校保持聯繫，在家庭中對子女的教導內容與方式多與學校配合，以收宏效。

㈢提供最少限制的學習環境

智能不足者的教育環境，在過去有一段很長的時間，都是採取隔離的方式，如養護機構、特殊學校、特殊班等，皆是企圖將智能不足與普通兒童分開施教。唯最近一、二十年來，這種情形已有了很大的

改變。相繼出現的許多特殊教育理念，諸如正常化（normalization）、反機構化（deinstitutionalization）、回歸主流（mainstreaming）、融合教育（inclusive education）等對於智能不足者住宿與教育環境的安排，都有深遠的影響。這些教育理念所強調的是，我們應該增加智能不足者與正常住宿或學習環境接觸的機會；因為智能不足者教育的最終目標，既然是期待他們有朝一日能在正常社會獨立生活，則在生活與學習的環境上一味地加以隔離，將徒增彼等適應正常社會的困難。完全隔離（如特殊學校、養護機構）與充分混合（如普通班）的學習環境，皆有其不同的價值。對於智能不足兒童學習環境的安排，吾人應該把他們的教育需要列為優先考慮，再以此作為選擇學習環境的依據。這樣所選擇的學習環境，對智能不足兒童潛能的發揮，所產生的限制將會降至最低限度。更因為學習環境的抉擇具有變通性，隨著智能不足者身心的成長與發展，其與正常社會接觸的需要與機會，將日益增加，對其學習適應正常社會生活也大有助益。

㈣善用教學方法

　　智能不足兒童與普通兒童在學習上最大的差別，在於智能不足兒童的學習速率較為遲緩，不易擷取抽象的概念，且對多數偶發的事物其學習能力也比較低。因此智能不足兒童的學習輔導，除了應注意學習情境的結構化外，尚須採取系統化的教學（systematic instruction），以增進其學習的效能。系統化教學的運用，一般須注意下列之原則：

　　1.採取個別化的教學設計：同在一個班級裡的智能不足兒童，其學習的成就水準往往不同，因此學習目標的選擇亦應反映此一個別特殊需要。個別化的教學即在運用效標參照（criterion-referenced）的評量方法，以決定智能不足學生的學習成就水準，選擇適當的學習目標，設計合宜的教學活動，並注意個別學生的學習效果評鑑。

　　2.提供主動學習的機會：教師對智能不足學生的教學，應注意他們可能的反應，並讓他們有主動參與學習活動的機會，以多方引發彼等的反應。面對學習刺激，學生有意的反應越多，表示學習動機越強，其學習成效也越好。

3.注意教學活動的變化：富有變化的教學活動，不僅有助於維持智能不足兒童的學習動機，同時注意運用各種感官（如視、聽、觸、動等）的學習活動，也有助於學生形成概念、獲得知識。

4.運用過度學習（overlearning）的原則：智能不足兒童對於所學得的概念或技能，常很容易遺忘掉。因此教師應提供他們在各種不同情境應用所學的機會，以增進他們對學習結果的保留與遷移。

5.提供適當的回饋（feedback）：回饋的形式包括教師讓學生知曉其學習結果的正誤，並按其學習結果而給予必要的增強（reinforcement）。通常學生如因反應正確，教師給予正向的增強後，此一行為再度出現的頻率將會提高。可作為正向增強者，包括諸如食物、代幣（tokens）等有形的鼓勵，也可能是口頭表揚或參與某一活動的特權等形式。特殊教育中常被使用的行為改變技術，其基本原理即是利用增強的方法，以逐漸培養兒童良好的行為或消除不良的行為。對此一技術有興趣的讀者，可進一步參閱國內有關的專書（陳榮華，民65；許天威，民72）。

6.學習的步調不可過快：在同一個時間提供給智能不足兒童的學習材料不可太多，應按他們能夠接受的份量，逐步的教給他們。在舊的教材尚未完全熟稔前，避免急著教給他們新的材料，以減少智能不足者產生混淆與失敗感。

7.提供成功的學習經驗：智能不足兒童之所以畏縮、退卻，對挫折的容受力較低，對課業不感興趣，甚或產生補償性的行為問題，多與他們時常遭遇失敗的經驗有關。既然失敗經驗的制約，會產生上述的消極態度與行為，則成功的經驗應可將這些消極的態度與行為轉向積極。提供成功的學習經驗，並非刻意降低智能不足兒童的學習水準，而是提供適合他們學習水準的教材與作業，減少讓他們遭遇失敗的因素，使他們有更多成功的機會。因成就感的滿足，進而改善其自我觀念。智能不足兒童學習的成敗，實不能完全歸因於兒童本身，教師能否安排一有利的學習情境，應為關鍵所在。

☪ 四、科技的應用

現代科技在智能不足者的教育與輔導上貢獻最大的要屬電腦的應用。編序教學（programmed instruction）與電腦結合而發展出來的電腦輔助教學（computer-assisted instruction），可以讓智能不足兒童按各自的程度進行學習，已成為個別化教學的一大利器。把電腦當做一種教學機（teaching machines），學生並不需從書本上去閱讀資料，也不需在紙上用筆作答；他只要從電腦的螢光幕上去看學習內容，並按下字鍵或觸摸螢光幕上展示內容的某一部分，即可完成作答手續，並立即獲得答案對錯的回饋，頗能維持學生學習的興趣。不管是新技能的學習或已學技能的加強練習，電腦皆能提供有效的輔助。

許多生理殘障者與語言障礙者所用的語聲合成器、電動的符號溝通板（symbolic communication board）等，也同樣可用於智能不足者，以增進他們與人溝通的能力。當然這些器具也多用上了微電腦。

針對智能不足者注意力的缺陷，甚至可以設計附戴於他們的衣服或學習桌的感應器，當智能不足者分心時即將有關的生理訊息，傳送給電腦加以處理，再發出有關的訊號，以提醒他們注意。對於智能不足兒童注意力的缺陷，也同樣可以設計自動的提醒裝置，以督促他們從事一些例行事項。

此外，為增進較重度智能不足者生活自理的技能，各種協助其飲食、排泄、沐浴等的器具之設計，透過電腦的應用，也皆具有十分光明的遠景。

吾人至盼現代的科技，將帶給智能不足者無論在生活與學習上，都有一個更便利而美好的明天。

☪ 五、教師應具備的特質

智能不足學生在學習能力方面，多半是比較遲緩的一群。面對學習比較落後的這一群學生，到底教師應具備怎樣的特質方屬合宜，應是吾人在培訓與選拔師資時該加以注意的。何華國（民78）曾透過國內國民中小學校長運用「教師特質問卷」，去評量優秀與一般啟智教

育教師在二十五個特質項目的表現情形。結果發現優秀教師組在下列
十三個特質項目的得分皆顯著高於一般教師組：

    1. 對啟智教育工作之意願。

    2. 教學方法的變通性。

    3. 精力充沛。

    4. 同情心。

    5. 具有教育理想。

    6. 待人誠懇和藹。

    7. 才能的多樣性。

    8. 接納學生少許的進步。

    9. 工作熱忱。

    10. 智能卓越。

    11. 成熟可靠。

    12. 充滿自信。

    13. 勇於擔當。

    這顯示要成為優秀的啟智教育教師，在上述的這十三個積極性特
質方面，常比一般啟智教育教師表現得更為明顯而出眾。因此，吾人
似可肯定的說，要做個啟智教育教師，尤其是優秀的啟智教育教師，
是很不容易的。一般人或許有啟智班學生的程度較低，要擔任啟智班
的教職並不難的誤解；也有人可能會認為啟智班教久了，教師本身的
智能會跟著沈淪的悲觀想法。殊不知要做為一個稱職而勝任愉快的啟
智教育教師，不只要具有教育理想、從事啟智教育工作的意願、同情
心、待人誠懇和藹、工作熱忱、成熟可靠、充滿自信、勇於擔當、接
納學生少許的進步，而且要精力充沛、智能卓越、多才多藝、再加上
在教學方法的需要不斷創新變通，則長久任教下來，教師本身智慧的
不斷增長似可預期，焉有智能跟著沈淪之理！由於一般人對啟智教育
教師有前述若干不正確的看法，因此，吾人在發展啟智教育時，如何
塑造正確的教師形象，似為一個重要的課題。

第四章

視覺障礙兒童

第一節　視覺障礙的意義

一、視覺障礙的定義與分類

視覺是人類經驗與知識的主要來源，也是人們賴以學習的重要管道。視覺有了障礙的兒童，不只在生活上產生許多不便，也可能造成學習上的困難。不過只要教師或父母輔導得法，這些視覺上的限制，還是可以克服的；換句話說，視覺障礙兒童仍然可以有效的學習。

什麼是視覺障礙呢？一般說來，視覺障礙包括盲（blind）與弱視（partially sighted）兩類。不過何謂「盲」與何謂「弱視」，卻常因使用目的之不同，而有不同的定義。常見的是從法律與教育的觀點，來界定盲與弱視。

法律上對視覺障礙加以界定，主要是為了讓教育、福利，或其他權益的提供，有其確實的依據。例如在美國，法定盲係指優眼（better eye）的視力經最佳之矯正後（如使用眼鏡）仍在 20/200 以下，或其中心視野（field of vision）在二十度以下者。而弱視則指優眼的視力經最佳之矯正後仍介於 20/70 與 20/200 之間者。此處所謂的 20/200 是指如視力正常的人在 200 呎遠處可看清楚目標，某人需在 20 呎處才能看清，則其視力為 20/200。而 20/70 則是常人 70 呎遠就可以看清，而某人卻需近至 20 呎方可看清目標，其視力即為 20/70。大部分被認為是法定盲的人士仍有些許光的知覺（light perception），完全看不見的大概僅約 20% 左右。

從教育的觀點來界定視覺障礙，主要是基於學生能夠運用其視力以從事學習的程度。一般說來視力（或稱視覺敏銳度）的測定並不難。不過光是知道某人的視力，我們仍無從瞭解他對其殘餘視力（remaining sight）運用的情形。例如根據史乃倫視力檢查表（Snellen vision screen chart）某甲的視力為 20/150（弱視），而某乙則為 20/250（盲）。某乙雖是法定盲，很可能能夠閱讀一般的讀本；某甲雖是法定弱視，卻須依賴點字以摸讀。根據威利斯（Willis, 1976）的調查發現，在法定盲

者中，仍有 52%的人使用大字或普通字體讀本，只有 18%的人是全盲。這顯示同樣是視覺障礙者，個別的視覺效率（visual efficiency）仍有差異。教育上對盲與弱視的界定，即是採取此一功能性的觀點。以教育的目的而言，所謂盲者是指其視力嚴重缺損而不能用以閱讀任何文字，須以點字或聽力為其主要的學習途徑而言；所謂弱視是指不能閱讀普通文字，而須藉放大器（magnifying devices）或大體字方能閱讀者。

我國教育部「特殊兒童鑑定及就學輔導標準」（教育部社會教育司，民 70），認為視覺障礙乃指由於先天或後天原因，導致視覺機構（眼球、視神經、大腦視覺中樞）之構造或機能發生部分或全部之障礙，以致對外界事物無法（或甚難）作視覺性之辨識而言。依教育部（民 76）之特殊教育法施行細則第十七條則指視覺障礙係依萬國式視力表所測定之優眼視力未達 0.3，或視野在二十度以內者。此項視覺障礙，依障礙程度，分為下列二類：

㈠弱視：優眼視力測定值在 0.03 以上未達 0.3 或其視野在二十度以內。

㈡全盲：優眼視力測定值未達 0.03。

前二項視力，皆指最佳矯正視力而言。

教育部（民 91）所制定的「身心障礙及資賦優異學生鑑定標準」，指視覺障礙係由於先天或後天原因，導致視覺器官之構造缺損，或機能發生部分或全部之障礙，經矯正後對事物之視覺辨認仍有困難者；其鑑定標準如下：

1. 視力經最佳矯正後，依萬國式視力表所測定優眼視力未達 0.3 或視野在二十度以內者。

2. 無法以前款視力表測定時，以其他方式測定後認定者。

此外，衛生署（民 91）所訂的「身心障礙等級」，則將視覺障礙定義為：係指由於先天或後天原因，導致視覺器官（眼球、視覺神經、視覺徑路、大腦視覺中心）之構造或機能發生部分或全部之障礙，經治療仍對外界事物無法（或甚難）作視覺之辨識而言。此一定義大致與前述「特殊兒童鑑定及就學輔導標準」之規定相同。唯「身心障礙

等級」則將視覺障礙分為下列三個等級：

（一）**重度**： 1.兩眼視力優眼在 0.01（不含）以下者。

　　　　　2.優眼自動視野計中心三十度程式檢查，平均缺損大於 20DB（不含）者。

（二）**中度**： 1.兩眼視力優眼在 0.1（不含）以下者。

　　　　　2.優眼自動視野計中心三十度程式檢查，平均缺損大於 15DB（不含）者。

　　　　　3.單眼全盲（無光覺）而另眼視力 0.2 以下（不含）者。

（三）**輕度**： 1.兩眼視力優眼在 0.1（含）至 0.2（含）者。

　　　　　2.兩眼視野各為二十度以內者。

　　　　　3.優眼自動視野計中心三十度程式檢查，平均缺損大於 10DB（不含）者。

　　　　　4.單眼全盲（無光覺）而另眼視力在 0.2（含）至 0.4（不含）者。

　　由此可見，何謂視覺障礙，在我國法令上已有明確的定義，對視覺障礙者特殊教育與社會福利工作之推動，當可減少不必要的爭議。唯在依據法令提供視覺障礙者教育與福利措施時，如能兼顧其個別的視覺功能水準，當能確切地滿足視覺障礙兒童的教育與服務需求。

☾ 二、視覺障礙的出現率

　　視覺障礙兒童的人數在所有障礙類別中算是比較少的。有些視覺問題如能加以矯正（如戴上眼鏡），則不屬於視覺障礙的範圍。一般估計視覺障礙兒童的出現率（包括弱視與盲）大致在 0.1% 左右。如吾人將成年人口也包括進去，則其百分比將會提高；不過與其他障礙類別比較，其比例仍屬較低。根據美國盲人基金會（American Foundation for the Blind，未標明日期）的估計，全美約有一百七十萬重度的視覺障礙者，其中有一百多萬人（約占 65%）其年齡則在六十五歲以上。新出現的盲人個案，有一半以上在六十五歲以後。可見盲者的人數似隨年齡的提高有增無已。

　　根據教育部針對自民國五十年九月一日至五十七年八月三十一日

止（臺北市為 50 年 9 月 2 日至 57 年 9 月 1 日）出生之全國公私立小學在學特殊兒童所做的調查，其中屬於視覺障礙者計有 1,008 人；如將失學的學齡視覺障礙兒童也加進去，總人數則有 1,152 人之多（教育部社會教育司，民 65）。根據內政部七十年臺閩地區戶口普查殘障國民調查電腦資料，臺灣區二十四歲以下之盲者計有 1,665 人，其中適學盲童人數計有 1,053 人，其分布以臺灣北、南、東部較多（臺灣省立臺中啟明學校，民 74）。根據我國第二次特殊兒童普查發現，全國共有 1,931 名學齡階段視覺障礙兒童，在全國六至十四歲學齡兒童總人數中占 0.054%（教育部特殊兒童普查執行小組，民 82）。由上述資料可見視覺障礙兒童在我國的殘障人口中，仍然屬於一少數群體。

☾ 三、視覺器官的構造與功能

為了確切瞭解視覺可能發生的功能性障礙，吾人有必要知道正常的視覺器官到底是怎麼運作的。視覺器官係由眼球、眼球附屬器官，及視覺神經等所組成。它是人體中一個十分精密而複雜的部分。任何因疾病、意外傷害、先天的變異等，皆可能造成視覺功能的失常。

人類眼睛的結構與功能和照相機十分相似。圖 4－1 所示者為眼睛的主要生理構造。此處對視覺器官的構造與功能之敘述，主要在說明視覺形成的過程及其相關的生理構造。如果我們的視力是正常的，則在我們視野之內所見的景物，其光線進入眼球後，便在網膜轉變其熱能性質成為電流衝動（electrical impulse），經由視覺神經傳送至大腦的視覺中樞，以引起視覺作用。因此視覺的形成大致上是經歷下列的過程：

㈠外來的光線經過角膜（cornea）的屈光作用，使光線得以聚合。

㈡光線再通過水樣體（aqueous humor）。水樣體中充滿水狀液，對眼球具有潤滑與清淨的作用。

㈢光線再通過瞳孔。瞳孔（pupil）係虹膜（iris）之中央缺口，可適應光線的強弱與景物的遠近而調節大小。

㈣光線再經水晶體（lens）的屈光作用。

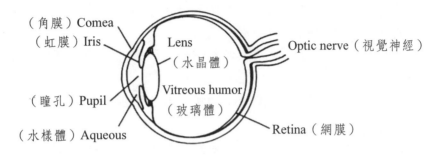

圖 4-1　眼的基本構造

（取自 Kneedler et al., 1984, p. 213）

㈤光線透過水晶體後，再通過玻璃體（vitreous humor）。玻璃體除了屈光外，仍有保持眼球的形狀之作用。

㈥光線最後才到達位於眼球最內面的網膜（retina），它是由許多神經纖維所組成。光線的刺激即在此處形成神經衝動，經由視覺神經（optic nerve）傳達於大腦的視覺中樞，以產生視覺作用。

上述視覺器官任何一部分如出現問題，皆可能對人們的視覺功能產生影響。

★四、　視覺障礙的成因

可能造成視覺障礙的原因相當多，毛連塭（民 71）曾區分為下列三種：

㈠全身疾病性之視覺缺陷，常見的有下面幾類

1. 傳染性疾病，如麻瘋、破傷風、傷寒、肺結核、丹毒、淋菌性傳染、肺炎等。

2. 兒童接觸傳染性疾病，如白喉、猩紅熱、百日咳、麻疹、水痘、流行性腮腺炎、風疹等。

3. 新陳代謝性疾患，以糖尿病為主。

4. 原蟲與蠕蟲疾患，如絲蟲病、瘧疾等。

5.濾過毒性疾患，如流行性感冒、花柳病、淋巴肉芽腫等。

6.立克次體疾患，如流行性斑疹及傷寒等。

7.螺旋體性疾患，以梅毒為主。

8.關節病，特殊性關節炎如淋病性、結核性、類風溼性關節炎、痛風等。

9.心臟及血管疾患，如冠狀動脈閉塞、雷那得瓦病、結節性動脈周圍炎等。

10.血液疾患，如惡性貧血、續發性貧血、紅血球增多症、白血病等。

㈡心因性視覺缺陷，如情緒困擾、歇斯底里等。

㈢視覺器官本身疾病所造成的視覺缺陷，常見的有

1.屈光缺陷，如老視、遠視、近視、散光、屈光參差、影像不等。

2.機體性疾病，如眼球震顫、斜視、結膜炎、交感性眼炎、白內障、青光眼、網膜色素變性、網膜脫離、視神經萎縮、初生兒眼炎、牛眼、沙眼等。

由上述毛連塭（民71）所列舉的這些視覺缺陷的原因與類型，可見視覺器官是人類身體中相當脆弱的一部分，不只視覺器官本身的病變足以導致視覺的障礙，其他的身心缺陷或疾患，亦可能影響正常視覺功能的發揮。以下將就常見的幾種視覺缺陷，分別加以說明：

1.近視（myopia）：近視者如看近處的景物不會有問題，但看遠處的物體則感覺困難。其原因是光線的主焦點落在網膜之前，而非聚集在網膜之上。

2.遠視（hyperopia）：其情形恰與近視相反，光線係聚集在網膜的後方，因此能看清遠處景物，但對近處物體的觀看卻感吃力。

3.散光（astigmatism）：它是因角膜或水晶體的曲度不一所引起的屈光不正，以致在網膜上形成模糊的影像。

4.白內障（cataract）：它是因水晶體的模糊混濁而導致視力低下的現象。

5.斜視（strabismus）：此乃由於眼部外緣肌肉功能的失調，以致

兩眼無法同時注視同一物體的不協調現象。

　　6.**眼球震顫**（nystagmus）：這是一種非自主性的眼球急遽震動的現象，以致有頭暈、視覺效率減低等情形。眼球震顫常是腦神經功能失常或眼球內在出現問題的症候。

　　7.**水晶體後部纖維增生症**（retrolental fibroplasia，簡稱RLF）：此乃因對早產兒供給過量的氧氣所造成的。氧氣的供應固可預防早產兒的腦細胞因缺氧而受到傷害，但氧氣的濫用卻可能導致網膜受損剝落，而浮游在水晶體上面，因而使人喪失視力。

　　8.**色素性網膜炎**（retinitis pigmentosa）：此為一種遺傳性疾病，此症會使視野逐漸縮小，網膜功能退化，終而導致失明。

　　9.**青光眼**（glaucoma）：此症係由於眼壓過高而造成的。如未能及早發現並加治療，可能傷及網膜與視覺神經，因而視力減退，終致失明。由於青光眼常出現於老年人中，因此許多眼科醫師常建議年過三十五歲的人定期作眼睛的健康檢查。

　　10.**白膚症**（albinism）：這是一種先天遺傳性的色質缺陷，患者的皮膚、毛髮、脈胳膜（choroid）、虹彩等顯現色素不足。它常併發眼球震顫、畏光、屈光異常、視力低下等現象。

第二節　視覺障礙兒童的鑑定

☽ 一、一般的鑑定程序

　　有關視覺障礙兒童的鑑定程序，教育部所訂定的「特殊兒童鑑定及就學輔導標準」第二十條，已作下列的規定：

　　㈠有關社會教育機構，應加強宣導對就學前之兒童視力之注意，尤其對有眼球震顫、怕光、斜視、夜盲、接近目標看、行動異常者，家長須從速洽請眼科醫師診斷。

　　㈡就學幼稚園、小學時，應各舉辦全員視力檢查，幼兒可利用蘭多（Landolt）環單獨視標檢查之，經教師、護士檢查完竣後，其可疑者應早日洽請眼科醫師詳檢，凡經過檢查確定為視覺障礙兒童，應補

充必要之個案資料,其中包括家族史、生育史、社會生活能力檢查及人格測驗資料。

　　㈢由班導師依平日觀察、入學時視力檢查及學業考查之結果,選別可能障礙學生:

　　　1.根據名單進行家庭訪問,調查兒童家庭生活能力並徵詢其他有關教師意見。

　　　2.整理學生在校行為及其學力之資料。

　　㈣舉行會議決定教育輔導方針。

　　由上述教育部的規定看來,可知視覺障礙兒童的鑑定應儘量在入學前為之;而家長與教師的角色即在發現可疑的個案,至於兒童是否為視覺障礙,則有待洽請眼科醫師詳檢確認。故視覺障礙的鑑定方法,似可分為主觀與客觀的鑑定兩種途徑。一般係先做主觀、經驗,與功能性的鑑定,再從事客觀、科學,與運用工具的鑑定來加以確認。茲分別說明如下。

　　㈠**主觀的鑑定**

　　此乃由兒童的視覺行為與可觀察到的眼睛症狀去判斷。

　　　1.*視覺行為*(*Gearheart & Weishahn, 1980*;張訓誥,民69;*Hardman, Drew, & Egan, 1984*)

　　⑴過分地揉眼睛。

　　⑵常閉上一隻眼睛,並把頭向前傾。

　　⑶有怕光的現象。

　　⑷無法區別色彩。

　　⑸無法區別事物。

　　⑹無法區別人物。

　　⑺對閱讀或需近距離眼力的工作感覺困難。

　　⑻當閱讀或需近距離眼力的工作時,常瞇眼、眨眼、皺眉頭,或顯出怪異的表情。

　　⑼閱讀的教材放得過近,或放得過遠;或常改變閱讀的距離,由近到遠,或由遠到近。

⑽在做需近距離眼力的工作後，常抱怨眼睛痛、頭痛、頭暈，或噁心。

⑾無法區別房內有無光線。

⑿常有眼球震顫的現象。

⒀常斜眼閱讀或視物。

⒁看一件物體常會成雙。

⒂對看遠處的事物有困難。

⒃有將某些字母、音節，或單字顛倒的傾向。

⒄有對形狀相似的字母（如 o 與 a、c、e；n 與 m，h 和 n，及 f 與 t）產生混淆的傾向。

⒅有找不到某些句子或頁次的傾向。

⒆在書寫時對空間的掌握不良，且要求其寫字整齊也有困難。

⒇無法以周圍視覺（peripheral vision）看清事物。

2.眼睛的症候（*Gearheart & Weishahn, 1980; Hardman et al., 1984*）

(1)眼瞼通紅。

(2)眼瞼長痂。

(3)眼瞼浮腫。

(4)眼部有許多分泌物。

(5)眼睛充水或發紅。

(6)眼睛無法直視。

(7)瞳孔大小不一。

(8)眼球的活動過多。

(9)眼瞼下垂。

教師或父母如發現兒童有上述的視覺行為與症候，應從速洽請眼科醫師作進一步的診斷。

㈡**客觀的鑑定**

須運用儀器對兒童的視力及眼睛的狀況做專業性的檢查。此項工作係由眼科醫師、護士等專門人員來實施。不過像運用視力檢查表以檢查兒童視力銳敏度的工作，學校教師在接受適當訓練後亦可承擔，

以因應大規模的學童視力檢查時，專業人力不足的問題。

就解剖學而言，眼內司視覺的視神經細胞有兩種，即錐體細胞和桿體細胞。錐體細胞分布於網膜中央凹處（即黃斑部或中央小窩），專司明亮光線下的視覺，專司顏色及形狀等視覺。因此人類的中央視覺即為錐體細胞的功能。桿體細胞分布於網膜的周圍部分，專司黑暗光線下的視覺，對灰色（或黑白對比）特別敏感，故吾人之周圍視覺即是桿體細胞的功能。

眼的視覺檢查可分為視力銳敏度、調節機轉，與視野等三方面的檢查。所謂視力銳敏度的檢查係指凹處視力機能的檢查。調節機轉的檢查是檢查在調節作用下的視力銳敏度，亦即近視力檢查。而視野的檢查係檢查整個視網膜的視力機能，亦稱周圍視力檢查。茲將這三種檢查分別敘述於後。

　　1. 視力銳敏度的檢查：對於視力銳敏度的檢查，目前國內有兩種檢查表可供使用。一為史乃倫視力檢查表，另為萬國式視力檢查表。萬國式視力檢查表之構成原理和史乃倫視力檢查表相同，只是前者採用 C 字母而後者採用 E 字母而已。如以萬國式視力檢查表實施視力銳敏度檢查，則除該視力表外，尚須準備指標指示棒、照度計、捲尺，及蘭多環單獨視標。檢查場地需明亮（如在室內光線以 80-100 燭光為宜）。視力表吊掛的高度，以 0.1 的視標和受測者眼睛高度平行即可。然後從視力表起算每一公尺用粉筆畫一平行線，在距離五公尺處畫出左右兩足形，使足尖接觸五公尺線。受檢者即站在此五公尺線接受檢查。而視力的檢查大致依下列程序來進行（張訓誥，民 69，181-182 頁）：

　　⑴依右眼、左眼之順序檢查。

　　⑵戴眼鏡者，先戴著眼鏡受檢，再取下眼鏡，簡單的檢查，記下來作為參考。

　　⑶指示棒先指著 0.1，答對的話，往較小的字體移動。

　　⑷有了誤答時，再回到上行，讀三個指標，若三個全對，則以該列值為視力值。若無法回答，則再往上一列。

　　⑸視力較好的受檢者，可從 0.5 開始讀，不一定要做到 1.2 以上的視力值。

(6) 5 公尺處無法讀出 0.1 的指標，則向前移動，若到 1 公尺處才能看到，其視力為 $0.1 \times 1/5 = 0.02$。

(7) 1 公尺處尚無法看到 0.1 的指標，眼前 50 公分處，數一數張開的手指數目，數對時，則視力為 0.01，數不對，則把手靠近眼睛，直到能數出，再看手與眼睛相距幾公分，此種檢查稱為數手指（counting finger, C. F.）。

(8)若無法數出上述的手指，用手在眼前揮動，以發覺手動視覺（hand movement perception, H. M.）。

(9)光覺（light perception, L. P.）：手動無法知道，用手電筒直照眼睛，能分別手電筒的開燈與消燈者，稱為具有光覺。

(10)色覺（color perception, C. P.）：能辨別色彩。在鑑定上為光覺或手動視覺者，最好再做色覺檢查與記錄。同時應檢查兒童是否能認出有顏色的物體，或是區別顏色的不同。

(11)全盲：完全缺乏視知覺。亦即是強光直接照射入眼球內仍無法認知者，是全然沒有視力的現象。

2.調節機轉的檢查：對於兒童做遠距離視力的檢查固屬重要，但是站在教育的立場，更需要瞭解其近視力的情況。因為兒童的學習活動（如閱讀），需要用到近視力的機會相當多。尤其有些兒童的遠視力雖差（如 6/60 或 20/200），但其閱讀的視覺效能可能不錯。因此近視力的檢查更具有教育的意義。近視力的檢查可採取下列兩種方法（毛連塭，民 71，179-180 頁）：

(1)使用史乃倫近視力檢查表：讓受檢查者看史乃倫近視力檢查表，如果他能看清最上面的第一排字時，便記為「近七號」。能看清第二排時便記為「近六號」，依此類推。若能看清「近一號」時，便是具有標準或正常的視力。

(2)使用文字檢查表：讓受檢查者將閱讀之印刷文字拿近眼前，然後慢慢移開，一旦他能看清楚時立刻示意，這就是受測者的近視力點。所用字體的大小，視學童視力情況而定。做近視力檢查時，若受檢查者戴有眼鏡，則應戴眼鏡檢查。

3.視野的檢查：視野係指當眼睛不移動，注視前方某一定點時，

所看得見的空間範圍而言。視野檢查須運用特殊的檢查工具，且多由專門人員來實施，在此不贅。

有幾種能對視覺障礙兒童提供專業性服務的人員，教師應瞭解其專業角色，以在必要時與這些專家有所磋商，或協助視障兒童的家長尋找適當的求助對象。這些專業人員包括：

(1)眼科醫師（ophthalmologist 或 oculist）：係致力於眼疾、光學缺陷等的診治之醫師，他們也可從事配鏡處方的工作。

(2)驗光師（optometrist）：係負責檢查視力功能，並為患者處方與配裝眼鏡的專門人員，但並未具備醫科學位。如發現眼疾，則他會將患者轉介給眼科醫師。

(3)配鏡師（optician）：係依據眼科醫師與驗光師的處方，而研磨鏡片，裝入鏡架，及為患者調節鏡架使合於面型的技術人員。

(4)視力矯正師（orthoptist）：係在眼科醫師的指示下，指導患者根據處方從事運動或訓練，以矯正眼肌不平衡狀態之非醫學技術人員。

☪二、教育與心理評量的問題

兒童是否有視覺上的障礙，固然取決於其視力功能的正常與否。但被鑑別為視覺障礙的兒童，因教育的目的，常需接受許多教育與心理測驗。由於大多數的測驗並非專為視覺障礙者而設計，適合普通兒童去做的測驗，對於視覺有缺陷的兒童，即難免產生困難。如未能對有關的測驗程序作必要的調整，仍勉強施測，即可能低估其應有的潛能。

視覺障礙兒童接受測驗的主要困難，在於其對測驗中的文字、圖形、數字等無法作有效地閱讀。除視力因素外，其他足以影響評量結果的因素，尚包括視覺障礙出現的年齡、對口語的過度依賴，以及生活經驗的與常人迥異。如兒童在發展了許多與視覺有關的概念（如形狀、顏色、雲彩等）後，才成為盲者，他仍可將這些概念應用於測驗的情境中（*Bauman, 1973*）。因此，吾人不難發現同樣是二十歲的青年，一位新近致盲，另一位出生即盲，他們所獲得的概念與經驗是很不相同的。視覺障礙發生的年齡越晚，其與常人的經驗亦越接近，也

越有能力對測驗中與視覺有關的題項作反應（*Botterbusch, 1976*）。對視覺障礙者而言，聽覺刺激為其主要的感覺與經驗的來源，因此彼等對語言的倚賴似不足為奇。何蘭（*Holland, 1936*）曾比較三至六年級盲、聾，與普通兒童在一項語文智力測驗上之差異，發現盲童的平均分數略高於普通兒童；而盲童與普通兒童皆顯著優於聾童。何蘭認為此與盲童對語言刺激的過分注意不無關係。視覺障礙者的生活經驗與常人有差異，不僅是受到視覺缺陷的影響，包曼（*Bauman, 1973*）認為視覺障礙者的受到過度保護、缺乏學習材料，以及正常學習機會的被剝奪，對彼等之學習經驗、興趣、人格發展等皆有不利的結果。由此觀之，在對視覺障礙兒童實施教育與心理評量時，不僅應注意視知覺問題對測驗所造成的困擾，更應考慮視覺缺陷對當事人知識、技能、興趣、態度、人格等的影響。

欲減除視覺障礙兒童在接受教育與心理測驗的難題，似可在測驗的程序上作適當的調整，其調整的方式有下列幾種：

㈠提供測驗前之輔導

此項輔導的目的，乃在幫助受試者瞭解測驗的要求，使其能熟稔測驗情境，減少對測驗可能的焦慮。方式可能包括團體討論、回答問題、測驗過程的實習，以及模擬測驗的試做等。唯須注意者，模擬測驗之試題不應包括任何正式測驗之題項。測驗前之輔導，也可使評量者有機會對測驗內容的修正預做嘗試。

㈡使用大字體題本

這種方式的調整特別是為弱視者而設想。大字體題本的製作，固可就原題本以大字體重新排印，亦可以影印放大至所需之倍數，以便於弱視者之閱讀。

㈢採用點字題本

對於能摸讀點字的視障兒童，點字題本似可解除因印刷字題本所帶來的困擾。原測驗如有點字題本固然很好。不然，也可以點字設備

將原題本加以翻製。唯須留意者,點字題本的採用,應考慮對測驗時間加以延長。因為同樣的材料,摸讀點字的時間約為閱讀印刷字體的三倍。

㈣令受試者複述指導語的內容

由受試者以自己的話複述指導語的內容,將有助於評量者立即探知受試者對指導語可能的誤解,也可由評量者的回饋,增強受試者對測驗的信心。由受試者複述指導語的方式有二:一為由評量者讀完全部的指導語後,再由受試者複述;如複述無誤,即做練習題項。另為由評量者逐段讀出指導語,再由受試者逐段複述;此一方法費時雖較長,但對於能力較低,充滿焦慮,或缺乏應試技能的受試者,卻較有用。在團體測驗的場合,如令受試者複述指導語,時間上可能相當不經濟,為減少這方面的困擾,或可增加監試人員加以克服,使每一視障受試者可同時向一監試人員複述指導語。

㈤採用測驗題項排組法

此乃對傳統答題方式的變通。如測驗題已逐題以大字體或點字翻製於卡片上,而答案又屬「是」、「非」或「對」、「錯」等選擇的形式,受試者即可將答案相同的卡片排放成堆,評量者即以此為評分的依據。如為便於機器計分,評量者亦可將受試者的答案轉錄於標準的答案紙上,以便於計分作業。

㈥口頭提現測驗材料

由於視覺障礙兒童的溝通有倚賴語言的特性,因此大聲朗讀或錄音播放測驗的內容,是對彼等測驗時,最常應用的變通方式之一。如由評量者朗讀測驗材料,則主試者事前須先檢閱測驗內容,以確定每一個字的發音,並對有關的指導語作必要的修正。如原指導語可能要求受試者閱讀每一題項,並將正確答案填於答案紙上;修正後的指導語可能成為:「主試者朗讀每一題項,受試者則以點字板將答案點出。」唯在正式施測前,應對修正過的指導語先作預試。朗讀時應將

每一題的編號先行唸出，每一題項須重複唸兩次，同時在唸完每一題後須留有充分的空檔，以讓受試者作答。如以錄音播放測驗材料，其優點為施測程序較能前後一致，且可節省主試者的時間與精力；唯對於所用的錄音器材，應注意其品質，以發揮最佳的錄放效果。口頭提現測驗材料雖常被使用，但評量者對其可能的缺點也須加考慮。例如受試者往往無法回顧或檢查已唸過的題項；有的受試者會對這種呆板的測驗情境感到厭煩（由於無法注意受試者作答時間的個別差異使然）；因為係以口頭呈現測驗內容，與原測驗當初發展常模所用的方法容有出入，會造成對測驗結果解釋的困難。

㈦受試者作答方式的變通

由於要視覺障礙者（尤其是盲者）如正常人一樣在標準化的答案紙上作答相當困難，因此採用其他變通的作答方式確屬必要。常用的作答方式有三：⑴由受試者說出答案，評量者再記錄於標準的答案紙上；⑵使用點字方式或大字體的答案紙；⑶使用打字機以記錄答案。其中第一與第三種作答方式，常造成對其他受試者的干擾，頗不利於團體測驗的實施。第二種作答方式，頗便於同時測驗數位視障受試者，且作答的方法也比其他作答方式更接近原有的施測程序。

對視覺障礙者實施教育與心理評量時，如在測驗的程序甚或內容有所修正，其目的乃在對其潛能作正確的評估。不過這種做法與測驗原來編製的構想，可能多少會有出入。因而，由此所獲得的測驗結果，在解釋上應該特別謹慎。尤其在測驗報告上，對於測驗實施的程序或內容如做過任何的調整，也應有適當的說明，使測驗報告的閱讀者不致產生誤解。

第三節　視覺障礙兒童的特質

一個兒童有了視覺障礙後，對其身心的發展究竟會產生怎樣的影響呢？大致說來，視覺缺陷對人的影響，因障礙出現時期的早晚與障礙程度的不同而異。先天失明者要比後天致盲者為不利；幼年失明也

較成年後才失明的影響為大。弱視者應比全盲者有更好的發展機會。就失明的年齡而言，五歲咸被認為是一個關鍵期（*Lowenfeld, 1980*）。如果失明的年齡在五歲之前，則個人的許多視覺印象（visual imagery）將很容易消失掉。如果在五歲以後才失明，則兒童早期的視覺經驗有望獲得保留，對其嗣後的學習將可提供比較具體的參考架構（frame of reference）。視覺障礙兒童在生理、社會與情緒、語言、智能發展、學業成就，及職業發展方面的特徵，將在以下分敘之。

一、生理的特徵

　　視覺缺陷對兒童的其他生理結構與功能，不見得會有影響。不過視覺的障礙卻可能導致兒童在視動協調及定向與行動（orientation and mobility）方面發生問題。由於視覺障礙，兒童可能無法掌握其在環境中的相對位置；正因為對於空間概念的缺乏，所以其按預定的目標行動的能力也就大受限制。因此一個沒有接受過定向與行動訓練的視障兒童，其行動時的戒慎恐懼實不難想見。視障者個人及其家長師友等如為安全的理由，而在行動上加以設限，無疑地將影響獨立行動能力的學得，並加深其在生活上的依賴性。

　　視覺障礙對精細動作的協調能力，也會有不良的影響。由於手眼協調能力不好，因此他們在學習使用生活或職業上必要的工具如餐具、牙刷、刀、筷、鎚子、起子等時，多會遭遇困難。因此視障者許多獨立生活技能的訓練，常須花費相當的時間。

　　與行動和操作能力有密切相關的是知覺與動作方面的發展。根據沃倫（*Warren, 1977*）的研究，發現盲童在質地（texture）、重量，與聲音方面的知覺辨識能力方面，與眼明者實不相上下；不過盲童在形狀鑑別、空間關係，與知覺動作統合（perceptual-motor integration）等較複雜的知覺作業方面，似比眼明者為差。

　　許多人常認為由於視覺障礙兒童的視力有所缺失，因此他們的其他感覺能力會因而獲得增強，此即所謂的感覺補償說（the doctrine of sensory compensation）。不過這種論調並未獲得證實。比較平實的說法應該是，由於視覺障礙者在視力上的缺陷，因此他們會特別注意及

眼明人所忽略的線索，如聽覺、觸覺等方面的微小刺激皆是，而並非因視覺障礙而使聽覺、觸覺等能力獲得強化。事實上，缺乏視覺的佐助，而單純以聽覺或觸覺來接收外界的訊息，當事人勢需全神貫注，著實相當費力。

在視覺障礙兒童中，常可發現許多人會表現擠眼、擺動身體、繞圈子轉、注視光源、玩弄手指等習癖（mannerisms）。這些習癖顯然是視障兒童尋求自我刺激（self-stimulation）的一種方式（*Eichel,* *1978*）。萬明美（民 71）曾以國內三所啟明學校盲生及弱視學生 320人為調查對象，發現有三分之一的視障者具有習癖動作的傾向。其習癖動作的型態，若以身體部位來區分，依次為臉部、頭部、手部及腳部。如以動作類型來區分，依次為傾頭、挖眼睛、搖頭、按揉眼睛、搖擺軀幹、點頭及流涎。為減少視覺障礙學生的習癖行為，讓這些學生有事可做，或採用行為改變技術加以矯治，皆是可參酌採用的策略（*Heward & Orlansky, 1992*）。

☾★ 二、社會與情緒的特徵

視覺障礙兒童由於行動能力與經驗的限制，以及無法看到行為的結果，多顯得被動、依賴，與無助。因為他們無法經由視覺有效地模仿、學習，與應用行為的語言（body language）跟別人溝通，也影響其正常人際互動關係的發展。更因為他們眼睛看不到，有許多社會活動如打球、看電影、郊遊旅行等，他們常不在被邀請之列。視障者的受到排斥，很難說是他們缺乏參與社會活動的技能，主要應歸因於社會大眾對視障者的消極態度。因為很多眼明人一遇到盲人即顯得忐忑不安，自覺對視障者缺乏瞭解，也不知如何跟他們交往。因此吾人對視覺障礙兒童的態度，常是影響彼等個人及社會適應的重要變項。視障兒童受到拒絕與過度保護，皆可能造成其適應的困難。國內楊振隆（民 74）的研究也發現視覺障礙學生在田納西自我概念量表（Tennessee self-concept scale）上的得分顯著低於一般正常學生。視障兒童除了視覺上有缺陷外，他們和視力正常兒童一樣也有其需求與感受。所以如何以「平常心」來看待視障者是很重要的。

另一方面視覺障礙者常出現動機上的問題，這固然與他們在行動上缺乏安全感，如害怕遭遇危險、迷路等有關，不過他們在成就動機上的低弱，也可能是人們對彼等過度保護的結果，以致形成他們的依賴性與無力感。因而對視覺障礙兒童的教養態度，無疑將影響其自我觀念與社會互動能力的發展（*Hardman et al., 1984*）。

☽★三、語言發展的特徵

一般說來，眼明兒童的語言發展，係視覺經驗與語言符號（*包括形與聲*）統合的結果。視覺障礙兒童由於視力上不同程度的缺陷，在視覺經驗與語言符號的統合上自然感到困難，因此也不易擷取語言符號所代表的意義。許多學前視覺障礙兒童的冗言贅語（verbalisms），正是這種言語缺乏意義的現象。這與他們缺乏直接的感覺經驗，實有密切的關係。由於語言與視覺印象是吾人思想與學習的中介，語言意義的混淆和視覺印象的闕如，勢必對思考與學習造成妨礙。

經由視覺管道的語言學習，對視覺障礙兒童雖然不利，但經由聽覺對說話的學習，其困難應較少。尤其是先天失明的兒童，在說話的發展方面或許比視力正常兒童為遲緩，然而一旦他們學會了，說話仍然可能是十分流利的。不過，林寶貴與張宏治（*民76*）對國內視覺障礙學生所作的語言障礙與構音能力之研究卻發現視障學生的語言障礙比想像嚴重，構音障礙發生率最高（78.01%），其餘依次為：聲音異常（17.01%）、多重障礙（14.66%）、語言理解能力差（12.02%）、耳語聽解能力差（12.02%）等五項障礙所占的比率較高。另外，有些可以經由觸覺、嗅覺、味覺、運動覺等獲取意義的語言或概念的學習，對視障兒童也是有利的。因此如何運用視覺障礙兒童已有的感覺能力，以協助其語言的發展是十分重要的。

☽★四、智能發展的特徵

有些早期的研究發現視覺障礙兒童的智力功能並不比視力正常兒童為差。一些採用專為視障者而設計的智力測驗如海斯—比奈（Hayes-Binet）智力測驗，或魏氏兒童智力量表的語文部分，皆顯示盲童的智

商並不低於眼明兒童（*Hayes, 1950*）。這些測驗的內容，語文的成分較重，對視覺障礙者也較有利。

　　雖然視障兒童在一般的智力功能方面，可能不受到視力缺陷而受損，但最近的許多研究發現智能發展中的若干特殊領域，仍會受到視覺障礙的影響。鐵爾曼與歐斯彭（*Tillman & Osborne, 1969*）的研究發現，雖然盲童在複誦數字的能力（用以測驗短期記憶與注意力）方面要優於眼明兒童，但他們在類同測驗（說出兩件事物的相同處，如玫瑰與馬鈴薯有何相同的地方）的表現方面，則顯然要比眼明兒童為差。這與視障兒童生活經驗的限制不無關聯。在一項要求盲童與眼明兒童（年齡為五至七歲）說出畫人與房子所需包含的部分之研究，盲童在人體與房子的組成知識方面，確比視力正常兒童為不足，而且其所獲得的概念也流於零碎與曲解（*Kephart, Kephart, & Schwartz, 1974*）。沃倫（*Warren, 1977*）也發現盲童在空間概念與日常知識的瞭解方面，與視力正常兒童具有差異存在，這些皆可能是視覺障礙所伴隨的不利影響。

　　兒童的智能需要經由學習而獲得發展。而學習卻是透過經驗以改變行為的過程。視覺障礙對兒童在經驗的攝取自是一大限制，也會減損其學習的成效。因而視覺障礙會阻抑兒童智能的發展是一個可能的結果。如何消減視覺障礙對兒童智能發展的影響，是教育上一個重要的課題。

　　由於視覺經驗係兒童早年賴以學習的重要途徑，而早年的學習經驗亦是兒童嗣後智能發展的基礎。為彌補視覺障礙兒童在視覺經驗的闕如，吾人亟須及早提供他們有系統的學習經驗，並鼓勵他們善用視覺以外的其他感官，使他們在聽到代表某一概念的語言符號之同時，也能經由其他感官而理解此一概念的意義。視障兒童在早年如能確切學得一些基本的概念，則對嗣後偏向於以語文為主導的學習，將更具有適應的能力。

☾★五、學業成就的特徵

　　視覺障礙兒童在學業上的表現，一般說來要比視力正常的兒童為差。根據張勝成（民79）對國內弱視學生之閱讀與書寫能力之研究，

發現弱視學生在閱讀與書寫能力方面，比正常學生要差。另外，杞昭安（民 79）也發現，視障學生的閱讀能力平均每分鐘為 64 個字，約為眼明學生的六分之一。不過視覺障礙對學業成就的不利影響，似比不上聽覺障礙來得嚴重（*Kneedler et al., 1984*）。柯克與葛拉格（*Kirk & Gallagher, 1983*）認為視障兒童的學業問題，在入學後的前幾年並不見得特別明顯，但當課業內容更趨抽象，且彼此的相關性增高時，則其遭遇的課業問題，很可能逐漸演變成一種教育障礙。

視覺障礙兒童在學業上的表現之所以未能達到吾人預期的水準，與他們在成就動機不高、概念的學習感到困難，以及須花許多時間去學習視力正常兒童不必學習的技能如工具的使用、定向與行動等，應有密切的關係。另外有許多變項也會影響視覺障礙學生的學業表現，如：

1. 入學較晚。
2. 在獲得適當的教育安置之前，有很長的時間得不到適切的輔導。
3. 入學後因眼睛或其他疾病的治療花費不少時間。
4. 缺乏上學的機會。
5. 因摸讀點字、閱讀大字體讀本，或採用聽覺的傳達方式，以致獲取資訊的速率較為遲緩。（*Ashcroft, 1963*）

雖然視障兒童的學業成就比起視力正常兒童有偏低的傾向，但吾人卻不可認定他們在諸如閱讀、數理等方面不會有好的表現；只要我們在視障兒童入學之前及早給予必要的訓練，使其能適應可能面對的學習環境，並採用可以彌補視覺缺陷的教學方法，則他們必可充分發揮應有的學習潛能。

☾六、職業發展的特徵

一個人因視覺障礙的關係，可能無法從事那些具有危險性的職業，如公車司機、飛行員等，以免危及個人與公眾。而除了對視力的需要是不可取代以外，其他的職業，視覺障礙者在接受適當的訓練後，應該多有能力去承擔。有些需要應用到文字閱讀能力的職業，如經辦法商業務等，也因諸如視觸轉換機（the optacon）、盲用電腦等

的發明，而擴張了視障者的就業途徑。根據何華國（民76）的調查發現，我國國民中學視覺障礙與眼明學生的職業成熟（vocational maturity）水準，並無顯著的差異。

儘管視覺障礙者可能具有一般眼明者的職業發展（vocational development）水準，也可以經由適當的訓練，而有能力去從事社會上所存在的大多數職種，但並不是說視障者不會失業。視障者能否獲得工作機會，除了社會大眾的態度是重要的決定因素外，他們是否具備獨立生活的能力，以及在面對挫折時其克服困難的毅力，也是攸關職業生活成敗的關鍵變項；這些都值得從事視障者職業輔導的人士加以注意。

第四節　視覺障礙兒童的教育與輔導

☽ 一、教育安置的型態

在對視覺障礙兒童實施教育安置時，所應考慮的不只是其視覺障礙的程度，其他值得注意的因素尚有：

㈠兒童的年齡。

㈡視障出現的年齡。

㈢智力程度。

㈣學業成就水準。

㈤對視障的心理適應。

㈥定向與行動的能力。

㈦其他障礙的有無。

吾人在為視障兒童選擇安置型態的基本考慮，即是兒童能否從所選用的安置型態，在教育需要上獲得最大程度的滿足。因而視障兒童在教育上的安置，應該富有彈性。教育人員應定期評估他們在教育需要上的變化，而隨時調整其安置的型態。泰勒（*Taylor, 1976*）即指出：

教育設施的選擇需要保持彈性。在某一需要出現的時候，能

夠滿足這一需要的教育設施即應加以選用；而其運用時間的長短即以該需要能夠滿足為度。從某一個教育設施轉換至另一個教育設施，不可視為係前一個教育設施的失敗，而應認為已經解決了該一教育設施所用以解決的問題，或出現新的教育需要的結果。（p. 18）

故視障兒童亦需具連續、變通而可供選擇的教育安置型態，以適應其教育需要的歧異與變化。視障兒童的教育安置型態約有下列數種。

㈠**特殊學校**

學校係針對視覺障礙或視障且附帶其他障礙學生而設立的。特殊學校的專門與輔助教育設施要比一般學校更為齊備。特殊學校又按其是否提供住宿設施，而分為住宿制與通學制。

㈡**特殊班**

視障學生全部或大部分時間在一般學校特設的班級中，接受特殊教育教師在普通與特殊課程（如點字、定向與行動）的教學與輔導。

㈢**資源教室**

視障學生大多仍在普通班中與視力正常學生一起學習，僅有時到資源教室接受資源教師在特殊課程的輔導，或接受其他支援性的服務。

㈣**巡迴教師制**

視障學生仍安置在普通班中，但由巡迴教師機動性地巡迴有視障學生的學校，對視障兒童採直接教學，或對其級任教師提供教學上的支援。

㈤**輔導教師制**

視障兒童仍就讀於普通班級中。學校中特設的輔導教師，則對視障生特殊課程的學習與特殊設備的使用提供必要的直接教學與輔導。

另外，輔導教師也對視障生的級任教師、父母等提供諮詢服務。

　　就視障學生教育安置型態的發展而言，當以住宿制的特殊學校為最早，其次才是特殊班。資源教室、巡迴教師制、輔導教師制等，則皆是特殊教育回歸主流運動下的產物。這三種教育型態皆企圖讓視障兒童與視力正常兒童有混合接受教育的機會。我國自民國五十五年以來所推展的「視覺障礙兒童混合教育計畫」，即以巡迴教師制為主導。臺灣省在民國七十三年與教育部在八十三年曾分別對此項混合教育計畫作過評鑑，發現從事這項計畫的巡迴輔導員、學生家長、地方教育行政人員等，大都對其實施成效感到滿意（劉信雄，民 74；林寶山、蔡麗仙與王瑞賢，民 83）。雖然混合教育是當前視障兒童教育的一股潮流，但歷史最久的住宿制特殊學校仍有其存在的價值。張訓誥（民 74）即曾指出住宿學校與混合教育兩種教育型態須協調合作，以相輔相成的理由：

　　　　1.社會人士已漸能瞭解視障者除盲或弱視外，與一般眼明者一樣有種種個性，他們已漸能接受視障者參與社區活動，並不刻意隔絕視障者。

　　　　2.法定的視覺障礙之定義與分類，並不能充分表示個別視障兒童的需要，不能完全以此作為安置就學的依據。

　　　　3.目前住宿學校與混合教育各有不同之主管機構，其經費、人事、設備等規定各不相同。其實視障學生也是我們的下一代，教育當局所應努力的是儘量提供較多姿多采的特殊教育設施與方案，俾供特殊學生及其家長選擇最合適的教育課程與環境設施。

　　　　4.個別的教育計畫不應只照顧少數個別的學生，應能顧及全體視障生的個別需要。

　　　　5.住宿學校的設備與專業人員的提供，特別是中學階段的職業訓練設備，常不是一般普通學校所能提供。（46-47 頁）

☾ 二、特殊的課程

視覺障礙兒童的學習目標與眼明兒童應該是相同的。我們要教給普通兒童的教材，視障兒童也同樣有學習的需要。不過因為存在著視覺缺陷的問題，有些特殊技能如閱讀與書寫、定向與行動、日常生活、傾聽技能等，卻是視障兒童所需刻意培養者，以增進其生活的便利及學習的潛能。以下將就這些特殊的重點課程分述之。

㈠閱讀與書寫方面

在閱讀與書寫方面，點字（braille）的摸讀與點寫是盲童重要的學習領域。點字可以說是盲人所使用的六點文字，每一方點字即由六個凸起的點所組成。它是由法國盲人教師路易‧柏萊爾（*Louis Braille, 1809-1852*）所設計，為紀念其貢獻，故以其姓稱之。我國的點字係以注音符號而拼成的。因為點字是表音文字而非象形文字。所以盲人不只對國語的發音需正確，同時對同音異義的字，也須從上下文去理解其正確的意義。圖4-2為國音點字包括聲母、韻母，與結合韻共計五十九個。圖 4-3 則為英文二十六個字母點字的形式。其他如標點符號、數學、音樂等的點字，皆是靠這六點的變化來表示。點字的觸讀教學一般先於點字的點寫，不過為了提高學習的興趣與摸讀的能力，也可嘗試摸讀與點寫同時進行指導的方式。關於點字摸讀的指導過程，林三木（民68）曾言其要：

點字的指導必須先從指頭的感覺訓練開始，在進入點字指導之前要先做觸摸感覺遊戲來訓練手指的運動感覺。其次，由點、點線、點圖及六點齊全的∷「ㄨㄣ」等訓練來觸知點的位置或點與點的相互關係及點字的大小等，然後由練習點字的型態辨別，逐漸進入點字指導階段，在進入點字指導時，從簡單容易識別的形狀或由簡單的語句到複雜的，由具體到抽象，由短文到長文。在點字熟悉後，進入教科書的內容指導，在此時必須特別留意點字的速度，與形狀異同的比較練習。最後依其需要，指導算

術或數學科的數符記號、音樂科的樂譜、英文科的字母。（*21-22* 頁）

聲母：

ㄅ	ㄆ	ㄇ	ㄈ	ㄉ	ㄊ	ㄋ	ㄌ	ㄍ	ㄎ	ㄏ
(伯)	(迫)	(墨)	(佛)	(德)	(特)	(訥)	(肋)	(格)	(客)	(赫)

ㄐ	ㄑ	ㄒ	ㄓ	ㄔ	ㄕ	ㄖ	ㄗ	ㄘ	ㄙ
(基)	(欺)	(希)	(知)	(癡)	(詩)	(日)	(資)	(雌)	(思)

韻母：

ㄚ	ㄛ	ㄜ	ㄝ	ㄞ	ㄟ	ㄠ	ㄡ	ㄢ	ㄣ	ㄤ
(啊)	(喔)	(疴)	(誒)	(哀)	(矣)	(凹)	(歐)	(安)	(恩)	(盎)

ㄥ	ㄦ	ㄧ	ㄨ	ㄩ		陰平	陽平	上聲	去聲	輕聲
(鞥)	(兒)	(衣)	(烏)	(迂)						

結合韻：

ㄧㄚ	ㄧㄛ	ㄧㄝ	ㄧㄞ	ㄧㄠ	ㄧㄡ	ㄧㄢ	ㄧㄣ	ㄧㄤ	ㄧㄥ	ㄨㄚ
(鴨)	(唷)	(噎)	(崖)	(妖)	(憂)	(煙)	(因)	(央)	(英)	(蛙)

ㄨㄛ	ㄨㄞ	ㄨㄟ	ㄨㄢ	ㄨㄣ	ㄨㄤ	ㄨㄥ	ㄩㄝ	ㄩㄢ	ㄩㄣ	ㄩㄥ
(窩)	(歪)	(威)	(彎)	(溫)	(汪)	(翁)	(約)	(冤)	(暈)	(雍)

圖4-2　國音點字

（參考林三木，民68，23頁）

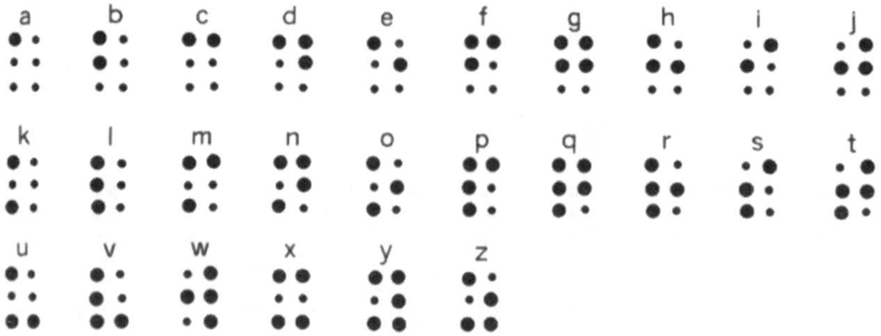

圖 4−3　英文字母點字
（取自 Hardman et al., 1984, p. 274）

至於點字的點寫，則需依靠點字筆（stylus）與點字板（slate）的輔助。學生點寫時係由右到左將閱讀的點字左右三點反置點寫。點字摸讀所花的時間約為閱讀正常文字的二至三倍。且點寫起來也頗為費力費時。為增進點字點寫的速率，一般常以點字機來取代點字筆與點字板。點字機中尤以美國柏金斯盲人學校所出品的「柏金斯點字機」（Perkins brailler）最為有名。

為了方便與眼明者作文字的溝通，盲人亦可教以使用一般的打字機來打字。這對於使用拼音文字的社會是極為可行的。通常盲童在小學三、四年級時即可開始學習打字。要教盲人寫出正規的文字雖不容易且不被鼓勵，但教盲人學會寫自己的名字，在生活中卻有很大的用處。

㈡定向與行動

兒童常因視覺上的障礙，以致在其行動上受到很大的限制。定向與行動的教學，即在幫助視障者增進其行動的能力，以擴大其經驗範圍。定向與行動是彼此相關的，因為除非視障者先學定向，否則便無從行動。定向是指個人運用其殘存的感覺能力如聽覺、觸覺、嗅覺等，以確定他與環境中某一標的之相對位置與關係。行動則係指個人從環境中某一點至另一點，能有效、安全，與舒適地移動的能力。

　　在定向與行動的訓練中，最重要的課題即在如何感知與迴避環境中的障礙物。而在感知環境中障礙物的能力方面，似以聽覺最為重要（*Cotzin & Dallenbach, 1950*），因此聽力訓練亦應列為視障兒童課程中的一重要部分。我國教育部社會教育司（民 *72a*）所編印之「啟明學校（班）課程綱要」，即將感覺訓練、概念發展（尤其是對環境的認識）、姿態矯正與步法訓練、行動技能訓練等列為定向與行動之教學重點。定向與行動在該綱要中固為一獨立的科目，但亦可配合生活訓練、體育、唱遊、童軍訓練、輔導活動等實施之。

　　至於視障者的行動方式，依其得到輔助的有無與不同，大致可分成下列五種：

　　*1.*獨立行動法：它是不需任何協助，而由視障者自行獨立移動的方式。也是年幼的學生使用得最為普遍的方法。

　　*2.*眼明人嚮導法：行動時視障者係走在嚮導者左或右後方半步，同時抓住眼明者的手臂肘部上方，拇指朝外，而其餘手指則置於眼明者手臂內側。視障者須從眼明者臂、肘，或其他身體活動所傳給他的訊息，以感知行動的方向。

　　*3.*手杖法：一般說來，使用手杖的指導多在十四、五歲以後。手杖的功用，主要在發現環境中的障礙物，並提醒眼明人的注意。

　　*4.*嚮導狗法：視障者使用嚮導狗的年齡，應以在十七、八歲以後為宜。學童的年紀太小，對嚮導狗的制御恐有困難，且獨立行動的需要也不多。

　　*5.*電子裝置嚮導法：電子裝置的使用，或在增進盲人的聽覺效能，或在偵測障礙物之所在，也有的係在幫助盲人能夠直走，完全依視障者之需要而選用之。

（三）日常生活技能

　　一般視力正常的人對有關食、衣、住、行等日常生活技能的學習都是偶發的。換句話說，他們並不需要特意的設立某一科目來教學，只要在日常中多看多模仿即自然學會。視覺障礙兒童由於視力的缺陷，先天上即不易透過觀察與模仿以學到這些技能，因此有必要對他

們提供有系統的教學。

日常生活技能的教學所包括的不外個人事務的料理、梳洗、穿著、炊事、飲食、屋子的清掃、修理工具的使用、錢幣的識別與使用、電話及其他公共設施的利用，以及人際關係的建立等等。我國的「啟明學校（班）課程綱要」在國民小學階段也列有「生活訓練」一科，其目的即在：

1. 使盲生認識生活訓練之重要性及其與未來職業及家庭生活之關係。

2. 培養學生熟練日常生活中的各種技能，進而應用於職業生活中。

3. 在家庭、學校或社會中培養盲生自我照顧，及獨立生活之能力，使熟習團體生活之習性樂於參加各種社會活動，成為一個身心健全的好國民。（教育部社會教育司，民72a，117頁）

㈣傾聽技能

人與人之間的溝通，有大部分的時間是花在聽的方面，而學校中的學習活動也大部分與聽覺管道的運用有關。視覺障礙兒童對聽覺管道的倚賴，比眼明兒童更有過之。尤其並非所有的教材皆製作成點字或大字體讀本，視障兒童常須傾聽錄音教材或別人的報讀以進行學習。特佗（Tuttle, 1974）曾比較盲人對點字、正常速度錄音教材、語言加速（compressed speech）播放教材的閱讀速度，發現聽正常速度錄音教材比摸讀點字要快兩倍，而語言加速播放教材則比摸讀點字要快三倍。由此可見傾聽技能在視覺障礙兒童學習上的重要性。因而，吾人須提供他們培養傾聽能力的教學。這些教學應包括各種不同情境的聽覺技能訓練，如正規的教室環境、一般的社交會話場合等，並指導視覺障礙兒童使用錄音設備以及有聲課本或教材等，以應學習與生活上運用聽覺管道的需要。

☾ 三、教育與輔導的策略

　　為因應視覺障礙兒童在身心特質上的殊異，吾人所提供的教育與輔導，必須掌握下列之方向：

㈠注意學前的教育需要

　　由於視障兒童在五歲之前的學習經驗對未來的發展有深遠的影響，因此及早提供系統化的學前教育是極為重要的。尤其視障兒童到學齡階段時（六歲），如尚未能具備一般兒童所已養成的預備技能（readiness），則其在學習上遭遇挫折是很難避免的。在學前階段預備技能的訓練重點，可置於粗大與精細動作技能、感覺技能（含殘餘視力）、認知發展、語言技能、自我觀念、軀體形象之認識、人際交往技能、生活自理技能等。視障兒童的學前教育如欲發揮其功能，教師與家長在教養態度與方法上的密切合作與聯繫，應為關鍵所在。

㈡教學方法的運用須考慮視障兒童在學習上的限制

　　視障兒童在學習上的基本限制，主要由其視覺的缺陷所引起的。因此視覺障礙兒童的教學須特別注意下列之原則（*Lowenfeld, 1973*）。

　　1. 具體原則（concreteness）：由於盲童主要從聽覺與觸覺以獲得經驗，對能發出聲響者，教師固應讓其傾聽所發出之聲響，對沒有聲響之事物，亦應讓盲童儘量去撫摸與操弄這些具體實物，以感知其形狀、輕重、大小、質地、溫度等特性，對於不便以實物呈現者，亦可考慮以模型代之，使盲童獲得實體感。

　　2. 統整經驗原則（unifying experiences）：「盲人摸象」的故事主要在說明盲童對事物很難獲得完整的經驗。不像眼明兒童可以「一覽無遺」，容易獲得完整的概念。因此教師除了應鼓勵視障兒童運用其聽、動、觸等感覺管道，以感知某一事物之各種特質以外，尚須輔以有條理的說明，以組織與統整其所獲得的支離零碎之經驗，而成為完整的概念。

　　3. 從做中學原則（learning by doing）：學習需要個體對環境中的

刺激，能作積極的反應。盲童對有意義的視覺刺激，很可能無動於衷，因為他無法感知刺激的存在，自然無從反應。為了增進盲童的學習意願，教師須提供其能感知而有意義的刺激，使其從自我活動中去認識環境，並獲得事物的概念。

(三)教材呈現的方式須作適當的變通

視覺障礙兒童對於需要依賴視覺來學習的教材，常感到莫大的困難。一般說來，視力正常兒童能夠學習的教材，視障兒童照樣可以學，只要我們改變教材呈現的方式，對他們即不會有太大的困難。例如對有些印刷讀本，即可將之改變成大字體讀本，或製作錄音，或以點字的形式呈現，讓視障學生能夠得知印刷讀本所要傳達的相同內容。又如印刷地圖的閱讀對盲童而言誠非易事，但如將平面的印刷地圖改製成立體地圖，則其將可以觸覺來感知平面地圖所要顯示的地理特性。總之，教師須瞭解視障兒童在學習各種教材的困難所在，針對這些困難，在教材與教具的運用上作必要的變通與調整，以適應視障兒童的特殊學習需要。

(四)學習環境須作適當的安排

為了提供視障兒童一個適切的學習情境，教師在安排教室環境、座位、採光等時，須注意下列幾點：

1.學生課桌的桌面應足夠放置所需的輔助器材，如點字機、大字體課本等。

2.教室中應有足夠儲藏空間以儲存有關的設備、點字，或大字體課本等。

3.應避免讓弱視的學生直接面向光源而坐。

4.視障學生座位的安排，應考慮儘量讓他們有參與眼明學生活動的機會。

5.教師在板書、放映影片，以及運用教具以解釋某一概念時，應允許視障學生緊靠前排就坐。

6.應儘量降低教室中的噪音水準，以讓視障兒童有一個良好的傾

聽環境。

　　7.為了便於視障兒童在教室內外的移動，教師須注意：

　　(1)讓學生有獨自自由探索以定向和行動的機會。

　　(2)撤除不必要的行動障礙物。

　　(3)告知學生教室環境中任何新的改變與臨時的障礙物之出現。

　　(4)教室的門戶須全開或全閉，避免成為半掩狀態。

㈤提供諮商與輔導的設施

　　視覺障礙者常存在許多適應問題。而這些問題的性質，又因年齡的不同而有差異。因此他們對諮商與輔導的需要，常是繼續性的。例如在嬰幼兒期，由於學前教育的迫需，其父母的確需要得到適當教養上的輔助；及至兒童漸長，他們所需要的可能是如何克服因視障而帶來的自卑與不適切的情緒反應；成年後就業、婚姻、與人際關係的問題等，再度成為視障者個人與社會適應上的新挑戰；及至老年，孤獨、病痛、或家人協助的闕如等，在在皆需要給予適當的輔助。因而，如何提供視障者在不同發展階段所需要的諮商與輔導，確為教育與社會福利部門應加考慮的重要課題。

☾四、 科技的應用

　　許多科技上的發明與應用，對視覺障礙者的行動與學習的確提供了不少的便利。以下就將可應用於視障者學習與行動方面的重要科技產品略作介紹。

㈠用於學習方面者

　　1.錄音機：可將文字教材轉製成錄音教材。也可用於上課之錄音，作為課後復習之用。

　　2.語言加速播放（compressed speech）設備：將錄音教材以比一般更快的速度播放，而視障者仍可理解所播放的內容。

　　3.會說話的計算機（the speech plus calculator）：樣子與一般口袋型計算機相似，可做基本的數學運算。除在視覺上顯示計算結果外，

也可將答案說出來。

4. 閉路電視系統（closed circuit television system）：此一系統係將文字教材放大於電視螢光幕上，以方便弱視兒童之閱讀。

5. 柯茲威爾閱讀機（Kurzweil reading machine）：它能將文字教材轉化成發聲教材，說出的速度每分鐘約達 225 字（*Cartwright, Cartwright, & Ward, 1981*）。盲生即可用以「聽」文字的材料。

6. 視觸轉換機（the optacon）：它是將文字教材轉換成手指能夠感知的文字形式之顫動的一套設備。盲生有了這套設備即隨時可「摸讀」普通文字的教材。惟摸讀的速度仍甚為遲緩，這是它最大的缺點。

7. 免用點字紙之點字記錄器（paperless braille recorders）：目前已上市的有 Microbrailler 與 Versabraille 兩種。這些機器皆可將點字轉錄於卡式帶上，亦可將卡式帶上的點字資料再轉換成正常的點字。此一系統最大的優點，在於它能減少點字教材所占用的儲存空間。這一系統也可與IBM電腦相連，而將文字與點字資料作相互的轉換，對盲人與眼明人間以文字和點字作相互的溝通頗有幫助。

8. 目前國內在視障教育輔助設備的電腦化方面，已有相當的成績。教育部所贊助的「中文盲用電腦發展研究小組」（民83），已研發出「中文點字即時雙向轉譯系統」、「點字觸摸顯示器」、「智慧型電腦語音合成系統」、「中文自動閱讀機」、「中文字型即時放大系統」、「教科書文書資料編輯轉換系統」、「視障資訊網路系統」等輔助設備。這些研究成果對視障者的學習與工作一定大有助益。

㈡用於行動方面者

1. 雷射手杖（laser cane）：此一手杖可像一般手杖一樣的使用，不過它能發出雷射光，一遇走道上有障礙物存在時，雷射光即被轉換成盲人可以感知的聲響。

2. 感音眼鏡（sonic glasses）：它能發出吾人聽不到的超音波，當超音波碰到障礙物時，即被轉換成吾人可以聽見的回音。盲人可從回音的高低而判斷障礙物所在的距離。

3. 感音指引裝置（the sonic guide）：此一裝置係戴於頭部。它所

發出的超音波如遇上障礙物時，即可被轉換成可以聽得見的回音。盲人即可從回音的高低判斷障礙物所在的距離，聲音越高則距離越遠；而從回聲的大小判斷障礙物的體積，聲音越大，障礙物也越大；另外亦可從回音的清晰度判斷障礙物的質地，聲音越柔和，則障礙物也就越鬆軟（*Kneedler et al., 1984*）。

　　隨著現代資訊與光電科技的日新月異，能夠提供視障者學習與行動便利的產品，預料將不斷地獲得改良，新產品亦會不斷地推出。惟大部分這些產品的使用皆需接受長時間的訓練，且價格昂貴，這些都成了它們應用上的限制。不過視障者能夠因應用這些科技產品而增進他們學習與生活適應的能力，卻為不爭的事實。

第五章

聽覺障礙兒童

第一節　聽覺障礙的意義

一、聽覺器官的構造與功能

　　人類聽覺器官的構造與功能必須健全，然後在聽覺能力上才可有正常的發展。而聽力的正常發展，也正是正常的學習與生活的基礎。

　　人類的耳朵是職司聽覺的主要器官，為了便於說明可將它分為外耳、中耳與內耳三個部分。圖5-1為人耳的重要生理構造。

　　外耳是我們可以看得到的部分，它包括耳殼（auricle）與外耳道（ear canal）兩部分。外耳的主要功能在蒐集從四面八方而來的聲音，然後向中耳、內耳傳送。此外它對中耳與內耳亦有保護的作用，眼鏡的配戴也因耳殼的存在而增加不少的便利。

　　外耳道的裡末端即與中耳的鼓膜（eardrum）相連。鼓膜的後端又接連鎚骨（malleus）、砧骨（incus）與鐙骨（stapes）三塊聽小骨。當鼓膜隨著從外耳所傳到的聲波而振動時，也接著推動了其後的這三塊聽小骨。介於咽喉與中耳之間有一通道稱為歐氏管（Eustachian tube），其作用在使鼓膜兩側的空氣壓力能保持平衡，使鼓膜可以自由振動，而利於聲波的傳遞。

　　鐙骨與橢圓窗（oval window）相接，橢圓窗是內耳的起點。內耳腔中充滿淋巴液，從中耳所傳來的聲波，即在內耳引起淋巴液的震動。內耳主要包括前庭（vestibular mechanism）與耳蝸（cochlea）兩部分。前庭包含三個半規管（semicircular canals），其功能在維持身體的平衡，與聽覺作用無關。耳蝸的功用即在將從中耳所傳送來的聲波振動，轉換成電流衝動，經聽覺神經再傳達於大腦皮質的聽覺中樞，聽覺中樞再賦予這些聲波訊息以意義，而發生聽覺作用。

　　因此，基本上聲音傳導的路徑為：發聲體→聲波→耳殼、外耳道→鼓膜→聽小骨（鎚骨、砧骨、鐙骨）→內耳→聽覺神經→大腦聽覺中樞。上述聲音傳導路徑的任何部位，因病變或損傷而導致聽力的減失時，即可能形成聽覺障礙。

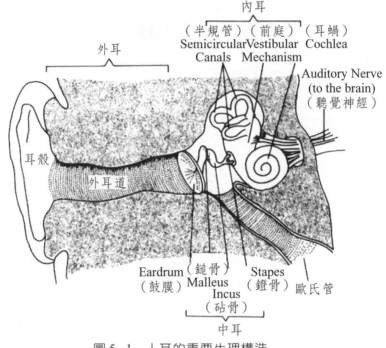

圖 5-1　人耳的重要生理構造

（修正自 Kneedler et al., 1984, p. 184）

◐ 二、聽覺障礙的定義與分類

　　因聽覺器官構造與功能的缺陷而致聽力減損的現象，可以透過聽力檢查以瞭解聽力損失的程度。用以表示聲音強度的單位是分貝（dB）如某人在聽力上有所減損，即以分貝來表示，分貝數越大，即表示聽力損失的情況越嚴重。零分貝表示聽力正常，如聽力損失在二十五分貝以下的，仍屬常態範圍。人類所能聽到的聲音強度約介於零至一百三十分貝之間。超過一百三十分貝的聲音對耳朵即有刺痛之感。日常環境中的聲音強度可以表 5-1 所示者為參考。

　　用以表示聲音頻率的單位為赫次（Hz）。聲音的頻率越高，則赫次數亦越大。人耳所能聽到的頻率範圍約介於 20 至 15,000 赫次之間。通常說話的頻率大概從 300 至 4,000 赫次不等，而鋼琴的頻率則介於

27.5 至 4,186 赫次之間。一般的聽力檢查係以 500、1,000、2,000、4,000 赫次等的純音（pure tone）來測定平均聽力損失值。其公式有三（許澤銘，民 68）：

$$\frac{a+b+c}{3} \quad a \ 為 \ 500 \ 赫次的聽閾$$

$$\frac{a+2b+c}{4} \quad b \ 為 \ 1,000 \ 赫次的聽閾$$

$$\frac{a+2b+2c+d}{6} \quad c \ 為 \ 2,000 \ 赫次的聽閾 \quad d \ 為 \ 4,000 \ 赫次的聽閾$$

表 5-1　日常環境中的聲音強度

分貝數	聲　　音
0	人耳所能聽到的最小聲音
10	耳語
20	手錶滴答聲
30	鉛筆寫字聲
40	英文電動打字機之打字聲
50	一般的交談
60	洗衣機的運作
70	一般的關門聲
80	室內收音機或電唱機大聲開放的音樂
90	街道上車輛來往聲
100	電鋸聲
110	現場之音樂演奏
120	大的雷聲：影響情緒的閾限
130	開路機的鎚頭敲擊聲
140	距噴射機尾 80 英尺在其起飛時所聽到的聲音；此為耳朵感覺刺痛之閾限

一個人在聽覺上的障礙情形，常以聽力損失的程度來表示。

聽覺障礙主要可以分為聾（deaf）與重聽（hard of hearing）兩大類。按民國七十六年特殊教育法施行細則第十八條之規定（教育部，民76），所謂聽覺障礙，指聽覺機能永久性缺損，聽力損失在二十五分貝以上者。而聽覺障礙依優耳障礙程度，可分為下列四類：

㈠**輕度聽覺障礙**：聽力損失在二十五分貝以上未達四十分貝。

㈡**中度聽覺障礙**：聽力損失在四十分貝以上未達六十分貝。

㈢**重度聽覺障礙**：聽力損失在六十分貝以上未達九十分貝。

㈣**全聾**：聽力損失在九十分貝以上。

前述的輕度、中度、與重度聽覺障礙應屬一般所謂重聽的範圍。

教育部（民91）所制定的「身心障礙及資賦優異學生鑑定標準」，則指聽覺障礙係由於先天或後天原因，導致聽覺器官之構造缺損，或機能發生部分或全部之障礙，導致對聲音之聽取或辨識有困難者；其鑑定標準如下：

㈠接受自覺性純音聽力檢查後，其優耳語音頻率聽閾達二十五分貝以上者。

㈡無法接受前款自覺性純音聽力檢查時，以他覺性聽力檢查方式測定後認定者。

至於衛生署（民91）所訂的「身心障礙等級」，則將聽覺機能障礙界定為：係指由於各種原因導致聽覺機能永久性缺損而言。而聽覺機能障礙又可分為下列三個等級：

㈠**重度**：優耳聽力損失在九十分貝以上者。

㈡**中度**：優耳聽力損失在七十至八十九分貝者。

㈢**輕度**：優耳聽力損失在五十五至六十九分貝者。

此處的重度聽覺機能障礙應屬一般所謂的聾，而中度與輕度聽覺機能障礙，則屬重聽的範疇。

美國的「全體殘障兒童教育法」施行細則也按聽覺障礙的程度分成聾與重聽兩類，其定義分述如下（引自 *Blake, 1981, p. 183*）：

㈠**聾**：是一種嚴重的聽覺障礙，兒童是否用助聽器，其透過聽力以處理語言訊息的能力皆有障礙，這種障礙對教育上會有

不利影響。

㈡重聽：是一種聽覺上的障礙，不管是永久或間歇性的，對兒童的教育皆有不利的影響，但這一狀況在此處並不包括在「聾」的定義之下。

具體來說，所謂聾係指不管有沒有使用助聽器，皆無法瞭解別人的言語者；而重聽則指那些聽力有困難，但不管有沒有助聽器的輔助，尚能瞭解別人的言語者。由於助聽器功能的日益精進，在使用功能良好的助聽器後，許多過去被認為是聾者，有可能在目前只能視為重聽而已。且因聾與重聽兒童在聽力功能上的明顯差異，因此聾童的語言發展是視覺本位的（visually based），而重聽兒童則可運用助聽器，經由聽覺管道（auditory channel）以發展其基本的溝通技能（*Ross, Brackett, & Maxon, 1982*）。

聽覺障礙除按上述聽力損失情形加以分類外，其他重要分類方式，尚有就聽覺障礙出現的年齡及聽覺障礙的部位加以區分者。就聽障出現的年齡而言，又可分為獲得語言能力前（prelingual）與獲得語言能力後（postlingual）的聽覺障礙。語言的學習主要仰賴人類的聽覺能力。在獲得語言能力之前已出現聽覺障礙，自比在獲得語言能力之後才發生障礙，對學童語言能力發展的影響要更為深遠。

至於就聽覺障礙的部位而言，亦可分為傳音性聽力損失（conductive hearing loss）、感音性聽力損失（sensorineural hearing loss）與混合性聽力損失（mixed hearing loss）三種，茲分述如下：

㈠傳音性聽力損失

是因為外耳、中耳的傳音系統出現了障礙，以致無法將聲音傳至內耳所引起的聽覺障礙。此一類型的聽障，內耳仍屬正常，只不過從外耳、中耳所傳導而來的聲波振動，無法對耳蝸產生刺激罷了。不過經由腦部骨導（bone conduction）的聲音仍可傳達到內耳。一般說來傳音性聽力損失的程度，很少超過六十或七十分貝。傳音性聽力障礙者對聲音的感知會比常人為弱，但通常不致扭曲，如果能加強音量，也可聽得清楚。多數傳音性的聽覺障礙者亦可以經由外科手術加以矯

治。同時助聽器的配戴，也能減輕這類聽障者在聽力上的困難。

(二)感音性聽力損失

感音性聽力損失者，其外耳及中耳的傳音系統仍然正常，不過由於內耳或聽覺神經的缺損，以致形成聽覺障礙。感音性聽力損失不只使聽得的聲音比常人更覺微弱，且常發生聲音扭曲的現象。感音性聽力損失一般要比傳音性者為嚴重。凡聽力損失在七十分貝以上者，多屬感音性聽覺障礙。感音性聽障者其聽力圖（audiogram）上骨導與氣導（air conduction）檢查的結果是相當一致的，這顯示其障礙部位係在內耳以次的聽覺路徑上。

(三)混合性聽力損失

此乃指兼有傳音性與感音性聽力損失而言。

上述的傳音性、感音性，與混合性聽力損失，皆屬周緣（peripheral）的聽覺障礙，另有一種稱為中樞聽覺障礙（central auditory disorder）者，障礙部位則在大腦皮層（cerebral cortex）。其問題並非是聽力上的損失，而是指對聲音的知覺、分辨、理解等方面有了困難而言。

☪ 三、聽覺障礙的出現率

要想正確地估計聽覺障礙的出現率並不容易，其主要的困難在於目前缺乏一致的聽覺障礙的定義，而且調查聽覺障礙所用的方法，也存在許多問題。正如何曼與布利嘉（*Hoemann & Briga, 1981*）所言：

> 很不幸地，各種調查對聽力損失的程度與聽障出現的年齡皆有不同的界定標準。尤有甚者，有些樣本也具有偏見，它們並無法代表較低社經地位、多重障礙、少數民族諸群體的情形。（*p. 224*）

此外，吾人在分析各種聽障出現率的研究報告時，也應瞭解調查研究所取樣的群體為何，以及聽力損失的調查資料是否將單耳與雙耳

聽力損失的資料分開敘述。

　　當聽力檢查器（audiometer）剛發明時，曾有人用來檢查 4,112 名學童，結果有14.4%的兒童被發現具有明顯的聽力損失的現象（*Fowler & Fletcher, 1926*）。美國的全國聾人口普查也發現雙耳有嚴重障礙者約占十九歲以下人口的 2‰（*Schein & Delk, 1974*）。根據美國殘障者教育局（Bureau of the Education of the Handicapped）在一九七五年所作的估計，學齡兒童中有 0.5%為重聽，而聾童則占 0.075%（*Cleland & Swartz, 1982*）。如將聾與重聽合併計算，則聽覺障礙學童的出現率，按多數學者的估計約介於 0.3%與 0.7%之間（*Kneedler et al., 1984; Blake, 1981; Gearheart, 1980; Kirk & Gallagher, 1983*）。因而在學兒童中有 0.5%左右可能具有聽覺上的缺陷，應屬合理的推估。

　　王老得（*民 66*）曾於民國五十年至五十四年間，調查臺灣省15,464名國民小學學生，發現患有聽力障礙者占 9.8%，其中重度聽障者有0.4%。根據我國第二次全國特殊兒童普查結果，發現全國共有 2,876名學齡階段聽覺障礙兒童，在全國六至十四歲學齡兒童總人數中，占0.081%。這一比率與多數學者的推估數據相較，顯然較低（*教育部特殊兒童普查執行小組，民 82*）。

☾四、聽覺障礙的成因

　　前面已經提及外耳及中耳部位的缺損常會導致傳音性聽覺障礙，而內耳及聽覺神經的損傷則會造成感音性聽力損失，兼有感音性與傳音性聽力損失者，則稱為混合性聽覺障礙。此處聽覺障礙原因之討論，將就可能出現於外耳、中耳，及內耳的重要聽障因素分別提出說明。

㈠外耳的因素

聲音經過外耳道時，其受到阻抑的原因不外：

　*1.*外耳道本身的畸形。

　*2.*耳垢的積塞。

　*3.*外耳道長瘤。

4.異物梗塞。

㈡中耳的因素

出現於中耳的疾病，最常見的有中耳炎（otitis media），它是因中耳受到細菌感染而來。因中耳與歐氏管相連，兒童每因感冒而引起中耳炎，如不及時診治，常易造成聽力的損失。例如耳硬化（otosclerosis）、鼓膜穿孔、中耳聽小骨的病變等，皆可能是聽力障礙之源。

㈢內耳的因素

內耳的病源主要出自耳蝸或聽覺神經的缺損。這些缺損主要來自下列幾方面：

1.遺傳：據估計在聾者當中，約有一半左右係由遺傳而來（Nance, 1976）。

2.病毒感染：如腮腺炎（mumps）、麻疹（measles）等。尤其婦女在懷孕初期的前三個月如感染德國麻疹，則產下的子女會有相當高的比例具有聽覺上的缺陷。

3.細菌感染：最常見的是腦膜炎（meningitis），據估計約有 8%的聾童係在出生後因腦膜炎而喪失其聽力的（Vernon, 1968）。不過這種情形最近已因抗生素及化學療法的使用而大量減少了。

4.缺氧：如出生時因難產而窒息，也會對聽覺神經等造成損害。

5.早產：早產兒中也有相當比例（約5%）是聾者（Ries, 1973）。

6.母子血液因子不合：如婦女的血液為 Rh 陰性，而懷孕中的胎兒血液為 Rh 陽性，則母體會產生抗體對胎兒造成傷害，其後果之一即成為聾者。

7.藥物的影響：如因使用抗生素後所產生的不良副作用。

8.其他如長期處於噪音的環境、頭部受到重擊、因高齡而導致聽覺器官功能的退化等，皆可能是產生聽障的原因。

此外，對於聽覺障礙的成因，摩根（Morgan, 1987）曾引用美國一九七一年全國聾人普查的資料，呈現導致聾各種成因所占的百分比如表 5-2。

表 5-2　致聾的成因

成　　因	百　分　比
未知原因	24.6
先天原因	
遺傳	7.6
母體麻疹	5.2
出生傷害	2.5
其他	<u>19.0</u>
	34.3
出生後出現的原因	
腦膜炎	9.7
猩紅熱	6.2
麻疹	4.3
百日咳	2.6
跌倒損傷	3.1
其他損傷	2.0
其他疾病	<u>13.2</u>
	41.1

（採自 Morgan, 1987, p. 6）

第二節　聽覺障礙兒童的鑑定

☾★ 一、一般的鑑定程序

聽覺障礙兒童的鑑定，根據教育部「特殊兒童鑑定及就學輔導標準」第十條之規定，不僅需要以聽力（對音響之感度）損失程度，且亦需以聽覺（對音響之辨別能力及語言的聽取能力）損失程度，作為決定其教育方式之依據。第十一條規定聽障兒童的鑑定應包括下列之項目：

㈠聽力及聽覺損失程度及其傷害部位之判斷。

㈡智能程度及其發展狀況。

㈢可能病因之推斷。

㈣社會生活能力之測驗。

㈤語言（說話）能力之檢查。

㈥運動機能之檢查。

㈦家庭背景與父母養育態度之瞭解。

至於一般在學兒童的聽覺鑑定程序，「特殊兒童鑑定及就學輔導標準」第十二條則規定：

㈠由各班導師依平日觀察及學業成績考查結果，選別可能障礙學生。

㈡根據聽力檢查結果列出聽力障礙者名單。

㈢由導師或學校保健人員負責進行家庭訪問，調查家庭生活情形，並調查其既往病歷及與家人之交談能力。

㈣整理該學生在校行為表現、語文及數學基礎學力之資料，與有關教師及校長商議其初步之鑑定，由鑑定委員會作最後鑑定。

㈤將鑑定結果與家長交換意見並決定教育方式。

就上述聽障兒童鑑定的內容與程序看來，吾人可知聽覺能力檢查是鑑別兒童是否聽覺障礙的重要依據。不過為了擬定聽障兒童適切的教育計畫，其他有關的教育與心理評量仍屬必需。就聽覺能力檢查的

程序而言，似可分成篩選與正式的聽力檢查兩個階段。在篩選階段多透過教師平日的觀察，以檢出疑似聽覺障礙兒童；正式的聽力檢查，則委諸聽力專家（audiologist）或曾接受過此方面專業訓練的人員，以聽力檢查器（audiometer）等來作鑑定。茲將這兩個階段的檢查內涵分述於下。

㈠疑似聽障者的篩選

在聽力上具有嚴重障礙（如聾者）的兒童，大概很早就會被發現，不過輕度或中度聽力障礙兒童卻很容易被忽略，同時教師也常將之與智能不足或行為問題者等有所混淆。然而，只要教師平日稍加留意觀察，仍可發現聽覺障礙兒童在生理或行為方面，或多或少會出現某些症候。下列為聽覺障礙兒童在生理與行為上常見的症候，可作為教師在轉介學生接受正式聽力檢查的參考：

1. 生理方面
⑴常感耳部疼痛。
⑵耳朵分泌物流出。
⑶外耳道感染。
⑷耳朵散發難聞異味。
⑸常見以棉花等塞耳。
⑹常以口呼吸。
⑺常覺耳朵嗡嗡作響。
⑻經常感冒、喉嚨疼痛，或扁桃腺發炎。

2. 行為方面
⑴上課時常容易分心。
⑵對於指示無法遵從或容易產生混淆。
⑶經常要求別人再說一遍。
⑷常側頭傾聽別人說話。
⑸用看的比用聽的更容易瞭解。
⑹常不當的打斷別人的談話。
⑺無法確定教室中發出聲響的出處。

⑧在構音（articulation）上發生困難。

⑨說話的音調缺乏變化。

⑩語音不清也不自知。

⑾說話聲音不是過大就是過小，不合說話環境的需要。

⑿說話的鼻音過重。

⒀在聽收音機等音響時，常將音量開得很大，以致招惹別人的怨言。

⒁拒絕參加需要說話的活動。

⒂上課時需依賴同學的協助，才能瞭解教師對作業的指示。

（二）正式的聽力檢查

教師從兒童的生理與行為症候，如發現疑似聽覺障礙時，即可將之轉介給從事聽力檢查的專門人員，從事正式的聽覺障礙之鑑定。一般聽力檢查常用的方法計有下列幾種：

1. 純音聽力檢查（pure-tone audiometry）：它係由純音聽力測定器發出各種不同強度與頻率的純音，看受試者是否能聽到的一種檢查方法。純音聽力檢查亦可因聲音傳送方式的不同，而分為氣導與骨導檢查。氣導檢查係將聲音從受試者的外耳，經由中耳，而傳送至內耳的方法。而骨導檢查則是將骨導器（bone oscillator）置於受試者的耳後乳突部或前額，聲音經由頭骨直接傳送至內耳的一種檢查方法。氣導與骨導檢查的合併運用，將可確定聽覺障礙的性質係屬傳音性或感音性障礙。純音聽力檢查亦是應用最為普遍的一種檢查方法。

2. 語音聽力檢查（speech audiometry）：「語音聽力檢查法所用的聽力測定器，與純音聽力檢查法使用者相同，但所輸送出的聲音，不是純音，而使用我們日常說的話，通常事先設計語表，先用錄音機錄好後接聽力測定器輸送至受檢者耳上的受音器。」（許澤銘，民 68，124 頁）語音聽力檢查的結果，可作為決定聽障兒童是否宜於配用助聽器的依據。語音聽力檢查最大的困難，在於它對於年幼及某些身心障礙兒童可能並不適用，因為年齡太小或傷殘狀況可能會影響對言語的聽取與理解能力，以致混淆了聽力檢查的結果。

3.膚電反應（galvanic skin response, GSR）的測量：其原理係在受試者聽到聲音後，隨即在其皮膚上再給予電擊，經若干次後，不僅受試者在遭到電擊時其汗腺的分泌會增加，使皮膚表面的電阻產生變化，而在電流計上顯現其變化情形，即使沒有電擊，而只是聽到聲音也會引起此種皮膚上的特殊反應。吾人即利用此種制約反應原理，以檢查受試者是否能夠聽到聲音。這種檢查方法對於無法用口頭或採用某種訊號作反應的受檢者，具有相當的應用價值。

4.聽阻力檢查（impedance audiometry）：此一檢查即在探知聲波在耳中流動時與鼓膜、三聽小骨、相鄰的關節、韌帶、及肌肉的摩擦所出現的阻力狀況。此項檢查最常見的即屬鼓膜聽阻檢查（tympanometry），它是利用一根可以封閉外耳道的打氣管，在外耳道處打氣。打氣管中另有二條管子，其中一條可放出測試音波，另一條可以接收由鼓膜反射回來的聲音強度。此時打氣管可調整已被封閉的外耳道之壓力，在不同的壓力之下，測試發出及回收的振動衰減情形。聽阻力檢查對因中耳異常所造成的聽力問題之瞭解極有幫助。

5.腦波檢查（electroencephalography）：吾人在聽到聲音時，腦波會對之有所反應。聽力檢查時，即將各種不同強度與頻率的聲音經由耳機傳送給受試者。從受試者腦波的變化，即可推知其對聲音的反應情形。聽性腦幹聽力檢查（auditory brainstem response，簡稱 ABR）即屬腦波檢查的一種。它是將腦波儀器接在受測者的頭皮，然後從耳朵給予聲音刺激，再從受測者的腦波變化，以瞭解其聽力狀況。聽阻力檢查、腦波檢查與膚電反應的測量，對檢查聽到聲音無法作自覺性反應者的聽力，是有幫助的。不過腦波檢查與膚電反應的測量結果解釋不易，卻是兩者最大的難處。

6.嬰幼兒的聽力檢查：上述的膚電反應與腦波檢查固然可用以檢查嬰幼兒的聽力，其他常用於檢查嬰幼兒聽力的方法尚有觀察他們的反射行為（reflexive behaviors）以確定他們是否聽到聲音。因為當聲音出現時，嬰兒的頭部可能轉向發聲體，眼睛也會注意發聲的所在，甚或當突然聽到聲音時，也可能身體各部位皆保持靜止不動。聽力檢查人員即利用嬰兒對聲音的朝向反應（orienting responses），以推知他們

是否能聽到聲音。剛出生不久的嬰兒對大聲而出現的四肢急速衝擊，兩手並作擁抱狀的莫洛反射（Moro reflex），也常被用作檢查新生兒聽力的方法。以反射行為來檢查嬰兒聽力，其可能出現的困難是，嬰兒此種反射行為有時並無法持續。在剛開始時，嬰兒或許在聽到聲音時會有朝向反應，但如果重複多次，他們很容易就失掉興趣，即使聽到聲音，也可能不再有反應。要避免此一困難，或可在出現聲音的同時，伴隨出現視覺性的增強物（visual reinforcers）如活動玩具之類的，以增加嬰兒朝向反應的次數。此外，對於年齡在三歲以上而具有語言接收能力的幼兒，亦可採用遊戲聽力檢查法（play audiometry），在幼兒聽到聲音時，即讓其從事所愛好的活動如拍球等。此一方法的運用，可把純音聽力檢查的反應方式，改換成遊戲的型態來實施。

☾二、教育與心理評量的問題

聽覺障礙者最大的困難，為其聽力損失影響正常的語言與社會行為的發展。而其影響的程度，又與聽力損失的多少及出現年齡的早晚成正比。換句話說，聽力障礙出現得越早，障礙越嚴重者，越不利於語言及社會性的發展。多數教育與心理測驗皆以語言文字作為傳達測驗內容的媒介，對於聽覺障礙者自是不利。由於聾生在標準化成就測驗上之分數常較聽生落後（*Furth, 1973*），因此在進行教育與心理評量計畫時，須注意測驗文字所代表的閱讀水準為何。

雖然聽障者有溝通上的困難，但溝通的管道仍然是存在的。除文字或其他視覺符號可作為溝通的中介外，他如讀唇（lip reading）、手語等，也是聽障者常運用的溝通方式。它們皆屬非聽力的溝通（non-hearing communication）。評量者對於聽障受試者使用的溝通方式及效率須多加留意；以作為調整教育與心理測驗之參考。

聽障者由於溝通技能的缺乏、人際交往的封閉孤立，以及教養經驗可能的差異，常易形成別樹一格的文化團體。在選用為一般人而編製的測驗（尤其是人格測驗）時，對於聽障者測驗結果之解釋，尤須特別謹慎。例如明尼蘇達多相式人格測驗（Minnesota multiphasic personality inventory, MMPI）中的幾個題項，即極易將聾者歸類為具有神

經質的傾向（*Hathaway & McKinley, 1943*）。

為突破聽障者接受教育與心理評量的難題，吾人在對其實施測驗時，或可考慮下列的調整方式：

㈠提供測驗前之輔導，以協助聽障者確實瞭解測驗的作法，並減少對測驗可能產生的焦慮。

㈡採用對閱讀水準要求較低或非文字的測驗。此乃針對多數聽覺障礙兒童閱讀能力較低的問題而設想。聽障兒童的閱讀能力與就讀的年級並不一定相當。根據許多學者之研究（*McClure, 1966; Wrightstone, Aronow, & Moskowitz, 1963*），發現聽覺障礙者之閱讀能力呈現普遍低落的現象。這意味著測驗本身的閱讀水準，應該是為聽障者選擇測驗工具的重要考慮。為解決聽障者閱讀的難題，似可選用低閱讀水準或非文字的測驗。如瑞文氏非文字推理測驗即是最常用於聽障者的智力測驗之一（*Vernon & Brown, 1964*）。

㈢令受試者複述指導語的內容。其目的即在讓評量者明白受試者對指導語的瞭解程度。其複述的方式，或透過口說，或採手語，或用書寫，或以手勢表達，甚或各種方法兼用之，只要能溝通正確皆無不可。

㈣以手語表達指導語的內容。為使受試者徹底瞭解測驗的正確作法，如評量者與受試者皆懂得手語，則可將指導語用手語來表達。唯在以手語表達之前，評量者應對指導手冊詳加研究，並對所用的手語預作練習，以免在實際施測時引起誤解。由於以手語表達指導語的內容，要比正規的單純朗讀更為費時，因此對於測驗的作息時間也須預為安排。雖以手語來表達指導語的內容，但為了能讀話（speech reading）的受試者之方便起見，在打手語的同時，評量者仍應將指導語高聲朗誦出來。要是評量者不懂得手語，則可專司指導語的朗誦，而手語的表達，不妨另請高明。

㈤測驗時間的控制方法：在通常的測驗情境，皆以喊說「開始」、「停」等來控制測驗時間，唯對於聽障者，此一方式可能行不通。其變通方式可採用手勢（如高高舉起，然後急速放下，以表示開始），或開關電燈來表示測驗的開始和停止。

㈥以顏色標示幫助對方向、順序等之瞭解：測驗中有些部分常要求聽障受試者對方向、順序等有所遵循。如要將這些概念傳達給受試者，常易遭受混淆與誤解。但如能以顏色標示取代抽象的解說，常有意想不到的效果。

㈦測驗作法的示範與練習：有些操作性測驗常需要評量者先做示範，然後再由受試者做必要的練習，以確定其對作法是否瞭解。除了由評量者以身示範外，以錄影帶播放所要示範的內容，或作為回饋受試者練習結果的工具，都可以產生良好的示範與練習的效果。不管採取哪一種方式，其目的皆在幫助受試者確切明白指導語的內容。因此除了示範與練習外，評量者也應仔細觀察受試者的作法，提供發問的機會，並作必要的補充說明與示範。

在對聽障者實施教育與心理評量時，如在測驗的程序上曾作過與原測驗所規定者有所出入的任何調整時，則對測驗結果的解釋應持之審慎，並將所作調整的情形在測驗報告上有所說明，以免令測驗報告的閱讀者發生誤解。

第三節　聽覺障礙兒童的特質

聽覺障礙對一個人最直接的影響應該是在溝通方面。由於在言語接收方面受到阻抑，對言語表達能力的發展也相對地產生不利的影響。這種情形尤以聽覺障礙出現越早，障礙程度越嚴重，其負面的影響也越為彰顯。除此之外，聽覺障礙也會對一個人的智能發展、社會適應、學業成就，與職業發展等產生間接的影響，本節將分別就上述領域，說明聽覺障礙兒童可能的特徵。不過吾人須知對聽障兒童特徵的說明，應視為其一般發展情形之敘述，聽障兒童彼此間因性別的不同、附帶障礙的有無、教育方案的成效、父母對待的態度等，皆可能再形成聽障兒童相互間在特質上的個別差異，此乃吾人應加注意者。

☾ ＊ 一、語言發展的特徵

聽覺障礙對兒童最明顯的影響是在語言能力的發展，但這種影響

與障礙的程度及障礙出現的年齡，也有密切的關係。輕度或中度的聽障可能不若重度聽障（如聾）的影響那麼深遠，即使如出生即有中度聽障者而言，其殘餘聽力對語言的學習也有極大的助益，若吾人能早期發現並訓練得法，語言發展遲滯的情形仍可避免。在聾者中只有不到 1%的人在任何情況下無法聽取言語（*Kirk, Gallagher, & Anastasiow, 2000*）。因此，對大多數聽障者而言，還是可以藉說話（speech）作為獲取語言能力（language acquisition）的主要方式（*Hardman et al., 1984*）。

對於先天即聾的兒童而言，即使戴上最精緻的助聽器，可能仍無法聽到最大的說話聲音。因此，他們很難藉接收別人的說話訊息以學習語言。聾人的口頭發聲也極不容易聽清楚。聾童也常發現有明顯的構音（articulation）、音質，及語調方面的問題（*Oyers & Frankmann, 1975*）。此外，語句不合文法、同音異義的混淆、語言發展程度的落後等，皆可能出現在聾童身上。張蓓莉（民78）曾研究國內聽覺障礙學生的語言能力，發現聽障學生之語言能力比同年級耳聰學生低落，且聽障學生常見的書寫錯誤類型有錯別字、措辭不當、字序顛倒、贅字（詞）、漏字及取代等。因而聾生與聽生之間的溝通，的確存在許多問題。這種溝通障礙的突破，唯賴及早針對語言的理解與表達提供適切的訓練一途。

☪二、智能發展的特徵

聽障兒童的智能發展情形，一直是個甚受爭論的問題。過去許多研究皆認為聽障者在智力測驗上的分數似比常人低（*Pinter, Eisenson, & Stanton, 1941*）。我國蕭金土（民76）的研究也發現聽力正常學生的認知能力發展優於重度重聽學生，而重度重聽學生又優於全聾學生。但有些在這方面的研究卻發現，聾童的認知與思考能力大致上與聽覺正常兒童相同（*Furth, 1973*）；也有人認為聽障兒童在智商的分配方面頗為相似，其平均分數卻可能略低於聽力正常兒童（*Meadow, 1980*）。米多（*Meadow, 1980*）更進一步指出，聽障與聽力正常兒童在智力分數的分配之所以相似，也僅限於所採用的智力測驗其指導語與學生的反應

必須是非語文的情形。因此，聾童所要處理的如果是非語文的材料，則聽障對其思考與學習應不致有所干擾；但如他們所面對的是語文的認知內容，則聽障勢必對其學習與思考產生不利的影響。一般說來，聾生與聽生在智力測驗非語文部分的成績，可能沒什麼差別，而在語文部分的成績，則聾生就多遠較聽生落後。

雖有人（*Furth, 1966*）認為認知思考並不須依恃語言符號系統（linguistic symbol system），但概念的獲取卻有賴語言作為中介。故聽障者語文能力的低下，難免影響其概念的形成，自不利其認知能力的發展。尤其文字的智力測驗比圖形的智力測驗更能測量人類的高級或抽象的智慧（孫邦正與鄒季婉，民 58），聽障者如在智力測驗的語文部分不如聽力正常者，則其智能發展的層次遜於聽力正常兒童之推論，應是一種自然的結果。就個別聽障兒童而言，其在智力測驗上非語文部分優於語文部分的現象，在教育上也具有深切的意義。

☪三、個人與社會適應的特徵

聽覺障礙雖不致對個人與社會適應產生直接的影響，不過聽覺缺陷與其附帶的溝通障礙，卻使某些生活適應與行為的問題更易於出現。一般說來，聾童的社會成熟（social maturity）多不如聽力正常的兒童。國內林寶貴與錡寶香（民 82）之研究指出，高職階段聽障學生的自我概念低於聽力正常之同儕，且其制控信念較正常同儕外控；另外雙親皆聾或雙親中有一人是聾的聽障學生之自我概念，高於雙親是正常聽人的聽障學生。由於語言能力在待人接物上有其重要性，語言發展的遲滯勢必限制許多人際交往互動的機會，同時也會損及許多日常生活與社會技能的獲得。聾童在團體中往往是孤立的，其與別人的交往互動，也有可能隨年齡的增長而遞減；這種情形尤以團體中只單單一個聽障者為然。許多聾者的行為在常人的眼光中，也多認為是不成熟的。例如，一般人相對而談時，間歇性的注視對方是一種常態，可是聾人在與常人溝通時常目不轉睛直視對方，頗令人不自在。其他諸如過度的表情與動作，皆會被視為不成熟的表現。

有些聾者也常有無法控制自己的行為之情形。諸如過度的情緒反

應、太過依賴或退縮等。這些行為問題可能與他們的自我觀念較差或溝通上的挫折有密切的關係。

　　雖然我們很難說有聾人專屬的人格特質，不過有些人格特性出現在聽障者身上的比例似比聽力正常者為高卻是事實。例如聾童似比普通兒童更具衝動性，也更容易受到別人的暗示（Meadow, 1980）。這些行為特性的存在或許與其生活經驗有密切的關係，例如聾人行為的衝動性可能導源於其溝通方式的挫折，而衝動行為卻常是過去成功的表達經驗所使然。另一方面，聾人生活中常須仰賴常人對日常聲音訊號的溝通與解釋（如上下班的鈴聲），以及他們對視覺性線索的倚賴，無形中皆會養成他們易於受到暗示的行為特質。儘管聾人比聽力正常者有著更多適應上的問題，但正如米多（Meadow, 1980）所言，「認定有單純聾者人格類型（deaf personality type）的存在是一種錯誤。在聾人中存在著許多歧異性，而這些歧異性皆和教育、溝通、與經驗有關」（p. 97）。

　　為了避免在團體中受到孤立，聾童間的相互交結，甚至形成次級文化（subculture）團體的情事也屢見不鮮（Benderly, 1980）。這種聾人群體（the deaf community）自兒童期至成人階段皆可發現，其團體的內聚力很強，這與其他的殘障者是有點不同。此種聾人群體之組成，多係基於成員的語言偏好與文化認同，而非聽力損失的程度與地理的位置（Scheetz, 1993）。不管他們所學的是手語或口語的溝通方式，約有80%的聾人選擇配偶時係以聽障者為對象（Kneedler et al., 1984）。中華民國聾人手語研究會（民70）對國內聽障者所做的調查研究，發現男性與女性聾人的理想婚姻伴侶是聾人者，也分別高達31%及50%。由此可見其群體內聚力之一斑。

☾四、學業成就的特徵

　　學校中大部分的學習活動皆依賴文字或口語的溝通，作為知識傳播的媒介，聽覺障礙者語言溝通能力的低下，對其學業成就自然產生不利的影響。大致說來，聾生的學業程度平均要比同齡的普通兒童低三到四個年級不等（Mandell & Fiscus, 1981）。即使那些輕度或中度聽

力障礙者，其學業成就也不能與其智力水準相提並論。

簡瑟瑪（*Jensema, 1975*）曾發現聽力損失出現的年齡及嚴重程度和學業成就有密切的關係。如聽力損失在三歲以後才發生，則閱讀成績會比在三歲之前就出現聽力障礙者為佳。同時聽力障礙程度越低者，則學業成就也越高。換句話說學業成就與聽力損失的程度成反比。

在所有的學習領域中，閱讀可能是受聽障影響最深的部分。大多數的聾者其閱讀水準不會超過小學四或五年級的程度，而且只約 10% 的聾生其閱讀水準尚可趕上一般兒童的程度（*Kirk & Gallagher, 1983*）。根據崔巴士與卡其莫（*Trybus & Karchmer, 1977*）的研究發現，九歲聽障學生的閱讀理解程度大概有小學二年級的水準，但到二十歲時其程度也僅及五年級的水準；換句話說，其閱讀理解的進步速率約僅有一般水準的三分之一而已。崔巴士與卡其莫也發現聽障者的閱讀理解能力似乎女性略優於男性，沒有附帶障礙者比有其他障礙者成績要好，而且雙親皆聾的聽障生其程度又比雙親皆聽力正常或其中有一人是聾者為高。

聽障兒童的數學能力也比一般兒童為差。米多（*Meadow, 1980*）發現任何年齡層的聾生所能達到的平均最高數學計算程度，約為六、七年級的水準。另一方面，聾生在文字表達能力方面，較之一般學生也常可發現其字彙粗淺有限、語句簡短且不夠成熟等現象。聽障兒童在語文與數學等基本學科的學習成績既然不如普通兒童，則其他學科如自然、社會等，係以語文能力等作為學習的基礎，其學業成就自然深受閱讀能力低下的不利影響。因而，大多數聽障者具有學習遲緩的情形，是不難想見的。

☾ 五、職業發展的特徵

有關聽障者職業發展之研究並不多見。史塔克列斯（*Stuckless, 1975*）曾研究十九至二十歲的聾生之職業發展程度，發現聾生似比聽生的生涯成熟（career maturity）水準為低。國內劉孝纓（民 72）曾調查啟聰學校 44 名高中三年級學生的職業興趣，發現男生最喜歡從事的五項職業活動分別是形式與色彩藝術、教育工作、建築設計與裝

飾、人事工作、農場與園圃；而最不喜歡的五項職業活動是社區服務、畜牧、縫紉、飼養小動物，以及音樂。女生最喜歡從事的五項職業活動是教育工作、建築與裝飾、形式與色彩藝術、縫紉，及醫務工作；最不喜歡從事的是統計研究、生物研究、飼養小動物、機械設計、化學研究。

儘管吾人可以發現仍有聾人從事一些專業性的工作，但其在聾人口中所占的百分比仍然十分低微。由於聽障者在溝通上的困難，無形中限制了他們學習與從事需要溝通技能的行業。謝恩與戴爾克（*Schein & Delk, 1974*）發現聾人中有 60% 所從事的是技術或半技術性的行業。聾人在溝通上的困難固然對其職業發展有不利的影響，而一般雇主對殘障者的心存偏見，對聾人的就業也無形中增添另一道障礙。不過只要他們獲得就業的機會，要想自食其力並非難事。

由於有 60-80% 的聾人其所從事的工作，並非其原本接受訓練的職種（*Lerman & Guilfoyle, 1970*），因此聽障者的職業訓練有一改過去著重專精技能的訓練，而採行培養廣博職業知識技能之趨勢。

第四節　聽覺障礙兒童的教育與輔導

☾一、教育安置的型態

聽覺障礙兒童的教育安置型態，常見的有下列幾種：

㈠**特殊學校**：學校係專為聽障學生而設立，又可分為住宿制及通學制兩類。目前國內的「啟聰學校」即是專為聽障學生而設的特殊學校。

㈡**特殊班**：即在普通中小學中另為聽覺障礙兒童設立專班而教育之，國內稱此種班級為「啟聰班」。

㈢**混合教育制**：聽障學生基本上係被安置於普通班級中，但有部分時間至資源教室接受特殊課程的教學，或由特殊教育專業人員從旁予以必要的輔導。

聽覺障礙兒童教育安置型態的選擇，有許多相關因素須加考慮，

比較重要者有：

1. 聽力障礙出現的年齡。
2. 聽力障礙的程度。
3. 智能程度。
4. 聽力障礙的類型。
5. 家長共同參與聽障兒童教育方案之程度。
6. 聽障兒童之父母聽覺障礙的有無。
7. 聽障兒童早年的訓練與經驗的性質。
8. 聽障兒童之溝通能力。
9. 附帶障礙的有無。
10. 對壓力或挫折的容忍程度。

　　在教育上安置聽覺障礙兒童時，固應對其個別的狀況作周詳的考慮，但吾人亦相對地應提供連續且具有變通性的安置型態，以增加選擇的機會。而且任何一種教育安置型態的選擇，皆不應視為永久性的教育安排。配合聽障兒童的身心發展狀況，吾人仍應定期檢討其安置方式並作必要的調整，以滿足他們的教育需求。

　　隨著特殊教育回歸主流的發展，國內幾所啟聰學校的學生數有逐年下降的趨勢，代之而起的是普通學校啟聰班的紛紛設立。民國六十四年三所公立啟聰學校（臺北、臺中、臺南）高、初職及小學部的學生總數為 2,279 人（教育部社會教育司，民65），但在七十三學年度三所啟聰學校的學生人數則降為 2,028 人（周作民，民 74）。啟聰班在民國五十八年首設於彰化縣二林國民小學後，至七十三學年度臺灣地區國小與國中階段所開設的啟聰班合計已達五十六個，學生共計 476 人（周作民，民 74）。目前啟聰班的增加趨勢，正是方興未艾，無形中取代了部分聽障學生以啟聰學校為教育安置方式的考慮。根據蔡阿鶴（民 74）對臺灣區聽障兒童回歸主流之教育現況所作的調查研究，發現國內啟聰班的教學型態以自足制居多，其次是資源教室制；當時臺灣省、臺北市，及高雄市啟聰班各種教學型態之班數如表5-3所示。

　　然至民國八十一年我國臺灣地區學前、國小與國中啟聰班各種教學型態之班數則如表5-4的情形。由此可見自足式的啟聰班仍是目前

表 5-3　臺灣地區啟聽班各種教學型態之班數

教學型態	臺灣省	臺北市	高雄市	合　計
自　足　式	25	0	11	36
資源教室制	2	13	0	15
合　作　制	5	6	0	11

（修正自蔡阿鶴，民74，125頁）

表 5-4　臺灣地區各教育階段啟聽班教學型態之班級

教學型態	學　前	國　小	國　中	合　計
自足式	12	84	21	117
資源式	0	27	10	37
混合式	0	0	4	4

（取材自張蓓莉、邱紹春，民81）

國內啟聰班最為普遍的教學型態。

　　不管是自足制、資源教室制，或合作制，相對於特殊學校皆屬回歸主流的作法。如要對聽障學生採取回歸主流的教育方式，尼克斯（Nix, 1976）認為在安置學生時應對下列之原則多加考慮：

　　1.聽力損失的早期鑑定，並安置在住家附近的特殊教育方案中。

　　2.一經診斷有聽力障礙後，及時提供助聽器材的幫助。

　　3.除了睡覺的時間外，皆經常戴上助聽器。

　　4.聽障學生和同班聽力正常的學生，在下列各方面的差異要越小越好：(1)聽力年齡。(2)發展年齡（社會、情緒，與生理方面）。(3)語言年齡。(4)學業技能。(5)閱讀成就水準。

　　5.智力在中等以上。

　　6.有外向的人格。

　　7.在聽與說的溝通技能方面，要預期能達到在普通班成功地從事學習的水準。

8.在學習新教材時，具有從大班教學中獲益的能力。

9.學生的父母與家人能充分支持回歸主流的教育計畫。

10.有關專業人員能對學生及其家人給予充分的支援，以提供必要的診療教學、諮商與親職教育。

☾ 二、特殊的課程

聽覺障礙學生與聽力正常學生的教育目標，基本上應無二致。不過為因應聽障學生可能存在的溝通缺陷，吾人除提供相似於普通學生的課程內容外，尚須針對其溝通問題，設計適當的訓練課程，以促進其語言能力的發展。

聽障兒童的溝通方式大致上可分為口語法（oral method）、手語法（manual method）及綜合溝通法（total communication）三種。所謂口語法，乃是藉著助聽器使殘餘聽力發揮最大的效用，並透過讀話（speech reading）及說話（speech），以達到溝通的目的。手語法則係運用手部的動作符號（sign），以表情達意；手語又包括兩種，一稱為符號語言（sign language），另稱為符號系統（sign systems）。符號語言所表達的乃是整個字詞或完整的思想觀念，而非單一的字母。而符號系統則企圖將手勢動作與口語作有系統的配合，指拼法（finger spelling）即是一種符號系統。圖 5−2 為我國手語的式樣，圖 5−3 則為美國手語的形式，兩者皆屬符號語言。圖 5−4 為美國的字母手語（American Manual Alphabet），屬於符號系統的一種。綜合溝通法有時也稱之為併用法（combined method），它乃是同時運用口語與手語的一種溝通方法。使用綜合溝通法者可能經由助聽器之助，仍運用其殘餘聽力，並從讀話及手語中去接收別人所傳達的訊息；他們則透過說話與手語去表達其思想與意念；同時他們也藉讀（reading）與寫（writing）以接收和傳送訊息。

上述的這三種溝通方法孰優孰劣，一直是個爭論不休的問題。主張對聽障者教以口語法的學者，承認透過聽能訓練（auditory training）而加強殘餘聽力的效用，以學習說話和讀話，的確比手語法要困難而費時。但他們認為聽障兒童須學習如何生活在聽人的社會環境之中，

女 female
如圖，小指向左右輕微擺動。

男 male
如圖，拇指向左右輕微擺動。

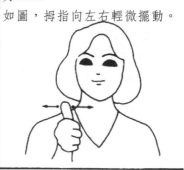

母（媽媽）mother
如圖，食指在頰邊輕抹一下。

父（爸爸）father
如圖，食指在頰邊輕抹一下。

圖 5-2　我國手語的式樣
（採自李鈞棫，民 67，1 頁）

口語的學習有助於聽障兒童增廣其教育的機會，並回歸社會主流。主張口語法者也認為手語的學習會影響說話與讀話的學習成效，因為手語的學習比較容易，一旦學生養成了打手語的習慣，即不易再花額外的氣力去學習口語溝通矣！

　　手語法的擁護者認為聽障兒童中真能把話學說清楚的究竟不多，而且口語之學習對某些人而言亦非易事，如果吾人勉強聽障兒童非用口語不行，勢必影響其早期對語言、情緒及社會行為的學習。因此他們主張不必禁止兒童在其力所能及的範圍內，以手語來表情達意。

　　綜合溝通法兼有口語與手語法的長處，讓口語與手語法得以相輔相成，是目前應用得最為普遍的聾童溝通方法。大多數聾教育工作人員皆認為，溝通方法的教學應考慮兒童的能力與障礙狀況，選擇聽障

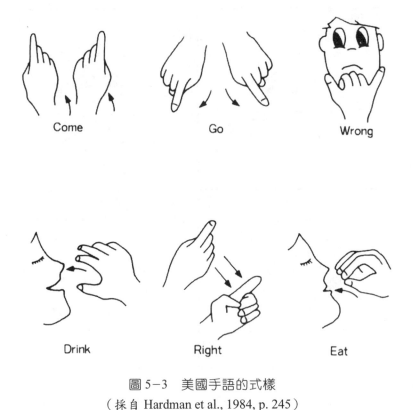

圖 5-3　美國手語的式樣

（採自 Hardman et al., 1984, p. 245）

兒童最容易學習的方法作為主要的溝通途徑，並兼及其他溝通方法之教學，以增進聽障者表情達意的能力。因此為促進聽障兒童溝通能力之發展，就個別兒童言，其教學重點容有不同，但應離不開下列幾個項目。

㈠聽能訓練

　　聽能訓練乃在指導學生運用其殘存聽力以分辨環境中所存在的各種聲音，使其語言與溝通能力得以獲致最大可能的發展。聽力正常的學生其語言能力的獲得，即是長期與別人在言語上互動的結果。聽障兒童則需要藉有系統的聽能訓練，以增進其對言語的接收能力。實施聽能訓練時，聽障兒童需配戴助聽器，以提高其對聲音分辨的能力。

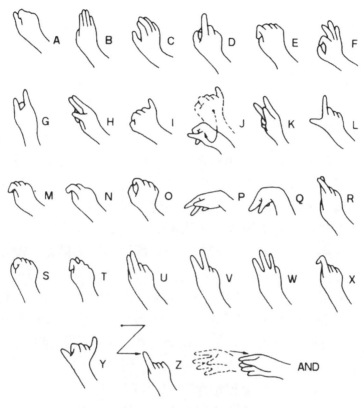

圖 5-4　美國的字母手語

（採自 Kirk & Gallagher, 1983, p. 255）

因此如何選用適當的助聽器（個人或團體用）常是聽能訓練之前應加
考慮的重要課題。聽障兒童接受聽能訓練的年齡越小，應越為有利；
同時家長如能與學校的聽力訓練專家（hearing specialist）充分配合，
也在家中對孩子實施是項訓練，則其效果會更好。聽能訓練的終極目
標便在理解他人所表達的完整話語。有許多聽障兒童藉著助聽器的使
用及適當的聽能訓練固可達到這一個目標；但有些聽障兒童因其聽力
缺陷的情形較為嚴重，經過聽能訓練後雖無法理解他人的話語，但從
聽覺所獲得的線索，卻有助於其他溝通方法的運用。聽能訓練的重
點，大致包括下列幾個方面（教育部社會教育司，民72b）：

*1.*認識聲音。

*2.*噪音分辨。

*3.*樂音分辨。

*4.*語言之音韻分辨。

*5.*言語識別。

(二)讀話訓練

讀話也常被稱為讀唇（lipreading）。它乃是透過對說話者嘴唇、顎、喉部等運動情形的觀察，以瞭解其所要傳達的內容。讀話與文字的閱讀有點類似，所不同的是閱讀文字時，讀者尚可控制其閱讀的速度，讀話時除非說話者重複再講，否則讀話者實沒有機會再「讀」一次。此外，說話一般說來也不如文字溝通那樣嚴謹而精確。讀話常遇到的問題尚有：(1)有的聲音其口形極為相似，如國音的ㄅ與ㄊ；而且有的聲音在嘴唇上根本看不出有什麼運動，如英語中的 h 音；這些在讀話時皆會有辨識的困難；(2)光線不足與讀話和說話者距離太遠，即不易掌握溝通時的視覺性線索；(3)說話者有時未能面對讀話者；(4)說話連續不停，缺乏段落等，皆會形成讀話的困擾。

一般說來，讀話的指導應掌握下列的原則：

*1.*先由在視覺上容易辨識的話語開始指導，再逐步提供不易識別的說話內容。

*2.*先從聽障兒童生活中經驗所及的事物作為讀話的入門教材。

*3.*在讀話指導的初期，教師和父母應對常用的話語反覆對兒童述說，使其能逐漸瞭解話中的大意，最後再進而指導其分辨字詞間發音的異同。

*4.*讀話的指導應與聽能訓練密切配合，以增宏效。

*5.*讀話的指導可配合影片（或錄影帶）的運用，使兒童能對各種話語的口型反覆加以觀察，以發現不同字詞間在發音上的同異之處。

*6.*鼓勵兒童隨時隨地應用其所學到的讀話技能於日常生活之中，期能熟而生巧，以增進其溝通的能力。

⊟說話訓練

說話訓練的目標，乃在幫助聽障兒童說出具有適當音質、音量、音調、構音與節奏的話語。聽障兒童說話訓練的方法主要有視話法（visible speech method）、口語法（oral method）、聲覺法（acoustic method）、集聚法（concentric method）與觸視聽法（tactile/visual/auditory method）五種（*Blake, 1981*）。

視話法的教學原理，即在將教師所示範的言語發聲組型，以電子儀器將之轉換成可以見及的具體圖示。聽障兒童即可按此發聲圖示不斷修正其發音，而學到適當的話語。口語法則係先由兒童學習字母的發音，然後再組合成字詞，其所強調的不只是發音要正確，也注意其說話的節奏和對呼吸之控制；這種方法與一般學習說話的方式極為類似。聲覺法乃是由兒童運用其觸覺與視覺去感知、分析，與解釋說話、音樂，與純音等所引發的聲音顫動與視覺線索在發音上所表示的意義，藉此以體會學習說話的要領。集聚法則是對兒童在發聲的訓練，提供階段性的教材；教材一組一組的加以學習，只有在前面一組教材練習純熟後，才學習下面一組的發音教材。而所謂觸視聽法，則是指導兒童聯合運用觸覺、視覺，與聽覺的線索，以學習發音的一種方式；因此觸視聽法乃是應用多重感官以學習說話的方法。國內最近幾年引起聽障者教育界廣泛注意的語調聽覺法（verbo-tonal method）即是觸視聽法的一種。此一方法乃是選擇聽障者反應最好的頻率帶來訓練他們的聽覺技巧，以發展良好的口語溝通能力，進而能統合於正常的社會（陳小娟，民80）。

至於說話訓練的內容，則包括下列幾方面（教育部社會教育司，民72b）：

1.瞭解語言之存在。

2.瞭解說話之重要，並培養說話之興趣。

3.發音練習。

4.日常生活用語之學習（單句練習為主）。

5.簡易日常會話。

6.配合國語課文之說話練習。

7.簡易故事之講述。

8.矯正日常生活之錯誤用語。

9.生活報告、讀書報告。

10.演說之訓練。

11.說話儀態之訓練。

㈣筆談的指導

筆談在教育部社會教育司（民 72b）所編的「啟聰學校（班）課程綱要」中與聽能訓練、說話訓練同列為「養護訓練」其中的一項；而筆談指導的內容，則以日常生活之經驗及將來在社會上生活可能遭遇之事務為範圍，以增進聽障者與一般人從事語文溝通的能力。筆談的方法，除使用紙筆書寫外，尚可採取用手指在空中拼字或寫字的「空書」，以及用手指在掌心寫字的「畫掌法」等形式（林寶貴，民70）。

㈤手語的指導

根據林寶貴（民 70）對臺灣地區 1,211 名啟聰學校及啟聰班學生與耳聰者溝通方式所作的調查，發現手語是僅次於筆談，而為聽障學生所普遍應用的溝通方式。另外，蔡阿鶴（民 74）對臺灣區啟聰班教學方法的調查，發現雖尚無啟聰班係採純手語法以進行教學，但手語法卻為實施口語教學時重要的輔助方法。因此手語的使用，在目前國內的啟聰教育中仍有其一席之地。惟過去各地聾人所用的手語其形式極為分歧。直至民國六十四年，教育部即積極推動統一手語的工作，民國六十七年乃有「手語畫冊」的出版（李鈞棫，民 67）。希望此項統一手語的工作能持續下去，以增進對聾童的教學效果，並減少聾人彼此間溝通的困擾。

☾☆三、教育與輔導的策略

聽覺障礙兒童之教育除應提供必要的特殊課程，以促進其溝通能

力外，配合其身心特質與需要，在教育與輔導方面尚須從事下列之努力。

㈠提供早期的教育機會

聽障兒童最受人關注的應該是他們的語言發展問題。而語言的訓練則是越早訓練，成效會越好。因此如何及早診斷出聽覺障礙，並及早提供教育的機會，已成為當今聽障教育人員共同努力的課題。為使聽覺障礙的早日獲得診斷，除一般小學應將聽障兒童的篩選列為例行保健工作項目外，更重要的是負有醫療責任的小兒科、耳鼻喉科醫師、護士等，如發現有疑似聽障個案時，應即時告知家長，並作必要的轉介以確認聽力缺損的狀況。至於早期的教育與訓練，固有賴專業的啟聰教育人員研擬可行的個別化教育計畫並付諸實施，更重要的是家長應能與之協同合作，才能真正發揮早期教育的效果。

㈡聽障兒童父母之輔導

聽障兒童父母之教養態度與教養方法，固與其子女的教育成效息息相關，不過他們也需要適切的教育與輔導，才可成為聽障兒童教育的得力助手。侯通（*Horton, 1974*）指出聽障幼兒之父母所需要的輔導包括下述五方面：

1. 輔導家長如何為聽障子女安排良好的聽覺環境（auditory environment）。

2. 教導家長如何跟其子女說話。

3. 教導家長有關語言發展的原理、發展的階段與先後順序，以及如何應用這些知識來幫助其子女語言的發展。

4. 指導家長處理子女行為問題的方法。

5. 提供聽障兒童的家人必要的支持與協助，以克服他們在面對家有殘障所產生的心理壓力。

此外，諸如聽力損失的知識、助聽器的使用方法的瞭解等，也皆是聽障兒童之父母所應知道者，這些都應列為親職教育實施的範圍。

(三)助聽器之檢查與保養的指導

助聽器是聽障兒童在生活與學習上重要的輔助器材，若使用與保養不當，極可能影響其功能的發揮。故一般教師及聽障兒童的父母如能從特殊教育教師那兒獲得有關助聽器使用法的知識，對於他們輔導回歸至普通班的聽障學生或聽障子女是極有幫助的。而有關助聽器之檢查與保養的基本知識，也是有聽障兒童的普通班教師或父母所需要具備的。吉爾哈、韋森與吉爾哈（*Gearheart, Weishahn, & Gearheart, 1992*）曾列述助聽器的保養與檢查的要領可供參考。在助聽器的檢查方面，教師與家長須注意：

1. 電池是否尚堪用。

2. 電池正負極的裝放位置是否適當無誤。

3. 電線與接收器是否折斷或磨損。

4. 電插頭是否鬆開。

5. 耳部接收器裝入是否適當無誤，且外耳道未受耳垢所阻。因為接收器的裝入不當可能引起耳部刺痛，且會發出吱吱回饋聲。

6. 在教室或家中存放備用新電池，以便在助聽器的電池沒電時，可即時換新。

至於助聽器的保養則須注意：

1. 不可讓助聽器受到潮濕。

2. 不可把助聽器放置於過冷過熱的地方，以免對它造成嚴重的損害。

3. 助聽器不用時應即時關掉電源，以免發出尖銳的聲響。

4. 不可讓學生將助聽器的麥克風戴得過於靠近接收器，以免發出異常的嘈雜聲。

5. 不可解開助聽器想加以修理，這項工作應由專門的修護人員去做。

(四)普通班教師在教學上的配合

隨著特殊教育回歸主流的發展，普通班教師教到聽障學生的機會

似乎有增無已。為提供聽障學生一個有利的學習情境，一般教師似可從事下列各方面的努力：

1. 學生在教室中的座位安排應方便其聽講並能看到說話者的表情，因此教師講課時應避免背向聽障學生。如果其他學生講話時，教師也應鼓勵聽障學生隨時注視講話的同學。

2. 教師每次在講話之前，應先示知聽障學生，促其注意有關的視覺與聽覺線索。

3. 教師講話時須避免背向光源或窗戶，以免造成學生讀話的困難。

4. 教師說話時應避免用手將嘴遮住，免得學生看不清說話者的唇、口，及臉部的表情。

5. 當學生戴上助聽器時，應將教室內外的噪音水準降至最低。

6. 輔導一位耳聰的學生做聽障學生的友伴，以便在團體討論或教師指定作業時，可隨時幫助聽障學生瞭解討論或作業的內容。

7. 教師在提現新教材時，最好佐以視覺性媒體，或發給講義，或將關鍵字詞寫在黑板上，以幫助聽障學生對新教材的學習。

8. 教師說話的音量、語調與表情應求其自然；說話的速度避免太快或太慢，及聲音過大或過小。

9. 教師可採用「家庭聯絡簿」的型態，作為與聽障學生家長溝通的方式，讓家長知道有關學生的作業、學習進步情形、以及助聽器可能出現的問題等。

10. 輔導班上學生認識聽力缺陷的性質，並培養他們以積極的態度來接納聽障的同學。

11. 教師講課時應儘量說出完整的句子，因單一字詞對讀話至為不易。

12. 提早告知聽障學生作業內容或講授大綱，讓其能有充分準備的時間；也可讓家長對其預作輔導。

13. 教師應瞭解聽障學生比耳聰學生在上課時更易疲倦的事實；因專注的讀話與聽講，是相當費神的。

14. 如聽障學生不瞭解所講授的內容，則教師不妨改以筆談的方式，或換句話而談，使其更容易領會。

15.不時詢問聽障兒童對上課內容的理解情形，不可假定他們在教師講解後自然就瞭解了。

16.為培養聽障學生良好的自我觀念，除鼓勵他們踴躍參與團體活動外，教師在例行工作的分配或作業的安排方面，也不可降低對他們的期望水準，以激勵聽障學生進取向上的精神。

☾ 四、科技的應用

現代科技的發展，尤其是電腦科技的應用，已有許多新產品的出現，足以對聽障者的聽力復健、日常生活、學習，及工作提供種種的便利。而這些新產品大多與增進聽障者的溝通能力有密切的關係；比較明顯的有下列幾方面的發展。

㈠助聽器的改良

由於電晶體（transistors）與印刷電路（print circuits）的發明，目前助聽器的體積已變得比以前更小，而且式樣也多，配戴起來也越為便利了。現在的助聽器大致可分為四種式樣：

1.盒型（the body aid）：其尺寸約與一包香煙相仿，可配戴於胸前或放置於口袋之中。

2.耳掛型（the behind-the-ear aid）：此種助聽器係配戴於耳殼和頭蓋骨之間，是目前使用最為普遍的一種助聽器。

3.眼鏡型（the eyeglass aid）：此一形式的助聽器係裝置於眼鏡的鏡架之中，配戴者以成人居多，頗能滿足人們美觀與便利的要求。

4.插耳型（the all-in-the-ear aid）：此種助聽器的體積特小，可以將之插入耳孔中。由於其小巧美觀，是未來可能普遍使用的一種助聽裝置。

上述的這四種助聽器皆有耳機將聲波導入配戴者的耳中。助聽器樣式的選擇應按各人障礙狀況分別加以考慮；而且也並非所有的聽障者皆可以因助聽器的使用而受益。

㈡聾人電傳通訊裝置

此一裝置讓聽障者可利用電話與人溝通。此一裝置狀似一部手提打字機，但除打字機的鍵盤外，另有一具電子顯示器（electronic visual display）。當聽障者與人通話時，即可將所要傳達的內容以打字機打出，而對方的來話內容即在電子顯示器上呈現出來，或經由文字打印裝備將之印出。電傳打字機（teletypewriter，簡稱 TTY）的功用跟聾人電傳通訊裝置（telecommunication devices for the deaf，簡稱 TDD）相同，卻缺乏視覺顯示的能力，且體積較大，同時操作起來也更為嘈雜。

㈢有字幕的電視節目

電視節目配上字幕有兩種不同的型態。一種稱為開放式字幕（open captioning），它是在所有收視的電視機上皆可見及的一種字幕。不過這種節目並不太多，聽障者能充分欣賞的節目數量仍受到限制，同時耳聰者常因字幕的出現而有容易分心的抱怨。最近封閉式字幕（closed captioning）的發明即為滿足聽障者收看電視節目的需要而設計的。這種字幕只在裝有解碼器（decoder）的電視機才能收看到，與開放式字幕相較，自是一大改革。

㈣耳蝸植入術

所謂耳蝸植入術（cochlear implants）係運用外科手術將具有耳蝸功能的電極體（electrodes）植入人耳耳蝸的部位。接受耳蝸植入術者其耳後會配戴麥克風，以蒐集周遭環境的聲音，並將之傳送進其聽覺系統。植入人工耳蝸後，雖無法恢復聽障者的聽力，但卻有助於讓彼等逐漸學習去瞭解外在的聽覺刺激。

第六章

語言障礙兒童

第一節　語言障礙的意義

☾ 一、語言的性質

人是一種社會性的動物，很難離群而索居，平日所過的即是一種相依相存的生活。而這種相互依存關係的建立與維持，卻有賴彼此在思想與情意方面不斷地作有效的溝通。人之所以異於禽獸者，就在吾人有著別的動物所達不到的溝通能力。人類文化之所以能夠綿延充實，也正因為吾人有著獨特而精緻的溝通方式——語言使然。

溝通（communication）係泛指任何分享或交換資訊（information）的過程，它可能是語言的或非語言的。其中尤以語言（language）為人類最主要的溝通媒介。語言是吾人賴以溝通思想的一套系統（system）或符號（code）。這套系統或符號有其本身的結構與規則，以便吾人據以作有效的溝通。文字、說話（speech）、手語等皆是語言傳達的形式。說話（或稱言語）則是以有聲或口述的方式所表達的語言。因此說話和語言具有密切的關係，但它們並非同義；柯雷其莫與柯雷其莫（*Kretschmer & Kretschmer, 1978*）即指出：

> 語言可經由說話而加以表達，但並非全然如此。說話是一種可聽得見的語言表達，它是聲帶與口腔肌肉運作的結果。另一方面，語言所欲傳達的訊息就包含在說話者的言語中。說話缺乏語言是可能的，正如鸚鵡一般……或有語言卻不見說話也是可能的，正如聾人以手語來表達其語言一樣。（*p. 1*）

由此可見，語言與吾人所要表達的思想內容有關，而說話則是將語言有聲地表之於外的一種方式。因此，說話應可視為語言的一部分。惟語言欲透過說話而表達，則有賴健全的發音器官以為用。圖6-1所示者為與發音有關器官的剖面圖。吾人說話的語音，即是利用呼自肺部的氣息，經過聲帶的振動，以及其他發音器官的構音與共鳴

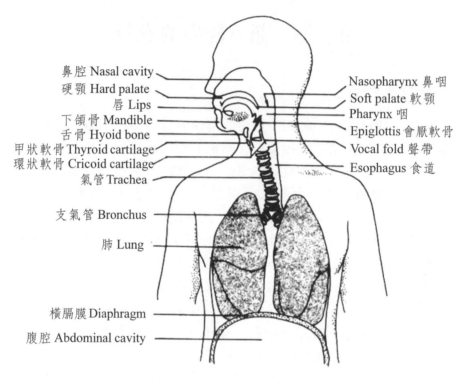

鼻腔 Nasal cavity
硬顎 Hard palate
唇 Lips
下頜骨 Mandible
舌骨 Hyoid bone
甲狀軟骨 Thyroid cartilage
環狀軟骨 Cricoid cartilage
氣管 Trachea

支氣管 Bronchus

肺 Lung

橫膈膜 Diaphragm
腹腔 Abdominal cavity

Nasopharynx 鼻咽
Soft palate 軟顎
Pharynx 咽
Epiglottis 會厭軟骨
Vocal fold 聲帶
Esophagus 食道

圖 6-1　發音有關器官剖面圖
（採自 Blake, 1981, p. 144）

作用而形成的。惟說話者如未學得語言的實質，縱使具備健全的說話器官，也可能有口難言，或語無倫次，甚至令人茫然不知所言。由此可見語言能力的獲得，才能使吾人的說話有確切的內涵。

語言一般包括四種基本要素，亦即語音（phonology）、型態（morphology）、句法（syntax）與語意（semantics）。這四種要素雖然是針對英語（english）的語言結構而言（*Byrne & Shervanian, 1977*），不過也一樣適用於我國的語言，和吾人所熟知的語文的教學總離不開形、音、義、及句法的指導應是相通的。

說話雖然只是語言表現的形式之一，但兒童在語言的學得，卻有大部分係經由對別人言語的傾聽與模仿。而傾聽與模仿，則有賴於聽

力、說話器官、及中樞神經系統發揮正常的功能。如聾人因無法聆聽，即難以模仿別人說話；說話器官不健全，則語音即難以令人聽懂；如在中樞神經系統方面有某種程度的失常，對感覺刺激的接收、統合，或發音器官筋肉的協調，皆可能產生不利的影響。上述這些因素固然直接影響口語的學得，更間接影響正常語言能力的發展。因口語經傾聽、模仿而內在化後，即成為吾人語言能力的一部分。語言經口頭不斷的表出，與在聽覺器官及中樞神經系統所形成的刺激印象，遂強化了已習得的語言。因此，說話和語言的發展是具有密切關係的。

☾二、語言障礙的定義與分類

由於說話實質上是語言的一部分，因此本書所稱的語言障礙，即包括說話異常（speech disorders）和語言異常（language disorders）兩大類。所謂說話異常，范來波（*Van Riper, 1978*）曾將之界定為：「當說話的語音十分不同於他人，因而引起自個兒的注意，以致對溝通的歷程有所干擾，或造成說話者或聽講者的困惱時，即屬說話異常」（*p. 43*）。另外，葛爾芬、簡森與朱路（*Gelfand, Jenson, & Drew, 1982*）也指出：

> 說話缺陷或說話異常（這兩個名詞常被交互使用），係指說話行為十分不同於常態或吾人所能接納的言語形式，以致引人注意，干擾溝通，並對說話者或聽講者的溝通產生不良的影響。（*p. 161*）

因此說話異常的本質，乃是說話者以口頭將語言清楚的表出有所困難。至於對這種困難引起注意，影響溝通和行為的適應，皆是說話異常的結果；但也惟有出現這些結果，才算得上說話異常。

語言異常也稱語言缺損（language impairment）或語言缺陷（language disabilities）。語言異常是指對語言的符號與規則，無法作有效地理解與表達的現象。而此處所謂的語言符號與規則，應指語言所包含的語音、型態、句法、語意四個要素，及其功能而言。換句話說，

如在溝通的符號或系統出現了障礙性的偏異現象（handicapping devian-
ces），如語言接收或表達能力的明顯闕如，即屬語言異常。一般說
來，兒童如有語言接收的困難，對別人的言語常不知所云，或無法注
意聽講；亦即他們對言語的聽取與理解出現了困難。而語言表達異常
的兒童則常顯得字彙有限，所表達的語句與其年齡相較也不夠成熟。
惟語言的接收和表達能力是否正常，其判斷標準應是相對的，而非絕
對的，吾人須就個人已有的經驗背景，所處的文化語言環境，及其年
齡應有的發展水準作綜合性的考慮。正如毛連塭（民74）所言：

> 　　一位從未學過心理學的人要他有效表達心理學的理念，或理
> 解他人所表達的心理學理念，似乎是不可能的，我們便不可據以
> 稱之為語言缺陷者。同樣的，一位外國朋友來到臺灣，無法使用
> 正確的國語來有效表達其理念也不可視為語言缺陷。至於發展水
> 準尤其應加注意。吾人不可期望一位五歲的兒童說出八歲或十二
> 歲兒童所能表達的理念，也不可能希望他理解十五歲兒童所能理
> 解的特殊觀念。所謂語言缺陷應是當他在本國語言環境中，無法
> 表達或理解適合其發展水準及經驗背景的理念時始可稱之。是
> 故，語言缺陷之判定，係以常模為參照點。（2-3頁）

　　我國教育部（民91）所制頒的「身心障礙及資賦優異學生鑑定標
準」，認為語言障礙係指語言理解或語言表達能力與同年齡者相較，
有顯著偏差或遲緩現象，而造成溝通困難者。衛生署（民91）所訂定
的「身心障礙等級」則將聲音機能或語言機能障礙，認定係指由於器
質性或機能性異常導致語言理解、語言表達、說話清晰度、說話流暢
性或發聲產生困難。由此可見，我國官方對語言障礙的界定似皆兼顧
說話異常和語言異常這兩方面。
　　至於語言障礙的類型，也可就說話異常和語言異常分別再加細
分。在說話異常方面，主要包括不會說話（absence of speech）、構音
異常（articulation disorders）、發聲異常（voice disorders）及節律異常
（rhythm disorders）四類，茲分述於下。

㈠不會說話

　　導致缺乏言語的原因極多。有的兒童因重度智能不足或自閉症（autism），缺乏語言能力，也隨著不能說話。但有些特殊兒童儘管智力正常，具備語文的理解能力，卻由於腦麻痺（cerebral palsy）無法有效地控制發音器官的神經與肌肉，以致沒辦法說話。也有的中風（stroke）病人，雖然具有正常的語言理解能力，能讀能寫，也可以手勢示意，但因顏面神經受損，也會變得不能言語。

㈡構音異常

　　構音異常基本上是一種說話時咬字不清的現象，在說話異常的學童中約有四分之三屬於這種問題。構音錯誤通常包括下列幾種情形：
　　1. 省略音（omissions）：如 daddy 說成 day，ㄆ家說成ㄈ家等。
　　2. 替代音（substitutions）：如 that 說成 dat，將ㄊ唸成ㄉ，以ㄙ代ㄕ等。
　　3. 歪曲音（distortions）：如將 sled 唸成 shled。
　　4. 贅加音（additions）：如 cow 唸成 cuhow，saw 說成 sawr。

㈢發聲異常

　　發聲是否失常一般常從說話的音調（pitch）、音量（loudness）、音質（quality）及音變（flexibility）等加以考慮。如一個人說話的聲音與其相同年齡、性別、及社群的人偏異太過明顯時，即可能是發聲異常者。在發聲異常的個案中與音質有關的，尤其占了大部分；其常見的發聲失常情形，包括說話夾雜呼吸聲、嘶啞聲與鼻音等。發聲嘶啞或夾有氣息聲，可能是對發音器官濫用誤用而引起的（如球賽時的大聲吼叫），也可能是由於喉部感染發炎的結果。除了音質以外，有些男童過了青春期音調仍然很高，有些人說話的音量過大或過小，或說話的語音單調缺乏抑揚頓挫的變化，皆屬發聲異常的問題。

㈣節律異常

節律異常是指說話結巴不流暢而言。如說話時態度猶豫、及夾雜重複並拉長字音的口吃（stuttering），說話速度過快，字音或替代或省略而雜亂無章的迅吃（cluttering），和說話過速而使語音模糊的快語不清（tachylalia）等皆是（徐道昌、吳香梅與鍾玉梅，民67）。在節律異常中最為常見的要屬口吃。不過口吃者中，孩童似比成人為多，且男性口吃的比率也遠比女性為高（Cleland & Swartz, 1982）。雖然口吃的現象極易察覺，但口吃者間其引起口吃的情境，仍存在著許多個別差異。而且大部分口吃的兒童，長大後口吃的現象會自然消失於無形，也難以找出具體的理由。

在語言異常方面，常見的有語言缺乏（absence of language）、語言發展遲緩（delayed language development）、語言能力喪失（interrupted language）及語言性質偏異（qualitative disorders）等四種，茲分敘於後。

㈠語言缺乏

多數兒童在出生後第一年中，即開始學習去理解並對他人的言語有所反應。約三歲左右他們已具備相當的語言接收與表達的能力。但若到五歲仍缺乏語言能力即屬異常。通常這類兒童很可能也具有重度智能不足或自閉症等障礙。

㈡語言發展遲緩

亦即語言的發展水準，比起同年齡的一般兒童為低；如已是八歲的兒童，其語言的理解與表達能力，卻僅五歲兒童的水準。可能導致語言發展遲緩的因素，含智能不足、聽覺障礙、情緒困擾、語言刺激的缺乏等。

㈢語言能力喪失

語言能力喪失多導因於大腦語言區的病變而引起的。患者因而失

去原有的語言能力，對語言的理解感覺困難，而且也沒有辦法以語言來作表達。語言能力完全喪失者稱為失語症（aphasia）；部分喪失者則稱之為語言困難（dysphasia）。語言困難者應比失語症者更為常見，因語言能力的完全喪失，究竟還是少數。

㈣語言性質偏異

語言性質偏異主要係指語言的內容異於常情而言。例如有許多自閉症的兒童常不斷機械式地複述其所聽到的言語，此即所謂的鸚鵡式複述症（echolalia）。也有些重度智能不足或情緒困擾兒童，雖然具有說話的能力，但在語言的知覺或理解方面卻有困難，以致出言怪異，難以跟別人溝通。

我國教育部（民91）對於語言障礙的狀況及鑑定標準有如下之規定：

1. 構音障礙：說話的語音有省略、替代、添加、歪曲、聲調錯誤或含糊不清等現象，並因而導致溝通困難者。

2. 聲音異常：說話的音質、音調、音量或共鳴與個人之性別或年齡不相稱，並因而導致溝通困難者。

3. 語暢異常：說話的節律有明顯且不自主的重複、延長、中斷，首語難發或急促不清等現象者。

4. 語言發展遲緩：語言的語形、語意、語彙、語法、語用之發展，在語言理解或語言表達方面，較之同年齡者有明顯偏差或遲緩現象者。

而衛生署（民91）則將聲音機能或語言機能障礙分為下列三等：

1. 重度：(1)無法用語言或聲音與人溝通者。
　　　　　(2)喉部經手術全部摘除，發聲機能全廢者。

2. 中度：語言理解、語言表達、說話清晰度、說話流暢性或發聲有嚴重困難，導致與人溝通有顯著困難者。

3. 輕度：語言理解、語言表達、說話清晰度、說話流暢性或發聲有明顯困難，且妨礙交談者。

☾ 三、語言障礙的出現率

　　語言障礙出現率的推估研究，常因對語言障礙的定義及調查方法的差異，而產生不同的推估結果。此外，接受調查對象年齡的不同，以及是否將智能不足、聽覺障礙、腦麻痺、情緒困擾、學習障礙兒童之有語言障礙者也一併計入，也會影響出現率的高低。因為許多說話異常的現象，似乎隨著兒童年齡的增長而獲得改善（*Byrne & Shervanian, 1977*）；同時純粹語言障礙者以外的其他傷殘兒童具有附帶語言障礙的比率也相當高，語言障礙標準的釐訂著實不易。

　　語言障礙的出現率研究，最常被引用的要屬美國語聽學會（the American Speech and Hearing Association）的調查報告；根據該學會一九七二年的推估，認為學齡兒童中具有說話異常者約占 5%（*Gearheart, 1972*）。表 6-1 所示者為各類說話異常學童所占的百分比。

　　目前的美國語言聽力學會（the American Speech-Language Hearing Association）也建議將美國的語言障礙出現率定為 5%（*Hardman et al., 1984*）。另外按照狄爾曼與朴立斯可（*Dearman & Plisko, 1981;* 引自 *Kirk &*

表 *6-1*　美國各類說話異常學童之推估

異　常　類　別	百　分　比
構音異常	3.0
口吃	0.8
發聲異常	0.2
顎裂言語異常	0.1
腦麻痺言語異常	0.1
言語發展遲緩	0.3
失聽且有說話異常	0.5
合　計	5.0

（引自 Gearheart, 1972, p. 158）

表 6-2 美國語言障礙學童之推估

障 礙 類 別	百 分 比
功能性構音異常	3.0
口吃	0.7
發聲異常	0.2
顎裂	0.1
腦麻痺	0.2
說話發展遲緩	0.3
聽力障礙	0.5
語言發展遲緩	1.0
總 計	6.0

（引自 Kirk & Gallagher, 1983, p. 284）

Gallagher, 1983）之推估，美國語言障礙學童的出現率約達 6%。其各類語言障礙的百分比如表 6-2 所示。不過根據美國的教育法令，能夠享受特殊教育服務的語言障礙兒童，卻承認只有 3%左右（*Gearheart, 1980*）。

我國第二次特殊兒童普查發現，全國語言障礙兒童共有 2,916 人，占全國六至十四歲學齡兒童母群體的 0.082%。而語言障礙各類型的出現率則如表 6-3 所示（*教育部特殊兒童普查執行小組，民 82*）。

由表 6-3 的資料可知，我國語言障礙兒童中，有的不只有單一的語言障礙，也有出現兩種以上語言障礙的情形。

由中美兩國的語言障礙出現率之研究，吾人可以發現語言障礙出現率的推估似以說話異常為主，語言異常部分則失之簡略，此或與語言異常之鑑定十分困難有關。另外，構音異常在中美兩國皆屬發生比率最高的一種說話異常狀況，宜列為特殊教育優先輔助的對象。

表 6-3　我國各類語言障礙兒童出現率

障礙類型	人　數	占總人次 4,495 中的百分比	占 2,916 名語障兒童的百分比
構音異常	2,594	57.71	88.96
聲音異常	806	17.93	27.64
語暢異常	511	11.37	17.52
語言發展異常	584	12.99	20.07

（採自教育部特殊兒童普查執行小組，民 82，113 頁）

☾★四、語言障礙的成因

　　語言障礙的類型相當多，其成因也十分分歧，因此對每一語言障礙個案的成因分別加以考慮，應有其必要性。以下將對幾種主要的語言障礙狀況的形成因素分別略作敘述。

㈠構音異常

　　構音異常的原因有三種可能。一種屬於機體性因素（organic factors），如口腔的構造畸形、牙齒咬合不佳、聽力損失、發音器官肌肉協調不良、無喉或咽喉異常、腦傷等。口腔構造畸形則以顎裂（cleft palate）最為普遍。其次為功能性因素，構音異常者在生理上並無異狀，卻因語音的學習錯誤，成人的不當示範與增強等，以致形成構音的問題。第三種可能為情緒的不良適應，如焦慮、親子關係的不和諧，亦可能引起構音異常。

㈡口　吃

　　口吃的原因一直沒有定論。過去在研究口吃的原因常出現的困難是，許多研究者往往過分強調單一因素的追尋，但口吃的原因卻可能是多方面的（Helm, Butler, & Benson, 1977）。導致口吃的因素，基本上可歸納為兩個範疇，一為機體因素，另為非機體因素。與機體因素有

關者如神經系統異常、輕微的癲癇發作、遺傳影響等，皆是常被提及者。在非機體因素方面，有人把口吃解釋為一種習得的行為，也有人把它當作一種情緒問題。當兒童說話因偶爾不流利，受到別人過度注意，因而引起其本人的挫折與焦慮，並在說話過程中過分在意其言語的流暢與否，久而久之即可能形成口吃的現象；而兒童的父母、家人、或師長等對孩子言行舉止的標準期待過高，或孩子情緒過分受到壓抑等，也皆可能是造成口吃的因素。

㈢發聲異常

前面曾經提及，發聲異常包括音調、音量、音質、及音變四類的問題。音調的異常可能是一種經由模仿而學得的結果，這種模仿很可能是對某種性別或權威角色的認同；另外，諸如內分泌失調等的生理因素，也可能造成說話音調過高或過低的現象。音量過大或過小也正如音調異常一樣可能是學習的結果，也可能是出於生理的問題；例如，聲帶的麻痺、喉部的損傷與肺部的疾病（如氣喘、氣腫等）也可能導致說話的音量過低，而聽覺障礙與腦傷者卻可能在說話時增大其音量。在音質方面，說話時鼻音過重主要是說話的氣息誤入鼻腔的結果，它可能係由於顎裂手術未臻完美或發音器官運作的效率不良使然；喉頭的感染發炎及聲帶的濫用（如大聲吶喊）等皆可能導致發聲嘶啞。而過分的疲勞、情緒的衝突、聽力的缺損，音調過高或過低等，則可能造成發聲變化的異常。

㈣失語症

不管是兒童或成人皆有可能出現失語症。兒童期的失語症特稱之為發展性失語症（developmental aphasia）。兒童失語症是否與神經系統異常有關，一直是受到關注的問題。曾有人發現（Geschwind, 1968）失語症兒童的大腦左右半球之聽覺皮質（auditory cortex）大小似存在明顯的差異。而一般則認為成人失語症與腦傷具有密切的關聯。致使腦部損傷的因素相當多，諸如交通事故、工業傷害、受到槍擊、中風、腦瘤、疾病感染等，皆可能損及腦部組織與功能。但大部分失語

症者，其大腦受到損傷的部分似乎皆位於左半球。

㈤語言發展遲緩

前面曾經提及可能造成語言發展遲緩的因素，包括聽力缺陷、智能不足、情緒困擾、語言環境的貧乏等。要想確切地找出某一兒童語言發展遲緩的原因，需要藉助於專業團隊的合作，除了語言病理學家須負主要的責任外，聽力學家可協助鑑定兒童聽力缺陷的有無；心理學家對可能存在的智能不足因素；神經科醫師對腦神經功能可能的異常，皆可協助加以瞭解；而兒童情緒困擾與語言環境貧乏因素的探討，則更有賴於心理學家、精神病學家、與社會工作者的通力合作。

由上述五種重要的語言障礙狀況原因的探討，吾人可以看出語言障礙跟其他身心障礙一樣，其成因是多元的。但如果我們將所有導致說話與語言異常的因素作一歸納，將可發現語言障礙的形成，主要似來自機體的原因與功能的失常。所謂機體的原因，即是語言障礙有其生理上的基礎如聽覺障礙、神經系統的損傷、發音器官構造的異常等；而功能的異常則是指語言障礙在生理上並無法鑑定出具體的原因，不過事實上卻存在著語言缺陷。功能異常的形成則與兒童的語言學習環境、情緒適應等具有密切的關係。語言障礙的成因既然是多面性的，則障礙原因的診斷應持之審慎，才可能據以研擬出適當有效的語言復健計畫。

第二節　語言障礙兒童的鑑定

☾一、一般的鑑定程序

語言障礙兒童的鑑定過程，一般可分為兩個階段，亦即先實施語言障礙兒童的篩選，再對疑似語言障礙的對象做進一步的診斷，以選出需要接受語言治療的兒童。茲將這兩個階段的實施方法分敘於下。

㈠篩選階段

語言障礙兒童篩選的目的，即在以簡易的普查方式，初步鑑別可能的語言障礙個案。對入學的兒童，如能由語言病理學家（speech-language pathologist）定期實施語言障礙篩選檢查，對此項鑑別工作當能做得更為徹底。如其不然，學校教師與學生父母如能注意兒童所出現的與語言障礙有關的症狀，也可透過個案轉介，接受進一步較為詳密的診斷。教師或家長如發現兒童的語言行為，在下面所列的各類語言障礙的症候，其答案為「是」者居多時，即應將該兒童列為疑似語言障礙個案，而轉介給語言治療師（speech therapist 或 speech clinician）或語言病理學家，以接受正式的診斷（*Eisenson & Ogilvie, 1971*）。

語言發展遲緩的症候

1. 他在說話上的發展程度比起同班同學遲緩嗎？
2. 就他的年齡而言，他所擁有的字彙是否有限？
3. 他說話的語音是否比同學有更多省略與替代的情形？
4. 他所使用的語句是否比同學更為簡短？
5. 他所使用的詞彙是否比同學為少？
6. 就他的年齡而言，他在語句字彙的排列順序方面是否有很多錯失？
7. 就他的年齡而言，他對大部分代名詞的使用是否正確？
8. 就他的年齡而言，他所使用的語句是否合乎文法？

構音缺陷的症候

1. 他的語音有替代的情形嗎？
2. 他的語音有省略的情形嗎？
3. 他的語音有歪曲的情形嗎？
4. 他說話的語音是否很難瞭解？

口吃的症候

1. 他是否為說話結巴而困惱？
2. 他說話時是否比同學有更多語彙字音重複的情形？
3. 他說話是否明顯的缺乏順暢的律動？

4.他說話是否經常有語句頓塞的情形？

5.他在說話時對有些語句的吐露是否深感為難？

發聲異常的症候

1.他說話的音質是否明顯地令聽者感到不快？

2.他說話的音調是否比大部分的同學更高或更低？

3.他說話的語音是否缺乏抑揚頓挫的變化？

4.他說話的音量是否相當微弱？

5.他說話的語音是否充滿嘶嘎聲？

6.他說話的音量是否過大？

7.他說話的語音是否顯得尖銳？

8.他說話的聲音在班上是否不容易聽清楚？

顎裂的說話症候

1.在口腔顎部或齒齦部分是否有明顯裂開的現象？

2.他說話時是否顯得鼻音過重？

3.他是否不容易將ㄆ、ㄅ、ㄊ、ㄉ、ㄎ、與ㄍ發得正確？

4.他在發某些聲母（子音）時是否有歪曲的情形？

腦麻痺說話的症候

1.他在說話時是否有明顯的語音震顫的情形？

2.他說話是否顯得慢吞、乍動與吃力？

3.他說話的節律是否失常？

因聽覺障礙而致說話異常之症候

1.他是否經常感冒及耳朵覺得刺痛？

2.他的耳朵是否有分泌物流出？

3.他是否有語音省略或替代的情形？

4.他是否有語音歪曲的情形？

5.他說話的聲音是否過大？

6.他說話的音量是否太小？

7.他是否經常請求別人再說一遍？

8.當聽話時，他是否常側頭傾聽？

9.當聽話時，他是否非常注意看著說話者？

*10.*他是否經常聽錯？

*11.*他是否在書面指示的情況下要比口頭指示表現得更好？

*12.*他看起來是否比其所表現的更為聰慧？

㈡診斷階段

對於疑似語言障礙的兒童，我們須進一步給予詳密的診斷，以確認其是否有語言缺陷；如果有語言障礙其障礙性質與原因又是如何。往往語言障礙的鑑定並非難事，但有些語言障礙兒童其原因的診斷則非易事。由於語言障礙原因的瞭解，對語言治療工作十分重要。因此在鑑定過程中，也須對可能造成語言障礙的有關因素分別加以評量，以找出可能造成語言障礙的原因，作為嗣後語言治療工作的參考。茲將在語言障礙的診斷中須涵蓋的評量要項分敘於後：

*1.語言障礙性質之確認：*疑似語言障礙的兒童是否真的具有說話或語言方面的問題，須由語言病理學家或語言治療師透過非正式的觀察與正式測驗的方式加以確認。唯不管非正式的觀察或正式的測驗，其評量重點皆不離乎下列四方面（*Kirk & Gallagher, 1983*）：

⑴以圖片引發兒童自然的說話反應。

⑵要兒童複述某些可以鑑定構音缺陷的語彙。

⑶要兒童複述某些無意義的字串。

⑷蒐集兒童日常的說話樣本。

國外和語言障礙的診斷有關的測驗為數甚多，如畢保德圖片詞彙測驗（the Peabody Picture Vocabulary Test）、伊利諾心理語言能力測驗（the Illinois Test of Psycholinguistic Abilities）、西北句法甄別測驗（the Northwestern Syntax Screening Test）、葛福構音測驗（the Goldman Fristoe Test of Articulation）等。國內近年也陸續編有毛連塭的「國語構音測驗」、榮民總醫院的「失語症測驗」、林寶貴的「語言障礙兒童診斷測驗」等，對語言障礙兒童的鑑定提供不少便利。

*2.個案發展史之調查：*對語言障礙兒童的充分瞭解，是提供適當語言治療的基礎。所以個案的成長過程、健康狀況、學業成就、社會能力、情緒適應、病歷、語言發展環境，以及其他成員傷殘狀況的有

無等資料，皆有助於吾人對兒童語言障礙的性質作進一步的瞭解。

3. 聽力檢查：兒童的聽力正常與否，往往與其說話和語言的發展具有密切的關係，所以語言障礙的診斷，也應將聽力檢查列入。

4. 智力的評量：由於智能不足常常也是導致兒童語言障礙的可能因素之一，所以接受語言障礙診斷的兒童，其智能發展程度如何，也值得吾人加以探討。惟智力測驗工具如其語文能力所占的比率過重，對語言障礙兒童自是不利，因此非文字智力測驗的選用，或許是可加以考慮的變通選擇。

5. 情緒適應的評量：兒童情緒的不良適應常是引起功能性說話異常的重要原因，同時對機體性語言障礙也有助長加劇的作用。因此語言障礙兒童情緒特質及其自我調適方式的瞭解也是不可或缺的。心理測驗、諮商的運用、與平日對行為作系統性的觀察，皆有助於瞭解兒童的情緒適應及其對語言障礙的態度。

除了上述的評量工作外，對於兒童的唇、顎、舌、咽喉等器官的構造與功能、牙齒的咬合情形、以及神經系統等，也須加以檢查，以嘗試找出語言障礙可能的成因。整個診斷工作固可由語言治療師負責協調與統籌，但其他專業人士如心理學家、聽力學家、耳鼻喉科醫師、神經科醫師、精神病學家、社會工作者等的通力合作，才能真正有助於語言障礙性質的確定及其可能成因的瞭解。惟這項診斷工作在提供語言治療時，仍須持續下去，因在治療進程中，兒童的說話或語言困難，將真正顯露在治療者的面前。所以語言復健方案中，診療合一觀念的確立是極為必要的。

☾ 二、教育與心理評量的問題

一個兒童之所以被鑑定為語言障礙者，係因其說話或語言的異常而來。但為提供語言障礙兒童適切的特殊教育措施，除說話或語言問題的診斷外，常須對之實施有關的教育與心理測驗，以瞭解其心智、學業、情緒、社會等各方面的發展水準，供作個別教育計畫的參考。然而，由於大多數的教育與心理測驗，其在測驗題項的提現與對反應的要求，皆須受試者具備適當的說話或語言能力才有可能作答，這對

語言障礙兒童自然不利。因此測驗的結果可能並未評量到某一測驗所要評量的特質，反倒再次顯示了兒童的語言缺陷，而成了另一項說話或語言測驗了。

　　上述的語言障礙兒童接受教育與心理測驗的困難情形，幾乎在許多與語文有關的測驗皆可見到。如比西和魏氏智力量表中要兒童順序或逆序背誦數字的記憶廣度測驗，口吃的兒童即難以照測驗上的要求每個數字以一字一秒的速度唸出。要是主試者不按規定施測，則會損及測驗標準化的程序，而不易對測驗結果作適當的解釋。又如失去語言理解與表達能力的失語症者，以及語言發展遲緩的兒童，儘管一樣的接受智力測驗，但測驗的結果所顯示的可能是其語言能力喪失或語言發展遲緩的情形，而非完全是其智力功能的水準。另一方面，由於測驗本身對多數人而言皆會產生某種程度的壓力，語言障礙兒童更會因溝通能力的缺陷，在面對測驗時，而倍感焦慮，甚或畏懼退縮，而影響到測驗的結果。諸如上述這些問題，皆值得吾人在對語言障礙兒童實施教育和心理測驗時加以審慎的考慮。我們希望在評量語言障礙兒童時，雖然不得已同樣選用其他普通兒童所用的測驗工具，但卻不可因其說話與語言的失常，而低估了他們在其他方面的發展潛能。

第三節　語言障礙兒童的特質

　　語言障礙兒童其彼此之間的問題性質往往不同，對個人的影響也有差異，如唇顎裂而形成構音失常的兒童，自然與語言發展遲緩者在行為適應方面有不同的感受。因此對語言障礙兒童特質的描述，實宜考慮其不同的障礙狀況。本章在第一節談到語言障礙的定義、分類、及成因時，曾敘及各類語言障礙的性質，在此不贅。本節擬就語言障礙兒童可能出現的一般性特質略作討論。

一、情緒適應的特徵

　　由於言語溝通在人類社會的互動中，占著十分重要的地位，說話或語言的異常不僅妨礙彼此之間的溝通，更會導致語言障礙者因而產

生許多情緒或社會適應的問題。兒童因語言障礙而受到嘲弄、恥笑、拒絕，難免因而產生憤怒、焦慮、敵意與罪感。而這些消極的情緒反應，不只會使其說話或語言問題更加惡化，也可能因此而導致個人的自我貶值感，與身心性疾病（psychosomatic illnesses）的產生（如氣喘之類的）。

　　本來單純的語言障礙和情緒的不良適應之間，並沒有必然的關係。不過人們對語言障礙者的拒斥與疏離，卻無形中加添了他們另一層障礙，而這種障礙所帶給彼等的傷害，常更甚於語言障礙本身。因此對語言障礙兒童的輔導，不只應著眼於說話失常的矯治或語言的發展，更應提供一個接納性的社會環境，以減少他們在發展上的人為障礙。

☾ 二、語言障礙成因的差異之影響

　　語言障礙兒童在生理、智能、與學業成就的特徵，往往受到其障礙原因所左右。語言障礙的原因或來自機體性因素，或由於功能失調所引起的，其對兒童各方面的發展當然也有不同的影響。

　　如果兒童係因發音器官異常（如唇顎裂）、腦傷、聽覺障礙等機體性因素，而導致說話或語言失常，則除了語言問題之外，可能在視、聽覺、肢體、智能、學業成就等方面，也會有缺陷或困難出現。換句話說，這樣的兒童即成了多重障礙，他們不僅是具有語言障礙，也可能同時是肢體障礙、視覺障礙、聽覺障礙、智能不足、或學習障礙者，全視其語言障礙成因的性質而定。

　　要是兒童的語言障礙係導源於語言環境刺激的不足、學習方法不當、或情緒的不良適應等功能性因素，則其在生理、智能、或學業等其他方面同時出現問題的可能性，應不會像機體性因素那麼高。

　　由此可見語言障礙兒童仍是一個異質性很高的群體。吾人對彼等所採取的教育與輔導措施，實應針對個別的障礙性質與需要，而作妥善的規劃與因應。

第四節　語言障礙兒童的教育與輔導

☪一、教育安置的型態

　　語言障礙兒童的教育方式，最常見的係將他們安置於普通班級中，再根據其在說話或語言問題的性質，以巡迴輔導、資源教室、語言治療師的諮詢服務，及語言矯治中心等型態，提供說話缺陷的診治或語言發展方面的補救措施。茲將這幾種輔助與支持性服務方式略敘於下：

㈠巡迴輔導

　　這是由語言治療師或語言病理學家往來於有語言障礙兒童的學校，以提供語言矯治服務的一種制度。如果針對在家或住於醫院的語言障礙兒童，定期前往輔導，也屬於巡迴服務的方式。這種制度的特色是需要接受語言矯治的學童分散各處，而由語言治療人員親自往訪，服務到「校」或到「家」。

㈡資源教室

　　資源教室皆實施於語言障礙兒童有相當人數的學校。語言障礙兒童大部分時間皆就讀於普通班級中，只在排定的時間到資源教室接受語言治療人員的輔導。

㈢諮詢服務

　　語言治療人員並不直接對學生提供語言矯治的服務，而係對普通班教師、特殊教育教師、學校行政人員、家長等提供與語言矯治有關的教材、教法、在職訓練、示範教學等，使語言障礙兒童在教師與家長的協助下，得以增進他們的溝通技能。

㈣語言矯治中心或診所

語言矯治中心或診所大多設於大學或醫院之中，它能提供語言障礙兒童更為完整的診療計畫。而其服務設施也多僅限於與語言矯治有關的業務，兒童的其他學習活動仍在其就讀的學校中進行。

雖然大部分的語言障礙兒童係被安置於普通班級中，再輔以必要的補救措施。不過仍有些情況較嚴重的語言障礙，或兼有附帶障礙的兒童，係以特殊班或特殊學校的型態加以安置者。特殊班或特殊學校安置方式的採用，大多考慮到有些語言障礙兒童所需要的特殊服務的時間較長，因此將他們集中一處，配置曾受過專業訓練的教師，以個別或小組實施語言矯治或一般性的教學。所以特殊班或特殊學校也應視為語言障礙兒童教育安置計畫的變通選擇方式。

☾ 二、語言障礙的矯治

語言障礙的矯治過程，大致須根據說話或語言異常檢查所獲得的評量資料，設定矯治目標，並選用適當的補救方法，以實施語言矯治工作，最後並根據矯治的結果與兒童對矯治工作的反應，對矯治方法作必要的修正或調整。因而語言障礙的矯治乃是診斷與治療接續不斷的歷程，直到獲得令人滿意的結果為止。以下將就幾種常見的語言障礙，分別略述其矯治的途徑。

㈠不會說話者的補救措施

不會說話者的問題性質已在前面敘及，在此不贅。這些兒童如具有語言理解能力，但卻無法說話時，則可教以手勢、手語、或使用溝通板（communication board）之類的裝置，以增進彼等與人溝通的能力。溝通板上到底是使用圖形或文字，以及這些圖像或文字的複雜程度，須視兒童的發展水準而定。溝通板上所顯示的大抵與兒童常須表達的一些基本需要，如吃、喝、上洗手間等有密切的關係。溝通板的大小、型態與擺放方式的設計，也應考慮兒童最方便的反應方式為何（如用手、腳、頭指點等），以切合個別的需要。

㈡構音異常的矯治

構音失常的矯治需要考慮其問題的性質為何。發音器官構造的缺陷所導致的構音異常，其治療方法當然有別於因功能失常而產生的構音問題。一些因唇顎裂或牙齒畸形而造成的構音失常者，目前多已能藉外科手術的修補或齒形的矯正而獲益。不過這類兒童仍需要構音方面的練習與指導，使其發音器官各部分的功能，得以充分的發揮。

功能性的構音異常之矯治，多著眼於言語構音的再學習。因為構音的錯誤是學習的結果，只有透過再學習的過程，才得以逐步養成正確的構音。這種再學習的歷程大致上可分成三個階段：

1. 建立階段：藉聽能訓練以分辨正確與錯誤的發音，並學習發出注音符號的單音，再依序正確說出單字、詞、句、甚至整段的話語。

2. 遷移階段：此即將所學得的正確構音應用於新的教材，或學習之外的情境中。

3. 鞏固階段：在此一階段除安排一系列反覆練習的機會，以強化兒童正確的構音外，尚須不時注意其日常言語的構音情形，隨機予以必要的指導，使其正確的構音得以持續下去。

在上述的矯治過程中，常應用到增強（reinforcement）原理，以養成並鞏固兒童正確的構音。

㈢發聲異常的矯治

發聲失常的矯治方法，常因問題的性質及其成因而有差異。不過音量、音調、音質等問題之間，還是互有關聯的。例如所針對的是音量的問題，常同時須考慮到音調方面的配合。

不管是音量、音調、或音質所引起的發聲失常問題，首先應考慮其可能的成因，然後針對這些原因提供必要的處遇。例如因聽力障礙而導致說話音量的問題，唇顎裂而產生的發聲充滿鼻音等問題，皆可尋求醫學上的補救措施；過分緊張而形成說話音調失常的問題，則可尋求心理輔導方面的幫助。當這些外顯的因素消除或減輕後，則可進一步學習如何適當的發聲。

適當發聲的訓練,應先讓兒童認識其發聲有加以改變的必要。因此將兒童發聲異常的情形,以錄音機將之錄下,然後由兒童分辨其發聲與正常發聲的差異,應有助於他們對自個兒發聲問題的瞭解,也可激發其尋求改變的動機。當兒童覺察到其所存在的發聲問題後,除了指導其避免可能的不良發聲習慣(如大聲嘶喊等)以外,即可訓練其作適當的發聲。此時仍可藉錄音機以模仿正確的發聲,並將自己的發聲錄下,不斷作自我檢核與改進。隨著發聲訓練的進展,亦應鼓勵兒童注意日常說話的發聲品質,使學習能夠獲得遷移,學習的成果也可得到鞏固。不過這仍有賴一般教師與家長的協助及配合才行。

㈣節律異常的矯治

節律異常中最常見的是口吃,因而此處節律異常的矯治之討論,即針對口吃而談。口吃治療的研究,已有相當長的歷史,不過各種治療方法的效果一直缺乏定論(*Hardman et al., 1984*)。目前對口吃的處理存在三種主要的觀點:(1)以心理治療的方法來矯正口吃的現象;(2)學習流利的說話以替代口吃;(3)避免對口吃的壓制。

以心理治療的方法來矯正口吃者,皆認為一個人之所以口吃,乃是由於過度焦慮與缺乏安全感的結果,如果能解除其內在的心理衝突,即可消除或緩和口吃的現象。不過有許多研究證據顯示,口吃者的焦慮可能是說話異常的結果,而非口吃的原因(*Van Riper, 1978*)。雖然心理治療仍被用來處理口吃的問題,但其效果如何仍有待實證研究的支持。

從學習的觀點來矯治口吃現象,即是利用行為增強的原理以養成兒童流利的說話行為。此一方法常配合使用身心鬆弛術、言語表達方式的變通、呼吸及說話速度的控制等,以強化矯治的效果。批評這種治療方法的人,多認為行為改變技術於口吃矯正上雖有立即與暫時的成效,但卻缺乏持續性的效果(*Van Riper, 1978*)。然支持此一治療技術的學者,則認為此一矯治方法仍具有長期效果,且非其他治療方式所可比擬(*Perkins, 1980*)。

避免對口吃加以壓制的觀點,主要認為口吃者如越想逃避或拒絕

口吃的現象，可能使口吃越發嚴重。但若能坦然接納口吃的現象，並使口吃的現象自然流露，口吃者在心情放鬆下，說話不流利的現象反而可以逐漸消除。故這一治療技術乃被稱之為流利口吃術（fluent stuttering approach）。另外，流利口吃術也很強調訓練口吃者勇敢地去面對別人對口吃可能的反應，使口吃者在不患得患失的情況下，可以減少說話結巴的現象。

　　一般談到口吃的矯治時，往往將目標放在如何改變口吃者的說話行為方面，不過卻忽略環境對口吃所可能產生的影響。口吃者周遭的人們對口吃的態度和反應，常是口吃者許多心理壓力的來源。因而，如何輔導口吃兒童周遭的人們對口吃現象秉持接納的態度，使他們得以免除說話的焦慮，而能自由的作自我表達，亦是口吃矯治工作中一個重要的環節。

㈤語言發展遲緩的補救

　　語言發展遲緩的補救，其目標乃著眼於協助兒童學得與其年齡相配的語言理解與表達的能力。語言能力的發展，一般常採用的方法有三：(1)發展法（developmental approach）；(2)行為改變法（behavior modification approach）；(3)認知法（cognitive approach）。

　　發展法又稱自然法（naturalistic approach）或發現法（discovery approach）。這是一種遵循正常語言發展的歷程，而提供兒童系統化與具有激勵性的語言訓練方法。訓練初期很強調與兒童建立良好的溝通氣氛，使他們得以在輕鬆、自然的情境下學習。因此遊戲活動的安排頗能達到這種效果。語言理解的訓練一般先於語言的表達。在語言表達的訓練方面，常須由訓練者提供適當的示範，先指導兒童學會簡單的發聲，然後才依次是單字、詞、句等更複雜表達方式的學習。使用發展法以增進兒童的語言能力，除語言治療人員的指導外，常須父母也參與家中的訓練活動，以收宏效。例如父母往往可以透過平行談話（parallel talk）與自我談話（self talk）來增進兒童的語言理解能力（*Kneedler et al., 1984*）。所謂平行談話乃是父母從兒童的角度，用他容易聽懂的言語，來敘述其所看到或聽到的事物。而自我談話則是父

母將他們自己正在做或有感而發的事物大聲說出來。由父母所提供的如上述這種平行談話或自我談話的語言示範方式，對兒童語言發展極具意義：(1)語言的內容與其日常生活有密切的關係；(2)它提供兒童立刻可加應用的語彙；(3)由與兒童關係最為密切者所提供的語言示範，最容易為兒童所模仿。不過支持這種訓練方式的人認為，發展法的主要目標應不在兒童有效地模仿他們所聽到的言語，而在讓兒童能發現字、詞等是如何作規則性的結合，而得以作有意義的溝通。因而輔導的重點即在語言符號規則的發現，此乃發展法又稱發現法的道理。

使用行為改變法以發展兒童的語言能力，乃在運用操作制約（operant conditioning）的原理，以協助兒童學習正確的語言模式。而認知法則著眼於教給兒童拼字、發音、字義、語法規則、以及從事語言表達時所必備的知覺、選擇性的注意，及思考技巧。

㈥失語症的矯治

失語症的矯治目標，乃在協助患者學習語言的理解與表達。由於吾人對失語症的瞭解仍屬有限，因此有些嚴重的失語症者雖在治療時投入可觀的心力，可能仍無法獲得預期的效果。不過對大多數失語症患者而言，及早的矯治是十分重要的。尤其是成人失語症者，如果在病發後能早點接受適當的語言治療，更可推動可能的自發性恢復（spontaneous recovery）。因一般認為失語症病發後的前六個月內是自發性恢復期，而病發後兩個月內更是恢復關鍵期，惟有及早治療才可發揮最大的效果。

失語症的治療方法相當多，不過下列的原則是多數語言治療人員所遵循的：

1. 治療時語言理解的困難之處理，應先於語言表達的問題。

2. 聽覺管道的溝通應重於視覺管道的溝通。

3. 具體語言的指導，應先於抽象語言的指導。

4. 語言表達的學習應採由簡入繁的漸進原則。

5. 在治療初期，應減少治療情境中的分心因素，不過隨著治療的進展，則須逐步培養患者對分心因素的容忍力。

6.治療時應強化患者之所能，並補救其所不能。

7.應借重患者日常所接觸的人士（如教師、父母、家人等），輔導他們多與患者作語言溝通，以增強治療的效果。

☾★三、一般教師的角色

語言障礙的矯治，固然是由語言治療人員（如語言治療師或語言病理學家）負起主要的責任，但一般教師平日同樣有接觸語言障礙兒童的機會，對於他們的語言問題也可以提供相當的助力。一般教師在輔導語言障礙兒童，可以扮演的角色，大致可歸納為下列四方面：

㈠語言障礙學生的轉介

注意兒童說話或語言上可能的異常現象，及早轉介給專業的語言治療人員作進一步的診斷，甚或接受必要的矯治。

㈡提供良好的語言範型

語言障礙是說話或語言的表現偏離個人年齡與性別常模的現象。教師如能為學生提供成熟的語言範型，必可樹立語言障礙兒童在語言學習上良好的榜樣，而有助於其語言能力的發展。

㈢培養接納性的語言環境

語言障礙兒童在人群中常伴隨有挫折與焦慮的情緒，他們對別人的反應也往往特別敏感。如果班級同儕對其語言問題再投以異樣的眼光，則可能使其失常的情況更形嚴重。為了讓語言障礙兒童有一個良好的語言發展環境，教師應輔導班上學生共同努力，創造一個接納、容忍的班級氣氛。而這種班級氣氛的培養則須注意下列幾點：

1.當語言障礙兒童發言時，大家要專心地聽其說話。

2.不要直接批評語言障礙兒童在言語上的誤失。但對於兒童說話上的錯誤，則可由教師以正確的語句加以複誦，以提供適當的言語範型。

3.教師應以身示範，不要對兒童在構音或言語節律的問題過分在意，應多注意兒童所要表達的內容，而非其常見的說話異常現象，則

其他學生久而久之也必習以為常。

4.禁止班上學生取笑語言障礙的現象。為了培養學生對語言障礙的同理心（empathy），或可採用模擬遊戲的方式，使他們能感受到語言障礙兒童可能有的心境。

5.在指定語言作業時，須考慮語言障礙兒童可能有的限制。例如在國語課時，應避免讓構音異常兒童去唸那些讀不好的詞彙，以減少他們可能困窘的機會。

㈣配合語言矯治工作以強化語言矯治效果

如果某一兒童正在接受語言治療，教師應與語言治療人員取得聯繫，瞭解矯治的目標，提供語言練習的機會，並鼓勵兒童將所學得的語言行為應用於日常生活中，以增進語言治療的成效。

☾四、科技的應用

許多科技上的新發明，提供語言障礙兒童在學習與溝通上不少的便利。其中最為人熟知的要屬語言主機（the language master）以及一些為無法說話者而設計的溝通輔助器材（communication aid）了。以下就將這兩方面的發展略作介紹。

㈠語言主機

語言主機是一種多功能的教學輔助器材，應可用於各種不同學科教材的學習。但由於它可同時呈現聽覺與視覺刺激，尤適合語言的學習。語言主機的應用對象，並不限於語言障礙兒童，普通兒童照樣可以因使用此種裝置而獲益。

語言主機本身實為兼具錄放音功能的機器，惟其所處理的磁帶係貼於一張張的卡片上。每一張卡片上端有圖形或文字，下端則貼上磁帶。教師可將字、詞、句的正確發音錄在磁帶上。當學生將卡片插入語言主機後，此一卡片隨即慢慢移動（一般係由右至左），學生不只可聽到聲音，也可同時看到卡片上與錄音內容相配的圖形或文字。此外，學生使用此一機器時，尚可說出（或複誦）每一卡片有關的語言

內容，並與教師所錄的正確發音作比較，以矯正發音上的錯誤。

　　語言主機的優點在於教材的製作容易，操作方便，並可讓學生按自己的進度獨自學習，在個別化的教學情境中，使教師有更多的時間可以對學生實施個別的輔導。因此未來在特殊教育班級中語言主機的大量使用似可預期。

㈡溝通輔助器材

　　無法說話的人，固然可以學習透過手語、手勢或筆談與人溝通，但要是他們沒有辦法有效地控制手與指的運作，則溝通的問題仍然存在。溝通板是許多兼有說話和肢體活動困惱的人常用的溝通方式。不過最近許多與溝通板性質相近的電動溝通輔助器材的發明，又帶給無法言語者更多溝通上的便利。

　　這些電動的溝通輔助器材，大致上包括三個主要部分。一為包含與溝通內容有關的一系列圖形、文字或符號的板面或盤面。二為考慮使用者本身的限制，而在溝通內容的選擇行動上所作的設計。這些設計或由使用者直接用手或腳指點出來，或以燈號逐次閃示溝通內容，當使用者看到所欲選擇的溝通內容之燈號亮時，即可藉燈號的控制，表達其所作的選擇。第三個部分為溝通內容表出（output）的設計；目前已知有將溝通的內容列印在紙帶上（如 the Canon Communicator）、或以語聲合成器（speech synthesizer）將之說出（如 the Phonic Mirror Handi-Voice）等方式。

　　溝通輔助器材的使用，雖然有助於不會說話者與別人的溝通，但它應是補充而非替代說話的一種工具；儘管語言障礙兒童為了溝通上的需要可以使用這些器材，但吾人仍應儘量發展他們口語溝通的技能。不過有人認為溝通輔助器材的使用，可能會阻礙兒童口語溝通能力的發展；同時許多溝通技術仍在研究發展階段，尚未商品化；另外購置的費用也可能略高等問題，皆可能是這類器材應用推廣上的障礙。吾人在選用溝通輔助器材時，須對使用者的年齡、認知與情緒發展水準、動作能力、過去的治療經驗、有關的環境因素、溝通的內容、所使用的圖形、文字或符號、溝通內容的指示與表出方式等，分別作審慎的考慮（*Shane & Bashir, 1980*）。

第七章

肢體障礙與身體病弱兒童

第一節　肢體障礙與身體病弱的意義

一、肢體障礙與身體病弱的定義

肢體障礙（orthopedically handicapped）或肢體傷殘（orthopedically impaired）與身體病弱（health impaired）常被統稱之為身體障礙（physically handicapped）或身體傷殘（physically disabled）。因此本章特將兩者同時提出討論。一般所謂的身體障礙，係指會妨礙到個人的學習，而需要對物理環境（physical settings）、課程、教材、設備等加以調整或改變，才足以使其獲得最大限度的社會與教育發展之非感官性（non-sensory）生理缺陷或健康問題而言（Gearheart, 1980）。此處所謂的非感官性生理缺陷或健康問題，通常皆將以視覺或聽覺為主要障礙特徵者排除在外，因視覺與聽覺障礙同屬於感官缺陷。身體障礙兒童當然也可能同時具有智能不足、學習障礙、情緒困擾、或語言障礙等問題，也可能是資賦優異者。不過要被界定為身體傷殘者，則其主要的缺陷須與肢體障礙或身體病弱有關。

肢體障礙過去常以「肢體殘廢」（crippled）稱之，由於「肢體殘廢」這一名稱充滿鄙視的意味，目前已甚少使用。肢體障礙顧名思義，即知道是一種「肢體不自由」的現象（張紹焱，民 69）。柯克（Kirk, 1972）認為「肢體障礙兒童是指其傷殘狀況足以妨礙骨骼、關節、或肌肉的正常功能，以致須由學校提供特殊的安置而言」（p. 367）。美國的 94-142 公法對肢體障礙的界定，亦以其會對兒童的教育成就造成不利的影響而論；而這種障礙可能係由於先天性畸形（如畸形足、缺少一肢等）、疾病（小兒麻痺、骨結核病等）、或其他因素（如腦麻痺、截肢等）所引起的（Blake, 1981）。

我國教育部早年所公布的「特殊兒童鑑定及就學輔導標準」，對肢體殘障曾作了以下之定義（教育部社會教育司，民 70）：

　　肢體殘障兒童係指由於發達遲緩，中樞或周圍神經系統發生

病變，外傷或其他先天性骨骼肌肉系統疾病而造成肢體殘障，在接受教育上及從事職業上發生困難之兒童而言。

另外教育部在民國九十一年所公布的「身心障礙及資賦優異學生鑑定標準」，則指肢體障礙，係上肢、下肢或軀幹之機能有部分或全部障礙，致影響學習者。

衛生署在民國九十一年所公布的「身心障礙等級」，對肢體障礙的界定如下：

係指由於發育遲緩，中樞或周圍神經系統發生病變，外傷或其他先天或後天性骨骼肌肉系統之缺損或疾病而形成肢體障礙，致無法或難以修復者。

衛生署與早期教育部對肢體障礙一詞所下的定義，可謂十分相似。綜合上述各方面之定義，吾人可知肢體傷殘無論是出於發育遲緩、神經系統的病變、或骨骼肌肉的缺陷，只有在傷殘的程度足以使個人的生活、教育、與職業適應發生困難者，方可稱之為肢體障礙。換句話說，肢體上雖有缺損，但在生活、教育、或職業適應方面，並沒有接受特殊輔導的需要，則尚無法被認定為肢體障礙者。

至於「身體病弱」一詞，我國教育部（民 91）所制定的「身心障礙及資賦優異學生鑑定標準」，係指罹患慢性疾病，體能虛弱，需要長期療養，以致影響學習者。柯克（*Kirk, 1972*）認為所謂身體病弱兒童是指那些因生理狀況的羸弱，以致缺乏活動力或在學校需要特殊照顧者而言。美國的 94-142 公法則將身體病弱界定為因慢性或急性疾患如心臟病、肺結核、氣喘、血友病、癲癇、糖尿病、白血球過多症、腎臟炎、風溼熱、鉛中毒等，所產生的缺少活力並對個人的教育成就有不良影響的狀況（*Blake, 1981*）。由此可見，身體病弱乃是因疾病而使個體活力不足，以致妨礙其正常的學習活動而減損其可能的教育成就之現象。因此，兒童偶爾的傷風感冒或其他輕微疾患，雖也因體力不繼而輟學數日，但對其學業並不致產生太大的影響，應不屬於身體

病弱的範疇。

　　身體病弱與肢體障礙最大的差別，主要在他們的行動能力方面。一般說來，肢體障礙往往限制一個人的行動能力（假如沒有相關輔助設施的話），而身體病弱則比較沒有這種限制（嚴重的病弱個案當屬例外）。病弱兒童最大的困惱乃在於他們的容易倦怠、缺乏活力，充滿恐懼與壓力，以及無法充分參與學習活動方面。例如患有心臟病的兒童即不宜參加劇烈的競賽活動，參與其他一般體育活動的時間也須加以限制。

☪二、肢體障礙與身體病弱的分類

　　肢體障礙與身體病弱皆是十分複雜的狀況，其間所存在的異質性也相當高。吾人固然無法將所有的肢障與病弱狀況皆提出討論，同時要作明確的分類也頗為不易。雖然有人試圖作詳盡的分類，但也有人乾脆不作分類，只就每種疾患分別加以介紹。一般對肢體障礙與身體病弱所作的分類，大抵皆強調病源的歸屬。為了使讀者對肢體障礙與身體病弱能獲得更清楚的概念，此處將分別對之作概括性的分類。

　　肢體障礙的問題，大致上與神經、骨骼、或肌肉的缺陷具有密切的關係。因此肢體障礙一般可分成下面兩類：

　　㈠**與神經系統缺損有關者，如**

　　1. 腦麻痺（cerebral palsy）。

　　2. 癲癇（epilepsy）。

　　3. 脊柱裂（spina bifida）。

　　4. 脊椎神經損傷（spinal cord injuries）。

　　5. 小兒麻痺（poliomyelitis, 簡稱 polio）。

　　㈡**與骨骼肌肉的異常有關者，如**

　　1. 肌萎症（muscular dystrophy）。

　　2. 關節炎（arthritis）。

　　3. 肢體截斷（amputations）。

　　上述對肢體障礙所作的分類，純從病源性質的觀點而加劃分。我國衛生署（民 91）所公布的「身心障礙等級」，則分別就上肢、下

肢、軀幹及四肢四部分功能的缺損狀態，而將肢體障礙者分出不同的等級，其內容如下：

(一)上肢部分

1. 重度：(1)兩上肢之機能全廢者。(2)兩上肢由腕關節以上欠缺者。

2. 中度：(1)兩上肢機能顯著障礙者。(2)一上肢機能全廢者。(3)兩上肢大拇指及食指欠缺或機能全廢者。(4)一上肢的上臂二分之一以上欠缺者。

3. 輕度：(1)一上肢機能顯著障礙者。(2)上肢的肩關節或肘關節、腕關節其中任何一關節機能全廢者，或有顯著障礙者。(3)一上肢的拇指及食指欠缺或機能全廢者，或有顯著障礙者。(4)一上肢三指欠缺或機能全廢或顯著障礙，其中包括拇指或食指者。(5)兩上肢拇指機能有顯著障礙者。

(二)下肢部分

1. 重度：(1)兩下肢的機能全廢者。(2)兩下肢自大腿二分之一以上欠缺者。

2. 中度：(1)兩下肢的機能顯著障礙者。(2)兩下肢自踝關節以上欠缺者。(3)一下肢自膝關節以上欠缺者。(4)一下肢的機能全廢者。

3. 輕度：(1)一下肢自踝關節以上欠缺者。(2)一下肢的機能顯著障礙者。(3)兩下肢的全部腳趾欠缺或機能全廢者。(4)一下肢的股關節或膝關節的機能全廢或有顯著障礙者。(5)一下肢與健全側比較時短少五公分以上或十五分之一以上者。

(三)軀幹部分

1. 重度：因軀幹之機能障礙而無法坐立者。
2. 中度：因軀幹之機能障礙而致站立困難者。
3. 輕度：因軀幹之機能障礙而致步行困難者。

㈣四肢部分

極重度：四肢的機能全廢者。

我國教育部（民 76）在「特殊教育法施行細則」中，曾將肢體障礙依障礙程度，分為下列三類：

㈠**輕度肢體障礙**：肢體之行動能力及操作能力均接近正常，對學習過程甚少不利影響者。

㈡**中度肢體障礙**：肢體行動能力不良而操作能力接近正常，或肢體行動能力接近正常而操作能力不良，經協助仍可從事正常學習者。

㈢**重度肢體障礙**：行動能力及操作能力均有嚴重障礙，非經特殊人為及機具協助，即無法從事學習活動者。

這種根據肢體障礙對學習可能影響的程度所作的分類，主要著眼於肢障兒童所需教育安置方式的考慮，故可稱為肢體障礙兒童之教育分類。

身體病弱之分類方法，如以一般按病源性質而分類的慣例，身體病弱大致可分為下列幾種：

㈠**心臟血管的問題，如**

1. 先天性心臟病（congenital heart defects）。

2. 風溼性心臟病（rheumatic heart disease）。

㈡**呼吸系統的問題，如**

1. 哮喘（asthma）。

2. 囊胞纖維化（cystic fibrosis）。

㈢**內分泌的問題，如**

1. 糖尿病（diabetes）。

2. 甲狀腺異常（thyroid problems）。

㈣**腎臟的問題，如**

1. 腎炎（nephritis）。

2. 腎病（nephrosis）。

㈤**血液的問題，如**

1. 貧血（anemia）。

2.血友病（hemophilia）。

而我國教育部（民81）所制頒的「語言障礙、身體病弱、性格異常、行為異常、學習障礙暨多重障礙學生鑑定標準及就學輔導原則要點」，則將身體病弱依其程度分為下列二類：

㈠經醫師診斷患有心臟血管、氣管肺臟、血液、免疫、內分泌、肝臟、胃腸、腎臟、腦脊髓及其他慢性疾病或傷害，需長期療養者。

㈡其他經醫師或有關專家診斷體能虛弱需長期療養者。

☾★三、肢體障礙與身體病弱的出現率

肢體障礙與身體病弱兒童出現率的精確估計並非易事。揆諸其因不外身體障礙的狀況十分複雜，其傷殘程度各有不同，到底什麼程度的障礙才列入估計頗難定論；同時有些障礙情況如關節炎或哮喘等，其發病時間並非固定，因此對這類個案的列算，頗受機遇的影響；另外負責診斷的人員對殘障認定標準的不一致，也可能使出現率的估計有所出入。

身體障礙出現率的估計雖難得精確，但為提供此等兒童所需的特殊教育，其可能出現比率的推估仍有必要。根據美國全國主計處（*General Accounting Office, 1980*）的估計，需要接受特殊教育的身體障礙兒童約在 0.2%至 1.5%之間。這些身體障礙兒童中，肢體障礙與身體病弱者大約各占其半。換句話說，肢體障礙的出現率約為 0.1%至0.7%，而病弱兒童也同樣介於 0.1 %至 0.7%之間（*Blake, 1981*）。

我國肢體障礙與身體病弱的出現率，如以教育部所做的第二次全國特殊兒童普查結果為依據，發現在六至十四歲學齡兒童中，共有肢體障礙兒童 3,456 人，而身體病弱兒童則為 2,111 人，分別占學齡兒童母群體的 0.097%與 0.059%（教育部特殊兒童普查執行小組，民82）。

☾★四、可能導致肢體障礙與身體病弱的因素

由於肢體障礙或身體病弱的形成因素往往十分複雜，此處將僅對其成因略作歸納，至於各種肢體障礙與病弱狀況原因之探討，將留於「肢體障礙與身體病弱狀況概述」一節時，再分別詳述。

可能導致肢體障礙與身體病弱的因素很多，而且也相當分歧，不過大致可將之分成先天缺陷（congenital defects）與後天因素兩個類別。所謂先天缺陷係指尚未出生即已具有身體上的傷殘狀況而言。有許多先天的缺陷係來自不良的遺傳，如肌萎症即是明顯的例子。也有的先天缺陷雖非遺傳而來，但胎兒期的發育不全，也可能產生身體的缺陷，脊柱裂即為一例。很多先天缺陷的原因一直難以確定，不過可能導致先天缺陷的因素，一般認為尚有下列幾種：

1. 婦女懷孕時發生疾病。
2. 婦女懷孕時受到細菌或病毒的感染。
3. 婦女懷孕時接觸過量放射線的照射。
4. 胎兒受到生理上的傷害。
5. 懷孕期的營養不良。
6. 懷孕期氧氣供應不足。
7. 婦女懷孕時酗酒。
8. 婦女懷孕時濫用藥物。

至於後天因素方面，常見的是一些疾病與意外事故對身體所造成的損傷，其中以對神經系統（特別是腦部）的傷害影響尤其深遠。另外，身體器官無法發揮其預期的功能（原因也可能不得而知），如糖尿病即是，也可能導致身體的障礙。

第二節　肢體障礙與身體病弱兒童的鑑定

一、一般的鑑定程序

兒童是否為肢體障礙或身體病弱，其主要的鑑定責任雖落在醫學界的人士身上，但為考慮這些兒童在教育與復健上的需要，整個評量鑑定的團隊更須將其他專業人員也羅致在內。這些專業人員可能包括物理治療師（physical therapists）、作業治療師（occupational therapists）、語言治療師、心理學家、社會工作員、特殊教育教師、甚或義肢支架的設計裝配人員在內。肢體障礙與病弱兒童的鑑定一般可分

為篩選與診斷兩個階段。篩選的目的，即在檢出疑似個案經由轉介，以獲得正式診斷的機會。而診斷的要務，除在確定可能的缺陷外，更應著眼於兒童所具備的潛能之發掘，並注意身體的障礙在教育、預防與治療上的意義。茲將這兩個階段的內涵概述於下。

㈠篩選階段

最早可以發現疑似肢體障礙或病弱個案的是在剛出生的時候。有些肢障或病弱個案由於症候甚為明顯，極易為醫師所發覺。不過有些缺陷其早期的症候並不顯著，除非格外留意，否則不易看出。各種肢體障礙或身體病弱，皆有其特有的症狀，將留待本章第三節時再作討論，在此不贅。除了特殊症狀外，有些一般性的危險徵象，也同樣值得父母或教師的注意，以作為是否轉介的參考。這些症候如：

1.膚色過於蒼白。

2.全身顯得相當羸弱。

3.動作笨拙、經常跌倒、肢體活動的協調性不好。

4.四肢無法伸直。

5.關節、肌肉、或身體某一部位經常隱隱作痛。

6.嘴唇與指甲呈現青紫色。

7.餐後經常嘔吐或接近用餐時間常出現臉色蒼白、盜汗、及痙攣等現象。

8.經常發燒不退。

9.常過於容易出血與發炎。

㈡診斷階段

對於疑似肢體障礙與身體病弱個案的進一步診斷，醫師實擔負主要的鑑定角色。以肢體殘障兒童的鑑定為例，教育部的「特殊兒童鑑定及就學輔導標準」，即指出應接受下列有關之檢查（教育部社會教育司，民65）：

1.復健科：包括肌肉力量、關節活動度之檢查，支架及傷殘用具之需要，運動機能之檢查，語言能力檢查，日常生活能力之檢查（見

表 7-1）。

表7-1　日常生活機能檢查表

鑑定等級　程度　項目	正常或正常範圍	輕度障礙	中度障礙	重度障礙	不能或機能全廢
	動作能與正常人一樣	能自己做但速度慢或不穩	利用特殊輔助用具或特殊設計可以自己做	自己尚有部分機能，但需要別人的幫助，在有或沒有特殊用具協助下，可以做出某些動作	不能做
使用筷子或湯匙	能自由使用	用筷子或湯匙能將食物送到口中	用特殊輔助用具能拿筷子或湯匙才能吃東西	能用手來抓住筷子或湯匙別人幫助下才能使用	不能
使用茶杯	能自由使用	用雙手拿杯子可以喝飲	用特殊輔助用具能拿杯子才能喝飲	能用手來拿杯子別人幫助下才能使用	不能
穿衣服	能自己穿	能自己穿但速度慢	有特殊設計之衣服可以穿如有拉鏈之衣服	要別人幫忙才能穿	不能
穿鞋	能自己穿	能自己穿但速度慢	能穿拖鞋	要別人幫忙才能穿	不能
大小便	無不方便	在正常或普通的廁所解但動作不穩或慢	在特別設計之廁所內才能上下廁所解之	自己能做但需別人幫忙穿脫衣服或上下廁所	從頭到尾需要人幫忙

說 話	能與別人自由交談	能聽懂別人的話、也能簡單表達自己的意思	稍微瞭解別人的意思但不能完全的表達自己的意思	難懂別人的意思也不會表達自己的思想	完全不能與人有思想溝通
行 走	能自己行走	能自己走但不很穩	能用輔助用具才能走	要別人幫忙或輔助用具才能走	不能
洗 手	能自己洗	兩手可一齊合攏來洗但動作笨拙	可一隻手一隻手的洗	要別人幫忙才能洗	不能
上下床或身體移動	能自己做	能自己做但不很穩或慢	要用輔助用具	要別人幫忙或輔助用具才能做	不能

　　2.整形外科：包括骨骼及關節畸形檢查。

　　3.神經科：一般神經系統之檢查，包括腦波檢查在內。

　　4.精神科：包括心理智能測驗，智商及態度行為之檢查。

　　5.一般內科：包括身高、體重、胸圍、營養、肺部、心臟，以及一般身體狀況檢查。

　　6.眼科：包括視力在內的一般眼科檢查。

　　7.耳鼻喉科：包括聽力測驗在內的一般耳鼻喉科檢查。

　　由此可見身體障礙兒童的鑑定實是一項科際整合、團隊合作的工作。醫師固居於舉足輕重的角色，物理治療師的評量動作功能與擬定行動訓練的計畫，作業治療師的評量動作能力及日常生活技能訓練計畫之擬定，語言治療師的評量語言能力與擬定溝通能力訓練計畫，教師與學校心理學家的評量學習成就水準及擬定適當的教學計畫等，在整個鑑定工作團隊中，也各有其一席之地。不過無論各專業人員所擔負的職責為何，所有的診斷工作皆應為下列三個目標而努力（*Verhaaren &*

Connor, 1981）：

　　1.診斷結果的資料，將有助於設計適當的教育方案，使肢障或病弱兒童儘可能過正常的生活。

　　2.診斷的資料有助於預防肢體障礙或病弱狀況進一步的惡化。

　　3.診斷的資料有助於對身體障礙狀況，作最大可能的矯治。

☪二、教育與心理評量的問題

　　對於肢體障礙或身體病弱兒童實施教育與心理評量，常會遭遇到無法真正測量到他們所應有的水準之問題。因為身體障礙常無法滿足一般測驗所要求的條件。例如一個痙直型的（spastic）四肢麻痺（quadriplegia）兒童所具備的生活經驗自然不能與身體健全的兒童相提並論，同時他們也往往無法與一般兒童一樣照正規的程序（如作答方法，時間的限制等）去接受測驗。因為身體狀況的限制固是問題，他們常顯現的挫折與焦慮感，也會令彼等無法在測驗的情境中作有效的反應。因而評量的結果可能只是再度反映其身體傷殘的狀況而已。

　　肢體障礙與病弱兒童在接受標準化的教育與心理測驗時既有上述的難題，因此測驗工具的選用應該謹慎。在評量工具方面，效標參照（criterion-referenced）的測驗似比常模參照（norm-referenced）的測驗，對於肢障與病弱兒童要更為有用。兒童在效標參照測驗的結果係與課程目標或其先前水準作比較，而不必跟其他兒童的表現水準相提並論。效標參照測驗也可免除標準化測驗常見的限制，同時有助於教學目標的擬定，因此在肢障與病弱兒童的評量方面，實深具應用的價值。

第三節　肢體障礙與身體病弱狀況概述

　　由於身體障礙的現象極其複雜，本節將僅就主要的幾種肢體障礙或身體病弱狀況，分別就其問題性質、治療方法、或在教育上的涵義扼述其要。最後，肢體障礙與身體病弱對兒童發展可能產生的影響，也將在本節之末作一綜述。

☾★一、腦麻痺

㈠問題性質

在肢體殘障的個案中,腦麻痺是目前最為常見的現象。幾年前小兒麻痺在肢障中所占的比例最高,如今腦麻痺已取而代之。腦麻痺可說是一種神經上的症候(neurological syndrome),其問題在於動作與協調的困難,以及一般身體功能的羸弱與失常(*Cruickshank, 1976*)。腦麻痺並非傳染或進行性的疾病,其可能造成的障礙程度,從輕微至極重度不等。腦麻痺的類別,一般可按運動特性與身體受影響的部位而分別再加細分。

就運動特性而言,因腦部損傷程度與性質的不同,可分為下列數種:

1.痙直型(spasticity):*又稱痙攣型*。痙直型的腦麻痺者,在運動時對肌肉的控制極感困難。當患者欲伸張肌肉作活動時,它卻不自主地收縮,使患者無法有效地控制其動作。例如請重度痙直型的兒童在兩點之間畫一直線,他可能表現像以下怪異或不平穩的動作(*見圖7-1*)。

2.指痙型(athetosis):*又稱徐動型*。指痙型的患者,其腕部與手指的動作常有不隨意控制的現象。另外,臉部肌肉扭曲的現象也極為常見。換句話說,此類患者常表現多餘或沒有目的的動作,如在兩點之間畫直線時,即可能表現如圖7-2無法控制的運動型態。

圖 7-1　痙直型兒童所畫之直線

圖 7-2　指痙型兒童所畫之直線

　　3. **共濟失調型**（ataxia）：共濟失調型的患者對粗大與精細動作的控制皆感困難。由於在平衡、姿態及方向感等方面的問題，使得動作的協調益覺吃力。

　　4. **強直型**（rigidity）：強直型的腦麻痺者，當伸展肢體時，會變得全身僵硬，因此任何行動皆極為困難。

　　5. **震顫型**（tremor）：震顫型者的動作，經常是不隨意與無法控制的。它可能是肌肉不斷收縮的結果，使得其動作具有節奏、交替與搖動不定的特性。

　　6. **無力型**（atonia）：患者顯得肌肉無力，無法對刺激有所反應。

　　7. **混合型**：混合型的腦麻痺者，其運動特性則具有上述各類型部分或全部的組合。

　　如就患病部位而言，則主要可分為下列幾種：

　　1. 單肢麻痺（monoplegia）。

　　2. 兩下肢麻痺（paraplegia）。

　　3. 半身不遂（hemiplegia）。

　　4. 三肢麻痺（triplegia）。

　　5. 四肢麻痺（quadriplegia）。

　　另外，有一種四肢麻痺稱為 diplegia，其下肢的障礙要比上肢為嚴重。一種稱為 double hemiplegia 的雙側麻痺現象，則某一半側要比另一半側的障礙為多。

　　腦麻痺兒童除了顯現行動的困難外，也常伴隨諸如視、聽力，語言、認知功能及一般知覺方面的問題。職是之故，腦麻痺兒童很可能即是一個多重障礙者。

可能形成腦麻痺的原因很多，婦女懷孕時感染疾病，出生時的創傷、腦部缺氧、出血等所導致腦神經的損傷，且在六歲以前，造成動作與協調上的障礙者，皆可稱之為腦麻痺。腦麻痺的出現率從 0.17% 至 0.6%不等（*Hardman et al., 1984*）其中痙直型的患者約占一半左右（*Batshaw & Perret, 1981*）。約有不到10%的腦麻痺患者，會有強直型與震顫型的運動特性。不過腦麻痺兒童中，仍以混合型者居多。

㈡處遇方法

腦麻痺患者的診斷與處遇，常須採取團隊合作的方式。至於某一個案到底需要何種的治療，亦端視其個別的狀況而定。有些涉及肌肉或肌腱的問題，可能需要採取外科手術加以治療。物理治療（physical therapy，或稱機能治療）主要著眼於行動的訓練（重點在下肢），指導患者如何有效地使用義肢與支架；並透過適當的訓練，以增強其肌力，並預防肌肉形成永久性的收縮。而作業治療（occupational therapy，也有稱之為職能治療者）則將訓練的重點置於上肢，協助患者學得扣鈕扣、繫鞋帶、自行飲食等日常生活技能。有些具有說話缺陷的腦麻痺兒童，更須接受語言的治療。上述的這些治療如果早期實施，效果會較好，而且也可減少嗣後經常接受治療的需要。

對於專業人員所實施的各種治療，尚須教師利用上課時間隨時對腦麻痺兒童作必要的配合與增強，以提高治療的效果。另外為因應腦麻痺兒童在生活與學習上特殊的需要，常需對有關的器材與設備作必要的改變與調整。

☾ 二、癲癇

㈠問題性質

癲癇是因腦傷而造成的，當腦部無法對神經細胞所釋出的電流作有效的控制時，抽搐發作的現象即由之而起。而續發性的抽搐（recurrent seizures）也正是各類癲癇的主要症狀。抽搐是腦部異常的神經化學活動顯露於外的一種表象。當癲癇發作時，腦部會呈現短暫的功能失

調，以致無法控制肌肉、感覺、意識、思考等活動。但當發作過後，腦細胞的功能仍可恢復正常運作。

癲癇主要有兩種分類系統。一種是由世界衛生組織（the World Health Organization）所採行的國際分類法（Berg, 1982）。此一分類係根據癲癇發作時腦波的動態而分為下列四個類別：

1.局部抽搐（partial seizures）：腦部特殊的神經化學活動（neuro-chemical discharge）僅侷限於某一區位。

2.普遍性抽搐（generalized seizures）：腦部特殊的神經化學活動遍及兩腦半球，而非侷限於某一定點。

3.單側抽搐（unilateral seizures）：特殊的神經化學活動只出現於某一腦半球而已。

4.無法分類的抽搐（unclassified seizures）。

上述的分類純以腦部電流的變化情形為依據。不過一般常見的分類方法，卻以癲癇發作時所表現的外顯症狀而加區分。例如蘇羅門與朴拉姆（Solomon & Plum, 1976）即將癲癇分為下述幾類：

1.新生兒抽搐（neonatal seizures）：每1,000名新生兒中約有五個這樣的案例。常見症候有某一肢體陣攣性的運動（肌肉交替性的收縮與鬆弛），踢踏或作游泳狀，或表現奇特的身姿。新生兒抽搐亦可能係某一潛在嚴重疾患的徵象。但欲區分前述的這些症候與典型新生兒行為的差異並非易事。

2.大抽搐（grand mal seizures）：大抽搐屬於最嚴重的癲癇症狀。患者在發作之前常有預感，可能直覺有某種特殊的聲音、氣味、或其他感覺出現。當發作時，患者會喪失意識，跌倒在地，此時稱為抽搐的強直期（tonic phase），軀幹與頭部變得十分剛硬。接著便是四肢肌肉不隨意地劇烈收縮與顫動，這時便稱之為陣攣期（clonic phase）。圖7-3所顯示者為大抽搐時強直期與陣攣期的現象。大抽搐時常見患者呼吸困難，面唇發青，口吐白沫，大聲呼叫或咯咯作聲，大小便失禁，甚或全身出汗。大抽搐的發作時間可能長達二十分鐘，亦可能不到一分鐘即已結束。發作過後，患者並不記得發作時所發生的事情，只覺得十分疲倦，而想好好地睡一會兒。

強直期

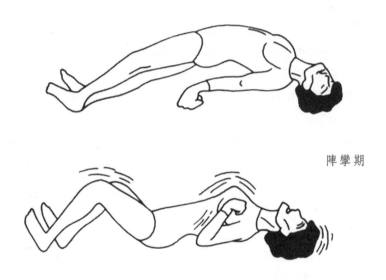

陣攣期

圖 7-3　大抽搐之現象

　　3.小抽搐（petit mal seizures）：小抽搐有點像是在做白日夢，因為發作時患者的行為常顯得無法與某一團體活動相互配合。常見患者臉色蒼白，兩眼發楞，眼皮抽搐，或顯現動作不穩的現象。當事人意識狀態的改變，極不易為人所察覺。小抽搐持續的時間較短，歷時從五到二十秒不等，可是出現的次數可能相當頻繁，甚至一天出現上百次皆有可能（Parker, 1979）。小抽搐在兒童中出現得最為普遍，它可能在青春期之前消失，但也可能由其他種類的癲癇如大抽搐所取代。

　　4.焦集性抽搐（focal seizures）：此類發作又可再分為動作性抽搐（motor seizures）、感覺性抽搐（sensory seizures）及心理動作抽搐（psychomotor seizures）三種。焦集性抽搐一般認為係由於局部性腦細胞異常的電子化學活動而來（Berg, 1982）。動作性抽搐則可能在大腦皮質的動作區有其損傷的部位。動作性抽搐發作時可能從某一小部位逐次擴張到其他部位。例如初起時可能是拇指，然後再擴延至手掌、手臂、臉部等（見圖7-4）。也有可能從嘴角開始，然後是整個臉部，

甚至是上半身的其他部位。感覺性抽搐則是因腦傷而受到影響的肢體有麻木或刺痛之感。患者有時也會覺得手部有灼熱的感覺，而這種感覺可能逐漸再擴延至身體其他部位或只是局部的現象。此外，視覺幻覺、眩暈等也皆可能出現在感覺性抽搐者的身上。心理動作抽搐的特徵是患者可能會突然表現一些刻板性而毫無目的的行為，諸如不斷咀嚼咂唇作響，做一些擦手擦腳的活動，也可能到處走動、脫下衣服，甚至發起脾氣來的也有。圖7-5為心理動作抽搐常見的現象。跟其他的癲癇一樣，心理動作抽搐的患者發作後，可能記不得曾發生過什麼事。其發作持續的時間可能從數分鐘至幾小時不等，不過大部分持續的時間皆不會太長。

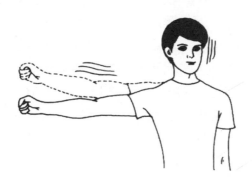

圖7-4　動作性抽搐

凝視
咀嚼

抓弄衣服

圖7-5　心理動作抽搐

5.小動作抽搐（minor motor seizures）：此一類癲癇又可分為肌陣攣（myoclonic seizures）、無法運動性痙攣（akinetic seizures）及嬰兒期痙攣（infantile spasms）三種。肌陣攣的症狀是四肢或體幹某一部分的肌肉突然發生短暫而陣發性的緊縮。無法運動性痙攣的患者則出現缺乏反覆行動的能力，因此常見他們走路顛簸很容易跌倒。這類癲癇常見於學前兒童，如防護不當很容易傷及兒童的牙齒、顏面及腦部。嬰兒期痙攣顧名思義即知係僅發生於出生後的前幾年，此種癲癇與嬰兒腦部發育不夠成熟有關。嬰兒期痙攣有四分之三的個案係在滿週歲前出現。其症狀是在手、腳與頭部關節部位的肌肉發生痙攣的現象。當發作時患者低頭屈腿抱身，如圖 7–6 所示。發作持續的時間從數秒到數分鐘不等。具有這類癲癇的嬰兒，約有90%也同時是智能不足者。

各類癲癇的確切原因仍難以探知，不過對腦部功能有不利影響的因素皆有導致癲癇的可能。癲癇可在任何年齡、種族、性別的個體發生。癲癇出現率的估計，常因研究的對象與其年齡的不同而有歧異。不過一般認為癲癇的患者約占全人口的 1%左右（Cross, 1985）。其中男性要比女性為多。出現率最高的是五歲以下的兒童，最低的是介於二十至七十歲的成人（Berg, 1982）。

圖 7–6　嬰兒期痙攣

(二)處遇方法

癲癇的治療需要依據適當的醫學診斷。診斷工作雖由醫師來做，但對於患者的癲癇發作歷史及其詳情，卻有賴父母、教師等提供確實的資料。除了一般性的健康檢查（physical examination）外，神經系統的檢查是癲癇診斷工作不可缺少的部分，其中腦波檢查（electroencephalogram, EEG）正是此項檢查的重點工作。在診斷工作結束後，醫師通常能指出癲癇的類型，並對其成因作試探性的解釋。癲癇在醫學上目前多以抗痙劑（anticonvulsant medication）加以控制，而且需長期的每天服用，最少有三、四年不發作才不再服用（Berg, 1982）。因此，家長與教師在癲癇兒童服用藥物期間，實宜適時督促其服藥，並觀察其在行為上可能的變化，且知會醫師作必要的處置。

抗痙藥物的服用對癲癇的控制固然有幫助，但父母與教師在面對兒童癲癇發作，尤其在大抽搐發生時，知道如何去處理也是十分重要的。以下是吾人在處理大抽搐癲癇時須注意的要點：

1. 要保持鎮定。當癲癇開始發作後，我們是阻擋不住的，就讓它發作下去吧！

2. 將患者四周的環境清理乾淨，免得因碰撞尖硬物體而受傷。

3. 不要阻撓患者的活動，但為防止其頭部受傷可用手扶住其頭部，跟著患者活動的方向而運動。

4. 不用使強力要患者的嘴巴張開，但如其嘴巴已開著，即可用像手帕之類的輕軟物置於其上下牙齒之間；但不可將堅硬的物品如湯匙、鉛筆等置於口內，否則會造成更大的傷害。

5. 將患者的頭轉向側邊，使其口沫得以流出。

6. 不可讓患者俯臥，以免妨礙呼吸，如果可能儘量讓其側臥，並以軟性的物品墊在他的頭下。

7. 將患者的衣服鬆開。

8. 在患者清醒過來後，應允許其在原地躺臥片刻。如果患者需要的話，就找個安靜的地方，讓他好好休息一下。

9. 除非癲癇發作持續的時間在十分鐘以上，否則並沒有必要把醫

師請來；不過教師應將兒童癲癇發作的情形，通知家長及醫師。如屬第一次發作，這種知會尤其重要。

　　*10.*班上某一兒童癲癇發作，對其他兒童正是很好的機會教育。教師應讓其他兒童瞭解癲癇的性質，它不會傳染，也用不著害怕。因此，教師對學生癲癇發作的反應是很重要的。如果教師反應過度，當然會影響其他學生對癲癇同學的態度。教師不只應培養其他學生對癲癇同學的接納態度，也可指導他們遇到類似情況的處理方法，以在必要時提供適當的協助。

☪三、脊柱裂

㈠問題性質

　　脊柱裂是一種因脊椎骨無法整合所產生的先天性缺陷。這種缺陷的成因一直無法確定，只知它在懷孕初期的頭三十天即已形成（*Bleck, 1982a*）。脊柱裂的部位在脊椎骨的任何部分皆可能出現，但以發生在脊椎骨下方者居多。脊柱裂常導致患者大小便失禁及肢體麻痺等現象；而身體麻痺的部位，則因脊柱裂出現的位置而定。另外，患此症的兒童還可能有自主神經系統功能的障礙（如不出汗），以及在缺陷的脊椎骨以下部位感覺的喪失。

　　脊柱裂主要可分為脊髓膨出（myelomeningocele）、脊髓膜膨出（meningocele）及隱性脊柱裂（spina bifida occulta）三種。脊髓膨出是最嚴重的一種脊柱裂，它是脊髓從脊椎骨的缺口突出而形成的囊胞（參見圖 7-7）。如果所突出的囊胞僅含有髓液，脊髓並未隨之突出於囊內；換句話說囊胞所包含的只是脊髓膜，而不包含脊髓本身者，則稱之為脊髓膜膨出。隱性脊柱裂則是因脊椎骨未完全整合而尚留有裂痕，但並無囊胞突出，此種缺裂已由肌膚所覆蓋，除非透過放射線檢查（radiological examination），否則不易以肉眼看出，是最為輕微的一種脊柱裂的狀況。

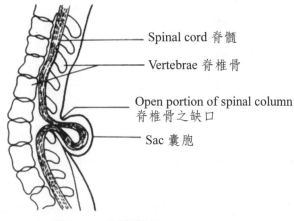

Spinal cord 脊髓

Vertebrae 脊椎骨

Open portion of spinal column
脊椎骨之缺口

Sac 囊胞

圖 7-7　脊髓膨出

脊柱裂的出現率據估計從 0.01%至 0.413%不等（*Bleck, 1982a*）。出現率最高的是愛爾蘭（Ireland），其出現率高達 0.4%以上，最低的是位於熱帶地區的國家（0.05%以下），而美國脊柱裂的出現率則略高於 0.1%（U. S. Department of Health and Human Services, 1981）。女性出現脊柱裂的人數約為男性的三倍。而脊髓膨出的個案則為脊髓膜膨出者的四至五倍（*Bleck, 1982a*）。

(二)處遇方法

因脊柱裂而突起的囊胞，一般可在出生後的二十四至四十八小時內以外科手術加以治療。儘管早期的外科手術不一定可以減低肢體陷於癱瘓的可能性，但卻可以避免致命的脊髓膜炎之發生（*Bleck, 1982a*）。

脊柱裂兒童大小便失禁是一件令人困惱的事情。這種失禁的狀況，乃是由脊髓的畸形而導致神經系統的癱瘓所引起的，以致兒童對其膀胱已滿也不自知，直到尿液溢出溼透外褲才瞭解情況。患者常可藉配戴特別設計的集尿裝置，以避免「意外」的發生。此外調節液體食物的攝取對尿液產量的控制也有幫助。

許多脊柱裂兒童（*尤其是脊髓膨出者*）常伴隨有肢體障礙的問題，因此支架、拐杖、輪椅等，亦可能成為他們賴以行動的重要工具。有

些脊柱裂兒童更需要物理、作業、甚至語言方面的治療，以增強他們在獨立行動、從事日常生活、以及說話的能力。

☪ 四、小兒麻痺

㈠問題性質

小兒麻痺在醫學上的正式名稱為脊髓灰白質炎（poliomyelitis），它是脊髓灰白質的前角細胞（anterior horn cells）受到濾過性病毒的侵害，而引發的摧毀性發炎現象。造成小兒麻痺的濾過性病毒，是一種生長在生活體內的極小病毒，幾乎專門與人類為敵，不過亦可能使猴類受到傳染（陸以仁，民65）。

小兒麻痺病毒的傳布通常經口入體，然後在腸道再經由血液傳送至脊髓的前角細胞（運動細胞）。這些細胞經病毒感染發炎後，即無法有效控制相關肌肉的收縮，其運動能力即受到影響。如果病毒的感染只造成這些運動細胞的腫脹，則尚有復原的可能。要是這些細胞為病毒所毀滅，則復原是不可能的，其引起的肢體麻痺也是永久性的（Bleck, 1982b）。小兒麻痺所引起的肢體殘障，以下肢占大部分，其麻痺的肢體常呈纖細、肌肉萎縮，懸垂無力之狀，係屬弛緩性的麻痺。小兒麻痺除引起肢體障礙外，如呼吸肌肉也因受到侵害而麻痺，則亦可能因呼吸困難而危及生命，因此人工呼吸器的使用就極為必要。不過一般說來，小兒麻痺所產生的殘障多僅限於患者的肌肉神經系統（neuromuscular system）而已，尚不致影響其智力、視、聽覺等方面的功能。

㈡處遇方法

小兒麻痺的治療尚乏理想的方法。最重要的乃是早期的預防。由於沙克（Salk）與沙賓（Sabin）小兒麻痺疫苗的發明，目前已能有效地對小兒麻痺加以預防。其中沙克疫苗係針劑，而沙賓疫苗則採口服。近年來由於嬰幼兒普遍的採用上述兩種疫苗以預防小兒麻痺，因而其發病率已相當低。為防止小兒麻痺的再度流行，衛生機關對其預

防方法的宣導仍不宜放鬆，家長對子女在此一疾病的預防也不可掉以
輕心。

　　小兒麻痺病發後，雖乏理想的根本治療途徑，但適當復健措施如
物理治療、運動治療、作業治療等的提供，卻可減輕病痛與症狀，防
止肌肉因不用而萎縮及變形，並增強其行動的能力。因此復健工作越
早實施越好，尤以在發病後的前三個星期最為重要（陸以仁，民65）。
此外，配合患者的復健狀況及其行動上的需要，支架、拐杖、輪椅等
的配用，也有其必要。當然無論如何，獨立行動能力的訓練，仍應列
為復健工作的首要任務。

☾ 五、肌萎症

(一)問題性質

　　肌萎症是因隨意肌（橫紋肌）被脂肪與纖維組織所替代，以致肌
肉細胞因營養不良而逐漸萎弱與退化的一種進行性疾病。肌萎症的確
切原因目前尚不得而知，不過一般相信它可能是由遺傳缺陷所造成
的。肌萎症的發病年齡從一歲至八十歲都有，不過以一至六歲之間為
多，十歲以後就較少見了。據估計此症的發病率約為 0.4%（*Ferguson,
1975*）。患者有三分之一其年齡介於三至十三歲之間，有十分之八的
患者為男性。

　　肌萎症有幾種主要的類型，其中最常見也是最嚴重的一種是發生
在兒童期的杜雙症（Duchenne），以出現在三至六歲之兒童居多。其
他尚有肢帶肌萎症（limb-girdle muscular dystrophy）、面部肩肱肌萎症
（facio-scapulohumeral muscular dystrophy）、肌強直萎縮症（myotonic
muscular dystrophy）等幾類。

　　肌萎症病發後，先從一小部分的肌肉開始，然後以一種進行性的
速度逐漸侵襲到其他的肌肉組織。此症的早期症狀包括不良於行，容
易跌倒，上樓梯或由躺、坐的姿勢起身感到困難，而且由於體幹偏
斜，會顯得步態異常。此後患者的行動能力即呈現逐漸惡化的現象，
跌倒的次數慢慢增多，起身更形困難，而須藉拐杖才可行走；當肌力

繼續喪失時，更得由拐杖換成輪椅。杜雙症患者通常在十歲之前即已退化到此一程度。最後在肌萎症的末期，患者即可能要終日臥身床榻了。大部分的患者會由於心臟肌肉或與呼吸有關之肌肉受到連累，因心臟衰竭或肺部感染而死亡。不過患者的神經系統，則不受此症的影響。

㈡處遇方法

目前並沒有任何有效治療肌萎症的方法存在，所有的處遇措施，皆係針對如何保持患者的肌肉功能，及增強其獨立行動的能力而設計。同時處遇方法亦依此症的進行狀況，而採取合適的對策。

物理治療為肌萎症所迫切需要的，其目的即在減緩肌肉萎縮的速度，當情況惡化後，更須考慮為患者配用支架、拐杖、輪椅，以輔助其行動上的需要。有時為了使患者能直立與行走，更可對下肢早期的畸形部位施以外科手術矯治；例如有些專家即建議切除與拉長環繞臀與膝頭的緊縮肌肉與筋帶，將有助於緩和這些關節部位的過分緊縮現象（*Bleck, 1982c*）。不過不管如何，應儘量讓患者參與所有他力所能及的活動，因為長時間的坐臥不動對患者是極為不利的。

患肌萎症的兒童一般雖無法活過二十歲以上，但吾人應提供他們適合其功能水準的學習機會，使其有生之年仍可充滿喜樂與創意，而非僅是一段疾患的治療史而已。因此教師與父母宜對此症的發展狀況有正確的認識，並培養積極接納患童的態度，使患者仍能有一個充實而快樂的人生。

☾六、關節炎

㈠問題性質

關節炎是一種因關節發炎，而引起關節及其周緣部位疼痛的疾病。關節炎的罹患並沒有年齡的限制。其發病原因亦十分複雜，極不易瞭解；不過細菌或病毒的感染咸認是可能的重要引發因素。關節炎的成因雖可能多達一百種以上，但大部分可以歸入下述七類（**陸以**

仁，民 65）：

    1. 細菌傳染引起的關節炎（arthritis due to specific infection）。

    2. 風溼熱引起的關節炎（arthritis due to rheumatic fever）。

    3. 類風溼性關節炎與類風溼性脊椎炎（rheumatoid arthritis and rheumatoid spondylitis）。

    4. 外傷直接引起的關節炎（arthritis due to direct trauma）。

    5. 痛風性關節炎（arthritis of gout）。

    6. 退化性關節疾病（degenerative joint disease）。

    7. 非關節性風溼症（nonarticular rheumatism）。

    其中以類風溼性關節炎是在兒童中最常見的關節疾病。因此發生於兒童期的此症，又稱之為兒童類風溼性關節炎（juvenile rheumatoid arthritis）。

    兒童期的關節炎病發之前，常有呼吸器官感染疾病之現象。關節炎初起時，常令人覺得容易疲勞，且關節腫硬疼痛。有些關節炎的症狀，可能僅持續幾個星期或數月而已，仍有完全康復的希望。然而有些關節炎則成為慢性病而纏磨患者一生，且有每下愈況之趨勢。此症發展到嚴重程度時，每當觸動患病關節，即令人痛楚難熬，而無法完全參與學校中的一些動態學習活動。類風溼性關節炎除侵襲到人體的關節外，也可能蔓延至心、肺、脾臟等器官，而出現皮膚發疹，眼睛發炎，成長遲滯，腕、肘、指、膝、臀、足腫痛等症狀。

    兒童類風溼性關節炎的發病年齡一般介於十八個月與四歲或九至十四歲之間。其發病率約為十萬分之三（*Mullins, 1979*）。其中女性的患者要比男性為多。

㈡處遇方法

    對關節炎所作的藥物治療，如阿斯匹靈（Aspirin）之類的，其目的乃在減輕關節的發炎與疼痛。除了吃藥以外，適當的運動與休息，補充足夠的營養以增進全身的抵抗力，實施物理治療以防止關節的變形等，亦均是預防患者成為殘障的必要措施。另外，針對患者的病情需要，為避免關節的負擔過重而破壞其內部結構，夾板、支架、或石

膏的施用，行動時拐杖或輪椅等的輔助，也皆可以防止發炎惡化，保護關節不再受到外在傷害而加重其病變或變形。

教師在為患關節炎的兒童安排學習活動時，雖須考慮其年齡、病情、獨立行動的能力，以及手、臂、指部等能夠靈活運用的程度，而提出對應的教育措施，但無論如何應盡量鼓勵兒童參與所有他力所能及的學習活動，以免彼等因受到過度保護，而減損其適應生活環境的能力。

☪ 七、肢體截斷

(一)問題性質

肢體截斷或殘缺有些是先天與生俱來的，有的則是後天意外傷害或因疾病而截斷的。先天性肢體殘缺成因至今仍無法完全瞭解。不過一般認為婦女懷孕期間濫服藥物（如 thalidomide, quinine, aminoprotein）、病毒的感染等皆可能使產出肢體殘缺嬰兒的機率提高。後天的肢體截斷有的是出於交通事故、工業傷害等，也有的則是因惡性腫瘤或由於疾病（如動脈硬化、糖尿病）而致組織壞死等，基於治療的理由而以外科手術加以切除。

一般說來先天性的肢體殘缺兒童比後天截斷者，更能適應其身體傷殘的經驗，同時前者比後者也更能接納裝配義肢的需要（*Hardman et al., 1984*）。因此肢體截斷不只是一個醫學復健的問題，當事人的心理復健也是一個不可忽視的重要課題。

肢體截斷者正確的出現率很難加以估計，不過大致而言，女性似比男性為少。而且兒童先天性與後天性肢體截斷者的比例約為二比一（*Hardman et al., 1984*）。

(二)處遇方法

對截肢或肢體殘缺兒童處遇的目標，應是盡可能讓他們有正常發展的機會，並跟一般兒童一樣能享受生活與學習的情趣。為達到此一目的，勢須對其醫療復健、義肢裝配、心理重建等方面的需要作適切

的評估，以作為整個復健工作的南針。另外，處遇計畫仍須按兒童發展上的需要（如成長、上學、就業等），隨時作適當的調整。因而，肢體殘缺或截肢兒童的復健，實為一多方面專家團隊（a multi-disciplinary team）的合作歷程（*Setoguchi, 1982*）。

　　義肢的裝配是截肢或肢體殘缺兒童復健工作的重要項目。義肢可能是由木質、金屬、或塑膠材料所製成。其中由於塑膠材料較輕，目前運用得甚為普遍。因為義肢的重量往往會影響配戴者肢體功能的發揮。配合兒童成長的需要，各種形式的義肢或行動輔助器材，常須隨著變換使用。例如先天肢體殘缺兒童幼小時，或可以滑動板幫助其爬行；及其稍長再以其肢體尺寸裝配義肢；當其又成長至相當程度時，義肢的形式與尺寸或許須再重新調整與設計。義肢裝配後，兒童須及早接受使用義肢與行動訓練，通常這些訓練工作係由物理治療和作業治療師來負責。除此之外，有些截肢或肢體殘缺兒童，可能也需要接受諸如使用特殊飲食、書寫工具、衛生設備等的訓練，使其生活與學習皆能更加獨立。

　　後天肢體受到切除的兒童，其心理上的驚恐往往形成許多心理適應上的問題。因此他們除了與先天肢體殘缺兒童一樣需接受必要的醫療、復健、義肢裝配外，如何紓解其因截肢而產生的心理創傷，並培養其接納自我、樂觀進取的人生觀，也是截肢兒童教育與復健上的重要目標。

☾ 八、哮　喘

㈠問題性質

　　哮喘是由於呼吸道的緊縮與阻塞、大量痰液的分泌，而使得呼吸困難的現象。哮喘的成因尚無法完全瞭解，不過一般認為哮喘的發作與對飲食或呼吸中某些物質的過敏反應具有密切的關係。通常哮喘患者在接觸到其可能發生過敏反應的過敏原如花粉、灰塵、微生物、食物、藥品、昆蟲等時，其體內即產生抗體（antibodies）。當這些抗體對來犯的過敏原有所反應時，即有組織毒素釋出，這些毒素會引起受

害部位的腫脹。如受害部位係在呼吸道（肺、支氣管等），則哮喘發作即由之而起。

除對過敏原的敏感外，心理上的壓力、家族的遺傳因素等，也皆被認為與哮喘發作具有顯著的關係。哮喘兒童比起不患此症者會有更多情緒上的問題，而 50-75%的哮喘者，其家人對各種過敏原皆會有過敏反應（*Kuzemko, 1980*）。此外，如呼吸器官受到細菌或病毒的感染，過分激烈的體能活動，以及季節天候的變化等，也有可能刺激哮喘的發作。

對哮喘發病率的估計，目前尚無法獲得較為一致的結論。美國公共衛生署（United States Public Health Service）在一九六〇年所作的調查，發現兒童哮喘症的出現率為 2.58%（*Harvey, 1982*）。而根據柯金庫（*Kuzemko, 1980*）之研究，十五歲以前的兒童其哮喘發病率約為 4%。目前已知兒童哮喘的出現率似有逐年增加的趨勢（*Fireman, 1971*）。而且它已成為導致美國學童輟學的病弱因素中的第一位（*Harvey, 1982*）。

(二)處遇方法

對哮喘症的處置常須對飲食或環境中的過敏物質作適當的控制與清理，以減少相關的過敏原引起哮喘發作的機會。呼吸運動（breathing exercises）與肺氣人工排放法（mechanical drainage of the lungs）的運用，則可增進患者的呼吸功能。對呼吸系統疾病的感染能及早加以治療，也常可預防哮喘的發作。然當哮喘發作時，適當的藥物治療（採注射或口服），通常能暫時減輕症狀。此外，對於那些常因情緒問題，而激觸哮喘發作的患者，必要的心理治療或暫時遠離令其困擾的生活環境，亦應是可行之道。總之，由於哮喘係一種慢性病，患者除須避免接觸可能導致其哮喘發作的刺激因素外，平日尤應注意身體的保健，而對哮喘採取長期的治療措施。

過去對於是否應讓患哮喘的學生參與體能活動頗有爭論，不過最近的研究結果卻顯示，運動對哮喘具有長期治療的效果（*Seligman, Randel, & Stevens, 1970*）。因此對哮喘學生給予太多活動上限制，實弊多利少。我們應認定學生具有自我調節其運動需要的功能，而儘可能

待之如正常人一般，避免施予過度的保護，以免在其心理上產生不良的影響。

☪九、糖尿病

㈠問題性質

糖尿病是一種因胰腺無法分泌足夠的胰島素，而產生醣類、脂肪、蛋白質新陳代謝功能失常的現象。人體本身就如一部消耗能源的機器，而其能源（有如汽油之於汽車一樣）則是屬於單醣（simple sugar）的葡萄糖（glucose）。葡萄糖可以直接來自食物中的醣類，或由肝臟將脂肪、蛋白質等食物轉化而來。人體內的各種器官如肌肉、腦、心、肝、腎臟等即以葡萄糖作為它們主要的能源。葡萄糖須進入各器官的細胞中才可發揮作用。而葡萄糖之進入細胞內非有足夠的胰島素不為功。糖尿病患者即是因胰島素的分泌不足或缺乏，致使體內的葡萄糖無法充分消耗，而在其血液與尿液中呈現糖質水準過高的現象。由於糖尿病人的細胞中缺乏足夠的葡萄糖，因而就間接刺激肝臟產出更多的葡萄糖，並且有極度的饑餓感覺，異常口渴、多尿、體重減輕、虛弱、昏昏欲睡等症狀。如果未及時治療將很快發展成糖尿性昏迷（diabetic coma 或 ketoacidosis），並且有生命危險。

糖尿病的發生從嬰兒至老年皆有可能。不過兒童糖尿病（juvenile diabetes mellitus）似比發生於成人者要更為嚴重，其病情進行的速度也比成人為快。成人糖尿病雖常會因懷孕、肥胖、或某些藥物的服用而惡化，不過它通常要比兒童糖尿病容易控制，往往只採節制飲食一項即可產生很好的效果（*Christiansen & Hintz, 1982*）。

雖然吾人對糖尿病人的新陳代謝狀況已相當清楚，不過對其成因至今仍不十分明白。一般的看法是遺傳與環境因素皆可能是糖尿病的肇因。兒童糖尿病比起成人者和遺傳的關係更形密切。在環境因素方面，某些病毒對糖尿病的產生之影響，最近已受到科學家的重視（*Christiansen & Hintz, 1982*）。

糖尿病的出現率一般說來是不算低的。據估計全美國人口中約有

5%是糖尿病患者（National Commission on Diabetes, 1975）。最近十年來此一病症的出現率已增加了 50%以上，而患有糖尿病的兒童，約有50%會在病發後二十五年之內死亡。因此糖尿病治療方法的研究一直是生物醫學界的重要課題。

㈡處遇方法

糖尿病的治療主要採取胰島素的注射、飲食的控制（**尤其是控制食物中的糖分**）、以及注意運動與休息的平衡等途徑。

當患者採取胰島素治療後，即須每日注射，以維持其應有的水準。惟如胰島素的注射過量，則血糖的水準會急劇下降，各器官對葡萄糖之需求孔急。若無足夠的葡萄糖輸送至腦部時，則會出現頭痛、暈眩、易怒、視覺模糊、嘔吐、多汗、心跳加速、手腳冰冷、甚至痙攣、昏迷等症狀；這就是所謂的胰島素反應（insulin reaction）。胰島素反應與前述糖尿性昏迷的區別可參考表 7-2 所作的比較。胰島素注射過量固然可能引起胰島素反應，但如一時運動過量、拖延飲食、或精神過度緊張，也會引起這種反應。其發生的時間多在餐前或劇烈運動之後。因此對於糖尿病人飲食的控制，不只是要注意其質與量，同時用餐的次數與時間，也皆要有規律。另外在每天的運動量方面，更應該維持一致。如有時候需要較長或較多的活動，亦可在每半小時或一小時活動之後，稍作休息並吃點含糖質的點心，以補充所消耗的能量，這對血糖缺乏的預防將有所助益，也能避免胰島素反應的發生。教師如發現兒童出現胰島素反應，可以給予吃點方糖、汽水、葡萄乾、果汁之類的含糖食物，胰島素反應常可在十至十五分鐘後消失。如果屆時仍無好轉的跡象，應立刻通知醫師或學生家長，以作進一步的處置。

糖尿病是一種需要長期加以控制的慢性病。它的治療也的確需要耐心與毅力。糖尿病對患童及其家人都是很大的震撼。不過只要患童充分瞭解此症的性質及其治療方法，應能減少對此一疾病的適應問題。教師除了須對糖尿病要有充分的認識，瞭解患童在治療上的各種問題與需要，並能作立即的反應以外，且須對糖尿病患童與其他學生

表 7-2　胰島素反應與糖尿性昏迷之比較

	胰 島 素 反 應	糖 尿 性 昏 迷
發　病	快速（幾分鐘之內）	緩慢（幾小時之內）
起　因	血糖低於正常水準 飲食不足 運動過量	胰島素不足 未能遵行節食或服藥的要求 疾病感染、發燒與情緒壓抑
症　狀	頭痛 嘔吐 視覺不清 多汗 饑餓 虛弱 心悸 痙攣 皮膚濕冷 呼吸正常或淺短	疲倦 嘔吐 體重減輕 多尿 饑餓 虛弱 口渴 浮躁 皮膚乾熱 呼吸深沈
處理方法	給吃含糖的食物 通知醫師	立刻通知醫師 注射胰島素 讓患者躺下休息並用衣物覆 蓋以保溫

一般看待，不必因其患病而過分加以突顯。另一方面也應鼓勵患童儘量參加學校所有的正常活動，使其亦能夠有一個充實而快樂的人生。

☾十、愛滋病

㈠問題性質

所謂愛滋病（acquired immune deficiency syndrome，簡稱 AIDS），是指感染到人類免疫缺乏病毒（human immunodeficiency virus，簡稱 HIV）

者，出現諸如卡波西氏肉瘤（Kaposi's sarcoma）、肺囊蟲肺炎（pneumocystis carinii pneumonia，簡稱 PCP）等嚴重疾病而言。換句話說，感染到人類免疫缺乏病毒時，算是愛滋病的帶原者，如發病了，方稱之為愛滋病。人類免疫缺乏病毒是比細菌還小的病毒，一旦進入人體後會附著於輔助性 T 淋巴球（helper T cells），而輔助性 T 淋巴球是發動與協調人體內各種免疫機能的指揮者。當人類免疫缺乏病毒進入輔助性 T 淋巴球的染色體後，病毒即會指揮輔助性 T 淋巴球（細胞）產出更多的病毒。受感染的細胞腫脹與壞死，釋出許多新的病毒繼續去攻擊其他輔助性 T 淋巴球。如這樣的過程不斷地重複，人體的免疫機能即無法如健康者一般去抗拒疾病的侵擾。各種疾病即因此來犯，而出現許多各種不同的症狀，而使患者病情益趨嚴重，此時，即成了愛滋病的病患（*Gearheart, Weishahn, & Gearheart, 1992*）。

人類免疫缺乏病毒可經由性交、共用受感染的針頭、輸用受污染的血液等而傳染。感染此一病毒的母體亦可在產前或產後（經由授乳）而傳染給下一代。此種病毒並不會經由諸如擁抱、輕吻、握手、共用游泳池與馬桶、食用帶原者所準備的食物、共用餐具及衣被等一般無特殊情況下的接觸而傳染。

㈡處遇方法

通常學生感染到人類免疫缺乏病毒，在教育上並不須特別的處置。不過對感染者的身分加以保密應有必要（*Fraser, 1989*）。萬一感染者成了愛滋病的患者時，再視其併發症的情況，給予所需的輔導與協助。此時患者可能會出現經常缺席或無法從事過分勞累的活動之情況。

學校中如有已感染人類免疫缺乏病毒的學童就讀，則須注意對其諸如唾液、鼻腔分泌物、尿液、血液、嘔吐物等體液之清理。對上述體液的清理，無論是否來自人類免疫缺乏病毒的感染者，其方式應無不同。清理的方式與效果，應確保學校的教職員生不致有受這些體液感染之虞。

對於感染人類免疫缺乏病毒或已成愛滋病患者而言，彼等最最需

要的應是學校師生的接納與支持。民國八十三年，澎湖一位小學生因為輸血不幸感染愛滋病毒，開學兩個月後，班上其他二十二個同學都轉學了，班上只剩他一人。原本天真活潑的這位學童，因為沒有朋友，因而產生自卑感，變得落落寡歡、不愛上學（郭錦萍，民 83，12月 14 日）。由此可見，學校師生的接納與支持，對感染人類免疫缺乏病毒或愛滋病的學童有多麼重要。這類學童在面對本身的病情，常有悲傷、無助與恐懼的反應，從而造成對自我的貶抑。有些病童的心理困難除與健康狀況有關外，亦可能出自對人類免疫缺乏病毒、愛滋病及其傳染途徑的無知。因而，吾人除了接納並善解感染人類免疫缺乏病毒或愛滋病的學童之心理感受、鼓勵其竭盡所能地獨立生活與學習，並維持或重建其自我尊嚴外，仍有必要教導這類學童，對人類免疫缺乏病毒或愛滋病有正確的認知。

☾★十一、肢體障礙與身體病弱對兒童發展之影響

　　前面已經就幾種主要的身體傷殘狀況的性質與處遇方法作過討論。其中對各種傷殘狀況在當事人生理上所產生的顯著影響，也分別有所說明。以下將就肢體障礙與身體病弱對兒童在智能、語言、學業、社會與情緒、及職業發展上，所可能發生的影響，再逐一概述之。

㈠智能發展

　　如果肢體障礙或身體病弱兒童並沒有腦傷的問題，則其智力發展狀況應與一般兒童不致有所差異，否則很可能伴隨有智能不足與學習障礙的情形。不過身體傷殘兒童卻很可能由於學習經驗、身體的缺陷、體能與動機等因素的限制，而無法在智力、性向等測驗上表現其預期應有的水準。這是吾人在瞭解彼等的智能發展時所應考慮及之的。

㈡語言發展

　　在語言發展方面，腦部傷害的有無，也同樣是一個重要的影響因素。如果有腦傷發生（如腦麻痺），其造成語言障礙的可能性是很高的。除了腦傷之外，其他身體的傷殘倒不致直接產生語言缺陷的問

題。如果有語言障礙的情形，很可能是由於兒童受到過度保護，以致缺乏學習的經驗，因而導致語言發展的遲滯；或由於傷殘狀況引發過重的情緒壓力，而產生言語節律等方面的問題。

㈢學業發展

身體傷殘兒童在學業方面的表現，應與其同年齡與智能水準的一般兒童不相上下才是。不過有些兒童可能由於接受各種治療或需要休養而缺課，比其他兒童需學習更多的技能（如行走訓練、生活自理的訓練等），在某些技能的學習上比其他學生更為費力（如痙直型腦麻痺兒童之學習寫字），或因長期受到照顧而養成依賴的心理及成就動機不足等因素的影響，以致其在學業上的表現或許有不盡如人意的情形，很值得教師針對其學業不振的可能原因，而提供適切的輔導或補救教學。

㈣社會與情緒發展

基本上身體傷殘對兒童的社會與情緒發展的影響，全視兒童對其傷殘的接納情形及他人對待傷殘兒童的態度而定。傷殘本身對個人的學習經驗與人際關係的發展，即會造成種種的限制，如果兒童的父母與家人又給予過分的保護，他在許多社會技能的學習自然會深受影響。身體的傷殘所引起的行動上的障礙與不適感，如加上他人的冷眼拒絕，對當事人而言自是一種刻骨銘心的挫折經驗。有些人在面對這種挫折經驗時，不免產生憤怒、敵視、焦慮的情緒，也有的是自怨自艾而充滿罪感；這些消極的反應如果長久持續，對兒童的人格發展自有不利的影響。不過也有在遭遇這些挫折經驗時，能夠坦然以對，勇敢的迎接現實的挑戰，而積極地尋求適應之道，以期自我實現者。由此可見，如何提供肢體障礙與病弱兒童必要的心理輔導，實為教育上一個重要的課題。

㈤職業發展

肢體障礙與身體病弱對兒童職業發展的影響，全視其障礙性質、

體能狀況、與行動能力而定。在身體傷殘兒童作職業選擇時，不只須考慮其本身的能力、性向與興趣，更要注意所要從事的職業是否對他人或自己具有危險性。例如一個癲癇兒童如立志要做飛行員，將來可能危及飛機乘客的安全，不如從事航空公司的地勤修護人員較為妥當。又如患血友病的兒童如準備做職業足球選手，對其當然具有極大的危險性，但如果是要當會計師自然不應加以限制。

第四節　肢體障礙與身體病弱兒童的教育與輔導

☾一、教育安置的型態

肢體障礙與病弱兒童除了有接受特殊教育的需要以外，也常因其傷殘狀況的需要，而須進一步提供諸如物理治療、作業治療、語言治療等方面的相關服務。一般說來對這些兒童所作的教育安置，除了應考慮所需各種復健治療的性質及其時間的長短以外，尚須注意兒童的行動能力、體能狀況，及其他障礙的有無。由於肢障與病弱兒童的傷殘狀況，常隨治療與復健工作的進行，而有所改變，因此其安置型態似應隨其需要的不同，而作彈性的調整。常見的身體傷殘兒童之教育安置方式，約有下述幾種。

㈠資源教室或巡迴輔導制

肢障或病弱兒童係被安置於普通班級中，但以資源教室或巡迴輔導人員提供他們所需的特殊教學或其他的相關服務。其中巡迴輔導人員或對普通班教師提供必要的教育輔導上的建議，亦可能直接對身體障礙學生提供所需的治療或特殊教學。當然資源教室教師除了對兒童直接實施輔導外，也有對普通班教師提供諮詢服務的責任。

㈡特殊班

此即將肢障或病弱兒童安置於一般學校的隔離性（segregated）或自足式班級中。學生大部分的課程教學雖在此一特殊班級中進行，但有些活動如集會、運動表演、技藝競賽，甚至有些科目如工藝、美勞、家事、音樂等則可能仍與普通班學生混合活動。惟此類混合學習活動的實施，仍有賴學校在學習環境、教材、與教法方面作適當的設計與配合，方可使身體傷殘學生殘而無障，得與普通班學生共同切磋學習。

㈢特殊學校

由於整個學校係專為某一類身體傷殘兒童而設計，因此無論在有形的硬體教學設施、師資條件、課程安排等方面，皆可作周詳而完整的規劃。但其缺點則為身體傷殘學生缺少與普通學生交流觀摩的機會，難免影響其正常社會生活的適應。通常收容於特殊學校或特殊班者，多屬重度的身體傷殘兒童。

㈣醫院附設學校或班級

有些醫院在為肢體障礙或病弱兒童從事診斷與治療期間，為免其中斷或荒廢學業，常附設學校或班級以提供必要的教育機會。而需採此種教育安置方式的身體傷殘兒童，亦以重度者居多。

㈤家中教學

有些身體傷殘兒童由於其傷殘狀況的特殊令其無法到學校就讀，只得由學校安排教師到其家中施教，或採函授、廣播電視教學之形式，為其提供學習的機會。

☪二、教育與輔導的策略

肢體障礙與病弱兒童如果只是單純的具有行動或體能上的問題，則其教育目標應不致與一般兒童有太大的歧異；如果尚伴隨有智能不

足、學習障礙、情緒困擾等方面的問題，則其狀況將更為複雜。多重障礙兒童的心理與教育，將留待本書第十章再作探討。肢體障礙與病弱兒童的教育與輔導，基本上須考慮其生活與學習的需要為何。換句話說，教育與輔導上的施為，即在減少其生活與學習上可能遭遇的障礙，並使其身心潛能得以獲致最大程度之發揮。以下將就肢障與病弱兒童在教育與輔導上的幾個重要策略，分別加以述說。

㈠瞭解肢障與病弱兒童的特殊需要

　　一般說來，身體傷殘兒童的教學目標與普通兒童應無二致。然而由於其身體上的缺陷，吾人在為其擬定教學目標時，可能有減省、變更、或增列的情形。例如先天截肢的兒童，在一般情況下，勢必無法學習一些粗重的工藝作業，有些兒童需要長期的療養，也不得不刪減部分次要的學習目標。有些身體傷殘兒童如果無法說話，或許可以教導其使用溝通板以表達其情意，不能從事激烈運動的血友病兒童則可以變更其學習目標，而輔導其從事安全性較高的活動。身體傷殘兒童有的具有行動、說話、生活自理等方面的困難，這些項目對普通兒童而言，可能不須特別列入其課程之中即可於偶發的機會中學得，然對肢障或病弱兒童而言，則非增列為學習目標不可。我國「仁愛學校（班）課程綱要」中所列的教學科目除與一般中小學相同者外，另設有復健訓練一科，以提供學生心理輔導、機能訓練、及語言矯治等方面的服務（教育部社會教育司，民72c），即屬教學目標增列的情形。惟不管教學目標的減省、變更、或增列對許多身體傷殘的兒童而言，皆只是暫時性的權宜之計，當這些兒童因教育與復健的實施，其身心狀況有所改善時，吾人仍應對其學習目標隨時配合著調整。

　　我們除了從肢障與病弱兒童的學習目標來考慮其特殊需要以外，克洛斯（Cross, 1985）認為教師尚應注意兒童在下列各方面的可能需求：

　1. 醫療方面

　⑴兒童是否有癲癇、糖尿病、感覺缺陷等方面的附帶問題？

　⑵兒童是否在服藥？多久服用一次？藥量如何？

　⑶如兒童需服藥，學校是否得到授權於兒童在校時給藥？

(4)兒童所用的藥物有何副作用？

(5)當兒童發生癲癇發作、胰島素反應、糖尿性昏迷等問題時，學校如何與家長或醫護人員聯繫？

(6)兒童在活動方面應否加以限制？

2. 行動方面

(1)兒童如何到校？

(2)兒童可在規定時間到校嗎？

(3)兒童是否需要有人協助其上下車輛？

(4)學校的建築物是否須加改造，以方便兒童之行動？

3. 身體位置的轉換與升高方面

(1)用何種方法使兒童能上下校車？

(2)將兒童從輪椅中升起並轉換到學校座椅較好的方式是什麼？

(3)在將兒童身體位置升高與轉換方面，有何限制或須注意之事項？

(4)兒童在身體位置的移動與轉換方面，其所需要的協助有多少？

4. 溝通方面

(1)如兒童無法以言語溝通，其特有的溝通方法為何？

(2)兒童有說話或語言的問題嗎？

(3)兒童使用手勢嗎？如果是的話，是何種手勢？

(4)兒童能寫嗎？寫字的情況如何？

(5)兒童是否使用電子的溝通裝置？兒童與教師是否瞭解其使用方法？

(6)兒童能將他的需要傳達給教師嗎？如何傳達呢？

5. 自我照顧方面

(1)兒童在諸如飲食、穿著、便溺等自我照顧的活動方面，需要何種協助？

(2)兒童在自我照顧方面須使用特殊的設備嗎？

6. 身體姿勢方面

(1)兒童使用何種維持身體姿勢的裝備（支架、枕頭等）？

(2)兒童從事學習活動或休息時，是否各有其較適當的姿勢？

(3)兒童在便溺、飲食、穿著等活動方面最適當的姿勢各是如何？

(4)是否有其他特殊的輔助器材教師應有所瞭解的？

㈡加強實施早期教育

肢體傷殘兒童的早期鑑別與教育，將有助於使其身心潛能獲得最大可能的發展。這種早期的教育可透過日間托育中心的方式來實施，也可對父母施以適當的教養訓練，而由其自行在家中負起教育與輔導肢障或病弱兒童的責任。因此學前早期教育的成敗，家長的態度實為關鍵所在。教育人員似應協助家長認識其身體傷殘子女學前教育之價值，並建立其信心。

早期教育與訓練的實施，固應針對兒童身心狀況所顯示的特別需要而作個別的設計，然其內容應不離乎嬰兒正確身體姿勢定位（positioning）的控制與扶持（handling），以增強其正常的反射能力，並充實其對環境的知覺與探索；另外知覺動作、溝通與社會能力等的發展，也應列為輔導的重點，以強化身體傷殘兒童的身心功能，並在生活方面獲致最大可能的獨立。

㈢消除環境中的行動障礙

兒童本身身體的傷殘，並不必然的會有行動上的困難，有許多行動上的問題是由建築物、道路、交通設施等的障礙所造成的。因此消除環境中的行動障礙，將有助於擴大身體傷殘兒童的生活與學習空間。美國一九七三年所頒布的復健法（the Rehabilitation Act of 1973, 又稱 PL 93-112），其第五百零四條即指出：「在美國的任何一位合格的殘障者……不得只因其具有障礙為理由，而被排斥參加聯邦所資助的任何計畫或活動，或者被否定享有參加的權益，或是受到歧視」（*Kirk & Gallagher, 1983, p. 452*）。我國在民國九十二年所修正公布的「身心障礙者保護法」第五十六條也明言：「各項新建公共建築物、活動場所及公共交通工具，應規劃設置便於各類身心障礙者行動與使用之設施及設備。未符合規定者，不得核發建築執照或對外開放使用。」由於這項法律的規定，目前國內的公共設施，已逐漸注意到身體傷殘者行動暢行性（accessibility）的考慮，如為方便輪椅通行而設置的坡道

（ramps）、門檻、室內空間的擴大，他如洗手間內加裝扶手（guard-rails）、避免走道、階梯表面的過於平滑，殘障者專用設施之標示等，皆有助於提高身體傷殘者在行動上的自由度。惟國內此項消除或減少環境中行動障礙的工作，其普及性仍然不足，有賴全國上下繼續努力，使身體傷殘者得以暢行無阻。

㈣提供生活與學習上必要的輔助設備與器材

許多輔助設備和器材的發明與應用，已使得肢體障礙與病弱兒童化生活與學習上的「不能」為「能」。民國九十二年修正公布的「身心障礙者保護法」第二十三條指出：各級教育主管機關辦理身心障礙者教育及入學考試時，應依其障礙情況及學習需要，提供各項必需之專業人員、特殊教材與各種教育輔助器材、無障礙校園環境、點字讀物及相關教育資源，以符公平合理接受教育之機會與應考條件。民國九十年修正公布的「特殊教育法」第二十四條也規定：就讀特殊學校（班）及一般學校普通班之身心障礙者，學校應依據其學習及生活需要，提供無障礙環境、資源教室、錄音及報讀服務、提醒、手語翻譯、調頻助聽器、代抄筆記、盲用電腦、擴視鏡、放大鏡、點字書籍、生活協助、復健治療、家庭支援、家長諮詢等必要之教育輔助器材及相關支持服務。輔助設備與器材的使用，主要係適應身體傷殘兒童在動作、溝通、行走等方面功能的缺陷，並滿足其復健訓練上的需要。因此輔助設備與器材的應用，可謂涉及殘障者食、衣、住、行、育、樂的每一個層面。只要他們有需要，新的設計或發明即可能隨之出現，所以其種類繁多，自不待言。圖7-8至圖7-15所示者只是輔助設備與器材的少數例子而已。

圖7-8　助行車（walkers）

圖7-9　高背椅及支持頭、肩、軀幹用之背心

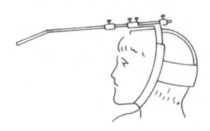

圖7-10　可用於溝通、操作電動打字機等的指點器（pointer）

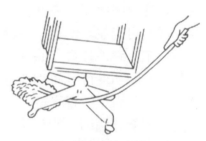

圖7-11　可讓坐於輪椅者使用之具有彈性的拖把

圖7-12　把柄便於拿握之餐具

圖7-13　可爬行階梯的輪椅

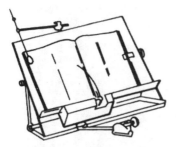

圖 7-14　自動書頁翻動器

圖 7-15　指肩運動器

㈤注意交通接送之需要

肢障與病弱者如因行動不便，而又無法獲得適當的交通接送服務，往往會因此而喪失許多教育、訓練、或就業的機會。儘管這種服務的代價可能並不便宜，不過它確是一切服務之母。因為假設身體傷殘兒童未能到達教育、治療、或工作的場所，則其他服務與輔導的提供將不易順利進行。而所謂適當的交通接送服務，則除了交通工具的提供以外，尚須注意學童上下車時對某些特殊裝備的需要，以及坐在車上時安全舒適因素的考慮。

㈥兼顧醫療復健方面的需要

學校的主要功能雖在教學，但肢障或病弱兒童除了技能的學習以外，可能尚有某些醫療復健方面的需要，學校也同樣須負起輔導與相互配合的責任。例如學校對身體傷殘兒童學習活動的安排，即須考慮其生理上可能的限制，同時也應督促學生遵守醫師對其在飲食、作息、服藥等方面的指示。因此，學校教師惟有對肢障與病弱兒童在學習之外的其他需要也有充分的瞭解，才有可能提供適當的教育和輔導。

㈦提供必要的心理輔導

肢障或病弱兒童對其身體缺陷的感受與反應，雖未必一致，但無可否認的，仍有人會因此而感到挫折、畏縮，對其自我形象造成極大的傷害。為提振這些兒童的自信，並培養其面對現實、積極進取的人

生觀，心理輔導的實施確有必要。惟諮商與輔導的對象，應不限於身體傷殘兒童本人，舉凡兒童的父母及家人，甚至學校中其他的師生也應儘量與之有相互溝通的機會。因為惟有身體傷殘兒童環境中的他人，對殘障者具有健康的態度，這些兒童在心理上才容易健全地成長。

☾ 三、科技的應用

前面提到身體傷殘兒童所需的輔助器材與設備，皆是科技上的研究發明造福這些兒童的例子。有關這些科技產品的用途，前面已介紹過，故不再重複，此處擬就最新的一些發展提出討論。

最近許多輔助器具的研究發展人員，也僱用傷殘人士協助新產品的開發、設計與試驗。相信由於殘障者的參與研究，其所發展出來的輔助器材與設備，將更能符合殘障者的需要。最近的一些產品，多注意到電腦技術的引用，因此輔助器具的自動化，是目前的一大特色，對重度身體傷殘人士，當然增加不少生活上的便利。就生活獨立的輔助器材而言，目前已有裝置於桌上自動機械手的設計，可以對身體傷殘者在飲食、翻動書本、接聽電話等方面提供協助。也有的自動化裝置係用來提醒傷殘者定時服藥，或發出求救訊號，假設當事人對此一裝置的問話（如你好嗎？），在一定時間內（五分鐘內）皆未回答的話。就最近的發展趨勢來看，環境控制系統（environmental control system）的研究設計，似為一個重要的努力方向（Kneedler et al., 1984）。一般說來，環境控制系統的運用，主要在讓對日常生活事務的執行（如開門、打開電視機、飲食、穿著、拿起電話筒等），感到心有餘而力不足的殘障者，得以最簡易的方式（如吸氣、吹氣、輕微的動作等），來操作控制鈕，而指揮自動化的輔助器械執行這些日常生活事務。

除了為滿足身體傷殘者獨立生活的需要，而有環境控制系統的發展外，最近科學家也注意到用電子刺激（electrical stimulation）的裝置，來幫助肢體麻痺者改善其神經肌肉的功能，使手不能拿，腳不能走的人士，居然也能拿筆寫字或跨出人生的第一步（Kneedler et al., 1984）。這些電子刺激裝置雖仍在實驗研究階段，尚未能實際應用於日常生活之中，但展望未來對身體傷殘者肢體功能的改善，實具有莫大的發展潛力。

第八章

行為異常兒童

第一節　行為異常的意義

一、行為異常的定義

在民國七十三年所公布的「特殊教育法」，曾將行為異常與性格異常並列於「身心障礙」項下，但性格異常者必有行為上的症候，方有可能為人所察覺，故兩者實同為行為問題（behavior problems）。民國八十六年公布的「特殊教育法」所列的「身心障礙」之情形中，雖未見行為異常與性格異常之名，卻出現了「嚴重情緒障礙」這一類別。嚴重情緒障礙者的外顯行為當因為出現異常，方被視為問題。本章對行為異常的探討，即涵蓋性格異常與嚴重情緒障礙在內。而對特殊教育法中新增的「自閉症」一類，亦將於本章中加以討論。

教師在一般教學情境中，並不難發現兒童之有異常行為者。舉凡兒童之容易感受困擾，或引起別人困擾的，皆會被認定是行為異常者。這類兒童在人我的互動關係中，不只容易與人產生衝突，並且與其自我也可能一直處於衝突掙扎的狀態。由於行為異常與情緒狀況有密切的關係，因而行為異常也常見有人以情緒困擾（emotional disturbance）、情緒障礙（emotionally handicapped）、或情緒不良適應（emotionally maladjusted）等稱之。

行為異常的發覺或許不難，但行為異常的界定則非易事。行為異常之所以缺乏共通與一致性的定義，揆諸其因約有下列數端：

㈠對行為異常的解釋，其理論基礎相當分歧。如心理動力論（psychodynamic approach）、行為論（behavioral approach）、生態環境論（ecological approach）等皆有其各自的觀點，當然對何謂異常行為也會有不同的看法。

㈡各類專業人員對兒童行為的期待與容受力往往有所差異。例如一般教師可能對兒童的攻擊行為認為事態嚴重，而心理衛生專家則認為退縮行為才是值得關切的。

㈢具有不同種族、性別、社經背景的人們，對問題行為的見解，

也往往有所出入。

㈣即使是同屬於某一群體內的人們，其對兒童行為的價值觀點也有差異存在。因之不同的教養態度也就塑造不同的兒童行為典型。兒童的行為是否成為問題，往往受到這些價值觀點所左右。

㈤此外，在對行為異常定義時目的的不同，以及行為評量，正常行為的範圍與變異，行為問題與其他異常特質的關係，兒童異常行為的暫時性，以及標記（labels）選用的不易等所引發的問題，皆會使行為異常的界定產生困難（*Kauffman, 1985*）。

雖然行為異常的界定並不容易，不過許多教育與心理學者，基於教育與輔導的目的，也各自提出他們認為合適的定義，茲分別介紹如下。

裴特（*Pate, 1963*）：

　　情緒困擾的兒童其行為是十分不當的，以致平常在校中會(a)妨礙班上其他同學，(b)給教師帶來極大的壓力，(c)使兒童個人困擾的情形變本加厲。（*p. 242*）

海崙（*Haring, 1963*）：

　　情緒困擾者由於機體或環境因素的影響，會長期地表現：(a)學習的速率無法與其智力、感覺動作、與生理發展的情形相配合，(b)無法建立與維持適當的社會關係，(c)無法在日常生活情境中作適當的反應，(d)從過動、衝動的反應到壓抑與退縮的許多極端行為。（*p. 291*）

柯克（*Kirk, 1972*）：

　　行為異常可界定為與年齡的適切性有所偏異的行為，它顯著地妨礙：(a)兒童的成長與發展，以及(b)他人的生活。（*p. 389*）

雷諾特（*Reinert, 1976*）：

具有衝突感的兒童（*the child in conflict*）可界定為：兒童的外顯行為對其本身的生活或教育發展，或其同儕的生活或教育發展會有不利的影響。這些消極的影響就其嚴重程度與對未來的預斷而言，每個兒童之間皆有相當大的差異。（*p. 6*）

鮑爾與連勃特（*Bower & Lambert, 1971*）則將行為異常界定為：

喪失一般至顯著程度的行為自由，以致減低其與他人有效學習或工作的能力。在班級之中，這種自由的喪失影響到兒童的教育與社會經驗，並且顯然容易出現下述五種行為型態的一種或一種以上：(a)無法學習，而又不能以智能、感覺、神經生理，或一般的健康因素作適當的解釋；(b)無法和同儕及教師建立或維持滿意的人際關係；(c)在正常的狀況下，有不當或不成熟的行為或情緒型態；(d)普遍充滿不快樂或鬱悶的情緒；及(e)有衍發出生理症候的傾向，諸如與個人或學校問題有關的說話問題、疼痛、或恐懼。（*pp. 142-143*）

以上所列舉的行為異常之定義，尤以鮑爾與連勃特的定義影響最大，它不只受到廣泛的引述，而且其大部分的內容也出現在美國94-142公法對「嚴重情緒困擾」（seriously emotionally disturbed）的定義之中。該立法對嚴重情緒困擾的界定如下：

1. 此一名詞係指會長期且明顯地表現下述一種或多種特質，而對教育上的表現產生不利影響的一種狀況：
   (1)無法學習，而又不能以智能、感覺、或健康因素加以解釋；
   (2)無法和同儕及教師建立或維持滿意的人際關係；
   (3)在正常的狀況下，有不當的行為或情緒型態；
   (4)普遍充滿不快樂或鬱悶的情緒；

(5)有衍發出與個人或學校問題有關的生理症候或恐懼的傾向。

2.此一名詞包括精神分裂症兒童在內。此一名詞不包含社會不良適應兒童，除非他們經確認在情緒上有嚴重的困擾。（Federal Register, 1981, Vol. 46, p. 3866; 引自 Apter & Conoley, 1984, pp. 12-13）

前述對「嚴重情緒困擾」所下的定義，承襲鮑爾與連勃特的定義，可說相當適用於教育環境中。不過此一定義跟鮑爾和連勃特的定義一樣，皆讓人覺得「精確性」不夠，在實際運用時將會產生諸多困難。例如「長期」與「明顯地表現」究何所指，以及「無法學習」，「建立滿意的人際關係」等其標準又是如何，在在皆顯示定義內容的充滿主觀而欠缺「操作性」（operational）。另外，將社會不良適應兒童排除於嚴重情緒困擾之外，也引起許多爭議，因為這兩類兒童實難按其外顯行為而加區分。同時，許多人在談到行為異常時，皆將情緒困擾與社會不良適應包括在內（*Apter & Conoley, 1984*）。兩者同為教育人員關注的對象，如將社會不良適應兒童排除在外，於特殊教育服務的提供方面，將滋生困擾。

我國教育部（民81）曾對性格異常暨行為異常作過正式的界定。所謂性格異常，係指在青少年或兒童時期由於體質、生理、心理或長期外在環境因素之影響，造成人格發展之缺陷，導致其生活內容、思考方式或行為表現僵滯或偏差者，此種現象通常持續至成年。而行為異常，則係指在生活環境中所表現之行為顯著異於生活常規或年齡發展常態，並妨害其學習表現、情緒、人際關係、或妨害他人學習者。而教育部（民91）則指嚴重情緒障礙，係長期情緒或行為反應顯著異常，嚴重影響生活適應者，其障礙並非因智能、感官或健康等因素直接造成之結果。情緒障礙之症狀包括精神性疾患、情感性疾患、畏懼性疾患、焦慮性疾患、注意力缺陷過動症、或有其他持續性之情緒或行為問題者。嚴重情緒障礙之鑑定標準如下：

1.行為或情緒顯著異於其同年齡或社會文化之常態者，得參考精神科醫師之診斷認定之。

2.除學校外，至少在其他一個情境中顯現適應困難者。

3.在學業、社會、人際、生活等適應有顯著困難，且經評估後確定一般教育所提供之輔導無顯著成效者。

由上述教育部（民 81, 91）對性格異常、行為異常與嚴重情緒障礙的定義觀之，性格異常與嚴重情緒障礙者仍會有行為問題的症候，此本章之所以將性格異常與嚴重情緒障礙視為廣義的行為異常之範疇也。

☾ 二、行為異常的分類

行為異常的分類，正如它的定義一樣，也因從事分類的人士專業背景及目的之不同而有所差異。目前已知的幾個主要分類系統有精神病學的分類法（psychiatric classification），行為分類法（behavioral classification）以及按行為異常的程度而加以分類者（classification by severity）。茲分別介紹如下。

㈠精神病學分類法

根據臨床工作經驗，精神病學家即據以發展出行為異常的分類系統。其中比較著名的要屬美國精神病學會（American Psychiatric Association, 1994）所制定的第四版心智異常診斷與統計手冊（the Diagnostic and Statistical Manual of Mental Disorders, 4th edition，簡稱 DSM-IV）。此一手冊將初見於嬰兒期、兒童期或青少年期的異常行為分為下列十大類：

1. 智能不足（mental retardation）。
2. 學習異常（learning disorders）。
3. 動作技能異常（motor skills disorders）。
4. 溝通異常（communication disorders）。
5. 普遍性發展異常（pervasive developmental disorders）。
6. 注意力缺陷異常（attention-deficit disorders）與破壞行為異常（disruptive behavior disorders）。
7. 嬰幼兒期餵養與飲食異常（feeding and eating disorders of infancy and early childhood）。
8. 抽搐異常（tic disorders）。

9.排泄異常（elimination disorders）。

10.其他嬰兒期、兒童期、或青少年期異常。

美國精神病學會這一分類系統，似看重於行為異常的症候及其病源因素的考慮。因之診斷者只要將兒童的行為特徵與此一分類系統下每一細分類之行為描述相對照，即可找到其異常行為的歸類。惟在實際應用時，診斷者對兒童行為的分類仍難避免主觀的色彩，同時大部分的分類資料，也不易顯現其所具的教育意義，因之精神病學分類法在行為異常兒童的教育安置方面用得並不普遍。

(二)行為分類法

此一分類法乃是以檢核表（check lists），評定量表（rating scales），及其他評量工具去蒐集大量的兒童行為資料，再使用統計方法（如因素分析），以顯示問題行為的歸類。因此行為分類法亦稱統計分類法或向度分類法（dimensional classification）。由於這種分類方法所根據的乃是可觀察的行為組型，有助於教師及家長對兒童的行為確實地加以評量。因此在教育與輔導上，也更容易顯現其應用的價值。在行為分類法的研究方面，以奎伊（H. C. Quay）的研究最為有名，奎伊（Quay, 1979）認為行為異常計可分為行為失常（conduct disorder），焦慮——退縮（anxiety-withdrawal），社會化攻擊（socialized aggression）及不成熟（immaturity）四種類型，茲將每一類型之重要特徵分別列舉如下：

1.行為失常型：反抗權威、對權威人物充滿敵意、手段兇殘、心術不正、鮮有罪惡感、好吵架滋事、破壞財物、自私、好責難他人、暴躁、過動、容易分心、虛偽、缺乏責任感、言語無禮等。

2.焦慮——退縮型：膽怯、害羞、過敏、柔順、自卑、緊張、容易受到傷害、壓抑、退隱、經常哭泣等。

3.社會化攻擊型：參加不良幫派、結夥偷盜、離家出走、逃學、深夜遊蕩不歸等。

4.不成熟型：注意力短暫、動作協調性不佳、常作白日夢、偷懶、被動、終日昏睡、對課業缺乏興趣、做事雜亂無章等。

在行為分類法方面，艾青貝（*Achenbach, 1966*）的分類方式也頗值得一提。他將兒童的異常行為概分為內化（internalized）與外化（externalized）兩型。有些兒童會將其所有的感受內在化，而使其身心俱受到傷害，但有的兒童則會將其不愉快的感受，以其環境中的人與物作為訴求的對象。前者即會出現內化型的行為徵狀，而後者則會表現外化型的行為特徵。茲將男女兒童在內化與外化型的行為症候分別列舉如下（*Achenbach, 1966*）：

1. 內化型

(1)男童方面：恐懼、胃痛、憂慮、退卻、嘔吐、困惱、害羞，具有強迫觀念、失眠、哭泣、幻想、頭痛、退隱、冷淡等。

(2)女童方面：嘔吐、頭痛、胃痛、恐懼、複視（diplopia）、拒絕飲食、困惱、退卻、壓抑、頭暈、哭泣等。

2. 外化型

(1)男童方面：不順從、偷竊、撒謊、打架、殘忍、具破壞性、逃學、放火、離家出走、發脾氣、炫耀、過動等。

(2)女童方面：不順從、撒謊、偷竊、打架、離家出走、咒罵、好爭吵、脅迫、逃學、具破壞性等。

㈢以行為異常的程度而分類的方法

教育界的人士也常以行為異常的程度，而將之分為輕度、中度、及重度等幾個等級（*Reinert & Huang, 1987*）。通常輕度行為異常者，對個人及他人皆不致造成太大的困擾，當事人尚能與別人維持相當程度的和諧關係，其工作、學習的效率所受到的影響也屬輕微。中度行為異常者在情緒上會感受極大的痛苦，其工作、學習的效率，及人際關係也深受其問題行為的影響。重度行為異常者有如生活於另一個世界的人一樣，他們很難從事學習與處理日常事務。一般教師與家長如經適當的指導，尚能處理兒童的輕、中度異常行為，而重度行為異常兒童則須在隔離的環境中，由專門人員長期加以輔導（*Nelson, 1985*）。

一般說來重度行為異常者與輕度或中度行為異常者的辨別並不難，然而要想對重度行為異常者再明確加以細分，則爭論常由之而

起。在重度的行為異常中，兒童精神分裂症（childhood schizophrenia）與幼兒自閉症（infantile autism）即屬容易產生混淆的兩個細分類。其中，自閉症依教育部（民 91）的界定，係指因神經心理功能異常而顯現出溝通、社會互動、行為及興趣表現上有嚴重問題，造成在學習及生活適應上有顯著困難者；其鑑定標準如下：

　　1.顯著口語、非口語之溝通困難者。

　　2.顯著社會互動困難者。

　　3.表現固定而有限之行為模式及興趣者。

　　另外，衛生署（民 91）則認定自閉症係合併有認知功能、語言功能及人際社會溝通等方面之特殊精神病理，以致罹患者之社會生活適應有顯著困難之廣泛性發展障礙。幼兒自閉症與兒童精神分裂症最主要的區別在其發病年齡的不同。如果兒童係在出生後三十個月內出現異常行為，則會被認為是自閉症；要是在三十個月以後才發病，則屬精神分裂症（*Kauffman, 1985*）。除此之外，幼兒自閉症與兒童精神分裂症尚有其他差異之處（見表 8-1）。

　　以上從臨床研究、統計分析、及問題行為的嚴重程度等幾個角度，對行為異常所作的分類，大致上已可將行為異常兒童可能經驗到的困難充分加以列舉。不過吾人在輔導行為異常兒童時，所應關心的是他們所遭遇的是何種問題，而非他們屬於哪一類型的行為異常。例如有兒童經常以頭碰壁，我們應認定此一兒童有以頭碰壁的問題，不必以「自閉症兒童」的標記稱之。因為兒童碰頭的問題，尚處置有道，但自閉症在目前而言卻仍治療不易。

表 8-1　幼兒自閉症與兒童精神分裂症之比較

幼兒自閉症	兒童精神分裂症
缺乏情感的交流與溫暖的關係	在人際關係方面更具訴求與回應性
家人精神病的出現率低	家人精神病的出現率高
家庭背景穩定且具專業性	家庭背景缺乏穩定性
同卵雙生子皆可能出現	同卵雙生子不會皆出現
不容易加以制約	容易加以制約
有語言的困擾與缺陷	語言得以發展、但可能異常
有特殊的技能表現	無特殊技能
高水準的動作技能	動作技能低劣、怪異
無幻覺或妄想	偶有幻覺或妄想
對同一性的固執	具變異性
無社會互動關係	依賴成人
當被抱著走時身體姿勢無法作對應配合	身體姿勢可能作對應配合
從出生即出現	早期發展正常
健康及外貌良好	多病、外形羸弱
腦波通常正常	腦波常顯異常

（修正自 Swanson & Reinert, 1984, p. 152）

☾ 三、行為異常的出現率

　　對於行為異常兒童出現率的推估，有低至 0.05%者（*Kauffman, 1977*），也有高至 30%者（*Wood & Zabel, 1978*）。這種出現率估計紛歧的情形，應與行為異常的缺乏一個共通的定義，以及值得信賴的標準化診斷工具之闕如有密切的關係。此外，推估方法的差異和社會政策及經濟因素的影響，也會左右行為異常出現率的估計（*Kauffman, 1985*）。

　　美國聯邦政府在實施 94-142 公法之前，曾將行為異常學童的出現率估計為 2%，目前則建議以 1.2%至 2%為範圍。不過有些學者認為以 2%作為行為異常學童的出現率誠屬低估（*Apter & Conoley 1984; Kauffman, 1985*）。根據高夫曼（*Kauffman, 1985*）的看法，學齡兒童因行為問題

而需要接受特殊教育者，可能介於 6%至 10%之間；不過美國在一九八三年時，在校學童被鑑定為行為異常者並接受特殊教育的，卻僅約 0.88%。根據我國第二次特殊兒童普查之結果，發現在六至十四歲兒童中，共有性格及行為異常兒童 7,089 人，占學齡兒童母群體的 0.199%（教育部特殊兒童普查執行小組，民 82）。這項行為異常出現率的資料與國外的推估結果相較，誠屬偏低。

在研究行為異常兒童的出現率時，一般尚有以下幾個重要的發現（Kneedler et al., 1984; Gearheart, 1980; Nelson, 1985）：

1.在各類行為異常兒童中，男童皆遠比女童為多。

2.情緒困擾兒童屬於輕度與中度者占大部分，重度行為問題者的出現率僅約 0.1%。

3.絕大部分被鑑定為行為異常的兒童，其被鑑定時的年齡多在十歲左右。

4.學校對攻擊行為的忍受程度特低，而表現攻擊行為者以男生或社會經濟地位較差者為多。當女童年齡漸長，其問題多偏於人格方面，而男童則以行為異常或不成熟的問題居多。

☪四、行為異常的成因

雖然行為異常原因的探究，長久以來一直是個令人注目的課題，但它並不像一般疾病一樣可以確實地找到病源。因為在研究問題行為時，吾人並無法對環境變項作有效的控制，儘管利用統計方法我們可以指出行為異常的相關因素，但卻不可認定這些相關因素會必然地導致行為的問題。換句話說，有相關並不一定具有因果上的牽連。已知的行為異常之相關因素是否為行為問題的成因，吾人或可將之作為進一步研究的課題。根據目前多數學者的看法，與行為異常有關的主要包括生物物理因素（biophysical factors）與環境因素（environmental factors）兩個系統。以下將就上述行為異常的相關因素，分別提出討論。

㈠行為異常的生物物理因素

與行為異常有關的生物物理因素一般包括遺傳基因、腦傷、或生

物化學失衡（biochemical imbalances）等問題。雖然這方面的研究結論並不一致，但許多研究皆發現，重度的行為異常比程度較輕者，似更常見其與生物物理因素的關聯性。

　　遺傳基因與行為異常的關係，似可從家族中有人曾罹患某種精神病（如精神分裂症），則其他成員發生類此疾病的危險性也較高得到支持（Gearheart, 1980）。另外，幼兒自閉症、多動、與行為逾軌發生在男性的人數為女性的四至八倍；而女性在青春期以後出現情緒壓抑與社會恐懼症者，為男性的二至三倍（Kirk & Gallagher, 1983）。這些性別差異現象的形成，固可以社會對男女性有不同的態度來作解釋，但也可能與性聯遺傳因素（sex-linked genetic factor）有密切的關係。

　　腦傷或腦功能的失常，常會妨礙對行為的敏感、反應、與抑制性，因而造成當事人的被動、了無生氣、或活動過多、行為暴躁等現象。雷恩南（Rimland, 1964）也指出自閉症可能與腦傷也有密切的關係。

　　所謂生物化學失衡，是指人體內出現有毒物質，維生素與礦物質不足或過量，以及營養不良等現象而言。柯曼（Coleman, 1976）認為只要減少某些礦物質的攝取量，並增加某些維生素之供給，應可緩和情緒異常的行為症狀。而長期的營養不良，也可能導致兒童的膽怯、退縮與學業不振（Cravioto, Gaona, & Birch, 1967）。

㈡行為異常的環境因素

　　與行為異常的出現比較有關的環境因素，主要來自家庭、學校、與同儕團體的影響。家庭生活的缺乏穩定性、父母的離異、對子女的教養態度、家庭成員的互動關係等，皆會影響到兒童人格的發展。黑潤頓（Hetherington, 1979）指出，來自破碎家庭的男童其出現問題行為的比率似乎較高。另外也有研究（Patterson, Reid, Jones, & Conger, 1975）指出，具有攻擊性的兒童，其家庭成員間往往充滿敵意；而不具攻擊性的兒童，則其家庭關係往往比較和諧。

　　有許多兒童在入學之後才開始出現許多行為上的問題，不禁令人想到學校環境與兒童的異常行為可能也有密不可分的關係。多數的行為異常兒童在學校的學習成就往往比較低劣，其中尤以男生為甚。另

一方面男生具有行為問題者也多過女生。因此學習困難很可能導致學生的過動、攻擊、或其他反社會行為（*Nelson, 1985*）。

同儕團體對兒童問題行為的產生，也可能具有相當的影響力。而這種影響力甚至比父母或教師有過之而無不及，這種現象尤以青少年為然。

前面雖然分別從生物物理與環境的角度，來探討行為異常的相關因素，但異常行為的原因究竟為何，仍是一個難以解答的問題。我們可以肯定的是行為異常必是多方面因素交互作用的結果，而非單一因素所可促成。然而吾人雖對兒童行為問題的原因難以知曉，但行為異常兒童的教育與輔導，通常並不一定非知道其原因不可。

第二節　行為異常理論簡介

研究人類異常行為的學者，常企圖以系統化的概念對行為的各種問題，作概括性與原則性的解釋，因而產生了與行為異常有關的種種理論或模式（models）。惟直至目前為止，尚無一種能為大家所共同接受的理論，也沒有任何一種理論可用來解釋所有的行為問題。本節將就常見的幾種行為異常理論，對問題行為的觀點及其輔導或處遇方法，分別作扼要的討論。

☾一、心理動力論

㈠基本概念

心理動力論（psychodynamic theory）有時也稱為心理分析論（psychoanalytic theory）。此一理論的創始者為奧國的精神病學家佛洛伊德（Sigmund Freud）。心理動力論強調個體的異常行為必有其歷史根源，而內在心理衝突的持久不得其解，常是產生情緒困擾或問題行為的原因。

佛洛伊德認為人格（personality）的結構主要包括三個部分：本我（id）、自我（ego）與超我（superego）。其中本我可謂是與生俱來

的人格原始基礎，自我及超我皆係由本我逐漸分化而來。本我受到唯樂原則（pleasure principle）所支配，所代表的乃是一些趨樂避苦的本能衝動（instinctive impulse）。而這些本能衝動的基礎，佛洛伊德稱之為慾力（libido），他認為慾力與潛意識的性衝動具有密切的關係。因此，本我在性質上誠然為生物性與潛意識的。自我在個體出生後不斷與環境相交往與接觸後即逐漸形成。自我的性質是意識的與心理性的，它所根據的乃是現實原則（reality principle）。自我的功能不只在維護個體的生存，並注意本我的原始需要是否為現實環境所接受，因此它對本我的衝動實具有節制的作用，使本我與超我之間能夠維持和諧與平衡的關係。所以自我實為整個人格結構的核心。超我即一般所稱的「良心」或「良知」。超我的形成，純屬後天教化的結果。因而它是一種社會性自我（social self）。超我的功能，不只在管制本我的衝動，同時也督促自我能在個體的立身行事方面力求完美，而符合社會標準及道德規範的要求，所以超我亦稱為「理想我」（ideal self）。惟超我的作用在本質上可能是意識的，亦可能是潛意識的。上述的本我、自我與超我三者乃是交相作用，而非分立的。換句話說，三「我」在人格上乃是一體的。惟有三者平衡發展，才有可能形成正常的人格，否則人格發展偏異，行為異常乃由之而起。

　　按照佛洛伊德的見解，一個人的人格基本結構在六歲之前即已大致形成。因此六歲以前的發展經驗，對嗣後的人格適應往往有極為深遠的影響。佛洛伊德認為一個人的發展從出生至成熟皆會經歷口腔期（oral stage）、肛門期（anal stage）、性器期（phallic stage）、潛伏期（latency stage）、以及生殖期（genital stage）五個階段。因這五個階段皆與性有密切的關係，故亦稱為性心理的發展階段（psychosexual stages of development）。其中在六歲之前先後出現的三個發展階段，分別是口腔期（初生至週歲）、肛門期（一歲至三歲左右），與性器期（三歲至六歲）。潛伏期約介於六到十二歲之間，而生殖期則從青春期開始。在前面的三個發展階段，兒童分別以口腔、肛門、及性器官作為其獲取快感的中心，他們在這一段時間的滿足或挫折的經驗，將左右其人格的發展方向。個人在每一個發展階段所產生的心理衝突，

如無法獲得紓解，將衍生為潛在的焦慮，而影響個人的行為適應。

(二)輔導方法

由於心理動力論者認為人類的經驗可包括意識與潛意識兩個部分，意識僅是冰山浮出海面之一角，潛意識則是隱藏不現的部分。而異常行為是個人潛在心理衝突的一種症狀。異常行為的消除之道無他，乃在潛意識衝突之廓清與紓解耳。因此心理動力論者所重視的乃是行為潛在病因的分析，他們認為如果只是致力於行為外顯症狀的治療，可能導致另一種行為症狀的替代（symptom substitution），對問題行為的根本消弭，並無多少助益。

因之，心理動力論者常藉自由聯想（free association），夢的解析（dream analysis），及利用當事人對輔導者所產生的轉移或移情作用（transference），以探究其被壓抑於潛意識中之動機或衝突，並瞭解其焦慮的來源；另一方面也對當事人作詳細的闡釋（interpretation），庶幾協助其獲得自我瞭解，期能對環境作積極而有效的適應，而恢復正常的現實生活。

一般說來，上述的心理分析（psychoanalysis）治療法，皆需由受過此方面訓練的精神病學家或心理學家來實施。不過此一理論對問題行為的處理原則，似可運用於一般的教學情境當中。例如教師如能培養師生間和諧、溫暖、與接納的關係，必有助於學生盡情表露其被壓抑的衝動與情緒。同時，透過遊戲、體育、音樂、美術等活動之適當設計與實施，兒童將能減少防衛，而發抒其潛意識中的憤怒、敵意等消極情感。這不只有助於教師對兒童的行為問題多一層的瞭解，同時也可發揮相當程度的心理治療效果。

☪ 二、行為理論

(一)基本概念

行為理論（behavioral theory）對於兒童行為異常的看法，可謂與前述的心理動力論大異其趣。支持行為理論的學者認為兒童異常的行

為是學得的，而非如心理動力論者所稱的只是被壓抑於潛意識之動機的一種表面症候。由於對行為異常觀點的歧異，因而兩者的輔導方法也自然不同。

　　行為理論的研究，最著名的要屬俄國的生理學家巴夫洛夫（Ivan Pavlov）及美國的心理學家史肯納（B. F. Skinner）。巴夫洛夫的貢獻在致力於古典或反應性制約（classical or respondent conditioning）的研究，而史肯納則提出操作性制約（operant conditioning）的學習觀點。綜括言之，行為理論實包含下列幾個重要的假設：（*Reinert, 1976; Apter & Conoley, 1984; Morgan & Jenson, 1988*）

　　1.所有的行為皆是學來的，也可以透過學習原理的應用而加以消除。

　　2.兒童所表現的行為與其環境之間，具有某種關係存在。如果環境的各種要素皆知悉的話，吾人即可能預測與控制行為的發生。

　　3.透過適當增強方法（reinforcement procedures）的運用，將可改變異常的行為（消除異常行為或以良好的行為取而代之）。

　　4.尋找異常行為的原因並無多大助益，因為某一行為原來的成因，在此時可能並非是維持這一行為繼續出現的因素。

　　5.行為理論是一種「黑盒子」（black box）理論。其中個體代表黑盒子，環境刺激傳達至黑盒子後，再由黑盒子發出相對的行為反應。不論是環境刺激或是行為反應，皆是可以觀察得到的，惟獨黑盒子的內部運作，卻難以知曉。吾人欲加改變的，即是那些可觀察與可測量之行為與環境因素。

㈡輔導方法

　　支持行為理論者並不重視行為問題的病源或歷史背景的探討，而完全以改變兒童的外顯行為，以符合某一既定標準為務。應用行為理論以改變兒童的不良行為，基本上須依循下列四個步驟（*Shea, 1978*）：

　　1.選定準備加以改變的不良行為。

　　2.蒐集與記錄行為的基準資料，以作為判定輔導成效的根據。

　　3.找出適合於兒童的獎勵（增強）方式。

4.使用適合於兒童的獎勵方式以實施行為改變計畫,並蒐集與記錄行為改變的資料,用以評鑑行為改變計畫的成效。

在改變兒童不良行為的過程中,如何有效地運用適當的增強方式,往往是整個行為改變計畫成敗的關鍵。羅勃茲(Roberts, 1975)認為增強的運用,須注意下列幾個原則:

1.增強的方式必須適當,如果某一種獎勵方式發揮不了作用,應再試用他種方式。

2.增強的給予須在兒童表現預期的行為之後。

3.如兒童表現預期的行為應儘可能即時予以獎勵。

4.在逐步改變兒童行為的過程中,採取多次的小獎勵,會比少數幾次的大獎勵,要來得更有效果。

☽ 三、生物物理論

㈠基本概念

生物物理論(biophysical theory)認為兒童行為或情緒的問題,乃是起源於生物與生理的因素,而且其許多特徵也跟疾病一樣。換句話說,行為異常和生理功能的異常有著直接的關聯,情緒或行為異常只是內在生理異常的外在表徵(Apter & Conoley, 1984)。用以說明這種觀點的,除了用生物物理論之名外,有時也常以生物遺傳的(biogenic)、機體的(organic)、生物的(biological)、神經心理的(psychoneurological)模式等稱之。不管所用的名稱為何,其基本的前提皆是相同的:「情緒困擾是心理疾病的一種形式,其病理狀況的存在係源於個體的缺陷」(Newcomer, 1980, p. 24)。

生物物理論的著名學者雷恩南(Rimland, 1969)曾將生物遺傳異常界定為「單純導源於生理化學環境影響的一種嚴重的行為異常現象。生物因素的影響可能發生在產前,產中,及產後的任何時間」(p. 706)。雷恩南算是極端的生物物理論者,因為他認為外在的環境對行為問題的形成,並非十分重要的因素。然而,也有學者主張外在環境的重要性實不應加以忽視,因為生物遺傳的傾向(biogenetic predispositions），固然有導致情緒或行為問題的可能；但外在環境的激促，應該會更使這種可能性提高（*Rosenthal, 1963*）。

因生物物理問題而形成的行為異常，通常與遺傳的影響、神經系統損傷、或生物化學失去平衡等幾種情況有關。而採用生物物理論的觀點來處理兒童的行為問題的，概以醫學為導向的機構居多（如精神療養院）。

(二)處遇方法

如果兒童的行為異常是出自生物物理上的問題，則處遇的方法基本上是屬於醫學的範圍。因此正確的診斷，也就成為適當處方的依據。根據兒童行為或情緒問題性質的不同，常見的處遇方法包括飲食營養的調整、心理藥物的治療（psychopharmacological intervention）、外科手術、適當運動的實施等。此外，諸如結構化教室情境之設計、系統性學習活動之安排、容易分心的環境刺激之控制等，也皆被認為有助於減低外在環境觸發兒童行為或情緒問題的可能性。

☾ 四、社會學理論

(一)基本概念

社會學理論（sociological theory）乃是從社會學的觀點，以解釋人類行為異常的現象。它所關心的乃是社會勢力（social forces）對人類群體的影響，而較少注意個別間的差異問題。人類自出生以後，即不能離群而索居。當其由幼至長的一段漫漫發展歷程，固在學習如何自立生活，不過最重要的乃在瞭解與遵循種種的社會規範（rules of society），此即所謂社會化（socialization）的過程。因此，個人社會化的失誤，常可見諸對社會規範的違逆。社會對違犯群體規範者，常以行為偏異者（deviants）視之，並加以適當的標記。

社會學理論中，有三個重要的觀點被用來解釋行為偏異的現象。這三個重要的觀點分別是社會失調（anomie）、社會解組（social disorganization）與文化傳遞（cultural transmission）。

　　社會失調的觀念，係由德克漢（E. Durkheim）所發展出來的。德克漢認為社會失調的產生，乃是由於社會無法配合其急速的變遷，以發展所需的規範體制（regulatory mechanisms）所使然。因此，當個人的需求過分的擴張，而社會規範又不能加以調節時，挫折與不滿即由之而生，無法無天（normlessness）的偏異行為即可能層出不窮矣！

　　社會解組的觀念係用來說明那些因高比率的犯罪、心理疾病、失業等，所形成的社會不安現象。解組（disorganization）意即社群（community）中互動秩序的崩離，這種現象乃是由社會無法滿足其成員的基本需要所引起的。當社會解組的情況一出現，其成員的異常行為將隨之而生。社會解組的情況越惡化，異常行為也相對的增加。但吾人須注意的是，發生社會解組的地區固會產生行為異常的個體，但也會吸引行為有問題的人移到「自然」的（沒解組的）地區去住（*Faris, 1944*）。同時，並非所有住於解組地區的人們，皆會成為精神或行為有問題的人。

　　文化傳遞的觀點認為行為上的偏異是學得而非個人與生俱來的。社會大眾一般而言皆有共通的行為規範。如大家能在此規範下，去學習滿足其各自的需要，則社會的安和樂利必然可期。但無可否認的，社會組成分子極其複雜。有些不符社會規範的行為，可能被某些人所認同（如認定偷竊、販賣毒品並無不可）。雖然整個社會對違法犯紀的行為，皆期期以為不可，但干犯法紀的異行可能卻在某些次級群體（subgroups）代代相傳，日久成風。所以「近朱者赤，近墨者黑」，正可說明文化傳遞對個人行為實具有重大的影響力量。

　　前述的社會失調、社會解組、與文化傳遞三個觀念，皆是社會學者用來說明人類異常行為的由來。因此就社會學的觀點，所謂行為異常即是行為違反社會規範而言。社會對違犯規範者不僅予以「偏異」的標記，並且也竭盡所能對其成員的行為有所節制。不過標記的給予，一般認為應是問題的起點，於被標記者行為的積極適應似無助益。正如牛卡門（*Newcomer, 1980*）所言：

　　標記理論（labeling theory）的本質在於標記本身帶有社會性

後果的意義。在理論上，當某一個人受到標記，他在社會的眼光中，即具有該一標記的特質……。社會期待個人的行為符合那種偏異的特性……。對正常行為卻視而不見。那就是其他的人皆習於記得能證實他們所預期的那些行為。（*pp. 54-55*）

在教育界中，行為異常的標記對兒童或青少年可能造成的心理創傷，也一向是受到熱烈討論的課題。社會學的研究，能引起人們對標記問題的注意，應可增進吾人對兒童異常行為的瞭解。

㈡輔導上的涵義

由於社會學理論的研究，所根據的多是群體的行為組型，因此其處遇策略也偏向以群體為對象的整個社會的變革，而較少及於個體行為的改變。雖然這些社會變革可能超乎一般教師的職責範圍，但社會學理論對教師在處理兒童的行為問題時，似可提供若干的啟示。例如牛卡門（*Newcomer, 1980*）即指出，社會學的觀點將有助於吾人減少標記所產生的負作用，增進吾人對個別差異的接納，並注意行為異常兒童生活與學習環境的安排。此外，保爾與伊班欽（*Paul & Epanchin, 1982*）也認為社會學理論在兒童行為的輔導上，也有下列幾個重要的涵義：

1. 教師對整個社會的影響力雖非顯而易見，但其對班級這種小型社會（minisocieties）的影響卻是舉足輕重的。

2. 教師對兒童的期望，其影響極為深遠。教師對兒童的評論，必須持之審慎。因為教師在兒童紀錄卡上不經心的一句評語，可能對兒童造成長期的傷害。因此教師正向的期待，或許對兒童會更為有利。

3. 如果行為異常可以解釋為對規則的干犯的話，則吾人似乎也應注意這些規則的合理性，以免妨礙兒童學習經驗的成長。

4. 規則的制定得當與否，往往與規則制定者（rule makers）的觀念有密切的關係。因此教育人員應注意反省其所持的價值觀點，是否與兒童的價值觀點有扞格不入之處，以作為行為輔導或修訂規則的參考。

5.由於標記對兒童的自我觀念與學習成就皆有極其不利的影響，因此教師在提供行為異常兒童特殊教育與輔導時，不應以兒童的獲得標記為前提。

總而言之，學校教師要想推動整個社會的變革可能並非易事。不過在今天如能應用社會學的知識，以減少個別學生的行為問題，相信明天我們社會上的問題將會減少許多。

☾ 五、生態環境論

(一)基本概念

前面所討論過的幾種行為異常理論，大抵皆同意人類的行為是個人內外在因素所共同促成的。不過每一種理論的觀點則各有所偏。心理動力論與生物物理論雖同為著重內在因素的瞭解，但心理動力論所注意的主要在於個人的「需要」與「驅力」，以及各個發展階段所出現的行為型態；生物物理論則強調生物物理因素對某些行為的產生所具的意義。另一方面，行為與社會學理論所關切的雖主要在於外在的因素，但行為理論者卻偏於對刺激與反應的型態及增強對行為的關係之探討；而社會學者則主要著眼於大的社會環境對群體與個人特殊行為之研究。上述的這些理論，似無法對各種行為異常問題皆提供令人滿意的解釋。生態環境論（ecological theory）對兒童行為問題的觀點與處遇途徑，則採行一種折衷的（eclectic）立場（*Swap, Prieto, & Harth, 1982*），很值得吾人加以注意。

生態環境論者認為，個人行為的取向是內外在因素交互作用（interaction）的結果，而非單純的內在或外在因素所能決定。圖 8-1 所示者為主要的行為異常理論與內外在因素的關係。由此可見生態環境論似強調從個人與環境的交互關係，去瞭解兒童行為問題的由來。生態環境論在研究兒童的行為問題時，主要係基於下列四個重要的假設（*Apter & Conoley, 1984*）：

圖 8-1　主要行為異常理論與內外在因素的關係

　　1. 每個兒童皆是其所存在的小社會系統（small social system）中不可或分的一部分。

　　2. 情緒困擾或行為異常不可視為存在兒童身上的問題，而應以生態系統（ecosystem）的不調和（失去平衡）視之。

　　3. 生態系統的不調和，可將之界定為個人的能力與環境的要求或期望失去平衡，也就是兒童與社會系統間無法相互配合的現象。

　　4. 任何處遇的目標，即在使生態系統得以發揮功能；並且最後不需任何處遇措施，其功能也同樣可照常發揮。

　　根據生態環境論的看法，行為異常的產生實不應單方面歸責於個人或環境。好像兩個人吵架，其中是非外人往往難以論斷。不過可以肯定的是，吵架的發生與兩人關係惡劣應有密切的關聯。生態環境論所要調整的，也正是個人與環境的互動關係。照生態環境論的說法，行為問題的出現既是兒童的能力與其環境的要求無法相互配合的現象，則無論是提高兒童的適應能力，或降低環境對個人的期待水準，必可使個人與環境的互動關係更趨和諧，而有助於行為問題的消弭或預防。

㈠輔導上的涵義

　　生態環境論既認為兒童的異常行為是來自個人與環境不和諧的互動關係，則設法使兒童生態系統中各有關因素能和諧地運作，而使其互動關係趨於平衡，則兒童的行為自然成為正常。兒童與環境的互動作用中有關的因素除兒童本身外，另一重要因素即是環境。環境變項

一般又可分為物理因素與人文因素兩部分。因而兒童行為問題的輔導，如採生態環境論的觀點，實不離乎兒童與物理或人文環境的處遇。

如果兒童本身成為處遇工作的對象，則可接受的行為之養成與無法接受的行為之消除，即成為輔導工作的目標。有時物理環境如校園規劃，教室格局的安排與布置等對兒童的心理氣氛與學習行為也有密切的關係，因此物理環境的改變，或可預防兒童異常行為的發生。另外也有一些情形，可能問題的根源既不在兒童也非在物理環境上面，而是有關人士對兒童行為的知覺、態度、及其價值理念等所形成的人文環境。因而，如何改變這些相關人士（如父母，家人，教育人員，親友等）對兒童行為的態度與期待，即成為輔導工作的要務。

無論吾人所致力改變的是人文環境、物理環境或兒童的行為本身，生態環境論共通的處遇目標，即在維護兒童與環境間互動關係的平衡。因而在其處遇過程即須因應兒童與環境間互動的性質，而採取適當的輔導策略。一般說來，並沒有純粹屬於生態環境論的輔導技術，生態環境論者所使用的大部分輔導方法，皆係引用其他行為異常理論的研究成果（*Apter & Conoley, 1984*）。所以生態環境論堪稱為一個相當綜合性的理論，其涵蓋性與包容性是其他理論所無法比擬的。

第三節　行為異常的鑑定

☾★一、一般的鑑定程序

行為異常的鑑定，乃在發現需要接受特殊教育的行為問題兒童，以便及早提供適切的輔導。行為異常的鑑定工作，一般可分為篩選與診斷兩階段。茲將這兩個階段的重要內容分述於後。

㈠篩選階段

行為異常兒童的篩選，乃是對某一群體（某一學校或區域）兒童作全面性的調查，其結果即在發現行為問題的可能個案，以作為接受進一步診斷的人選。因此篩選工作的結果，尚不足以認定某一兒童是

否為行為異常。行為異常與否的確認，應在診斷工作完成之後。實施行為異常兒童的篩選，主要係基於下列幾個目的（*Lambert & Bower, 1961; Swanson & Reinert, 1984*）：

　　1. 早期發現行為異常兒童，以便提供適當的輔導計畫。

　　2. 協助疑似行為異常兒童進一步接受更深入的教育診斷。

　　3. 協助教師認識行為問題的性質及其適當的處遇方法。

　　在行為異常兒童的篩選過程中，學校教師實居於舉足輕重的角色，其理由不外下列四方面（*Reinert, 1976*）：

　　1. 教師對兒童人格的發展具有相當的瞭解。

　　2. 從教學情境中，教師可以分辨出那些異於常態的行為。

　　3. 教師每天皆有相當長的時間可以從事兒童行為的觀察。

　　4. 教師所能觀察到的層面，涵蓋兒童的個別與團體的活動，因此教師對兒童行為所作的判斷，應有相當的信度與效度。

　　一般認為在篩選階段，教師對兒童行為的判斷，與專家的臨床評量（clinical assessment）結果可說十分接近（*Reinert, 1976; Shea, 1978*）。因此，在篩選行為問題兒童時，教師實為最有價值的資料來源。

　　除了教師的觀察與判斷外，適當篩選工具的配合使用，應能減少教師可能產生的主觀與偏見。鮑爾與連勃特（*Bower & Lambert, 1971*）曾舉出篩選工具的選擇，須能符合下列七個標準：

　　1. 教師不需外在的協助，亦能以所選用的工具去完成篩選的工作。

　　2. 所選用的篩選程序對一般教師而言需簡單易行，也不須長時間的講習或經常的督導。

　　3. 篩選的結果能發現疑似行為或情緒異常兒童的人選，使教師得以將之轉介給專門人員接受完整的診斷。

　　4. 所擇用的篩選方法不至於要求教師對兒童的行為問題作診斷，對問題的成因下結論，或對行為問題擅加標記與分類。

　　5. 所選用的篩選方法應不侵犯個人的隱私權，或違反評量工作應遵守的準則。

　　6. 篩選的方法不會對任何兒童造成威脅。

　　7. 所選用的篩選方法，其費用應不高。

上述的這七個標準，正可作為評鑑篩選方法或工具的適切性之用。

已知常用的行為異常篩選工具計有鮑連量表（Bower-Lambert Scales），瓦克問題行為檢核表（Walker Problem Behavior Identification Checklist），德瓦兒童行為評量表（Devereux Child Behavior Rating Scale），德瓦小學行為評量表（Devereux Elementary School Behavior Rating Scale）等數種（*Reinert, 1976*）。其中尤以鮑連量表應用得最為廣泛。此一量表適用於幼稚園至高中三年級男女學生的行為評量。它包括教師對兒童的評量，兒童的自我評量，以及同儕評量三大部分。

除了標準化的篩選工具外，社會測量法（sociometrics）也是許多教師常用的篩選技術。惟此一技術多作為蒐集支持或輔助性資料之用，而較少單獨作為篩選工具。社會測量法係穆瑞諾（J. Moreno）所創用，其實施方法頗為簡單。首先教師可設計一些能讓班上兒童，表示他們對其他成員喜愛或嫌惡意見之問題。例如最喜歡跟誰交往，最不喜歡和誰交朋友；或最喜歡與誰同座，最不喜歡跟誰同座等。其次要求班上兒童針對所提出的問題，從班上同學中提出一個或幾個人的姓名來作答。最後再根據所有提名的資料計算分數或繪製社會關係圖（sociogram），以瞭解班上兒童的社會適應情形。穆瑞諾（*Moreno, 1943*）曾指出，在運用社會測量法時，吾人尚須注意下列幾點：

1.引發兒童提名的問題，需簡單明瞭。

2.須保障兒童提名時的隱密性。

3.提名的限制應事先有清楚的交代。

4.對於兒童提名的人數不應作硬性的限制。

5.每一種提名的活動，應有其確切的主題。

6.應讓兒童儘可能對真實的情境作反應；亦即這種情境會因其所作的決定而改觀。

在篩選階段所採用的一切可能的評量技術，其最終的目的，即在指出疑似行為異常的兒童，以透過轉介而接受進一步的確認性診斷。惟柯斯勒（*Kessler, 1966*）認為教師在從事這種轉介工作時，須注意兒童的行為在下列幾個變項所表現的程度，以決定是否有轉介的必要：

1.所表現的行為與其年齡不相配合。

2. 問題行為出現的次數。

3. 問題行為的多樣性。

4. 兒童對其問題行為的知覺。

5. 問題行為處理的困難程度。

6. 問題行為對人際關係影響的程度。

7. 人格偏異的程度。

㈡診斷階段

診斷工作乃是以疑似行為異常的個案為對象，多方面蒐集其資料，以進一步瞭解其問題行為的性質，從而確定其是否須接受特殊教育與輔導的一種評量過程。因之診斷工作乃有下列五個重要的目的（*Shea, 1978*）：

1. 確定兒童是否有行為問題。

2. 如果兒童確有行為問題，則進一步確定其問題的性質。

3. 從各個專業的角度以探討兒童問題行為的涵蓋面。

4. 確定兒童可能需要的特殊服務的性質。

5. 規劃、設計、並協助兒童獲得能滿足其獨特需要的適當輔導方案。

由上述診斷的目的觀之，可見診斷與處遇實如影隨形，不可或分的。診斷工作的最終目的，乃在為提供兒童適切的處遇方案而鋪路。也惟有正確而可靠的診斷結果，才可據以提供兒童適宜的輔導方案。不過吾人須知，任何兒童問題行為的診斷結果，只能視為暫時的假定，因為兒童異常行為的形成，其原因往往十分複雜，而吾人對心理疾病知識的瞭解仍屬有限。同時兒童與青少年異常行為的診斷，也常出現下列的問題（*Shea, 1978*）：

1. 由於兒童語言能力的限制，在診斷時常須藉助其他的溝通方式如遊戲、投射技術、觀察等。

2. 兒童在表達與解決問題時，常因其經驗背景而受到不利的影響。

3. 兒童在同性與異性之間，其發展速率皆有差異，因之所謂行為常模的界定著實不易，異常行為的判斷也往往會有困難。

4.在兒童成長與發展快速的時期,其人格多缺乏穩定性,很值得吾人加以注意。

5.兒童所處文化環境對其人格與行為的影響,也不可加以忽略。

上述的這些問題,如在從事異常行為的診斷時未能加以注意,即可能誤導診斷結論,因此不可不慎。

緣於行為異常本身所牽涉的因素往往相當複雜,因此行為異常的診斷也須從各個相關的角度去探查。懷特(*White, 1961*)即指出,行為問題的適當診斷,有賴從事診斷者認真地考慮下列十個問題:

1.有何證據足以顯示行為問題的存在?

2.此一兒童的學習能力如何?

3.此一兒童的社會經濟地位如何?

4.此一兒童的文化背景如何?

5.此一兒童在其同儕中的社會角色(social role)如何?

6.此一兒童的健康狀況如何?

7.此一兒童經歷正常的發展階段嗎?

8.此一兒童是對學校中某些不被認可的情境作反應嗎?

9.此一兒童是對家庭中某些不被認可的情境作反應嗎?

10.此一兒童正是一個異乎尋常的學生嗎?

吾人要想適當地回答上述十個問題,恐非某一專業可得竟事。換句話說,行為異常的診斷,正需要各有關專業團隊的協同合作,分別從兒童的生理、智能、文化背景、生活經驗、發展歷史等角度,去瞭解其異常行為的性質與問題的癥結。這種專業團隊的合作診斷方式,應可避免將每一位轉介前來接受診斷的兒童,皆認為必然地存在著行為問題;同時也可避免將兒童視為一切問題的根源,而忽略了同儕、家庭、學校、以及社會文化環境等所可能產生的影響力量。另一方面,吾人如注意到懷特所提出的這些問題,將提醒我們每一個兒童皆是獨特的,他們應有和而不同的權利。如此,吾人方不致將兒童為表現其獨特的個性而與眾不同的行為,視為異常或問題。

上述專業團隊的成員因診斷資料蒐集的需要,可能包括醫師、教育人員、心理學家、精神病學家、社會工作員、兒童家長、語言治療

師、輔導人員等。為發揮這一團隊協同合作的功能，勢需有人出面擔任召集與協調的角色。此一人選須視兒童所在機構的性質而定。如兒童係在校就讀，則召集人應由學校教育人員（如輔導教師、特殊教育教師等）擔任為宜。如兒童求助的對象係心理衛生或精神醫療機構，則宜由該機構的某一成員擔負召集的責任。此一專業團隊的成員所從事診斷工作的項目，可能涵蓋下列幾個方面：

1. 醫學檢查：包括一般健康狀況，視、聽覺，言語機能，神經系統，家庭與個人病史等之檢查。

2. 心理評量：包括心智功能、人格發展、興趣、性向、人際關係等之評量。

3. 教育評量：包括學業成就、知覺動作之發展、語言能力、情緒發展、社會發展、學習型態（learning style）等之評量。

4. 社會評量：包括兒童的家庭狀況、發展史、求學史、親子關係、家長態度與期望等之評量。

專業團隊的診斷工作成員分別蒐集到所需的資料以後，即須由召集人通知集會，提出各自的發現共同討論，然後再將資料彙整，決定受診斷的兒童是否有接受特殊教育與輔導的必要。如有此必要，再為其設計適當的安置與輔導方案。因此兒童經過診斷之後，基本上會出現三種結果。一是被認定為行為異常而得到特殊的教育安置；二為診斷資料不全，而繼續診斷資料蒐集的工作；三為被認為不需要特殊輔導而回歸其原來的班級繼續就讀。

☾ 二、教育與心理評量的問題

行為異常兒童在接受教育與心理評量時，往往會出現諸多的困難。而這些困難即可能使評量結果的正確性受到質疑。這種情形尤以各種能力及人格特質的評量為然。

在實施能力測驗時，兒童行為的退縮與桀傲不馴，即難以令他們遵循測驗指示而作答；如果在測驗中又遭遇挫折，其應試動機的維持，即可能又成問題。而一些嚴重情緒困擾兒童的啞口無言，說話怪異，思想偏離現實等，即可能使測驗無從實施。

另一方面，在兒童問題行為的瞭解方面，一些常見的行為評量工具雖可用於異常行為的篩選，不過對異常行為的性質及問題成因的瞭解與診斷，則可能助益不大。由於兒童行為或情緒問題所潛藏的內在困難，往往十分複雜，非一般教師用普通的觀察方法，在短期內可窺其底蘊。一些投射測驗如羅夏墨漬測驗（Rorschach Ink Blot Test）或主題統覺測驗（Thematic Apperception Test），對兒童行為問題的探究或有其助益。但這些測驗惟有經過訓練的專門人員方能實施，亦非一般學校力所能及。

以上所提出的這些評量問題，旨在引起吾人注意行為異常兒童的鑑定可能出現的困難，以便在問題出現時，能研究出適當的對策，而使鑑定工作趨於美善。

第四節　情緒困擾對兒童發展之影響

本章第一節述及行為異常之定義時，曾提過行為異常和情緒狀況有密切的關係，因此許多人亦以情緒困擾、情緒障礙等來稱呼行為異常的兒童。事實上行為乃是外顯的，而情緒則為內蘊的，兩者實為脈絡一貫的連續體。行為異常兒童之所以異於常人，主要還是其行為舉止更容易受到其內在情緒所左右。因此情緒困擾嚴重程度之不同，往往也會對兒童各方面的發展，產生不同程度的影響。以下所作的情緒困擾對兒童發展的影響之探討，只在說明其可能性，而非必然性。因為所述及的這些影響力，只是一般性的看法，吾人應承認仍有許多個別差異存在其間。

一、生理功能

情緒問題與身心性疾病（psychosomatic illness）的出現往往具有密切的關係，例如哮喘、結腸炎（colitis）、胃潰瘍等疾病，常可發現具有情緒問題的基礎。有些情緒異常兒童常有自傷（self-injuries）的舉動，例如以頭碰牆或碰地，直至頭破血流而後止。除了身心性疾病與自傷行為外，某些兒童的情緒障礙，也可能損及其生理的發展與技能

的發揮。例如長期的情緒壓抑，可能影響某些與身體成長有關的內分泌系統之功能，因而導致其身高無法成長至其應有的水準。而過分的退縮、恐懼、與無法自制，亦可能使其已有的動作技能無法充分加以發揮。

☾二、語言發展

有些重度的情緒困擾兒童常伴隨有語言方面的障礙；他們不只不能言語，對語言的理解也可能有困難。有的甚且出言無狀，說話怪異，或喃喃複誦人語。情緒障礙程度較不嚴重的兒童，雖較少出現諸如上述語言障礙的情形，但卻可能發現他們在一些人際溝通場合，對答離譜，不知所云。

☾三、智能發展

情緒困擾會損及智力功能的發揮，對一般人而言似為司空見慣的事。情緒困擾的兒童其智力並不見得比一般兒童低，但由於其情緒問題，很可能使其在面對智力測驗題項時，無法作有效的反應，以表現其應有的水準，而有智力低下的測驗結果。所謂「假性智能不足」（pseudoretarded），即類似此種情形。一般而言，輕、中度情緒困擾兒童的平均智力可能略低於常態兒童，而重度情緒困擾兒童的智力水準則更偏低（*Kauffman, 1977*）。

情緒困擾對智力功能的影響，尚可見諸兒童學習的遲緩，記憶力不振，與面對問題時處理無方等方面。而自閉症和精神分裂症兒童的脫離現實與不合情理的怪異思考型態，更是此中之尤者。

☾四、學業發展

重度情緒困擾兒童學業不振的情形往往十分普遍。揆諸其因，莫不與情緒問題的損及智力功能，以及其大部分的精神與注意力皆無法自其內在的衝突解脫出來，而投注於課業上有關。此外，情緒困擾兒童所出現的許多行為問題，也可能減少教師對其學習困難的關注，學業成就低落的情形自然難以避免。情緒困擾越嚴重的兒童，則其學業

成就可能越低；即使教師苦心指導，有些人或許只學到最基本的讀寫算等技能而已。情緒障礙兒童也會出現各學科成就參差的情形，這可能與其學習動機的差異有密切的關係。

☾ 五、職業發展

許多重度情緒困擾兒童除非得到有效的輔導，否則其行為問題仍可能延續至成年。成年之後，他們所遭遇的困難將有過之而無不及，因彼等所受到的保護可能不如兒童時代那樣周到。他們的情緒或行為問題，以及學業成就的低落，皆可能影響他們職業能力的發展。即使他們曾接受適當的職業訓練，重度情緒困擾也可能令他們無法保有其力所能及的工作，而成為失業或未充分就業者。

第五節　行為異常兒童的教育與輔導

☾ 一、教育安置的型態

當兒童被鑑定為具有行為問題後，為其在教育上所提出的特殊安置之建議，主要係基於改變學習環境，或許有助於其教育與適應這項理由。正如其他的殘障兒童一樣，在考慮行為異常兒童的教育安置時，仍應注意遵行最少限制的學習環境這一原則。常見的教育安置型態計有普通班、資源教室、特殊班、及住宿型的特殊學校或機構等數種。茲分別敘述如下。

㈠普通班

被安置於普通班的多為輕度行為異常兒童。普通班教師常從資源教師、特殊教育教師、心理學家等專業人士那兒，獲得處理學生行為問題的專業諮詢。當兒童有特殊行為問題出現時，普通班教師亦可能得到資源教師等的協助，以從事危機的處理（crisis intervention）。

(二)資源教室

資源教室嚴格說來，仍為普通班安置的輔助方式。採用此一教育安置型態的，亦仍以輕度行為異常兒童為多，有部分中度行為異常兒童或許亦採用這種安置方式。學生僅是部分時間到資源教室，接受資源教師特殊的課業教學與行為輔導，但其他大部分時間仍在普通班就讀。

(三)特殊班

特殊班的安置型態，主要強調學生在校的全部時間皆就讀於自足式的班級中。接受此種安置方式的，以中度行為異常兒童為多。特殊班教師須同時負責該班兒童的課業與行為的輔導。當然安置於特殊班的行為異常學生，一般亦強調以問題相近者為宜。

(四)住宿型的特殊學校或機構

採用這種安置方式的，多為重度的行為問題兒童。他們可以在這種學校或機構中，接受全天二十四小時的照顧。由於兒童行為或情緒問題的特殊，這種機構或學校除教育人員外，可能也有專職的醫師、護士、心理學家、精神病學家等專業人士提供必要的服務。

不論行為異常兒童被安置於何種的教育環境，吾人皆應視其學習進步的情形，而予以適切的調整。因此，連續與變通性教育安置方案的提供是極為必要的。如此行為異常兒童的教育安置，逐步邁向最少限制的環境之理想，方有實現的可能。

在決定行為異常兒童的教育安置型態時，下列因素似為重要的考慮（*Blake, 1981*）：

1. 兒童與現實生活接觸的程度。
2. 兒童與他人溝通的適當程度。
3. 兒童與他人互動關係的適當程度。
4. 兒童表現日常生活技能的適當程度。
5. 兒童對挫折與社會刺激（social stimulation）所能容忍的程度。

6.兒童所需的社會或情緒支持與輔導有多少。

7.兒童的學業成就水準與其他學生的差異程度。

☾ 二、行為異常兒童的輔導

最近的二十多年來，在行為異常兒童輔導的做法上有極大的改變。過去這項工作一向被認為是心理衛生專家（mental health professionals）的專屬領域，一般教師只居於陪襯的角色。但這種現象已漸不存在，目前教師在行為問題兒童的輔導方面已須負主要的責任，而心理學家、精神病學家、社會工作員等專業人士，則退而扮演從旁協助的角色。這種情形，尤以在輔導輕、中度行為異常兒童為然。重度的情緒或行為問題兒童（如自閉症、精神分裂症等），所需心理衛生或精神醫學等專業工作者的幫助仍然較多。事實上，學校的特殊教育與輔導設施，亦多以輕、中度行為問題兒童的處理為主。

行為異常兒童的輔導策略，多半反映輔導者對問題行為所抱持的觀點。無論是心理動力論、行為理論、生物物理論、社會學理論，或生態環境論者，皆有其各自一套的輔導方法。個別的行為異常理論，雖未必能提供吾人行為問題完整的知識，但就不同的角度去探討兒童的問題行為，卻有助於我們對這些行為問題獲得更透徹的瞭解。因此在輔導行為異常兒童時，對各行為異常理論的兼容並蓄應有其價值。

行為異常兒童的輔導，基本上應包括行為與課業的輔導。由於這些兒童主要的問題係在行為方面，因而此處的討論將以行為輔導為主。一般說來，兒童的行為輔導，總不外乎在增強已有的良好行為，消除不良的行為，以及指導其學得適當的行為等三方面。站在教育的立場，學校教師也莫不以消除兒童的不良行為及培養其適當的行為為要務。以下將就常見的兒童不良行為，及值得加強培養的自我調適與學習的技能，分別舉出數例並扼述其處理或輔導的一些參考性作法。

㈠注意力缺陷的矯治

兒童在學習活動中如注意力無法集中，對學習的成效勢必造成不良的影響。如何矯治兒童的注意力缺陷，下列的作法或可參考：

1. 教師在發問之前，應預留一段停頓的時間，以引起兒童的注意。

2. 預先提醒兒童將請某人針對所講述的內容回答問題。

3. 在對兒童提名回答時應採隨機原則。

4. 當發現兒童逐漸分心時，立即問他一個簡單的問題。

5. 在講課或問問題時，最好經常將兒童的姓名也夾述其間。

6. 在教學過程中，對於注意力分散的兒童可偶以輕拍肩膀等方式，來提醒其注意。

7. 對於一些需要專注學習的科目（如國語，數學），可以縮短上課時間，增加上課節數，以避免心厭現象（psychical satiation）之產生（國立編譯館，民54）。

8. 變化學習活動的性質（如動態與靜態，大肌肉活動與思考性活動），多使用教學媒體（如視聽器材），教學內容選用兒童感興趣者，皆有助於兒童專注學習。

9. 在兒童自行活動時間，應先提示活動目標，使其得有專注的主題，而避免茫然不知所從。

10. 對於簡單明確的提示，講解一次已足，不必複述。

11. 增強兒童的專注行為，並鼓勵其自我檢核在各種活動的專注程度。

12. 有時上課時突然放低音量也能引起兒童的注意。

13. 運用高年級的學生或其他的義務工作者，實施一對一的輔導，對兒童的專注學習也有幫助。

㈡經常遲到的兒童之輔導

兒童經常上課遲到不只影響其課業，也會干擾班級教學活動的進行。兒童偶爾遲到或無可厚非，遲到成習即值得教師的注意。如何輔導經常遲到的兒童，教師或可參考下列之作法：

1. 訂定具體的標準，獎勵兒童準時到校的行為。

2. 協助兒童分析準時上學可採取的作法。

3. 建議家長為其子女購備手錶，以培養其子女的時間觀念。

4. 對兒童不準時的行為，也可訂立具體而分出層次的處罰標準。

5.將全班兒童分組從事準時上學之競賽，每週定期獎勵成績最優的那組兒童。

6.對行動遲緩的學生，可安排班上同學在校時從旁協助，免得參加每一項活動皆無法準時。

7.與家長協商，也同樣在家庭中採用類似的獎勵或處罰措施，以養成兒童遵守時間的習慣。

㈢隨便說話的兒童之輔導

當兒童在教師上課時，卻在底下竊竊私語，或未輪到其講話時卻經常搶著說話，甚至在自修課時也高談闊論，皆屬於隨便講話的例子。這對整個班級的學習活動，自然產生極大的干擾，許多教師也為兒童的這種行為深感不耐。這類兒童的輔導或可採取下列的作法：

1.獎勵那些在教師允許下或適當的時間才發言的學生，使隨便說話的兒童有仿效的榜樣。

2.告訴隨便說話的兒童隨便說話給人的感覺，以及別人或教師所受到的影響。

3.當兒童舉手要求發言時，教師應予適當的獎勵，並明確指出受到獎勵的理由，是其發言前先舉手以徵求教師的同意。

4.與兒童共同訂定在「隨便說話」時的懲罰標準。

5.指導兒童記錄其每天「隨便說話」的次數，然後每週總計一次。其下一週即應以減少前週「隨便說話」的次數為目標。

6.對兒童所提供的獎勵，其標準應逐漸提高；如開始只要在五分鐘內不隨便說話即可獲得獎勵，接著可能把標準提高到十分鐘，二十分鐘，甚至整堂課內不隨便說話才可得到獎勵。

㈣過度依賴的兒童之輔導

有些兒童對教師的指示需要一再說明，對於稍不熟悉的作業也動輒要求協助，凡此皆屬過度依賴的情形。對於此類兒童的輔導，或可參考下列作法：

1.對兒童作業的指派應說明清楚。寧可將某一作業再細分成幾個

部分,使兒童容易遵循。

2.將重要而經常用到的一些教室規則、輪值表、公式等張貼在醒目之處,讓兒童可以隨時參考運用,不致再事事求問他人。

3.教導兒童解決問題的技能,使其能凡事自己想辦法。

4.在做作業時,將過度依賴的兒童與另一位能力較好的同學兩人配對成一組,而由這一位同學分擔輔導的責任。

5.有些過度依賴的兒童,多有害怕做錯的心理。因此教師應讓其明白,同一問題的解決途徑往往有許多種,吾人只要選擇一種認為適當的解決方法即可,不必瞻前顧後多所遲疑。

㈤被動的兒童之輔導

兒童天生好奇,對周遭事物莫不主動探索。但如有兒童對環境中的事物皆不感興趣,同時對班級活動也顯示消極退避不願參與,則值得教師寄予注意。對於這類兒童,下列的作法或能有所助益:

1.鼓勵家長參與學校的活動。被動的兒童見其父母熱中學校事務,安有不「見賢思齊」,為人子女當若是之理。

2.教師在安排諸如參觀旅行、影片欣賞、團體集會等較開放性的學習活動時,應事先提醒學生學習的主題,使其在學習時知所掌握重點,而成為真正的活動參與者。

3.安排經驗分享的時間,讓兒童能就其興趣與專長和班上同學分享其所知,所能與所感。

4.應注意教材與兒童生活及環境的關聯性,如兒童覺得學習活動皆與其自身息息相關,自會產生參與的興趣。

5.善用各種教學媒體。生動而富變化的教學活動,才能吸引學生的注意與參與。

6.鼓勵兒童以寫日記的方式,記錄其學習與生活的重要事項。經由「吾日三省吾身」,應能激發兒童的參與動機。

7.對被動的兒童所發表的任何意見,教師應給予熱烈的回應。

8.教師應安排能私下與兒童晤談的時間。這或能減少疏離,而增進良好的師生關係。

9.在分組活動時，推選被動的兒童代表小組向全班作報告。

10.教師在輔導兒童由被動轉為主動時，應採漸進的方式，不可操之過急。

11.輪流說故事或成語接龍等活動，也有促使兒童積極參與的效果。

㈥自我控制能力的培養

許多行為異常兒童所表現的衝動與攻擊的行為，常與其缺乏自我控制（self-control）的能力有密切的關係。自我控制能力的不足，對其學習成就也有莫大的影響。所謂自我控制，即是對自己的行為，能作合理而靈活地導引與規約的能力（*Apter & Conoley, 1984*）。這種能力事實上係包括下列八個要素（*Fagen, Long, & Stevens, 1975*）：

1.能正確地知覺周遭環境所存在的訊息。

2.能記得所接觸到的訊息。

3.能按計畫好的步驟採取行動。

4.能預知行動可能的後果。

5.能分辨與積極地運用其感受經驗。

6.能處理引起挫折的外在障礙。

7.能抑制與延宕某些可能的行動。

8.能減低內在的緊張而放鬆自己。

由此可見，自我控制乃是基於個體對於其行為與環境的互動關係能有充分的瞭解而產生的。自我控制能力的培養，亦即針對兒童在上述八個要素中的缺陷部分予以增強。使兒童能經常自我反省下列幾個問題：⑴我的行為有什麼問題？⑵我怎樣來控制這種問題行為？⑶我正按預定計畫而行事嗎？⑷我的行為表現如何呢？只要兒童能時時對自己的行為作自我反省與評鑑，則其對本身的行為自能逐漸恢復控制的能力。

㈦組織能力的培養

有些兒童做起事來雜亂無章，絲毫沒有計畫。上學時不只無法有效控制時間，而且經常忘記攜帶應該帶的東西。凡此皆屬兒童缺乏組

織能力（organizational skills）的例子。缺乏組織能力的兒童，往往會令人覺得其行為很特別。如何幫助這類兒童凡事能豫，而成竹在胸呢？下列的幾個建議或有其價值：

1.指導兒童寫下其預定的工作進度表。進度表的內容應求其明白精確，使工作的具體內容與預定完成的時間，能作密切的配合。當兒童能按進度表完成其工作時，則予以獎勵。

2.教師對兒童在作業上的指示應簡單明瞭，並提醒兒童應及早完成。教師的作業指示可採口頭與書面並行的方式。先由教師以口頭說明，兒童則聆聽並作摘要，然後再發給書面的作業指示，讓兒童核對其所作摘要的正確性。

3.在訓練兒童聽取教師的工作指示時，其指示內容應由簡入繁，獎勵標準則由低至高，逐步提升其學習的層次。

4.指導兒童在未盡明瞭他人的說明或指示時，適當地提出問題的方法。指導時可由教師以身示範，並提供兒童書面參考資料，以便據以作充分的練習。

5.以小組作業的方式，來訓練兒童分工合作的能力。對作業成果達到預期標準的小組，亦應給予獎勵。

6.指導兒童養成在從事作業或活動之前，先列舉並準備所需應用物品的習慣。

7.與家長協商，讓兒童每天有一段可以溫習功課及做作業的安靜時間。

8.鼓勵家長也採取教師在學校為培養兒童組織能力所用的一些具體做法，使兒童在家庭中也能發展這些能力。

☽三、科技的應用

直至目前為止，真正為行為或情緒問題兒童的教育和輔導而設計的科技產品似乎不多。不過為其他傷殘兒童所設計的一些輔助器材，行為異常兒童如果需要，同樣可以加以應用。例如許多為語言障礙兒童而發展的溝通輔助器材，即可同時用於諸如自閉症等的重度情緒困擾兒童。

在行為異常兒童的教育與輔導方面，現代科技產品所能提供的幫助，常見的有以教學媒體的使用作為改變行為的增強方式（*Lewis & Doorlag, 1983*）；也有的則將電視遊樂器的形式（videogame formats）用於教學活動的設計上（*Kneedler et al., 1984*）；另外以電腦輔助教學也是一個重要的發展趨勢。

把教學媒體作為改變兒童行為的增強方法，主要係緣於兒童對某些教學媒體的好奇與喜好。其做法基本上採取兩種方式。一為讓兒童利用教學媒體作為學習與遊戲的工具，如讓兒童聽教學、音樂、故事錄音帶；觀看教學、娛樂影片；使用微電腦等。另為讓兒童利用教學媒體作為從事某些作業的「生產」工具，如將所寫出的故事或文章錄到錄音帶裡頭；使用電影攝影機拍製班級活動影片；在投影機的透明片上繪上圖畫或寫上詩詞；設計可用於某一微電腦的簡單程式等。

將電視遊樂器的形式用於教學活動設計的基本構想，乃在提高兒童的學習動機。由於許多行為異常兒童都有學習興趣缺缺的現象，任何足以激發其學習興致的做法，皆是值得提倡的。至於以電腦輔助教學的作法，雖然對學生的學習成效不無助益，如電腦的使用有助於提升注意力缺陷過動症（attention-deficit hyperactivity disorder）兒童的專注力；但也有人擔心情緒困擾兒童與電腦接觸的時間太多，而與人交往的機會減少了，對其人際互動關係的發展，可能會產生不良的影響（*Hofmeister, 1982*）。

第九章

學習障礙兒童

第一節　學習障礙的意義

一、學習障礙的定義

學習障礙（learning disabilities，亦有譯為學習缺陷者）可以說是特殊教育中最新的一個領域。但這並不是說過去沒有學習障礙兒童的存在，只不過今天我們所稱的學習障礙兒童，過去可能係在過動（hyperactivity）、腦傷、史特勞斯症候（Strauss syndrome）、閱讀缺陷症（dyslexia）、知覺動作障礙（perceptual-motor disorders）、輕微腦功能失常（minimal brain dysfunction）、失語症（aphasia）、書寫缺陷症（dysgraphia）、神經損傷等名下而接受教育（*Gearheart, 1980*）。上述的這些情況殊異的兒童，如果皆得到適當的教育機會，或許不會引起人們的注意。但事實並非如此，有許多兒童並無法獲得教育當局的接納。在一九六○年代的美國，即有許多這類兒童的家長攜手合作，團結起來共同努力探討他們子女的需要，並向教育當局爭取為他們的子女提供適當的特殊教育之機會。有一個名為知覺障礙兒童基金會（the Fund for Perceptually Handicapped Children）的家長團體在一九六三年的四月六日舉行其第一次年會，德高望重的特殊教育大師柯克博士（Dr. Samuel Kirk）應邀發表演講，他坦然指出，用以稱呼他們子女困難所在的各種名稱，在教育上並無意義。柯克當時主張「學習障礙」（learning disabilities）一詞，或可用以指稱語言、說話、閱讀，與相關溝通技能發展異常的兒童，而這些兒童並不包括盲或聾等感官缺陷，或智能不足在內。參加此一年會的家長即決議成立學習障礙兒童學會（the Association for Children withLearning Disabilities，簡稱 ACLD），這一組織對嗣後美國學習障礙兒童教育立法的推動居功厥偉。

美國聯邦政府教育署由柯克領銜的全國障礙兒童教育諮議委員會，曾在一九六八年對特殊學習障礙（specific learning disabled）下了定義，此一定義不僅用於一九六九年的學習障礙法（the Learning Disability Act of 1969），同時經少許修正後，也為一九七五年的全體殘障

兒童教育法所採用,而成為如下之定義:

> 「特殊學習障礙兒童」一詞,係指兒童在理解或語文的運用
> 上,有一種或一種以上基本心理歷程的異常,以致在聽講、思
> 考、說話、閱讀、書寫、拼字、或數學演算方面,可能顯現能力
> 不足的現象。這些異常狀態包括諸如知覺障礙、腦傷、輕微腦功
> 能失常、閱讀缺陷,及發展性失語症之情形。此一名詞並不包括
> 以視覺、聽覺,或動作障礙、智能不足、情緒困擾,或環境、文
> 化,或經濟不利為主因,而導致學習困難的兒童在內。(*Kirk &*
> *Gallagher, 1983, p. 368; U. S. Office of Education, 1977, p. 65083*)

上述的定義基本上認定學習障礙乃是一種理解或運用語言符號
(口語或書寫文字)心理歷程上的缺陷,而具有這種缺陷的兒童,極
易在傾聽、思考、說話、閱讀、書寫,拼字,或數學演算方面產生困
難。其症候實與一般所稱的知覺障礙、腦傷、輕微腦功能失常、閱讀
缺陷、發展性失語症等相仿。此一定義且將因視、聽覺或動作障礙、
智能不足、情緒困擾,或環境不利所可能造成的學習困難排除在外。
換句話說,學習障礙兒童之學習困難的性質是有別於因視、聽覺或動
作障礙、智能不足、情緒困擾,或環境不利所導致的學習困難的,故
特於「學習障礙」之前又冠以「特殊」兩字,以顯示其學習困難的獨
特性。前述美國聯邦政府對學習障礙之定義,雖廣泛地為人所引用,
但自公布以來,批評之聲仍然此起彼落,其受人議論之處似有下列數
端(*Hammill, Leigh, McNutt, & Larsen, 1981*):

㈠使用「兒童」一詞,意義似嫌狹隘,容易令人誤以為學習障礙
的現象不會發生在年齡較大的學生或成人身上。

㈡知覺障礙、腦傷、輕微腦功能失常、閱讀缺陷、發展性失語症
等名詞的列舉,徒增混淆與爭論。

㈢定義本身列舉了不能視為學習障礙的一些狀況,使人誤以為有
其他障礙(如視、聽覺障礙、智能不足、情緒困擾等)者,就不會出現
學習障礙的狀況。

　　鑑於各界對於美國聯邦政府的學習障礙定義之批評，八個與學習障礙有關的學術團體之代表，包括美國語言聽力學會（the American Speech-Language-Hearing Association）、學校心理學家全國聯合會（the National Association of School Psychologists）、學習障礙聯合會（the Council for Learning Disabilities）、溝通異常兒童研究分會（the Division for Children with Communication Disorders）、學習障礙研究分會（the Division for Learning Disabilities）、國際閱讀研究學會（the International Reading Association）、美國學習障礙學會（the Learning Disabilities Association of America）、及奧頓閱讀缺陷研究學社（the Orton Dyslexia Society），遂組成學習障礙全國聯合委員會（the National Joint Committee on Learning Disabilities，簡稱 NJCLD），共同致力於新的學習障礙定義的研擬，此一新定義於一九八八年發表，全文如下：

　　　　學習障礙係指在獲取與運用聽講、說話、閱讀、書寫、推理、或數學能力顯現重大困難的一群不同性質異常者的通稱，這些異常現象被認為係由於中樞神經系統的功能失常這種個人內在的因素所引起的，且在一生中皆可能發生。自我節制的行為、社會知覺、社會互動方面的問題，可能與學習障礙一起存在，但這些問題並無法構成學習障礙。雖然學習障礙可能與其他的障礙狀況（如感官損傷、智能不足、嚴重情緒困擾）或外在的影響（如文化差異、教學的不足或不當）同時存在，但它們並非那些狀況或影響的結果。（*National Joint Committee on Learning Disabilities, 1989, p. 1*）

　　我國教育部（民 91）最近對學習障礙所作的界定，係指統稱因神經心理功能異常而顯現出注意、記憶、理解、推理、表達、知覺或知覺動作協調等能力有顯著問題，以致在聽、說、讀、寫、算等學習上有顯著困難者；其障礙並非因感官、智能、情緒等障礙因素或文化刺激不足、教學不當等環境因素所直接造成之結果。教育部對學習障礙所作的定義之內涵，似與前述美國學習障礙全國聯合委員會之定義十

分接近。儘管直至目前為止，吾人對何謂「學習障礙」，似仍難有確切而一致性的看法，但經過多年來對此一問題不斷地辯難與討論，似已逐漸對學習障礙形成下列基本的共識（*Morsink, 1985; Kirk & Gallagher, 1983*）：

㈠差距的存在

這種差距可能係發展上所顯現的重大內在差距，如知覺、視動能力、注意力、記憶力等發展的不平衡；亦可能係表現於潛在能力與實際成就之間的明顯差異。語言、社會，或視動能力發展的失卻平衡，在學齡前即可預見；而智能發展與學業成就所顯現的差距，則須在兒童入學之後方可觀察得到。因此，某一學前幼兒到四歲如尚無法言語，而其認知、知覺、動作能力等的發展如屬正常，則可列為疑似學習障礙的個案；如某一學童智力尚屬中等，其數學演算能力或其他學科的成就也有正常的表現，但如經三年以上適當的學校教育，仍無法閱讀，則極可能是一位閱讀方面的學習障礙者。

㈡缺陷的存在

同年齡其他兒童能做的，學習障礙兒童卻可能力有不逮，如在聽講、閱讀、數學計算等方面的其中一項或數項，皆遜人一籌即是。

㈢基本心理歷程問題的存在

學習障礙乃是起於個體在理解與使用語文符號時，所存在的基本心理運作上的異常。換句話說，學習障礙實由於個人的內在因素——中樞神經系統功能失常所產生的。

㈣其他學習困難因素的排除

有些因素如智能不足、視、聽覺損傷、情緒困擾，或學習機會的欠缺等，也皆可能導致兒童學習的困難。大部分的學者在界定學習障礙時，如兒童的學習困難係由上述這些因素所直接造成的，則不被認定為學習障礙。但這並不是說具有視、聽覺缺陷或智能不足的兒童，

就同時不會有學習障礙。如果兒童的學習困難是感官缺陷、智能不足、情緒困擾、環境的不利影響等所無法充分解釋的，而符合前述1~~3項標準（*差距的存在、缺陷的存在、基本心理歷程問題的存在*）者，仍應視為兼具學習障礙，而成為多重障礙者。

㈤對特殊教育的需要

學習障礙兒童由於其本身學習特性的殊異，往往無法從學校中一般的教學方法獲益，而需要特殊補救教學（special remedial program）的輔助，方能從事有效的學習。

☪二、學習障礙的分類

學習障礙的性質十分複雜，不只其界定不易，分類亦難。不過學界人士為研究或教育的目的，常根據已知的學習障礙的知識，試圖對之加以類分，以便於彼此間的討論與溝通。例如梅原（*Meyen, 1978*）即指出學習障礙分類的三種途徑：一為將學習障礙分成語文與非語文的學習異常（disorders of verbal and nonverbal learning），二為將之分為資訊輸入與輸出的異常（disorders of input and output），三為根據特殊學習管道的異常情形（disorders within specific learning modalities）而加類分。

另外，朴列克（*Blake, 1981*）也將學習障礙分為心理歷程問題（psychological process problems）與語言問題（language problems）兩大類。此種分法與上述梅原的語文與非語文學習障礙的類分，有異曲同工之妙。朴列克所謂的心理歷程問題，指的是個人在智能運作（intellectual functions）與抑制功能（inhibitory functions）上遭遇了困難。抑制功能乃在對個人的行為作有效的控制，以便對外界的刺激能作適當的反應。抑制功能異常的兒童，其常見的症候包括分心、過動、挫折容忍力較低，與行為的固執現象。而智能運作異常的兒童，則多出現知覺、記憶、概念化（conceptualizing）、思考等方面的困難。至於朴列克所稱的語言問題，並不侷限於視覺與聽覺性語言符號的聽、說、讀、寫，更把供作溝通人類經驗的數量與幾何圖形等數學符號亦包括

在內。語言問題兒童即是在理解與運用這些符號時遭遇了困難，以致其在聽、說、讀、寫、算中的一項或多項出現了障礙。

　　柯克與葛拉格（*Kirk & Gallagher, 1983*）對學習障礙也有類似朴列克（*Blake, 1981*）的分類。他們將學習障礙分成發展性學習障礙（developmental learning disabilities）與學業性學習障礙（academic learning disabilities）兩大類。這兩個主要類別之下，又分別細分成若干類型，如圖9-1所示。其中的發展性學習障礙實近於朴列克所謂的「心理歷程問題」，而學業性學習障礙則與「語言問題」相仿。按柯克與葛拉格之見解，吾人或可將發展性學習障礙視為在學習上預備技能的欠缺（a lack of prerequisite skills）。例如，在兒童學習寫字之前必先得具備諸如眼手協調、記憶、及對事物加以序列安排的能力（sequencing abilities），否則寫字的學習將遭遇困難；至於在閱讀的學習方面，則兒童更需有視覺與聽覺分辨、記憶、發現事物間的關係、專心注意等的先備技能。柯克與葛拉格認為發展性學習障礙常可發現與學業成就的低落有密切的關聯，不過這種關係也並非必然地存在著；例如，有些閱讀缺陷固與知覺動作缺陷有關，但卻也有些具有同樣知覺動作問題的兒童學到了閱讀的技能。因此發展性與學業性學習障礙兩者間的關係並不十分明朗。

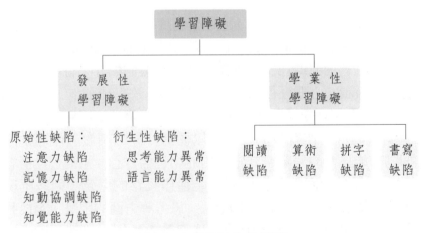

圖9-1　學習障礙的類型
（採自 Kirk & Gallagher, 1983, p. 371）

　　不過到了西元二〇〇〇年之後，柯克、葛拉格與艾那斯特秀（*Kirk, Gallagher, & Anastasiow, 2000*）對於發展性學習障礙（*或稱心理神經性學習障礙*）、學業性學習障礙（*或稱學業成就學習障礙*）、及社會性障礙（social disabilities）間的關聯性似提出了較為清晰的架構（見圖 9-2）。在此一學習障礙的類型架構中，屬於心理神經性／發展性學習障礙者可能會存在諸如生物／遺傳異常、知覺——動作異常、視覺處理異常、聽覺處理異常、記憶力異常、注意力異常等問題。屬於學業性／成就障礙者的問題可能出現在語言和閱讀、書寫、拼字、數學、執行功能（executive functions）等方面。其中執行功能是指兒童在學習或解決問題時，對其採取的策略所作的選擇、控制、與檢查的內在過程。而社會性障礙，則可能出現低度自我概念、對立行為、低度動機與興趣等之類的問題。值得注意的是，柯克、葛拉格與艾那斯特秀在這一學習障礙的類型架構中，似乎暗示從發展性學習障礙到學業性學習障礙，以至於社會性障礙，所存在牽連關係的可能性。

　　我國教育部（民 81）對學習障礙似曾沿襲柯克與葛拉格的分類方式，同樣分成發展性的學習障礙與學業性的學習障礙。前者如注意力缺陷、知覺缺陷、視動協調能力缺陷和記憶力缺陷等；後者如閱讀能力障礙、書寫能力障礙和數學能力障礙等。

　　美國聯邦教育署的殘障者教育處（the Bureau of Education for the Handicapped）於一九七七年也指出，學習障礙兒童在提供了適合其年齡與能力水準的學習經驗後，仍在下列一種或一種以上的領域出現學業成就與智力潛能間的重大差距（Lerner, 1981）：

　　㈠口語表達。
　　㈡聽講的瞭解。
　　㈢書寫的表達。
　　㈣基本的閱讀技能。
　　㈤閱讀的理解。
　　㈥數學的計算。
　　㈦數學的推理。

　　因而，美國聯邦政府係將學習障礙侷限於下列三種主要的類型

（*Kirk & Gallagher, 1983*）：

㈠語言接收與表達方面的學習障礙。

㈡閱讀與書寫方面的學習障礙。

㈢數學方面的學習障礙。

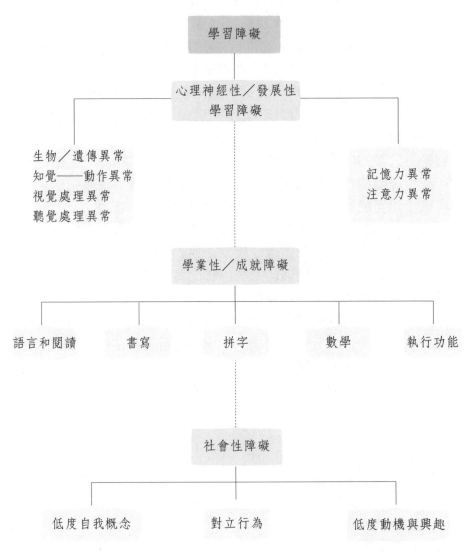

圖 9-2　學習障礙的類型（Kirk, Gallagher, & Anastasiow, 2000, p. 226）

　　由此可見美國聯邦政府對學習障礙的類分，似僅限於「學業性」學習缺陷這一方面，並未顧及屬於「心理歷程」的發展性學習障礙。一般而言，政府教育部門在推動特殊教育時，基於教育經費的有限性，對於需要接受補救教學的對象，或許會有所選擇，但吾人在研究學習障礙之現象時，仍應兼顧發展性學習障礙與學業性學習障礙這兩個領域，而不應有所偏廢。

☾★三、學習障礙的出現率

　　學習障礙者出現率的估計與吾人對學習障礙的定義具有密切的關係。由於界定標準的紛歧，當然在出現率的研究上，其結果也會有所出入。如果吾人認定學習障礙是可以矯治的（remediable），則低年級的兒童出現學習障礙的比率可能會較高，而經過適當的補救教學後，高年級兒童之有學習障礙者，其百分比應可望降低（Gearheart, 1980）。

　　有許多學習障礙出現率的研究，極易將學習遲緩（如智能不足）與學習障礙兒童混為一談。如麥克伯斯與包許斯（Myklebust & Boshes, 1969）即估計約有 15%的學童其學業成就堪稱低劣，不過如採用更嚴格的標準加以鑑別時，則真正的學習障礙兒童約僅占 7%至 8%之間。梅伊爾（Meier, 1971）的研究也有類似的結果。他發現總數 2,400 名小學二年級學童中，學業不佳的約占 15%，如用比較嚴格的診斷方法加以調查，則足以列為學習障礙者不過 4.7%而已。此外，美國的全國障礙兒童教育諮議委員會（National Advisory Committee on Handicapped Children, 1968）則估計，在學兒童中具有學習障礙者約在 1%至 3%之間。不過近年來，在美國以學習障礙之名而接受特殊教育的學童，似有逐年增高之趨勢。例如，就以占學童總數的百分比而言，在一九七八年至一九七九年約有 2.3%，一九七九年至一九八〇年為 2.6%，一九八〇圻至一九八一年為 3.0%，及至一九八二年至一九八三年則更躍升至 4.4%的學童因被鑑定為學習障礙而接受特殊教育（Kirk & Gallagher, 1983; Blackhurst, 1985）。揆諸其因，似與下列兩個因素有關（Tucker, 1980）：

　　㈠由於特殊教育機會的擴充，使更多遭遇學習困難的兒童，得以接受必要的補救教學。

㈡一般學校為了避免將少數民族學生（minority students）誤認為智能不足者，學習障礙或許是比較能為人接受的一種分類。

我國在學習障礙出現率的研究上，較早有郭為藩（民 66）對國小三至五年級學生閱讀缺陷之調查，發現疑似閱讀缺陷學生的出現率為 2.82%。許天威與徐享良（民 75）曾以偏重心理神經學發展之麥氏學習障礙評量表，調查六至十二歲之國小學童約 1,600 名，而推估學習障礙者的出現率約為 2.9%。最近我國所完成的第二次特殊兒童普查，發現六至十四歲學齡兒童中，共有學習障礙兒童 15,512 人，占學齡兒童母群體的 0.436%（教育部特殊兒童普查執行小組，民 82）。這項學習障礙的出現率，似與國內外的研究結果，有相當大的出入。

☪四、學習障礙的成因

學習障礙成因的瞭解，應有助於對學習障礙的診斷與預防。目前解釋學習障礙病源（etiology）的理論雖多，惟就個別的理論而言，皆未能對學習障礙的成因，作適切而周延的說明。且多僅限於假設的層次，事實資料的支持似仍嫌不足（*Johnson, 1981*）。其結果是吾人能有信心確定原因的學習障礙個案，似仍不多。眾多解釋學習障礙成因的理論，他們在討論學習障礙原因時，似不離乎腦功能失常（brain dysfunction）、生物化學失衡（biochemical disturbances）、遺傳因素，及環境因素等範圍（*Kneedler et al., 1984; Kirk & Gallagher, 1983*）。另外，許多學者在探討學習障礙可能的導因時，也常注意到有關的促成因素（contributing factors），因為學習障礙的真正原因既難以探知，對有關促成因素的瞭解，對此一狀況的矯治或有裨益。以下將就學習障礙的可能導因與促成因素分別提出討論。

㈠學習障礙的導因

如前所述，學習障礙的形成，主要來自下列四種因素：

1. 腦功能失常：腦部是控制人體活動的中樞，惟科學家對中樞神經系統與人類各種行為的關係所知仍屬有限。許多學者認為學習障礙是由於腦部輕微的損傷，以致無法發揮正常的功能所造成的。腦功能

失常可由腦波檢查（electroencephalogram，簡稱 EEG）、電腦斷層掃描（computerized tomographic scans，簡稱 CT scans）、核磁共振造影（magnetic resonance imaging，簡稱 MRI）等得知，亦可從兒童所表現的動作笨拙，左右偏用的錯雜（mixed dominance，如某人為右手性，卻出現左腳與左眼性即是）等行為症候略知一二。惟使用腦波檢查或行為症候作為判斷腦功能是否失常的依據，並不見得十分正確（*Coles, 1978*）。至於電腦斷層掃描與核磁共振造影則有助於指出學習障礙者腦神經系統的病因，而這些病因多與早期胎兒發展中神經細胞形成的異常有關（*Hallahan & Kauffman, 1994*）。

　　2.生物化學失衡：有些學者認為學習障礙兒童的問題，可能係導源於體內生物化學的失調，其中最常見者，厥為維他命的不足及對某些食物或食物添加物的過敏。因此學習障礙的矯治之道，即讓當事人攝取足夠的維他命或注意食物的選擇。曾有學者主張，活動過多的兒童約有50%，可以透過避免食用人工色素與諸如蘋果、柑橘、蕃茄、及草莓等含有水楊酸鹽（salicylate）的食物，而減輕其症狀（*Feingold, 1975*）。直至目前為止，食物過敏論（the food allergy theory）所獲得的支持似比維他命不足論（the theory of vitamin deficiency）為多。有些學習障礙兒童或與生物化學的失調有關，但吾人如將用以解釋部分學習障礙個案原因的事例推及全體學習障礙者，實有欠允當。

　　3.遺傳因素：有些研究人員認為學習障礙可能是由遺傳因素所造成的。賀格連（*Hallgren, 1950*）即指出同卵雙生子皆出現閱讀缺陷的比率，似比異卵雙生子為高。戴福來與戴可（*DeFries & Decker, 1981*）的研究也發現，閱讀缺陷兒童似存在著家族性的淵源。由於遺傳因素與環境因素對個人的影響常難以嚴定界線，因此遺傳因素是否可能導致學習障礙？如其然，影響程度又如何？實有待進一步的研究。

　　4.環境因素：環境因素與學習障礙的關係，被論及的範圍至廣，舉凡缺乏適切的教學、家庭社會經濟地位不利、營養不良、家長對子女教育的態度、兒童的動機與情緒問題等，無不包括在內。然而，吾人所遭遇的問題是，要證明環境因素是學習障礙的原因並不容易，如欲進一步指出環境中的那一變項為學習障礙的成因，則更是難上加難。

㈡學習障礙的促因

由於學習障礙的導因常是隱晦不明，難以探知，因而也就激起許多學者去探究其促成因素的興趣。因為如果學習障礙是出自腦神經的原因，可能矯治無望，但其相關行為的改變卻或許可期。學習障礙的促因，指的是對兒童的學習足以構成干擾，而與學習缺陷常併行出現的個人內在因素或環境狀況而言。柯克與葛拉格（*Kirk & Gallagher, 1983*）即指出學習障礙的促因，可能來自個人生理、心理、環境因素三方面，茲分敘於下：

1. 生理狀況：對學習障礙具激促作用的，包括視覺與聽覺缺陷、兩側感（laterality）與空間定向（spatial orientation）的混淆、身體形象（body image）的認識不清、活動過多、營養不良等問題，皆可能妨礙兒童的學習能力。

2. 心理狀況：此即柯克與葛拉格所稱的發展性學習障礙，其狀況包括注意力缺陷、視、聽知覺與分辨的不良、語言發展遲緩或缺陷、思考能力不足、短期視、聽覺記憶的缺陷等問題。

3. 環境因素：所謂環境因素，指的是在兒童的家庭、學校、社區中，會對其正常的心理與學業發展有不利影響的狀況而言。這些因素可能包括某些創傷性的經驗、家庭的壓力、教學的不當、學校經驗的缺乏等。儘管這些因素會影響兒童對學校課業的學習，但卻不可認為此等兒童為學習障礙者，除非這些環境因素已造成兒童在注意力、記憶力等心理過程上的缺陷。

學習障礙成因的探究所獲得的知識，對此一狀況的預防應有貢獻。但站在教育與輔導的立場而言，學習障礙促因的瞭解，對兒童學習問題的改善，才有真正的助益。

第二節 學習障礙兒童的鑑定

一、學習障礙的鑑定方法

二十多年來，隨著學習障礙問題受到教育、心理、醫學界等廣泛的重視，學習障礙的鑑定也出現諸多的途徑，其中比較引人注意的計有下列三種方法（*Meyen, 1978; Johnson, 1981*）：

㈠病源法

病源法（etiological approach）主要係由醫學界人士所採用。其目的乃在探究學習障礙的病源因素，以作為提供有關預防措施的參考。運用此一方法所獲得的診斷結果，可能提供學習障礙的病因報告，例如「某人的學習障礙可能係出生時缺氧而引起的」、「某人的活動過多症候與其中樞神經系統的失常有關」等等。惟類此診斷結果，在教師的實際教學上殊少意義。

㈡診療法

診療法（diagnostic-remedial approach）顧名思義，即知診斷的結果是在作為實施教育治療的依據。診療法的基本假定有三：(1)每個人皆有各種獨立的心理過程（independent psychological processes）；(2)心理過程可藉適當的心理測驗而測得；(3)學習障礙兒童在這些心理過程中有一種或多種的失常狀況。診療法即在探查兒童心理過程上的優點與缺點，以作為補救教學之參考。因此診療法也稱為過程法（process method）。

㈢效標參照法

此一評量方法所著眼的並非兒童的心理過程，而在瞭解兒童對某些知識技能的學得與否。評量者在設計此項診斷工具時，常須就某項知識或技能再細分其內容，以瞭解兒童學習困難的確切所在。因此效

標參照法（criterion-referenced measures）也可稱為工作分析法（task-analysis approach）。使用此一方法對兒童所獲得知識技能的評量，並不與某一群體常模作比較，而係以其能否通過每一評量項目的既定標準作論斷。因而效標參照法所獲得的診斷結果，與嗣後的學科補救教學，實更具有直接的關聯。

上述的三種學習障礙鑑定方法中，以診療法及效標參照法最常為教育界人士所使用。就其鑑定的性質而言，診療法似著眼於「發展性學習障礙」的診斷，而效標參照法則對「學業性學習障礙」的評量特別有用。這兩種方法在學習障礙兒童的鑑定上，應不可偏廢。

☪二、一般的鑑定程序

學習障礙兒童的鑑定，一般須經歷篩選與診斷兩個階段。篩選的目的在找出疑似學習障礙的個案，以接受進一步的教育診斷。診斷則在對疑似學習障礙個案，從事確認性的評量。茲將這兩個階段的重點工作分述於後。

㈠篩選階段

篩選工作一般係由教師根據學習障礙兒童常見的行為症候，以查核所任教對象中是否有疑似學習障礙個案。因此篩選工作係以某一群體的兒童為對象，作全面性的初查。為了使這一項工作能有效的進行，許多學校常對教師提供相關的行為查核工具，以作為教師觀察與記錄兒童行為之用。這些行為查核工具，其內容或多或少與兒童下列的特徵有關（*Clements, 1966*）：

1. 活動過多。
2. 知覺動作障礙。
3. 情緒問題。
4. 一般的定向缺陷。
5. 注意力缺陷。
6. 衝動性。
7. 記憶力與思考缺陷。

*8.*閱讀、算術、書寫、與拼字方面的特殊學習缺陷。

*9.*說話與聽力異常。

經過教師初步清查的結果，發現有疑似學習障礙的兒童，即可將之轉介給有關的診斷人員，以接受進一步確認性的評量。

㈡診斷階段

由於學習障礙所涉及的問題甚為複雜，其診斷工作絕非一、二專家所得竟事。因此，通常乃由包羅各方面專家所組成的工作小組（multidisciplinary team）來進行正式的評量事宜。這一工作小組的成員可能包括普通班教師、學校心理學家、語言病理學家、醫師、學習障礙專家（learning disabilities specialist），以及其他相關的診斷人員。同時，兒童是否為學習障礙的判斷，主要係根據正式評量的結果與從學習障礙定義所發展出來的鑑定標準相符合的程度而定。

我國教育部（民91）曾提出下列學習障礙的鑑定標準：

*1.*智力正常或在正常程度以上者。

*2.*個人內在能力有顯著差異者。

*3.*注意、記憶、聽覺理解、口語表達、基本閱讀技巧、閱讀理解、書寫、數學運算、推理或知覺動作協調等任一能力表現有顯著困難，且經評估後確定一般教育所提供之學習輔導無顯著成效者。

由於吾人的診斷工作不應以單純地認定兒童是否為學習障礙者為已足，學習障礙者在補救教學上的需要，仍應是我們所該關切的。因此，兒童學習障礙促成因素的探究，亦應列為必要的診斷工作項目。準是以觀，完整的學習障礙診斷，似應包括以下幾個主要的評量項目：

*1.智力與學業成就的評量：*智力測驗之實施，應以比西、魏氏等個別智力測驗為準。其目的乃在瞭解兒童的智力水準，並確定其非智能不足。學業成就的評量則須以標準化的教育成就測驗為之，以瞭解兒童各學科的成就水準，以及彼此間的差異情形。智力與學業成就的評量，將有助於判定學業成就與智力潛能間所存在的差異程度。

*2.感官、動作能力及生理、情緒狀況的檢查，與環境條件的評估：*視覺與聽覺銳敏度的檢查、動作能力與情緒狀態的評量，以及所

處環境條件的查核等，皆可確認兒童的學習問題是否由感官缺陷、動作障礙，情緒困擾，環境不利等因素所造成的。

3.心理運作能力（psychological processing abilities）的評量：心理運作能力多涉及個人的語言能力、知覺動作能力、注意力、記憶力等方面。由於學習障礙兒童其內在能力間也往往具有差異，因此對其心理歷程上能力優勢與劣勢情況的鑑別，正可作為嗣後從事補救教學的參考。常見的這類「歷程測驗」（process tests）如班達視動完形測驗（Bender Visual-Motor Gestalt Test）、佛洛斯蒂視知覺發展測驗（Frostig Developmental Tests of Visual Perception）、林奧動作發展量表（Lincoln-Oseretsky Motor Development Scale）、普渡知覺動作查核表（Purdue Perceptual Motor Survey）、魏普曼聽覺辨別測驗（Wepman Test of Auditory Discrimination）、伊利諾心理語言能力測驗（Illinois Test of Psycholinguistic Abilities）等，皆有助於對兒童內在心理運作能力的探究。

在完成上述一系列的正式評量工作之後，吾人希望此項診斷工作將能逐一的解答下列幾個待答問題：

1.接受診斷的兒童是否為學習障礙者？

2.兒童被鑑定為學習障礙，其所根據的診斷資料為何？

3.兒童確切的學習問題何在？其性質又如何？

4.與兒童學習障礙有關的個人生理、心理，與環境促成因素何在？

5.兒童學習問題與有關的促成因素之間存在何種的關係？亦即學習問題與促成因素之間是否可推定出某種診斷假設（diagnostic hypothesis）？

6.根據所推定的診斷假設，學習障礙兒童所需要的補救教學方案為何？

因而，完整的學習障礙診斷工作，不僅在鑑定兒童學習障礙狀況的有無，更須為被確認為學習障礙的學生，提供教育安置與補救教學上的建議。

☪三、鑑定上的問題

學習障礙兒童的鑑定工作，目前雖然已具備相當可供遵循的架

構，但其中隱含的技術問題仍然不少，對學習障礙的確認，難免滋生疑義，值得吾人加以重視。此項鑑定工作常被提出討論的問題約有下列數端：

㈠學習障礙的鑑定，所依據的乃是吾人對此一狀況所秉持的定義所從出的鑑定標準。然而常見的鑑定標準仍不盡明確，似未能充分達到「操作性」（operational）的要求。即如以前述鑑定兒童是否為學習障礙的兩個必要條件而言，所謂學業成就與智力潛能間須存在著重大的差距，然差距之重大與否，實為見仁見智的問題。又如能力與成就間的重大差距，須非導因於感官或動作障礙、智能不足、情緒困擾，及環境不利等因素，但縱使吾人經評量得知某一兒童確具有上述不利因素中的一種或多種，這等因素與兒童學習困難之間的因果關係，豈是輕易可得知曉。是故，學習障礙的整個診斷過程，儘管吾人可儘量求其客觀，但最後所作的研判，實難免摻雜某些主觀的成分。

㈡兒童學習障礙的存在，也很可能使所使用的教育與心理測驗，無法發揮其預期的功能。例如，我們如果採用句子完成測驗（sentence-completion tests）這類的投射工具，以評量兒童的情緒適應狀況時，如果某一兒童恰有語言缺陷，則其在測驗上「語無倫次」的敘述，其原本雖無情緒適應的困難，卻可能會被誤認為具有情緒問題。此外，學習障礙亦可能使兒童在智力測驗上無法表現其應有的水準，而使所測得的智力水準錯誤性的偏低，以致與其成就水準的差距並不明顯。上述這兩個例子，皆有使真正符合學習障礙鑑定標準的兒童，被列為非學習障礙的可能。

㈢診斷學習障礙所使用的測驗工具之信度與效度，也一直是個被人議論的話題。因學習障礙的診斷所運用的評量工具不少，其種類與數量之多，常非其他類別特殊兒童的鑑定所可比擬。因此其測驗工具本身的適切性格外引人注意。例如所採用的成就測驗，其內容若與學校所教授的課程內容有所出入，則評量的結果，能否反映兒童真正的學業成就，頗令人存疑。而類似事例，在診斷者對成就測驗的選擇稍有不慎時，即隨時可能發生。另外，許多「歷程測驗」對心理運作能力評量的正確性，也一直是個爭論不休的問題（*Salvia & Ysseldyke,*

1981）。例如柯克及其同僚（*Kirk, McCarthy, & Kirk, 1968*）所發展的「伊利諾心理語言能力測驗」，多年來一直是個被人討論的問題。柯克等人所設計的這一測驗，主要在評量受試者處理資訊（information processing）的能力，以瞭解兒童學習歷程的特質。此一測驗所評量的有下列三個重要的方向：

1. 溝通的組織層次（levels of organization）

(1)符號化的層次（representational level）：運用符號以從事意義的溝通。

(2)自動化的層次（automatic level）：指溝通時習慣性自動運作的功能，而甚少需要對符號加以解譯。

2. 溝通的管道（channels of communication）

(1)聽——說的管道：包括聽與說。

(2)視——動的管道：包括看與做。

3. 溝通的心理歷程（psycholinguistic processes）

(1)聽與視的接收（auditory and visual reception）。

(2)聽——說或視——動的聯合（auditory-vocal or visual-motor association）。

(3)說與動的表達（vocal and manual expression）。

此一測驗即以下列的十二個分測驗，分別評量十二種心理語言運作能力：

1. 聽覺接收能力測驗（auditory reception test）。

2. 視覺接收能力測驗（visual reception test）。

3. 聽——說聯合能力測驗（auditory-vocal association test）。

4. 視——動聯合能力測驗（visual-motor association test）。

5. 語言表達能力測驗（verbal expression test）。

6. 動作表達能力測驗（manual expression test）。

7. 文法構成能力測驗（grammatic closure test）。

8. 視覺構成能力測驗（visual closure test）。

9. 聽覺序列記憶能力測驗（auditory sequential memory test）。

10. 視覺序列記憶能力測驗（visual sequential memory test）。

*11.*聽覺構成能力測驗（auditory closure test）。

*12.*字音融合能力測驗（sound-blending ability test）。

有些人對「伊利諾心理語言能力測驗」十分激賞，認為此一測驗所評量的內容，正是學習障礙的診斷所必需，同時也運用此一測驗的評量結果，設計許多補救教學方案，想對兒童在心理語言運作歷程上的缺陷有所矯治。但也有許多學者，對這一測驗的效度及有關的心理語言能力訓練的功效極度存疑（*Blake, 1981*）。類似贊成與反對其他「歷程測驗」的意見，也一直是此起彼落。

由上述在鑑定學習障礙兒童時，所可能出現的問題看來，學習障礙的診斷實為一項複雜的工作。這也是何以學習障礙的鑑定，須由一組診斷人員合作為之的道理所在。

第三節　學習障礙兒童的特質

一、學習障礙兒童的行為特徵

有關學習障礙兒童行為特徵的研究甚多，各學者往往列舉一系列學習障礙者可能出現的行為特徵以供參考。然吾人須知具備某些學習障礙者常見的症候，並不表示就是學習障礙者。因為學習障礙者的某些行為症候，在某些時間或場合也同樣會出現在普通人身上。不過就學習障礙兒童而言，這些症候的出現頻率可能比較高罷了。由於學習障礙兒童是異質性極高的一個群體，因此學習障礙兒童之間，其行為症候仍有個別不同的組型存在。

詹森（*Johnson, 1981*）參研學習障礙的有關文獻，列舉一系列學習障礙兒童的行為特徵，其內容堪稱周延扼要，茲引述如下（*pp. 6-8*）：

㈠朗讀（oral reading）方面

*1.*字母、音節，與單字認識的混淆。

*2.*字母與符號的倒錯。

*3.*易於讀錯地方。

4.相似字的混淆。

5.朗讀時出現許多省略、填加、替代,與轉換(transpositions)等錯誤。

6.文字運用技巧拙劣,且缺乏語音學方面的知識。

7.朗讀欠缺流利。

8.朗讀時須一個字一個字地指著唸。

9.朗讀時往往有跳行的情形。

10.對正確唸過的字詞,仍不解其義。

(二)默讀(silent reading)方面

1.易於讀錯地方,對文字追視(track)的能力不佳。

2.默讀時須一個字一個字地指著看。

3.默讀時頭會左右搖擺不定。

4.眼球運動不規律,其注視的眼光也異於尋常。

5.默讀時出現唇動或小聲唸出。

(三)視知覺方面

1.視覺記憶能力之缺陷。

2.視覺序列能力(visual sequencing ability)不佳。

3.視覺分辨能力不佳。

4.視動協調能力之缺陷。

5.形象背景分辨(figure-ground discrimination)的困難。

6.形狀穩定性知覺能力(form constancy perception)不佳。

(四)聽知覺方面

1.聽覺記憶能力的缺陷。

2.聽覺序列能力的缺陷。

3.聽覺分辨能力不佳。

4.談話時對起頭的語音有固著現象(perseveration)。

5.聽音能力很差。

6.欠缺視聽統合的能力（auditory-visual integration）。

㈤動作能力方面

1.缺乏觸覺的敏感性。
2.觸覺分辨能力的缺陷。
3.缺乏肌肉運動的感覺。
4.缺乏肌肉位置感（feeling of muscular position）。
5.書寫能力不佳。
6.仿畫圖形有所困難。

㈥語言能力方面

1.說話發展異常。
2.說話發展顯得遲緩。
3.說話方面具有障礙（口吃與構音不良）。
4.語言的流利性欠佳，也缺乏表達自我的能力。
5.無法將個別的語音融構成有意義的字、詞、句。

㈦空間關係能力方面

1.缺乏空間位置感（position in space）。
2.掌握物件空間關係的能力欠佳。
3.缺乏方向感（directional orientation）。

㈧時間關係能力（temporal abilities）方面

1.缺乏律動（rhythm）感。
2.缺乏同步感（sense of synchrony）。
3.缺乏時刻、日期、季節等定向。

㈨社會與情緒行為方面

1.挫折容受水準較低。
2.人際關係不良。

3. 情緒易於激動。

4. 動機不高。

5. 退縮。

6. 易於氣餒。

7. 不當的行為。

8. 自我觀念較低。

9. 顯得受到壓抑。

10. 欠缺活力。

11. 顯現挫敗症候（failure syndrome）。

12. 緊張，無法靜靜地坐著。

㈩生理與動作行為（physical and motor behavior）方面

1. 平衡能力較差。

2. 身體姿勢較差。

3. 行動與粗大肌肉動作的協調能力較差。

4. 書寫與精細動作的協調能力較差。

5. 動作過分笨拙（clumsiness）。

6. 兩手同利（ambidexterity）。

7. 寫鏡體字（mirror writing）。

8. 活動過多（hyperactivity）。

9. 兩側感覺（laterality）的混淆。

10. 身體形象知覺（body awareness）的混淆。

㈪認知行為（conceptual behavior）方面

1. 記憶力較差，對符號意象（symbolic representations）的記憶尤然。

2. 對符號與其意義的結合能力較差。

3. 具有獨特的概念化之組型（patterns of conceptualization），且缺乏抽象化之能力。

(三)注意力方面

1. 專注的能力較差，且注意的廣度狹窄。

2. 動機貧弱。

3. 顯得多動，無法靜靜地坐著。

就上述這七十二種行為特徵而言，學習障礙兒童可能會具備其中的部分症候，但顯然不會有學習障礙兒童同時具備絕大多數的這些症候（*Johnson, 1981*）。如要列舉學習障礙兒童最常見的症候，則以下的這幾種行為特徵，可能是最值得吾人注意的：

(一)活動過多。

(二)注意力的缺陷。

(三)衝動現象。

(四)記憶力與思考的缺陷。

(五)視聽覺協調能力的缺陷。

(六)聽知覺速度的缺陷。

(七)視知覺意象化能力（visualization）的缺陷。

(八)知覺——動作障礙（perceptual-motor impairments）。

(九)不確定的神經徵兆（equivocal neurological signs）及腦波上的異常（EEG irregularities）。

(十)情緒不穩定（emotional lability）。

(十一)說話與聽力異常。

(十二)特殊的學業問題（*閱讀、數學、書寫、拼音、復習技巧等方面的缺陷*）。（*Wissink, Kass, & Ferrell, 1975; Kneedler et al., 1984*）

☾★二、學習障礙對兒童發展之影響

學習障礙的存在，對兒童的發展，視其障礙程度的差異，將可能產生不同的影響，其比較明顯的約有下列幾方面：

(一)生理方面

如果學習障礙是由「腦功能失常」所引起的，則其對兒童的動

作、平衡與協調能力，將會有明顯的影響。常見的所謂行動笨拙，手眼不協調等，皆是這種影響的具體表現。

(二)智能方面

學習障礙對兒童智能的發展是否有影響，或其影響如何？似難以定論。不過就通常智力測驗的內容，對受試者的要求看來，學習障礙兒童在接受智力測驗時，是相當不利的。按一般定義而言，學習障礙者的缺陷，是在運用語言、數學符號等基本的心理歷程方面。而智力測驗的設計，也多在評量兒童操作符號以解決問題的能力；此學習障礙者在接受智力測驗時不利者一。此外，在接受智力測驗時，受試者更需全神貫注、容忍挫折，在反應上也不可過分固著。這些要求對學習障礙者而言，無異是攻其所短；此其二。尤有甚者，大部分的智力測驗內容，其語文與數學的份量不輕，學習障礙兒童的問題即是在語文或數學中某一部分（如閱讀、書寫、拼音、數學等）有了缺陷，故他們在接受智力測驗時將因而受困，應是可以預料得到的；此其三。從上述的這三種情形看來，兒童的學習障礙可能會干擾彼等在智力測驗上的表現，而使其所測得的智力分數，無法確切地反映其原本如無學習障礙時應有的智力水準。

(三)社會與情緒方面

學習障礙兒童在自我抑制、認知思考能力，以及語言上的缺陷，皆可能損及其社會與情緒的適應。注意力渙散，衝動、活動過多、較低的挫折容忍力，以及行為的固著現象等自我抑制功能欠缺的情形，對其與他人和諧的交往，莫不產生不利的影響。而知覺、記憶、思考等認知能力的缺陷，更使得學習障礙者不但常無法確切地掌握人際關係中一些微妙的線索（cue），也無法適當地分析其社會互動關係，以解決其有關的人際適應問題。至於學習障礙者所可能具有的語言缺陷問題，不只影響其人際溝通，對其情緒更可能造成傷害。由上述這些問題看來，吾人應可瞭然，學習障礙對兒童的社會互動關係及情緒適應，所可能產生的影響了。

四學業方面

語文與數學皆被通稱為工具學科（tool subjects）。很不幸的，學習障礙兒童卻可能在這些工具學科中的某一部分出現困難。無論是聽、說、讀、寫、拼音、算術中任一部分的缺陷，莫不直接或間接地妨礙兒童在自然、社會、藝能、職業等學科之學習。至於學習障礙兒童在基本心理歷程上的缺陷，不只會影響其在數學與語文等工具科目的學習，其他如自然、社會、職業、藝能等內容學科（content subjects）也會有所妨礙。例如知覺、記憶、思考等缺陷，以及活動過多、注意力渙散、反應固著等問題，莫不損及其在課業學習上的效能。

五職業方面

學習障礙對兒童職業發展之影響，與其學習缺陷的性質及問題的多寡不無關係。大部分的職業皆要求受雇者具備語文與數學等基本知能，能運用思考判斷的能力，並對本身的行為能有效地自我節制。但如有人不會閱讀或不會算術，認知思考也有問題，做事無法專注，行動經常脫軌，也無法控制其情緒，要想從事諸如醫師、教師、飛行機師、推銷員、秘書等職業可能就不合適。然而如兒童學習缺陷的性質較單純，只侷限於少數問題時，則其影響或許會比較輕微。例如，某些人只是具有數學缺陷，則只要其職業的準備或未來就業安置，不選擇那些「強其所難」的職種，在其他領域他們仍然大有可為。

第四節　學習障礙兒童的教育與輔導

★一、教育安置的型態

當學習障礙兒童被鑑定出來後，接著所要考慮的，即是應採取怎樣的教育安置型態，以便其能接受適當的特殊教育及有關的服務設施，而滿足其身心發展上的需要。學習障礙兒童的教育安置型態，常見的有自足式的特殊班，資源教室、巡迴輔導教師制（itinerant teacher）

等數種，茲分別敘述於下。

(一)特殊班

學習障礙兒童之被安置於自足式的特殊班者，其學習問題多較複雜。許多活動過多或兼有附帶障礙的學習缺陷兒童就以特殊班為教育安置的方式。隨著特殊教育回歸主流思潮的衝擊，以特殊班來安置學習障礙兒童的方式，已逐漸減少。如果學生被安置於特殊班，在學習活動方面，教師也多注意安排儘量與普通兒童有接觸的機會。

(二)資源教室

以資源教室的方式來輔導學習障礙兒童，似為目前最為常見的做法。學生實際上有大部分的時間在普通班就讀，僅有部分時間到資源教室直接接受資源教師的指導。另一方面，資源教師也可能對普通班教師提供與兒童學習缺陷的領域有關之教材與教法上的建議，以間接協助所輔導的學習障礙兒童。

(三)巡迴輔導教師制

巡迴輔導教師的角色與功能和前述的資源教師十分相似。最主要的差別在於巡迴輔導教師係流動性地為幾個學校的學習障礙兒童及有關教師提供直接或間接的服務，而資源教師則多固定地服務於某一學校，其協助對象也限於該校學習障礙兒童及有關教師。無論是巡迴輔導教師或資源教師，彼等對普通班教師所提供的服務，應屬一種諮詢（consultation）的性質。

至於學習障礙兒童的教育安置方式的考慮，除應注意對兒童「限制最少」的理念外，尚須對下列幾個問題慎加斟酌（*Blake, 1981*）：

1.兒童是否有注意力渙散、活動過多之現象？其嚴重程度如何？其對挫折的容受程度又如何？

2.兒童是否有知覺、認知、記憶、思考等方面之缺陷？其缺陷的類別與嚴重程度如何？

3.兒童是否有傾聽、口語、閱讀、拼音、書寫、作文、數學等方

面的缺陷？其缺陷的類別與嚴重程度如何？

　　4.兒童是否在內容學科方面（如自然、社會、藝能、職業等科目）有學習困難存在？哪些學科呢？其學習困難程度又如何？

　　如果學習障礙兒童的缺陷領域較多，或某一缺陷的困難程度較為嚴重，則其對特殊化程度較高之教育安置方式的需求，也更為殷切。但當補救教學收效，其學習問題已趨緩和時，則學習障礙兒童應逐步回歸較少特殊化的學習環境。

☾二、教育與輔導的重點

　　學習障礙兒童的問題所在，大致離不開「發展性學習障礙」與「學業性學習障礙」這兩方面。對於學習障礙兒童的教育與輔導，也相對地衍生出幾個不同的取向。有人以為學習障礙兒童的困難所在，是對學習作業（task）的缺乏經驗與練習，因而作業或技能訓練（task or skill training）就成了輔導學習障礙兒童的適當途徑。也有人認為兒童認知心理歷程上的缺陷，才是學習問題的根源，因而主張教育與輔導的重點，應置於兒童內在能力或心理歷程的訓練（ability or process training）。更有人以為學習障礙兒童的輔導，非兼採歷程——作業的訓練途徑（process-task approach）難以收效（*Kirk & Gallagher, 1983*）。以下將就作業訓練、歷程訓練、及歷程——作業訓練的內涵，分別略作敘述。

㈠作業訓練

　　作業訓練也稱技能訓練（skill training）。其作法乃是將兒童學習時遭遇困難的教材（技能），以工作分析（task analysis）的方法，將之分解成更簡易與更細小的許多分項技能（subskills），然後再將這些分項技能逐一教給兒童，最後並指導其將各分項技能串連成原本完整而複雜的技能。例如兒童不會游泳，則可將游泳分析成踢腿、划水、換氣等分項技能。指導兒童游泳時，可先就各分項技能先行熟稔，最後再串連整合在一起，即可學到游泳的技巧。動作技能的學習如此，其他學科技能的學習，也可採用同樣的方式來指導。

一般說來，以作業本身為取向的訓練方式，對沒有神經或心理歷程缺陷的兒童或有相當的助益，但對具有發展性學習障礙的兒童，可能這種訓練重點並不見得十分周延。

㈡歷程訓練

歷程訓練也稱內在心理能力訓練（ability training）。把歷程訓練視為學習障礙兒童教育與輔導重點的學者，莫不認為兒童的學習困難係源自其內在心理歷程中的缺陷，這些缺陷若不予以適當地矯治，將繼續阻抑其對教材或技能的學得。歷程訓練即在協助兒童克服其諸如注意力、知覺動作、記憶、思考等心理歷程的缺陷（發展性學習障礙），以免這些缺陷對兒童的學習有所妨礙。例如教師對兒童所實施的幾何圖形分辨訓練，即望其嗣後能遷移至文字符號的分辨。許多學前教育課程的設計，即充滿歷程訓練的色彩。

歷程訓練的成效如何，一直是個爭論的問題。其爭論的核心即在某一內在心理能力經訓練後，是否可表現遷移或類化的功能？例如訓練兒童記憶圖形，則此種記憶能力，會遷移至文字的記憶嗎？換句話說，內在心理能力的「形式訓練」是受到質疑的。因而，遂有人主張歷程訓練固以發展內在心理能力為鵠的，唯其內容則須具有意義。例如，吾人所期待於兒童的是對單字的記憶，則訓練的材料應逕以單字為之。這種歷程訓練的觀點，即逐漸演變成歷程──作業訓練（process-task training）的取向。

㈢歷程──作業訓練

許多學者皆認為兒童的學習問題如果係出諸教師的教學不力或缺乏學習機會，則「作業訓練」的輔導取向，應是切當而有效的。但如果兒童具有嚴重的內在心理能力的缺陷，則教育與輔導應兼採歷程與作業訓練的方式，以指導兒童運用某些心理歷程，而達成某一所欲的作業目標。因此歷程──作業訓練，不只需從事「工作分析」（task analysis），更需做「兒童分析」（child analysis）。惟有教師瞭解兒童心理歷程的可能優勢與缺陷，並能掌握作業目標（學習目標）的精確

內涵，方可協助學習障礙兒童接受以實際教材為內容的歷程訓練。由於採用歷程——作業訓練的教師，須從事兒童與工作分析，並使教材與兒童反應的能力相互配合，因此亦可以診斷——處方教師（diagnostic-prescriptive teacher）稱之。

在運用歷程——作業訓練時，除須先瞭解兒童學習困難之所在外，並應分析其內在心理歷程可能的缺陷，最後再以其遭遇困難的教材，從事心理歷程缺陷的矯治。例如有一兒童智力正常，但就是無法閱讀，經分析其內在心理能力，發現此一兒童具有視覺記憶（visual memory）的缺陷。因此，歷程——作業的矯治訓練方式，則是以兒童所要學習的字詞等，來培養其視覺記憶的能力。一般說來，這種綜合歷程與作業的訓練方式，似更能將學習障礙的診斷與矯治熔冶於一爐，而為多數的學者所推崇（*Lerner, 1981; Raschke & Young, 1976*）。

柯克與葛拉格（*Kirk & Gallagher, 1983*）認為上述這三種學習障礙的矯治方式，在有些情況下並非涇渭分明。同時這三種訓練途徑，只要針對兒童學習缺陷的性質而運用得法，應該都是有價值的。例如對於輕微的學業問題直截地給予作業訓練，應已足夠。歷程訓練則適合於學前階段為內在心理能力的訓練而訓練的需要。而歷程——作業的訓練方式，對於兼具發展性與學業性缺陷之較嚴重的學習障礙者，應更能提供實質的幫助。

總而言之，學習障礙者之教育與輔導重點，似應考慮其學習缺陷所存在之領域。至於教育與輔導途徑之選擇，則應注意其學習缺陷的性質。大致說來，當學習障礙者年齡較小時（如學前或小學階段），教師常思對其缺陷領域有所矯治（remediation），然及其長也（如國中、高中階段），則多強調學習缺陷的補償（compensation）。所謂補償者，乃是不再注意其無法矯治的缺陷，而儘量以其之所能代替其所不能。例如某一學習障礙中學生，仍存在著閱讀與書寫的困難，則教師或可在考試時以口試代替筆試來從事學業成績之考查。學習缺陷的補償之另一意義，乃是在課程的調整（curriculum adaptation）方面；務使所安排的課程內容，不因學生某方面技能的缺陷（如閱讀、書寫、數學等之學習困難），而阻抑其學習的活動，並影響其可能的生涯發

展（career development）。準是以觀，矯治與補償似反映出吾人在教育與輔導小學與中學階段的學習障礙者時，應有的重點上之差異。

☪ 三、教育與輔導的策略

學習障礙兒童教育與輔導的重點，即如前述離不開作業（教材）的熟稔、心理歷程的訓練、或兩者的兼籌並顧。至於學習障礙者教育與輔導的策略究應如何，則往往受到吾人對學習障礙的觀點所決定。換句話說，對學習障礙的本質如有不同的認定，則在教育與輔導的策略上，即可能呈現差異。自本世紀初葉（約介於 1900 與 1920 年之間）以來，即陸續出現許多與目前所稱的「學習障礙」有關的觀點與教育方法（Gearheart, 1985）。這些教育與輔導方法，在應用的普及性上也許有所差異，不過學習障礙者的教育人員，對各種方法能多少有點認識，必有助於對這些兒童的教育與輔導。以下將就常見的幾種教育與輔導策略，分別加以介紹。

㈠知覺動作訓練

強調對學習障礙兒童實施知覺動作訓練（perceptual-motor training）的學者如凱伯（Newell Kephart）、葛德曼（Gerald Getman）、科瑞提（Bryant Cratty）、佛洛斯蒂（Marianne Frostig）、艾莉思（Jean Ayres）等人，莫不認為較高層次的心智運作能力是由早期適當的動作與知覺系統發展而來的。例如凱伯即指出兒童的學習發展過程可分為下列六個階段：

    1. 粗大動作期（gross-motor stage）。
    2. 動作──知覺期（motor-perceptual stage）。
    3. 知覺──動作期（perceptual-motor stage）。
    4. 知覺期（perceptual stage）。
    5. 知覺──概念期（perceptual-conceptual stage）。
    6. 概念期（conceptual stage）。

而葛德曼則將兒童認知能力的發展過程分成下列十個階段（Gearheart, 1980）：

1. 天賦反射動作（innate responses）。

2. 一般動作發展（general motor development）。

3. 特殊動作發展（special motor development）。

4. 眼球動作發展（ocular motor development）。

5. 說話──動作與聽覺統整作用（the speech-motor and auditory integration system）。

6. 視覺認知作用（visualization）。

7. 知覺作用（perception）。

8. 認知作用（cognition）。

9. 符號化的歷程（symbolic processes）。

10. 智能發展（intellectual development）。

力主知覺動作論者，即認為學習障礙者係在其發展過程中出現一般性或某一階段的發展遲滯（與同齡兒童相比）或障礙現象。只要兒童發展過程中某一階段出現障礙，此一階段以後各階段的發展即會受到阻抑。因此學習障礙的矯治之道，即在找出兒童動作或知覺發展中出現障礙的部分，並從其前一階段為起點，給予適當的知覺──動作訓練，以逐步發展兒童受到阻抑的能力，而恢復其應有的學習功能。

對學習障礙兒童實施知覺動作訓練，在一九六○年代初期曾風行一時，但此一盛況目前已不復存在。因為許多研究者發現純粹知覺動作訓練對兒童學習障礙的矯治或學業成就的增進，其效果實在相當有限。傳統上知覺動作訓練似更適合於學前與小學階段的兒童，但如欲增進此一教育方法對年齡較大兒童（特別是五歲以上者）的效益，則將此一訓練儘可能與課業教材的學習相互配合，或較可行。

㈡多重感官的學習法

視覺與聽覺是吾人賴以學習的重要管道，但學習的途徑應不限於視覺或聽覺而已，其他如觸覺、運動覺（kinesthesia，也稱肌感覺）、嗅覺等，也皆有助於吾人的學習。多重感官的學習法（multisensory approaches），則是指吾人在學習時須使用一種以上的感官而言。學習時之所以須運用多種感官，其基本哲學乃是多種感官並用的學習效

果，應比使用單一感官為佳。正如胡適之所言，讀書須四到：眼到、口到、手到、心到。此處的眼到、口到、手到三樣至少已包括視（眼）、聽（口）、動（手）等數種感官矣！由於多重感官的運用等於是給予學習者多重的學習刺激，因此多重感官學習法亦稱為刺激轟炸法（stimulus bombardment approach）。

在教育學習障礙兒童時，主張採取多重感官的學者重要的有傅娜（Grace Fernald）、奧頓（Samuel Orton）、吉琳罕（Anna Gillingham）等人。其中傅娜所發展出來的方法稱為視聽動觸同時使用法（simultaneous VAKT）此一方法有時也稱為指觸法（tracing approach）或動感法（kinesthetic method），因為指觸與動感乃是本法的特色所在。雖然傅娜的方法可用於各個不同學科教材的學習，不過此一方法似主要應用於閱讀方面。吉爾哈與韋森（*Gearheart & Weishahn, 1980*）曾對傅娜的視聽動觸法作了如下的描述（*p. 176*）：

診療教學實施的第一步，便是向學生說明有一個學習文字的好方法。有些跟他有同樣學習問題的人，用了這個新方法去學習，都能得心應手。

第二個步驟便是請學生選出他想學的字，字母多少不拘，然後用下列的方法教他寫和認（讀）所選出來的字：

1. 將學生所選的字，用單色的蠟筆寫出像寫在黑板上那麼大的書寫體。同時在大多數的情形下，不管學生年齡大小，都要用書寫體而不用印刷體。這樣學生不僅可以看到字，也可以「感覺」像個單一的實體，而不是分立的字母之集合。

2. 學生以手指接觸紙面模寫文字。當模寫時且把該字的發音大聲的唸出來。就這樣反覆的做，直到學生不看字，也可寫出為止。

3. 學生將字寫在他的練習紙上，他就可覺得那是「他的」字了。其他字的教學也皆採用此一方式，不過總要花時間練習才能熟練。

4. 當學生已建立了能寫與能認字的信念後，吾人即可鼓勵他

開始敘寫故事。故事的性質依學生之興趣而定。教師只在學生有不懂的字時才告訴學生，以幫助他完成所要寫的故事。

5.學生的故事寫好後，即為他打好字。在學生仍覺新鮮時，即由其來讀這些打出來的文字。教師立刻讓學生這樣做是重要的。

6.在故事完成且所學到的生字也作了有意義的應用後，即由學生將生字分別寫在卡片上，依字母的順序置於他個人的單字夾裡。單字夾可用以教導學生明白字母的順序，而用不著讓學生死記。

這種方法通常稱之為傅娜指觸法，因它比一般閱讀教學又加上了指觸摹寫的活動。然而，吾人須注意的是運用此法時，學生應同時用感覺、看、說，與去聽所要學的字。因此，它是真正使用多重感官的學習方法。

㈢學習環境的控制

活動過多是學習障礙兒童常被提及的行為特徵之一。活動過多的兒童在學習時也顯得無法專注，因此其對學習會有不良的影響是可以預見的。兒童的活動過多，吾人通常除運用行為改變技術，以及醫學的方法如藥物的使用（如鎮定劑、抗痙劑等）、大量維他命的治療（megavitamin treatment）、可能引起過敏的食物之避免等，而企圖加以矯治外，學習環境的有效控制，也常被視為減少兒童多動現象的重要途徑。

對學習環境的控制主張最力的要屬史特勞斯（Alfred Strauss），雷鐵南（Laura Lehtinen）與柯魯向克（William Cruickshank）等人最為著名。上述的這幾位學者的研究與工作對象多為腦傷兒童。而活動過多常是腦傷兒童的主要特徵之一。他們發現對一般人習以為常的視、聽、動、觸覺刺激，卻會對多動的學生引發諸多學習與行為上的問題；但如能對環境中足以造成分心的因素作有效的控制，則腦傷兒童將不致因過分受到刺激而多動。為了減少環境中的刺激，使學習障礙兒童得以有效地進行學習活動，或可參酌採行下列的作法：

1. 學習活動的空間應儘可能寬敞，避免擁擠。

2. 教室的牆壁須保持樸素無華。

3. 採用具有三面隔板的學習桌（learning carrels or booths）。

4. 教室門窗應採半透明的毛玻璃為佳。

5. 教室最好舖設地毯以減少走路的音響。

6. 教室內應儘量少用布告欄。

7. 書桌最好面向空白的牆壁。

8. 教師的服裝應力求樸素，甚至避免佩戴珠寶飾物，以免學生分心。

㈣行為改變技術

雖然行為理論（behavioral theory models）本身未涉及學習障礙成因的探討，也算不上是研究學習障礙的模式，但由行為理論所發展出來的行為改變技術，卻能對學習障礙兒童活動過多、衝動、分心的行為之矯治，以及學業與社會技能的學習提供幫助。因此，行為改變技術亦是學習障礙兒童的教育與輔導中常被採用的重要方法之一。

行為改變技術主要是系統地運用增強的原理（獎懲的運用）以養成或消除某些標的行為。其實際應用時，常由教師與學生以建立行為契約（contingency contracting）的方式來實施。學生能否得到增強，全視其行為或表現水準是否符合契約上所訂的標準而定。因此所訂行為契約的具體明確，以及師生對契約條件的共識，常是本技術能否發揮其成效的關鍵所在。

㈤心理神經學的補救教學途徑

麥克伯斯（Helmer Myklebust）對於學習障礙的觀點，主要係根據其從事語言缺陷的研究而來。他所謂的「心理神經學的學習障礙」（psychoneurological learning disabilities），即是指與中樞神經系統功能失常有關的學習問題而言。這類學習障礙與心理動力因素（如自閉症、精神分裂症等）及周緣神經系統功能的失常（如視、聽覺障礙），並無關聯。他認為語文學習的歷程依次包含感覺作用（sensation）、知覺

圖 9-3　麥克伯斯所提之語文學習的發展順序
（修正自 Gearheart, 1985, p. 82）

作用（perception）、意象作用（imagery）、符號化作用（symboliza-tion），及概念化作用（conceptualization）等五個經驗層次（hierarchies of experience）。其發展順序如圖 9-3 所示。

　　麥克伯斯認為兒童的語言學習障礙，可能出現在知覺作用、意象作用、符號化作用，或概念化作用等的經驗層次。教育與輔導之實施，即在找出兒童學習障礙所從出的經驗層次以及所涉及的感覺管道，然後根據學習缺陷的診斷結果，再提供適當的補救教學方案。

　　與麥克伯斯的觀點甚為相似的，即是在一九八○年代極受重視的資訊處理論（information processing theory）。根據狄陸特與萬薩（De-Ruiter & Wansart, 1982）的看法，人類對資訊的處理包括注意（atten-tion）、知覺（perception）、記憶（memory）、認知（cognition）與發訊（encoding）等歷程。這些皆是正常的學習所必經的基本過程。學習障礙者的困難，即可能是在這些資訊處理歷程中的某一部分或數部分有了缺陷所引起的。因而學習障礙者的認知結構（cognitive structu-res），遂難以適應環境的需求。學習障礙兒童的教育與輔導之道，即在協助其學得獲取、組織、保存，與喚回資訊的策略，以克服其學習的困難。

㈥**學習策略的指導**

　　邇來對學習障礙的問題，也有人以學習策略缺陷（learning-strategy deficits）加以解釋（Gearheart, 1985）。此一觀點認為學習障礙者的困

難，乃是他們無法有效地運用其已具備的內在資源（如知識或資訊，學習策略等）。換句話說，他們並非有特殊能力的缺陷，他們只是沒有學到如何適當地檢核（monitor）其行為的歷程，因而學習的困難也隨之產生。為了矯治學習障礙兒童在學習策略上的缺陷，因而認知調理（metacognition）與認知行為改變（cognitive behavior modification）等學習策略的指導，目前十分受到重視。

認知調理係指運用學習技巧的能力。根據貝克（*Baker, 1982*）的見解，認知調理能力包括兩個要素：(1)明白有效從事某一項工作所需的技能、策略，與資源；(2)使用諸如計畫、成效評鑑、困難的補救等自我節制機制（self-regulatory mechanisms）以確保成功地完成工作。認知行為改變所強調的乃是個體在行動之前先能慎思熟慮。其目的是在協助當事人理解所處的情境，並運用自我語言以對其行為作有效的節制，庶幾能由外在制握（external locus of control）轉變成內在制握（internal locus of control）。就廣義而言，認知行為改變實可以認知調理作用視之。

無論是認知調理或認知行為改變，兒童皆須扮演獨立、主動而自我控制的角色。因此這方面學習策略的指導，必有助於學習障礙兒童逐漸成為有效的學習者。

以上所介紹的這幾種學習障礙兒童的教育與輔導策略，大致上是對學習障礙所持不同觀點的反映。吾人對教育與輔導策略的採擇，實應考慮學習障礙兒童問題的性質與需要。因此所運用的教育與輔導策略，應不限於某一種，如有需要，實亦可數種方法兼顧並用。

☾ 四、科技的應用

許多傳統的教學器材如投影機、幻燈機、電影機、電視錄放影機等的使用，對學習障礙兒童的教育，同樣可以提供莫大的助益。就以投影機的運用為例，由於投影片的製作簡單，投影機的操作容易，使教師在教學過程中，可以隨心所欲地提供兒童必要的視覺上輔助性之展示，因此深受教師們的歡迎。

最近電腦科技的急速發展，對學習障礙者的教育，也帶來許多正

面的影響。其中比較明顯的當屬下列兩方面（*Kneedler et al., 1984*）：

　　1.提供兒童在課業方面更有效的練習方式。

　　2.改變兒童的學習型態（learning styles）。

　　由於電腦對教材的儲存，其容量極為可觀，因而大量序列化教材透過電腦而實施的教學，對學習障礙兒童將可以達到充分個別化的要求。這種教學型態不只可以配合兒童課業發展的水準而因材施教。更可以根據兒童的學習需要，而提供充分練習的機會。在兒童練習的過程中，更可藉電腦在視覺（如以文字、符號、圖形表示對錯）或聽覺（如電腦會說出答案對錯）上的回應（feedback），而使兒童的學習動機維持不墜。

　　至於實施電腦輔助教學對學習障礙兒童學習型態的改變，最明顯的是兒童因須與電腦對話，將可能逐漸由被動而轉變成主動的學習者。另外兒童注意力渙散、動作協調欠佳等問題，亦可能因對電腦的操作而逐漸有所改善。

第十章

多重障礙兒童

第一節　多重障礙的意義

一、多重障礙的定義

在特殊教育中，吾人常以兒童身心損傷（impairment）或缺陷（disability）的所在，而對之加以分類。例如智能較低則以智能不足稱之，眼盲則名之為視覺障礙，肢體缺損而造成行動的困難，則謂之肢體障礙。傷殘兒童固有單純僅具有某一障礙或缺陷者，但具有兩種或兩種以上障礙狀況（handicapping conditions）的兒童實屢見不鮮。這種具有兩種或兩種以上障礙的兒童，吾人多以多重障礙者（the multihandicapped 或 the multiply handicapped）通稱之（*Wolf & Anderson, 1969*）。

就多重障礙所表現的問題性質而言，每一個案皆有其獨特性，因此多重障礙的界定也著實不易。不過在許多特殊教育的文獻中，重度與極重度障礙（severely and profoundly handicapped）常成為多重障礙的同義語（*Cleland & Swartz, 1982*）。此乃重度障礙者除某一障礙外，常伴隨其他障礙所致。例如史乃爾（*Snell, 1978*）即將具有下列障礙狀況者皆界定為多重障礙者：

㈠所有中度，重度，與極重度智能不足者。

㈡所有重度與極重度情緒困擾者。

㈢所有最少具有一種附帶障礙（如聾、盲、肢體障礙等）的中度與重度發展遲滯者。

同時許多特殊教育學者，在論及多重障礙者時，也常將之與重度障礙者相提並論。因此，在討論多重障礙的定義時，實有必要對重度障礙的定義也一併介紹。

美國聯邦教育署的殘障者教育局曾於一九七四年，對重度障礙者（the severely handicapped）作了如下的界定（U. S. Office of Education, 1974, Section 121.2）：

重度障礙兒童由於其生理、心智，或情緒問題，或這些問題

的併合之嚴重性，需要超乎傳統上由普通與特殊教育方案所提供的教育、社會、心理，及醫療服務設施，方得發展其最大的潛能，以實用且有意義的參與社會生活，並實現自我。這些兒童包括那些被類分為重度情緒困擾（精神分裂症與自閉症），重度與極重度智能不足，以及具有兩種或兩種以上嚴重障礙狀況，如智能不足兼盲與腦麻痺兼聾等情形。

類此重度障礙兒童可能具有嚴重的語言或知覺認知方面的缺損，以及顯現許多異常的行為，包括：即使對最顯而易明的社會刺激也無法注意及之，自我毀傷，自我刺激，發起脾氣來顯得強烈而持久，即使最基本的語言控制的形式（forms of verbal control）亦付闕如，並且其生理狀況也可能極其脆弱。

而 1973 年美國的復健法案（Public Law 93-112），也將重度障礙（severe handicap）界定如下（Section 7[12]）：

重度障礙一詞意指需歷經長期多方面服務措施的傷殘狀況。而這類傷殘狀況係導源於截肢、盲、癌症、腦麻痺、囊胞纖維化（cystic fibrosis）、聾、心臟病、半身不遂（hemiplegia）、智能不足、精神病、多數性硬化（multiple sclerosis）、肌萎症、神經功能失常（包括中風與癲癇）、下身麻痺（paraplegia）、四肢麻痺（quadriplegia）與其他脊髓病症、腎臟疾病、呼吸或肺部功能失常，以及法令上所規定的其他任何傷殘狀況……而要被稱為重度障礙，則需有一種或一種以上明定的醫學上的病況……且該病況也應該有接受多方面服務的需要。

由上述兩個對重度障礙者的定義看來，吾人可知重度障礙雖可能出自身心傷殘或疾病的許多不同的狀況，但重度障礙者由於其問題的複雜與嚴重性，往往仰賴長期多重的服務設施，才得以滿足其身心發展上的需要。這種對多重服務設施的需要，正是重度障礙者的共同特性。而此一特性也多出現在多重障礙者身上。

至於多重障礙的定義，早期沃伏與安德生（*Wolf & Anderson, 1969*）曾將「多重障礙兒童」界定如下：

> 在出生與成年之間，因兩種或兩種以上身體功能的失常或損傷，當面對一種無法克服的情境時，會對其形成個人與社會性負擔的人……並且其缺陷或損傷的嚴重程度，使其不可能從為任何一種障礙者而設立的教育方案中獲益。（*p. 366*）

此外，在美國 94-142 公法的施行細則（the Rules and Regulations for PL 94-142）中，對多重障礙則作如下的定義：

> 多重障礙意指多種障礙的伴隨出現（諸如智能不足與盲，智能不足兼肢體障礙等），這種障礙狀況的併合所造成的嚴重教育問題，誠非單為某一障礙而設的特殊教育方案所能肆應。（*Meyen, 1978, p. 58*）

我國教育部（民 91）認定多重障礙係指具兩種以上不具連帶關係且非源於同一原因造成之障礙而影響學習者。而衛生署（民 91）則將多重障礙界定為：具有兩類或兩類以上障礙者。

就上述這些「多重障礙」的定義來看，多重障礙者的共同特點，實為在身心上具有兩種或兩種以上的障礙狀況。而且多種障礙的存在所形成的教育問題，並非針對某一類障礙而設計的特殊教育方案所能因應。多重障礙者的教育需求正是其多種障礙交互影響的反映，故其獨特性是相當高的。多重障礙兒童教育的難處，也就在如何瞭解其獨特的教育需要，並提供適當的教育與復健方案。

☾ 二、多重障礙的分類

多重障礙既是生理、心理、智能，或感官上任何兩種或兩種以上缺陷的併合出現，若以目前我國特殊教育法所規定的身心障礙者之十個主要類別（即智能障礙、聽覺障礙、視覺障礙、語言障礙、肢體障礙、

身體病弱、嚴重情緒障礙、學習障礙、自閉症、發展遲緩等）而言，其任何兩種或兩種以上障礙的組合，將難以計數，而形成無數多重障礙的類型。不過特殊教育學者在論及多重障礙時，多以常見的障礙組合作為研討的基礎。例如沃伏與安德生（*Wolf & Anderson, 1969*）即以腦麻痺、聽覺障礙、視覺障礙、智能不足等四種傷殘狀況為主，分別舉出如下的幾種常見的多重障礙：

㈠**以腦麻痺為主的多重障礙**：除腦麻痺外，其常見的附帶障礙尚可能包括下列的一種或數種：

1. 智能不足。

2. 聽覺障礙。

3. 說話缺陷。

4. 視覺障礙。

5. 癲癇。

6. 知覺異常（perceptual disorder）。

㈡**以聽覺障礙為主的多重障礙**：其常見的類型計有：

1. 聾兼智能不足（mentally retarded-deaf diad）。

2. 既聾又盲（deaf-blind diad）。

㈢**以視覺障礙為主的多重障礙**：較常見的類型有：

1. 盲兼有說話缺陷（blind-speech defective diad）。

2. 盲兼有智能不足（mentally retarded-blind diad）。

㈣**以智能不足為主的多重障礙**：智能不足是多重障礙兒童最為常見的一種障礙狀況。腦麻痺兒童中約有四分之三係智能不足，盲童與聾童中智能不足的比例也各為四分之一；而智能不足兒童之中，約有四分之一至二分之一可被認定為多重障礙者（*Wolf & Anderson, 1969*）。

此外，柯克與葛拉格（*Kirk & Gallagher, 1983*）也以智能不足、情緒困擾，或視聽感官障礙為主，而列舉出下列常見的多重障礙類型：

㈠**以智能不足為主的多重障礙**，如

1. 智能不足兼腦麻痺。

2. 智能不足兼聽覺障礙。

3. 智能不足兼嚴重的行為問題。

㈡以情緒困擾為主的多重障礙，如

1.自閉症：自閉症者並不僅限於行為問題而已，他如語言發展的遲滯與異常等也常伴隨著出現。

2.情緒困擾兼聽覺障礙。

㈢視聽感官的雙重障礙

我國教育部（民81）曾對於多重障礙以其影響發展與學習最嚴重之障礙為主障礙，而將之分為下列五類：

1.以智能不足為主之多重障礙。

2.以視覺障礙為主之多重障礙。

3.以聽覺障礙為主之多重障礙。

4.以肢體障礙為主之多重障礙。

5.以其他某一顯著障礙為主之多重障礙。

我國衛生署（民91）公布的「身心障礙等級」，對多重障礙雖未明示其分類方式，但對多重障礙等級之認定已提出下列的原則以供參照：一人同時具有兩類或兩類以上不同等級之身心障礙時，以較重等級為準；同時具有兩類或兩類以上同一等級身心障礙時應晉一級，但最多以晉一級為限。

另外，民國八十六年的特殊教育法所增列屬身心障礙的「發展遲緩」一類，教育部（民91）認定係指未滿六歲之兒童因生理、心理或社會環境因素，在知覺、認知、動作、溝通、社會情緒或自理能力等方面之發展較同年齡顯著遲緩，且其障礙類別無法確定者。因而發展遲緩兒童的障礙類別雖無法確定，其在身心方面具有多重困難的比率，應是相當高的。

多重障礙兒童雖有不同的分類方式，但對於異質性如此之高，而各種障礙組合又可能層出不窮的這一群體，吾人欲予適當的標記（labeling）著實不易。因此即有學者（*Van Etten, Arkell, & Van Etten, 1980*）指出：

　　各種用以指稱兩種或兩種以上重度障礙兒童之標名，會導致特殊教育方案規劃與興辦的困難，對教育人員而言，已成為惶惑

之源。尤其是這些兒童最初的分類對學校而言也感無比繁難。例
如,某一兒童既聾又盲,且其表現亦如智能不足一樣,應該如何
加以標名呢?在每一領域皆有特殊教育方案的情況下,此一兒童
在教育上究應安置何處呢?(*p. 26*)

☪ 三、多重障礙的出現率

隨著現代醫學的進步,雖然讓許多罹患疾病或具有先天缺陷的新
生兒得有存活的機會,但也無形中使重度或多重障礙兒童相對地增
加。然而,多重障礙兒童的出現率到底如何呢?這似乎是一個難以解
答的問題。正如沃伏與安德生(*Wolf & Anderson, 1969*)所言:

雖然吾人已認識到多重障礙兒童的人數正逐漸增加之中,但
這類兒童出現率的研究結果確顯得相當不一致。按障礙別的分類
方法,在名詞上的混淆,界定障礙類型標準的不同,涉及區分性
診斷的困難,以及測驗的不可靠,皆使統計資料的蒐集與各類障
礙兒童人數的估計發生困難。(*p. 9*)

根據韋緒克(*Wishik, 1956, 1964*;引自 *Wolf & Anderson, 1969*)對美國
喬治亞州傷殘兒童出現率所作的研究,發現每一傷殘兒童平均具有 2.2
種障礙存在。僅有 29%的殘障兒童只具單一障礙狀況;39%具有兩種
障礙,具有三種障礙者占 17%;具有四種障礙狀況者則占 10%。沃伏
與安德生(*Wolf & Anderson, 1969*)所引述的其他學者的研究,也皆發
現 70%至 90%的殘障兒童係屬多重障礙者。但根據一九七六年美國聯
邦教育署所發表的一份傷殘兒童人數估計報告指出,當時全美國零歲
至十九歲的既聾又盲以及其他多重障礙者的人數約有 40,000 名,而同
一年齡階段的殘障人口總數則為 7,887,000 名。因此多重障礙者在美國
殘障總人口中所占的比例應僅有 0.05%而已(*Kohn, 1982*)。另據葛斯
特與沃樂利(*Gast & Wolery, 1985*)之推估,美國三至二十一歲的學齡
人口中約有 0.1%可歸類為重度的智能缺陷者。也有學者(*Hardman et*

al., 1984）認為重度與多重障礙者的出現率約介於 0.1%至 1.0%之間。

我國多重障礙兒童的出現率，如依民國六十五年教育部做的「特殊兒童普查」所獲得的資料來看，身心方面多重障礙者約占全部殘障兒童的 6.36%；而全國公私立小學在學特殊兒童中，約有 5.53%係屬多重障礙者（教育部社會教育司，民 65）。在第二次特殊兒童普查則發現：六至十四歲學齡兒童中，共有多重障礙兒童 7,315 人，占學齡兒童母群體的 0.205%，占身心障礙學齡人口的 9.68%。若以障礙病童總數 7,315 名加以分析，每人平均合併 2.41 種障礙項目。其中合併障礙人次最多者為智能不足，其次為肢體障礙，而以自閉症最少（教育部特殊兒童普查執行小組，民 82）。

☪四、多重障礙的成因

有許多單一障礙其成因的瞭解已十分不易，多重障礙導源於多重的因素，其原因的探討，自然也相當費力。障礙原因的瞭解，雖對當事人的教育與復健助益不大，但卻對預防殘障的知識之提供會有幫助。

前面曾經述及多重障礙與重度障礙者，往往是如影隨形如同一體的。亦即多重障礙者往往就是重度障礙者，而重度障礙者也常具有多種障礙。在討論多重障礙的成因時，美國智能不足學會（AAMR）所提出的病源分類系統，仍具有參考的價值。雖然此一系統主要用於說明智能不足可能的原因，但重度或多重障礙的成因，亦大致不離乎此一系統所討論的範圍。這一病源分類系統已在本書第三章敘述過，在此不贅。

此外，柯恩（*Kohn, 1982*）曾按產前、產中、與產後三個時期可能導致多重與重度障礙的因素分別加以列舉，亦頗具參考價值，茲引述如下（*p. 366*）：

㈠**懷孕期**（產前）**之因素**。此一時期所出現的問題多具有發展性，故影響亦極為深遠，常見的狀況有下列數種：

　1. 遺傳缺陷

⑴染色體異常：如道恩氏症候（Down's syndrome）。

⑵先天的新陳代謝問題：如苯酮尿症（PKU）。

(3)多重性畸形（multiple malformations）：如脊髓膨出（myelomen-ingocele）、結節性腦硬化症（tuberous sclerosis）、纖維神經瘤病（neu-rofibromatosis）。

2.腦麻痺兼小頭症（cerebral palsy with microcephaly）

(1)痙直性四肢麻痺（spastic quadriplegia）。

(2)緊張性指痙型（athetosis）、強直型（rigidity）、共濟失調型（ataxia）。

3.疾病感染

(1)毒漿體原蟲病（cytomegalovirus）。

(2)單純負疹病毒（herpes simplex virus）。

(3)住血原蟲病（toxoplasmosis）。

(4)麻疹病毒（rubella virus）。

(5)細菌感染（bacterial infections）。

4.涉及懷孕、胎盤不適、毒血症（toxemia）等問題之母體因素

(二)生產時（產中）之因素：早產或生產過程所遭遇之問題。

1.早產：體型過小，對缺氧與生產時創傷所引發的危險性會增高。

2.足月嬰兒生產時之創傷：如分娩時間延長、臀部先出（breech presentation，見圖 10-1）、軀體橫向而出（transverse presentation，見圖 10-2）等。

圖10-1　臀部先出之分娩　　　圖10-2　軀體橫向而出之分娩

3.生產時之疾病感染，特別是單純負疹病毒與大腸桿菌（escherichia coli）。

㈢生產後之因素：包括嬰兒、兒童，與少年期。

1. 嚴重的損傷：如幾乎溺斃、汽車事故、中毒、兒童受到虐待（child abuse）或冷落（neglect）。

2. 疾病感染：如嚴重的腦炎、腦膜炎、腦膿腫（brain abscess）。

3. 進行性神經疾病（progressive neurological disease）。

以上所列舉的產前、產中，與產後因素，雖可能導致多重或重度障礙，但並非具有上述情況的兒童，其身心功能皆會嚴重受損。同時以上所提的這些因素，亦僅屬舉例性質，涉及多重障礙的因素應不止於此。不過從上述所列舉的因素看來，吾人似可發現多重與重度障礙的發生除遺傳因素外，大多有一共通的病理特性，此即腦傷或中樞神經系統的受損。此類問題有可能導致多重的病理徵象，諸如感覺接收（sensory receiving）、動作反應（motoric response）、與神經統合功能（neural organizational capability）等的障礙（*Sabatino, 1979*）。此項知識對多重障礙的預防，應該具有特別的意義。

第二節　多重障礙兒童的鑑定

多重障礙兒童的鑑定工作，不只在試圖瞭解兒童是否存在多重障礙，如果真的是多重障礙，更須進一步瞭解兒童身心各方面的發展水準，以作為擬定教育與復健計畫的張本。前面第一部分的工作主要係著眼於障礙性質的鑑定；第二部分的工作，則在對兒童從事功能性的評量（functional assessment）。本節將就這兩部分的評量工作，分別扼述其要。

☾ 一、障礙性質的鑑定

兒童是否為重度或多重障礙往往不難辨認，但欲瞭解其障礙的性質，惟賴周詳的鑑定工作。傷殘狀況發現得越早，教育與復健的成效，亦越容易彰顯。多重障礙兒童的診斷，其對各方面專業人士的仰

賴，尤甚於其他單純某一類障礙兒童的鑑定。由於多重障礙者有許多個案與生理缺陷或身體病弱有密切的關聯，故醫學的診斷遂成為鑑定工作中一個重要的環節。

醫學的診斷最早可溯及胎兒期。「羊膜穿刺術」（amniocentesis）即是常被採用的方法之一。對於剛出生的嬰兒，「艾普格檢查」（Apgar test）亦是一項早期發現可能傷殘狀況的方法（詳見本書第三章）。在醫學診斷工作上，除一般醫學檢查外，因兒童障礙狀況之需要，各類專科醫師也常被邀請參與鑑定工作。這些專科醫師可能來自小兒科、神經科、精神科、耳鼻喉科、眼科等醫學專業。一般而言，醫學診斷至少應包括下列的結果（*Kohn, 1982*）：

㈠指明障礙狀況的醫學名稱，以及對障礙狀況作簡短的解釋。例如在診斷報告可能會寫道：「腦麻痺，痙直輕性四肢麻痺（spastic quad-riparesis），此一狀況乃導自腦傷；它涉及四肢的僵硬、痙攣，與贏弱。」

㈡指出障礙狀況是否為進行性（progressive）。如係進行性，則其病況仍屬活動性，兒童的障礙狀況將更形惡化。

此外，醫學診斷的結果尚能提供有關兒童其他生理限制的資料，諸如特殊藥物的服用、過敏症、心臟缺陷、癲癇、無法久站或久坐、飲食的限制等，以作為適當處遇的參考。

雖然醫學的診斷應致力於發現兒童可能的主要障礙及其伴隨的生理缺陷，但有些到重度與多重障礙班就讀的特殊兒童，並不見得已獲得周詳的多重障礙診斷。揆諸其因，柯恩（*Kohn, 1982*）認為可能係出諸兒童的年齡、診斷的困難、缺乏所需的診斷資源、家長不願子女接受複雜或痛苦的檢驗過程如X光、血液、肌肉組織、脊髓液或眼部的麻醉檢查等因素。此外如距離醫學機構過遠，缺乏適當的交通工具，以及家長陪同多重障礙兒童接受醫學診斷時，其他子女的乏人照料，也可能導致此項診斷工作無法做得徹底而詳盡。

多重或重度障礙兒童障礙性質的瞭解，醫學的診斷固然可以提供生理狀況比較確實的資料，但從心理、教育、社會等觀點所作的初步檢查，對於兒童的心智功能、人格發展、溝通能力、學力程度、成長

背景等狀況與問題的瞭解也有幫助。惟這些資料往往需要透過測驗、觀察，或晤談等方式才可以獲得。因此，吾人可知多重障礙的研判，實有賴於醫師、心理學家、教育人員、社會工作者、語言病理學家、物理治療師、作業治療師，以及家長等的通力攜手合作，方足以達成。

★二、功能性的評量

前述障礙性質的鑑定，其目的乃在判斷多重障礙的有無；並瞭解某一兒童為多重障礙時，其問題的性質及一般發展狀況又如何。因而此項鑑定資料確為提供兒童能否接受「特殊」教育的有力依據。惟這方面的資料對於「教什麼」與「如何教」等問題的回答仍嫌不足，因此有必要對多重障礙兒童進一步實施功能性的評量，以掌握彼等身心各方面確實的發展水準，而確立教學目標，並選擇適切有效的教學方法，使教學目標得以順利的達成。如果說障礙性質的鑑定是為了安置，功能性的評量則旨在教學。

多重障礙兒童功能性的評量，其範圍除粗大動作技能（gross motor skills）、精細動作技能（fine motor skills）、語言技能（language skills）、自助技能（self-help skills），及社會性技能（social skills）等常見的領域外，對於在生理上具有困難的兒童，評量工作尤須注意下列三個問題（*Edgar, 1977*）：

1. 兒童在治療上有何特殊的需要？

2. 兒童在生理上有何特殊的限制而足以影響其學習活動？例如，物理治療師、作業治療師，或醫師認為兒童的雙腿無法承受重量，則學會「走路」即不應列為教育目標。

3. 對於那些障礙程度嚴重的兒童，評量工作尤應注意去發現其個別適合的定位（positioning）與扶持（handling）技術。例如有些兒童在坐著或躺著時，可能較容易使用雙手即是。因而，物理治療師或作業治療師即須探查如何方能使兒童的身體就定位，而得以在身體上作有效的反應。

此外，為使功能性評量發揮其預期的目標，評量工作的實施似應遵循下列的原則：

1. 多重障礙兒童的評量工作應是一項結合各專業團隊的工作，實非單方面專業人員所能成事。

2. 評量工作需要家長的積極參與。家長不只可以提供許多必要的評量資料，同時亦能驗證評量結果的可靠性。

3. 評量工作的實施須有其具體的目的，亦即評量的結果須有助於解答預懸的評量問題，而對兒童的個別化教育與復健計畫提供具體的建議。

4. 評量資料須透過多方面的途徑如測驗、觀察、晤談等方式而蒐集，並注意所取得資料的可靠性，以發揮其應有的效用。

5. 在實施功能性評量時，為引發多重障礙兒童可能最佳的反應，似應注意找出對受試者有效的增強方式，以便在評量過程中對其適當的反應，予以必要的激勵。

6. 為期兒童在評量過程中的反應能真正表現其應有的能力水準，施測者、評量場所，以及所使用的器材應儘量讓兒童先行認識與熟悉。例如，施測者與兒童應建立投契的關係（rapport）；評量的場所則可儘量選在兒童的教室或其熟悉的地方；如果兒童對評量所用的器材感覺陌生，則在評量之前，應允其有與這些器材接觸的機會。

7. 功能性的評量應強調在不同的時間與不同的場所多做幾次，使評量結果能正確反映兒童各方面的技能水準。同時各種評量的結果，亦只應當作暫時性的假設，而不可以必然性的結論視之。因為惟有透過繼續性的評量與教學，方可驗證已知評量結果的可靠性。

8. 多重障礙帶給兒童在接受教育與心理評量上的困難，須作適當的因應。例如兒童如因聽覺障礙，則有提供助聽器的必要，使在評量時，能作有效的溝通；一般用於普通兒童的測驗，如對多重障礙兒童施測時，則在指導語的給予，測驗題項的呈現，以及反應方式的要求等方面，尤須作必要的調整，使兒童不致因身心障礙的存在，而阻抑其應有的表現水準。

第三節　多重障礙兒童的特質

一、多重障礙兒童的身心特徵

　　由於多重障礙兒童彼此間狀況的歧異，故就身心特徵而言，很難對全體「多重障礙兒童」作一致性的描述。不過就兒童之具有特定症候（syndrome）或傷殘狀況者而言，似可發現其各自的一些身心特徵。柯恩（Kohn, 1982）曾將重度與多重障礙者中一些常見的症候或傷殘狀況所出現的身心特徵，按神經動作（neuromotor）、感覺、行為（含癲癇發作）、溝通、認知等項目分別加以舉述，堪稱簡明扼要。現就遺傳缺陷、發展性缺陷、疾病感染、出生創傷或缺氧、進行性疾病及產後等方面吾人較熟悉的症候或傷殘狀況可能出現的身心特徵，分別列於表 10-1，10-2，10-3，10-4，10-5，及 10-6。

　　從下述的各種症候或傷殘狀況看來，吾人不難看出其各自所引發的，絕非限於單純的某一種障礙，而常是多種身心障礙的同時出現。故就上述的傷殘狀況而言，其出現多重障礙的可能性應該是很高的。同時，吾人亦可發現各種傷殘狀況所顯現的身心特徵容或有所出入，但吾人不難推知神經系統（尤其是中樞神經）及視聽等感覺器官的是否受損，實與認知、溝通能力的發展，及特殊的行為表現等，具有密切的關聯。此亦可進一步說明周詳的醫學檢查，對多重或重度障礙兒童身心狀況的掌握，實有其重要的地位。

二、多重障礙對兒童發展之影響

　　身心障礙的存在，對兒童的發展可能會形成某種程度的限制。障礙的情況越嚴重，以及障礙的種類越多，其所產生的不利影響，亦可能更為明顯。「多重障礙」是個統合的名詞，其可能出現的障礙狀況之組合著實彼此互異，相當複雜。因而在考慮多重障礙對兒童發展之影響時，確應以「個案」為基礎，分別加以估量。

表 10-1　遺傳缺陷常見症候之身心特徵

症候	神經動作	感覺	行為	溝通	認知
道恩氏症候	動作發展遲滯；動作笨拙如嬰兒一般	有時會出現白內障	神情安詳愉悦；具模仿性	說話發展遲緩	自輕度至極重度智能不足皆有
苯酮尿症	動作發展遲滯	一般而言不受影響	有四分之一出現癲癇	視認知能力而定	如不予治療，會成為重度缺陷；如予治療，亦有正常發展之可能
脊髓膨出兼水腦腫	動作能力缺陷視損傷部位而定；脊髓以下部位呈麻痺現象	部分視神經萎縮；在脊髓以下部位有觸覺喪失現象	情況不一；可能有癲癇現象，但多可控制	情況不一	輕度至重度缺陷
結節性腦硬化症	情況不一；視腫瘤存在之部位而定	約有15%之患者其視網膜受到影響	常出現嚴重之癲癇現象	視認知能力而定	輕度至重度缺陷
纖維神經瘤病	情況不一；視腫瘤存在之部位而定	由於視神經萎縮，視神經腫瘤可能導致視力減退	有部分會出現癲癇現象	視認知能力而定	由於腫瘤的惡化，智力可能會逐漸缺損

表 10-2 發展性缺陷常見症候之身心特徵

傷殘狀況	神經動作	感覺	行為	溝通	認知
腦麻痺兼小頭症					
痙直性四肢麻痺	頭部嚴重損傷；軀幹控制困難；攣縮現象；脊柱側凸	可能致盲或聾；也可能喪失定位感	常出現嚴重之癲癇現象	說話器官受到嚴重的影響	重度至極重度缺陷
緊張性指痙型	重度缺損：頭部控制，肢體控制，與手部的使用皆受影響	感覺缺陷比痙直性四肢麻痺者出現的可能性為低	有時會出現癲癇現象	與說話有關的肌肉組織嚴重受到影響	中度至重度缺陷

表 10-3 疾病感染常見症候之身心特徵

症候	神經動作	感覺	行為	溝通	認知
毒漿體原蟲病，單純疱疹病毒，住血原蟲病	通常出現痙直現象	視覺障礙	癲癇發作	重度障礙	重度至極重度缺陷
麻疹病毒	動作發展遲滯	先天性白內障；聾	有時會出現自閉性之行為	如果致聾，說話能力可能無法發展	中度至重度缺陷

表 10-4　出生創傷或缺氧者之身心特徵

神經動作	感覺	行為	溝通	認知
視腦傷之部位而定；痙直型、指痙型、或偶爾亦會出現共濟失調型	情況不一	有時會出現癲癇現象，但通常可以藥物控制	視認知及動作能力受影響的程度而定	情況不一

表 10-5　進行性疾病常見症候之身心特徵

傷殘狀況	神經動作	感覺	行為	溝通	認知
弗利德來氏共濟失調（Friedreich's ataxia; 脊髓小腦性運動失調）	進行性不穩定狀態；最後其動作能力將完全喪失	喪失定位及對顫動的感覺	心智能力逐漸喪失並兼有精神病之症狀；在青少年期顯得過分抑鬱	說話能力逐漸拙劣	心智能力逐漸從正常減損成重度缺陷
肌萎症	肌肉逐漸衰弱與攣縮	不會喪失	行為改變只有在對進行性的身體羸弱與動作能力喪失有所反應時才會顯現出來	不會受到損傷	有些是輕度智能不足者

表 10-6 產後常見傷殘狀況之身心特徵

傷殘狀況	神經動作	感覺	行為	溝通	認知
先天性甲狀腺機能減退症	動作發展遲滯；痙直型；指痙型；缺乏活動力	有時會致聾；皮膚粗厚；毛髮稀疏	性情冷漠；反應遲緩	如果致聾，說話能力即無法發展	如不予治療會有重度缺陷；如治療較遲或不完全，則會導致中度缺陷
兒童因受虐待而有頭部傷害	痙直型	如眼內出血，會有視力損失之現象	常有癲癇現象；行為怪異；活動過多	視受傷害的程度而定	視受傷害的程度而定
因意外事故而頭部受到傷害	視受傷害的程度與部位而定	視受傷害的程度與部位而定	有時會有癲癇現象，但通常可用藥物控制；可能會有嚴重的行為異常：焦躁不安，情緒不穩，缺乏判斷與自制力	情況不一	情況不一
腦膜炎	除非未及時治療或患者太過年幼，否則大部分皆可完全康復；後遺症包括偏身輕癱（hemiparesis）、共濟失調型、水腦腫	可能致盲或聾	癲癇；再發性記憶喪失	情況不一	從輕度至極重度缺陷皆有
腦炎	目前無特定的治療方法；可能會有重度的神經動作損傷	情況不一	通常有癲癇現象；可能會有嚴重的行為異常：衝動，無法控制，哭鬧、無法預料，與缺乏判斷力	視發病年齡及其嚴重程度而定	輕度至重度缺陷

　　就諸多的障礙情況而言，中樞神經系統的損傷所產生的影響，是相當深遠的。其可能出現的問題，包括動作、知覺、言語、認知等方面的缺陷，全視其受損的部位與受損嚴重程度而定。這也無怪乎大多數的腦麻痺兒童會成為多重障礙者。視聽覺等感官方面的缺陷，不只可能限制個人與外在環境的溝通，同時對個人的學習也是一大妨礙。此外，如因肢體傷殘或身體病弱所造成活動力的受損，皆會限制個人與環境接觸的機會。凡此皆屬身心障礙客觀條件對兒童可能產生的影響。但吾人似不應忽略個人人格的主觀因素，對這些身心障礙加諸的限制所可能出現的抗拒作用。此乃相同的障礙情況，卻會在兒童的發展上出現不同影響的可能理由之一。除影響兒童發展之主客觀因素的考量外，吾人仍須注意多種障礙的併合出現，其對個人的影響，絕非單純是累加的，仍包括相當程度的交互作用（interaction）在內。因而多重障礙對兒童在人格、智能、學業、職業等方面發展之影響，將極錯綜複雜，允宜就個別兒童加以評估，方屬恰當的作法。

第四節　多重障礙兒童的教育與輔導

☾★一、教育安置的型態

　　過去多重或重度障礙兒童受到注意的僅是其醫療與養護的需要，因此醫學與教養機構就成了多重或重度障礙兒童的重要服務設施。及至本世紀以還，傷殘兒童的教育需要逐漸受到重視後，特殊學校遂成為多重障礙兒童主要的教育安置型態。

　　特殊學校之成為多重障礙兒童之重要教育安置方式，的確經歷一段不算短的時間。這種教育安置方式的受到支持，主要係基於下列因素：

　　㈠將多重障礙兒童集中在特殊學校施教，有助於提高教學分組的同質性。

　　㈡特殊學校較易羅致特殊教育與復健的專門人才，如物理治療、作業治療和語言治療人員，以及具有美術、音樂、體育等專長的特殊

教育師資皆是。

㈢特殊學校能提供較為完備的特殊教育與復健設施及器材。

㈣有些多重障礙兒童的家長，認為特殊學校隔離式的教育環境較能減少失敗及來自普通兒童的嘲笑，而使其子女得以過較為快樂的生活。

不過特殊學校的安置方式也並非無懈可擊。其最受人批評者應是它剝奪了身心傷殘兒童與普通兒童交往互動的社會化經驗。另一方面，由於正常化（normalization）特殊教育哲學思潮的激盪，爭取殘障兒童教育機會訟案的勝訴，以及特殊教育立法「最少限制的環境」（the least restrictive environment）之教育方向的導引等，在在皆促使多重障礙兒童的教育安置方式，有走向以社區為本位（community-based），並儘量安排與普通兒童有混合接受教育的機會之趨勢。因此在普通中小學設立特殊班，以教育多重或重度障礙兒童，即是新近的特殊教育潮流。而原先以特殊班加以安置的輕度障礙兒童，則在回歸主流的考慮下，正逐漸改採接受部分時間資源服務的方式，以滿足其特殊教育的需求。同時為了使多重或重度障礙兒童，得以順利接受以社區為本位的特殊教育與復健服務，除住宿環境應妥為安排外，他如醫療、交通、工作、休閒等設施的規劃，以及殘障國民護持（advocacy）人員或團體的存在，都是使多重或重度障礙兒童在社區中得到適當的教育與復健所不可或缺的。

我國教育部（民 81）曾規定多重障礙者之教育，應由鑑定及就學輔導委員會依其主障礙及附帶障礙影響發展與學習之程度，並依其溝通、移動與操作、生活自理、認知與學業、個人與社會適應等能力及家庭狀況、設施條件等因素作綜合研判以選擇教育安置型態，施行個別化教育與復健方案。由此可見，多重障礙兒童的安置，實應配合其身心發展狀況，以能滿足其教育、復健等服務需求為最重要的考慮。

☪二、課程的重點

多重或重度障礙兒童之課程編製，有採傳統性「發展領域課程取向」（developmental domains curriculum approach）者，亦有遵循「功能

性課程取向」（functional curriculum approach）者。發展領域的課程取向在選擇教學目標時，多須藉助可以評量兒童發展程度的測驗工具。兒童所需學習者，即是那些較其已達成的發展序階（developmental sequences）略高的項目。這種課程取向最大的好處，應是易於為多重障礙兒童設定課程的目標。不過其缺點卻在所選擇的目標，可能並非其生活環境中所切合實用者。換句話說，它較少注意兒童在適應環境上的技能需求；因此課程的安排會形成缺乏個別化的現象。此外，由於兒童某些生理上的缺陷，亦可能使其對所選定的某些教學目標有一直無以達成之憾。

而所謂的功能性課程取向，則根據兒童本身及在適應環境時技能上的獨特需求，來選定其學習目標。換句話說，並不是拿兒童與預設的課程目標序列作比對，而是根據每一個兒童在適應環境上的獨特需要來設計課程。因此課程的內容是十足個別化的。功能性課程的發展常須運用下列生態環境需求調查（ecological inventory）的過程：㈠指明課程領域：如居家、休閒、學校、社區、職業等。㈡指出並調查目前與未來的自然環境。㈢將相關的環境分析成若干次級環境。㈣指出在各種次級環境中會出現的相關活動。㈤決定從事相關活動所需之技能。此一課程取向的優點，即是強調培養兒童獨立生活的功能。但其缺點則在這種個別化課程的編製，莫不仰賴教育或復健人員高度的能力、動機、與創意，而具有這些條件的專業人員往往不可多得，因此就影響了這類課程的發展。另一方面，這一課程取向的許多教育活動，可能須於校外實施，學校行政如未能有效配合，難免造成課程實施上的諸多困擾，這也是採用此一課程取向時所應留意者。

由於發展領域與功能性的課程取向利弊互見，在多重或重度障礙兒童的課程編製上，率皆兼採這兩種取向，以擷彼此之長，而濟兩者之短。綜括言之，多重或重度障礙兒童的課程內容，不只應考慮其身心發展的成熟水準，尤須以培養有助於適應其環境的技能為目標，使其得以減少對他人的依賴，而過著獨立自足的生活。一般說來，多重或重度障礙兒童的課程重點，實不離乎動作技能（motor skills）、自我照顧的技能（self-care skills）、社會技能（social skills）、溝通技能

（communication skills）、功能性學術技能（functional academic skills）、職業技能（vocational skills），以及休閒活動技能（recreation and leisure skills）等七大領域（*Hardman et al., 1984; Kirk & Gallagher, 1983; Gast & Wolery, 1985*）。茲將這幾個領域的重要內容略述於後。

㈠動作技能

在兒童的整個發展過程之中，動作技能的發展可以說是兒童學習其他技能如自我照顧、社會、職業技能等的基礎。動作技能通常可分為粗大動作與精細動作兩類。粗大動作的發展主要著眼於身體的移動與控制的能力，如頭頸部的控制，爬、滾、坐、站、走、跑、跳，以及維持身體的平衡等方面的能力之培養。精細動作則對精確與穩定性的要求，比粗大動作為高。眼手的協調，抓、握、物件的操弄等，皆屬精細動作的範疇。由於許多多重障礙兒童皆有動作技能發展遲緩的現象，且由於此項技能在兒童發展上的重要性，更值得吾人加以重視。

㈡自我照顧的技能

自我照顧的技能與在環境中生活的獨立有著密切的關係。此項技能的發展尚可分為飲食、穿著、及個人衛生等幾個方面。飲食的技能從以手拿食物進食、用杯子喝飲料、餐具的使用、到用餐的禮節等皆是。穿著的技能則包括扣鈕扣、拉拉鍊、繫褲帶與鞋帶等在內。個人衛生的技能則涵蓋如廁、洗手、洗臉、沐浴、刷牙、梳理頭髮等方面。自我照顧的技能之教學，全視兒童需要學習的項目而定。

㈢社會技能

社會技能與前述的自我照顧的技能具有密切的關係。大凡能自我照顧的兒童，其行為亦多為人所接納。社會技能與所謂「應對進退」的能力十分相近。因此舉凡在人際場合能控制自己火爆的情緒，遵守遊戲規則，會說「對不起」、「請」、「謝謝」，表現適當的社交禮節等，皆可列為指導的重點。

㈣溝通技能

人類之所以異於其他動物者，在於吾等可以使用抽象的符號而表情達意，以從事有效的溝通。溝通的能力可包括接收（理解）與表達兩個系統。多重或重度障礙兒童在言語的接收與表達能力方面，常比普通兒童略遜一籌。因此，吾人除應注意培養彼等對別人所傳送之訊息的理解能力外，尤須加強其表達能力之訓練。如果其表達能力的發展，因受生理缺陷的限制而無法言語時，則可以指導其使用手語或其他有助於溝通之器材（如溝通板，請參見本書第六章），以增進其表情達意的能力。

㈤功能性學術技能

所謂功能性的學術技能，即是指兒童在學校所學習的各種技能，須在其生活中能發揮功能，有其實際的用處而言。例如兒童所學習的讀、寫、算、並不應只是單純地學到讀、寫、算，而應注意所學到的閱讀、書寫，與計算的技能，是否有助於解決環境中的問題與增進生活上的便利。為使兒童所學到的學術技能在生活中能發揮功能，教師在教材的選擇上必須講求實際；例如為培養兒童的閱讀能力，與其讓兒童讀名家散文，不如以報紙為教材而指導學生閱讀；又如以作業紙要兒童計算車費的問題，不如帶兒童真正去坐市內公車而計算車費的支出。因此，功能性學術技能的學習，不應只侷限於教室之中而已。必要時仍應走向教室以外的空間。

㈥職業技能

職業能力的表現，事實上是需要以其他領域的能力如溝通、動作、自我照顧、休閒、功能性的學術技能等的發展為基礎的。因此多重或重度障礙兒童職業技能的養成，首須注意粗大與精細動作技能、工作耐力、以及溝通、功能性學術技能、自我照顧等職前技能（pre-vocational skills）的訓練。然後才是特定工作技能，以及工作適應技能（work-adjustment skills），如按時出勤、獨立工作、主動負責、注意

安全、善與人處等工作人格（work personality）的培養。

㈦休閒活動技能

　　休閒活動技能的培養，是一個容易被忽略的課程領域。一般人如無法對閒暇時間作有效的安排，不僅會覺得飲食無味，也很容易出現一些行為問題。當然多重或重度障礙者也不例外。休閒時間是否能作妥善的安排，常視個人是否具備從事休閒活動的技能而定。因此培養多重或重度障礙兒童從事休閒活動的技能，如栽花蒔草、觀賞電影、參與體育活動等，對其生活的充實必大有助益。

　　以上所提出的這七個課程領域，雖是在設計多重或重度障礙兒童的教育方案時，須同時加以考慮者，但各領域的課程內容，實應與兒童在不同年齡階段的教育需要互相配合。因為隨著兒童的成長，其對教育內容的需要也會隨之改變。代表教育內容的課程，也應反映這種改變。換句話說，吾人提供給多重障礙兒童的課程內容，須與其年齡相契合（age-appropriate），方足以滿足其教育的需要（*Gast & Wolery, 1985*）

☾三、教育與輔導的策略

　　由於多重或重度障礙兒童身心狀況的殊異，其教育與輔導工作更須有周詳的規劃。海崙與朴立克（*Haring & Bricker, 1976*）曾指出，完整的多重與重度障礙兒童教育方案的設計，須包含下列六個要素：(1)發展性的架構（a developmental framework）；(2)早期與繼續性的處遇（early and continuous intervention）；(3)系統化的教學方法（systematic instructional procedures）；(4)適當的課程（appropriate curricula）；(5)輔助性的服務（adjunctive services）；及(6)客觀的評鑑（objective evaluation）。筆者認為上述這六個設計多重與重度障礙兒童教育方案的原則，確能符合這些兒童身心發展上的需要，不過如能同時注意診斷工作與教學的配合，以及輔助器材之應用，或許能使教育方案的設計更為周延，而提高多重或重度障礙兒童教育與輔導的績效。以下將就海崙與朴立克所提出的六個原則與筆者所補充的上述兩個原則，一併討

論於下，以闡明教育與輔導多重或重度障礙兒童時，可參酌採用的策略。

(一)注意診斷工作與教學的配合

特殊兒童需要個別化的教育方案（individualized education program），也只有個別化的教育才能真正提供適當的教育。多重或重度障礙兒童由於身心狀況的複雜與特殊，其對個別化教育的需求至為明顯。而個別化教育的實施，則端賴教育診斷與教學工作的密切配合。皮特（Peter, 1965）曾提出一個診療教學（prescriptive teaching）的模式，來說明教育診斷工作與教學配合的途徑，頗具參考價值。皮特認為兒童問題的診斷，須同時考慮問題（problem）與情境的（situational）變項。在問題變項方面可分為障礙（handicap）、缺陷（disability），與損傷（injury）三類。其中損傷是指生理上的傷害，缺陷是指功能的無法發揮，而障礙則是指對個人身心活動的限制。在情境變項方面則須考慮病理性質（nature of pathology）、治療方法（therapeutic procedures）、時間因素（time factors），以及社會狀況（social conditions）四種情形。兒童問題的性質即是由其問題變項與情境變項交互作用的結果。這兩個變項的交互作用情形，也正是教育診斷所要加以瞭解的。從教育診斷的結果獲知兒童問題的性質後，即可對教學方法、教學目標、輔助服務、教育安置、教材、教學媒體、教學設備、學校建築規劃，及輔助單位的需要等學校教育措施提出適當的建議。這也就是診斷之後，所開出的處方（prescription）。皮特這一診療教學的模式，對多重障礙兒童之教育與輔導措施的研擬，應可提供一個具體的參考架構。

(二)採行發展性的教育架構

特殊教育中所存在的一個明顯缺點，即是缺乏一套可以引導吾人去決定該教什麼，以及如何對所選擇的教材加以評鑑的理論架構（Hobbs, 1975）。不過目前吾人已知的發展性模式（developmental model），似能對多重與重度障礙兒童完整教育架構的建立，提供一個光明的遠

景。發展性模式基本上包括下列三個重要的觀念：

1.行為係遵循發展性的序階（a developmental hierarchy）而成長或改變。例如兒童一般要先會出聲，才會說話；他們須先會抓，然後才會撿起東西。

2.行為的習得係先有簡單，然後才有複雜的反應。例如兒童須先學會注視，然後才有辦法學會閱讀。

3.複雜的行為係由較簡單的數個反應協調配合的結果。例如手眼協調是由追視（visual tracking）及抓握這兩個循環性的反應協調配合的結果。

發展性模式所提出的簡單的行為是發展複雜反應的基礎之理念，的確有助於多重或重度障礙兒童的教育與輔導。因此，發展性模式應能作為設計這些兒童的教育課程，安排輔助服務，以及規劃其他有關教育與輔導系統的基礎。

(三)提供早期與繼續性的輔導

多重與重度障礙兒童不僅需要早期的教育，同時其接受輔導的時期，也應比一般人為長。早期教育對多重或重度障礙兒童之所以重要，主要係基於下列三項理念：

1.根據發展理論的觀點，簡單的行為係建立複雜反應的基礎。則欲培養兒童的認知與語言能力，如能對有關的預備技能先行習得，必有助於認知與語言能力的發展。早期教育正可提高兒童習得這些基礎能力的機會。

2.早期的教育與輔導，可以減少兒童養成不適當行為的可能性。

3.早期的教育與輔導，可以提供對兒童負主要照顧責任者（如父母）必要的支持與協助，從而減輕家庭的壓力與不良的互動關係，並有助於對兒童發展較符實際的期望水準。

多重或重度障礙兒童不僅需要早期的輔導，同時也應按其教育的需要，延長其接受輔導的期限，使其能學到最起碼的生活自立的技能，而不應按一般學制只是跟普通兒童一起進退。

㈣運用系統化的教學方法

為了使多重或重度障礙兒童能從事有效的學習，吾人常對其所要學習的行為或技能，利用工作分析的方法，先將之分解成若干步驟或要素。然後再據以探究其在該項技能或行為已具備的表現水準為何，以作為決定教學起點的參考。大凡兒童的障礙程度越嚴重，此項技能分析的工作也須做得越詳細而精確。兒童只要按其能力許可的步調，依所分解出來的技能序階逐步學習，應不致有太大的困難。

除了教材內容須作系統化的分析外，吾人須知學習活動本身，也可再分為：(1)學得（acquiring）、(2)強化（strengthening）、(3)保留（maintaining）、(4)類化（generalizing），及(5)應用（application）等幾個層次或階段。因此，教師對兒童學習的指導，不應以單純地學得某一技能為已足，學生能舉一反三靈活應用其所學得的技能，才是教學真正的目的。為使多重或重度障礙兒童能作有效的學習，教師除對教材須善加分析與選擇外，其運用的教學方法也應與兒童學習活動的層次相互配合。

在幫助兒童學得某項新技能時，教師可加採用的教學方法包括：(1)獎勵逐步趨近學習目標的行為，使學生的行為得以逐漸修正（shaping）；(2)提供行為示範讓學生模仿（imitation）；(3)透過身體的接觸以直接引導（prompting）學生表現某項行為或技能；(4)提供線索（cueing）以暗示學生表現某種行為或技能。新學到的技能如每次出現時即予獎勵，則可望逐漸強化或熟練。當兒童學得的技能獲得強化後，接著即須協助其能長期保留此項技能。間歇性的獎勵一般對新技能的保留相當有幫助。技能的強化與保留，雖皆可用獎勵的方式，不過在強化階段的獎勵是連續性的，而在保留階段則是間斷性的。外在的獎勵雖對技能的習得、強化，與保留皆有幫助，但隨著兒童技能的成長，吾人應逐漸由物質性的獎勵（如食物），改採社會性的獎勵（如口頭表揚），甚至不需外在的獎勵，兒童純由其內在的動機（如成就感），也可長期保留其學得的技能或行為。技能保留之後，吾人更希望兒童在某些相似但不相同的情境中，也能表現其所擁有的技能，此

即所謂技能的類化。技能類化的學習通常係藉練習（practice）而達成；而練習的方式則多著眼於刺激的辨別（discrimination）與分化（dif-ferentiation），希望兒童因對相似刺激的反應得到獎勵，而達到技能類化的目的。兒童能在相同或相似的情境表現其具備的技能後，他們如能在面對新問題與新情境時，修正其已有的技能，而對之作有效的反應，即已達到學習的更高境界——技能的應用了。技能應用的學習一般可讓兒童儘可能去接觸許多新奇與不同的情境，在這些情境壓力下，將不得不令兒童修正其已有的技能而作反應。如此一來，兒童將逐漸學會如何去應用其所習得的技能，這也是教育的最終目標。

(五)提供適當的課程

　　課程的安排是整個教育活動的核心。也惟有提供多重或重度障礙兒童適當的課程，才能真正滿足其特殊的學習需要。而課程內容是否得當，下列的幾個選擇標準似可提供參考：

　　1.教材本身應具有較大的適用性，使兒童在學過之後，遇到其他不同的情境時，也可舉一反三，靈活應用其所習得的技能。

　　2.教材須包括具體的教學目標、教學方法、以及衡量教學目標是否達成的標準。

　　3.教材與對兒童進步情形所作的評量，在內容上須有直接的關聯。

　　4.課程中所安排的訓練步驟必須是系統化的，亦即由簡入繁，自成序列的。

(六)提供團隊合作的輔助性服務

　　由於多重或重度障礙兒童身心問題的複雜，以致從障礙狀況的鑑定，直到教育與復健設施的提供，莫不仰賴各方面專業人士的協助，絕不是某一個別的專家可以獨挑大樑而提供其所需要之服務的。因此，結合多方面的專業人士，以團隊合作的方式，提供多重或重度障礙兒童在醫療、教育、復健、社會福利、休閒活動等各方面的輔助服務，是極為必要的。在多重或重度障礙兒童的教育與輔導過程中，與兒童關係最密切的要屬兒童的父母及教師。其他能提供兒童輔助服務

的專業人士種類極多，如醫師、護士、物理治療師、作業治療師、語言治療師、聽力專家、精神病學家、心理學家、社會工作人員、復健輔導員等皆是。不過兒童到底需要那些專業人士的協助，全視其身心問題的性質而定。多重障礙兒童所接受的輔助服務之品質，除與各專業人士本身的素養有關外，整個專業團隊的能否充分協調合作，也是關鍵所在。由於與多重障礙兒童接觸時間最多的是其父母與教師，為了提升輔助服務之績效，目前似由有關的專業人士對兒童的父母及教師實施專業服務技巧的訓練，再由父母及教師對兒童提供是項服務，而這些專業人士則僅承擔諮詢的角色之趨勢。

㈦應用適當的輔助器材

本書在第七章討論「肢體障礙與身體病弱兒童」之教育與輔導的策略時，曾提及須提供肢體障礙與身體病弱兒童在生活與學習上必要的輔助器材。多重或重度障礙兒童對輔助器材的需要也是十分普遍。由於輔助器材的提供，將可望彌補其在身心上可能的缺陷，而增進生活與學習的便利。

㈧對教育與輔導方案實施客觀的評鑑

為了多重或重度障礙兒童的教育與輔導，吾人可能將投入相當可觀的人力與物力資源。為使是項人力與物力的投入能發揮其預期的績效，對多重或重度障礙兒童的教育與輔導方案，經常實施客觀的評鑑，是十分必要的。因為只有透過評鑑，吾人才能對課程的安排、輔助服務的提供，以及其他有關的教育與輔導措施可能出現的缺失，及時予以補救。特殊教育工作者目前遭遇的問題，似乎在於尚難以就每天、每週，及每年為基礎，發展一套有系統之教育與輔導工作的評鑑方案。一個比較可行的作法，或許是吾人在發展多重或重度障礙兒童之課程時，也一起將此項評鑑工作直接併入課程的設計之中，使教育與輔導工作的推行，得以和評鑑工作緊密的結合。

☪四、科技的應用

在本書前面各章已經分別介紹過科學技術的發明與進步，對各類特殊兒童在殘障的預防與早期診斷、教學方法的改進，以及其本身功能的發揮等方面，所產生的顯著貢獻。多重障礙是兩種或兩種以上障礙的併合，其身心問題的性質雖非數種障礙問題的總和，而是每一多重障礙個案皆有其獨特的問題性質。但是前面各章所介紹可用於各類殘障兒童的科學產品與技術，也一樣可斟酌應用於多重障礙兒童。

特殊教育立法、法庭對殘障者教育權利的確認、與社會大眾對殘障者的態度逐漸趨向積極性的改變，皆使多重或重度障礙兒童接受教育的機會較過去大為增加。教育機會的擴展，無疑地會增加多重或重度障礙者接受教育的人數。不過多重或重度障礙者教育與復健服務品質的提升，與教育和復健人員的專業素質雖不無關係，但科技的進步所帶來的貢獻也不容忽視。吾人可以預料未來科學技術的發展，除在殘障的預防與早期發現方面，會提供日益精進的助力外，對多重或重度障礙兒童的溝通、行動、學習、照顧自我生活等能力的增強，也會繼續作出貢獻。

參考文獻

☪ 一、中文部分

毛連塭（民71）：視覺障礙兒童的教育診斷。輯於國立編譯館主編：特殊兒童的教育診斷，145-191頁。臺北市：正中書局。

毛連塭（民74）：口語溝通缺陷兒童之教育。臺北市：臺北市立師範專科學校。

中文盲用電腦發展研究小組（民83）：視障教育輔導設備之電腦化。臺北市立啟明學校。

中華民國聾人手語研究會（民70）：聾人生活狀況調查研究報告。載於中華民國特殊教育學會主編：殘障教育——國際殘障年特刊，144-149頁。

王老得（民66）：我國聽障兒童教育的現況。輯於國立臺灣師範大學特殊教育中心編：特殊教育論叢，103-111頁。

王文科（民72）：認知發展理論與教育。臺北市：五南圖書出版公司。

臺灣省立臺中啟明學校（民74）：臺灣區盲童資料普查統計分析報告。中華民國特殊教育學會年刊：展望新世紀的特殊教育，414-425頁。

臺灣省政府社會處（民73）：殘障福利法令彙編。

李鈞棫主編（民67）：手語畫冊。教育部社會教育司。

吳鐵雄、陳英豪，Schaffer, E. C.，與簡真（民69）：教師對兒童行為觀察量表的初步分析。輯於教育部國民教育司編印：資賦優異兒童教育研究——實驗叢書第六輯。

何華國（民69）：資優教育中充實方案的層面問題。教與學，十一、十二月號。

何華國（民70）：資優教育師資應有的特質與培養。資優教育季刊，3期，7-9頁。

何華國（民71a）：特殊教育——普通班與資源教師如何輔導特殊兒童。臺北市：五南圖書出版公司。

何華國（民71b）：智能不足國民職業教育。高雄市：復文圖書出版社。

何華國（71c）：創造性思考與解決問題的教學（譯）。國立臺灣教育學院特殊教育系出版。

何華國（民74）：個別化教育問題與構想。教師研習簡訊，14期，21-25頁。

何華國（民75a）：民國早期的啟智與資優教育實驗。特教園丁季刊，1卷2期，

26-27 頁。

何華國（民 75b）：Career education：一種課程取向的抉擇。特教園丁季刊，*1* 卷 *2* 期，*15-18* 頁。

何華國（民 76）：國中視覺障礙學生職業成熟之研究。特殊教育研究學刊，*3* 期，*107-118* 頁。

何華國（民 78）：啟智教育教師所需特質與專業能力之研究。臺南師院學報，*22* 期，*151-173* 頁。

何華國、曾世傑、王明雯與曾怡惇（民 83）：臺灣地區殘障者支持性就業適應問題之研究。國立臺南師範學院特殊教育學系。

何華國（民 83a）：殘障者機會均等標準規範簡介，特教新知通訊，*2* 卷 *2* 期，*1-2* 頁。

何華國（民 83b）：在家自行教育學生服務需求評估研究。國立臺南師範學院特殊教育學系。

杞昭安（民 79）：視覺障礙學生點字速讀教學效果之研究。特殊教育學報，*5* 期，*250* 頁。

吳永怡（民 74）：智能不足兒童國語構音缺陷之調查研究。臺東市：省立臺東師範專科學校。

林寶山、蔡麗仙與王瑞賢（民 83）：視覺障礙兒童混合教育巡迴輔導計畫之評估報告。國立高雄師範大學特殊教育學系。

林寶貴（民 70）：聽覺障礙兒童語言溝通法與語文教學法之研究。教育部教育計畫叢書之六十五。

林寶貴、邱上真（民 72）：智能不足兒童語言能力研究。彰化市：國立臺灣教育學院特殊教育系。

林寶貴、張宏治（民 76）：視覺障礙學生語言障礙與構音能力之研究。特殊教育學報，*2* 期，*57-84* 頁。

林寶貴、錡寶香（民 82）：高職階段聽障學生制控信念與自我概念之研究。特殊教育研究學刊，*9* 期，*51-72* 頁。

南投縣政府（民 82）：身心障礙學生家長手冊。

林三木（民 68）：你的孩子特殊嗎？──視覺障礙兒童教育篇。臺灣省立教育學院特殊教育學系出版。

邱上真（民 72）：智能不足者之教育評量。輯於國立臺灣教育學院特殊教育學系主編：智能不足者之教育與復健，*71-131* 頁。

周作民（民74）：中華民國特殊教育之現況與展望。中華民國特殊教育學會年刊：展望新世紀的特殊教育。23-34 頁。

孫邦正、鄒季婉（民58）：心理與教育測驗。臺北市：臺灣商務印書館。

徐道昌、吳香梅與鍾玉梅（民67）：語言治療學。臺北市：榮民總醫院復健醫學部。

徐享良（民92）：中華適應行為量表。臺北市：教育部。

教育部（民76）：特殊教育法施行細則。

教育部（民81）：語言障礙、身體病弱、性格異常、行為異常、學習障礙暨多重障礙學生鑑定標準及就學輔導原則要點。

教育部（民82）：國民中小學音樂、美術、舞蹈班設置要點。

教育部（民91）：身心障礙及資賦優異學生鑑定標準。

教育部社會教育司（民65）：中華民國特殊教育概況。

教育部社會教育司（民70）：中華民國特殊教育概況。

教育部社會教育司（民72a）：啟明學校（班）課程綱要。

教育部社會教育司（民72b）：啟聰學校（班）課程綱要。

教育部社會教育司（民72c）：仁愛學校（班）課程綱要。

教育部特殊兒童普查執行小組（民82）：中華民國第二次特殊兒童普查報告。臺北市：教育部教育研究委員會。

陸以仁編譯（民65）：復健醫學。臺北市：南山堂出版社。

國立編譯館（民54）：教育心理學。臺北市：正中書局。

張玉成（民72）：教師發問技巧及其對學生創造思考能力影響之研究。教育部教育計畫小組編印。

張訓誥（民69）：視覺障礙者。載於郭為藩、陳榮華主編：特殊兒童心理與教育。臺北市：中國行為科學社。

張訓誥（民74）：從視覺障礙教育的歷史發展談我們應有的努力。中華民國特殊教育學會年刊：展望新世紀的特殊教育，42-55 頁。

張紹焱（民63）：小學智能不足兒童的輔導。臺北市：正中書局。

張紹焱（民69）：肢體殘障者。載於郭為藩、陳榮華編著：特殊兒童心理與教育，245-274 頁。臺北市：中國行為科學社。

張蓓莉（民78）：聽覺障礙學生之語言能力研究。特殊教育研究學刊，5 期，165-204 頁。

張蓓莉（民80）：特殊學生評量工具彙編。臺北市：教育部社會教育司。

張蓓莉、邱紹春（民81）：**臺灣地區特殊教育暨殘障福利機構簡介**。臺北市：國立
　　臺灣師範大學特殊教育中心。

張勝成（民79）：弱視學生閱讀書寫能力的探討。**特殊教育學報**，*5* 期，*113-158*
　　頁。

陳小娟（民80）：淺談語調聽覺法。輯於陳小娟、林淑玟主編：**語調聽覺法**，
　　189-196 頁。國立臺南師範學院特殊教育學系、特殊教育中心。

陳榮華（民65）：**行為改變技術：其理論與應用**。臺北市：中國行為科學社。

陳龍安（民73）：創造思考教學對國小資優班與普通班學生創造思考能力之影響。
　　臺北市立師專特殊教育叢書第十九輯。

國立臺灣師範大學特殊教育中心（民83）：**中華民國特殊教育法規彙編**。特殊教育
　　叢書第三十一輯。

許天威（民72）：**行為改變之理論與應用**。高雄市：復文圖書出版社。

許天威、徐享良（民75）：學習障礙者學習行為之研究——麥氏學習障礙評量表之
　　驗證。**特殊教育學報**，*1* 期，*1-28* 頁。

許澤銘（民68）：**聽力保健學**。臺灣省立教育學院特殊教育系出版。

郭為藩（民66）：我國學童閱讀缺陷問題的初步調查及其檢討。載於國立臺灣師範
　　大學特殊教育中心編：**特殊教育論叢**。

郭為藩（民69）：緒論。載於郭為藩、陳榮華主編：**特殊兒童心理與教育**。臺北
　　市：中國行為科學社。

郭為藩（民73）：**特殊兒童心理與教育**。臺北市：文景出版社。

郭為藩（民82）：**特殊兒童心理與教育**。臺北市：文景出版社。

郭錦萍（民83，12月14日）：澎湖愛滋病童同學全轉學了。**聯合報**，*17* 頁。

楊振隆（民74）：視覺障礙學生自我概念與人際關係之研究。**特殊教育研究學刊**，
　　1 期，*231-248* 頁。

葛承訓（民18）：無錫中學實驗小學的天才教育實驗計畫。**教育雜誌**，*21* 卷，*5*
　　號，*33021-33030* 頁。

萬明美（民71）：視覺障礙者習癖動作之研究。**教育學院學報**，*7* 期，*257-285* 頁。

董英義（民72）：智能不足之預防。輯於國立臺灣教育學院特殊教育學系主編：**智
　　能不足者之教育與復健**，*437-480* 頁。

劉信雄（民74）：臺灣省視覺障礙兒童混合教育計畫第一次評鑑報告。中華民國特
　　殊教育學會年刊：**展望新世紀的特殊教育**，*540-570* 頁。

劉孝樂（民72）：「聽障學生職業興趣之探討」研究報告。中華民國特殊教育學會

主編：瞭解與支持特殊兒童，158-165 頁。

蔡阿鶴（民 74）：臺灣區聽障兒童回歸主流之教育現況與展望。載於中華民國特殊教育學會年刊：展望新世紀的特殊教育，116-137 頁。

衛生署（民 91）：身心障礙等級。

蕭金土（民 76）：聽覺障礙學生認知能力發展之研究。特殊教育學報，2 期，37-56 頁。

☾* 二、英文部分

AAMR Ad Hoc Committee on Terminology and classification (1992). *Mental retardation: Definition, classification, and systems of support.* Washington, D. C.: American Association on Mental Retardation.

Achenbach, T. M. (1966). The Classification of Children's Psychiatric Symptoms: A factor analytic study. *Psychological Monographs, 80*(7), 1-37.

American Association on Mental Retardation (2002). *Mental retardation: Definition, classification, and systems of supports.* Washington, D. C.: The Author.

American Foundation for the Blind (undated). *Facts about aging and blindness.* New York: American Foundation for the Blind.

American Psychiatric Association (1994). *Diagnostic and statistical manual of mental disorders (4th Ed.).* Washington, D. C.: Author.

Apter, S. J. & Conoley, J. C. (1984). *Childhood behavior disorders and emotional disturbance: An introduction to teaching troubled children.* Englewood Cliffs, N. J.: Prentice-Hall.

Arnold, A. (1976). *Leadership: A survey of the literature. In a new, generation of leadership.* Los Angeles: National/State Leadership Training Institute on the Gifted and Talented.

Ashcroft, S. C. (1963). Blind and partially-seeing children. In L. M. Dunn (Ed.), *Exceptional children in the schools.* New York: Holt, Rinehart & Winston.

Baker, L. (1982). An evaluation of the role of metacognitive deficits in learning disabilities. *Topics in Learning and Learning Disabilities, 2*(1), 27-33.

Balla, D. & Zigler, E. (1979). Personality development in retarded persons. In N. R. Ellis(Ed.), *Handbook of mental deficiency, Psychological theory and research.* Hillsdale, N. J.: Lawrence Erlbaum Associates.

Bateman, B. D. & Herr, C. M. (1981). Law and special education. In J. M. Kauffman and D. P. Hallahan (Eds.), *Handbook of special education,* Englewood Cliffs, N. J.: Prentice-Hall.

Batshaw, M. L. & Perret, Y. M. (1981). *Children with handicaps: A medical primer.* Baltimore, Maryland: P. H. Brookes.

Bauman, M. K.(1973). Psychological and educational assessment. In B. Lowenfeld (Ed.), *The visually handicapped child in school.* New York: John Day.

Baumeister, A. A. & Brooks, P. H. (1981). Cognitive deficits in mental retardation. In J. M. Kauffman & D. P. Hallahan (Eds.), *Handbook of special education.* Englewood Cliffs, N. J.: Prentice-Hall.

Bellamy, G. T., Rhodes, L. E., Mank, D. M., & Albin, J. M. (1988). *Supported employment: A community implementation guide.* Baltimore: Paul H. Brookes.

Benderly, B. L. (1980). *Dancing Without Music: Deafness in America.* Garden City, N. Y.: Anchor Press/Doubleday.

Berg, B. O. (1982). Convulsive disorders. In E. E. Bleck & D. A. Nagel (Eds.), *Physically handicapped Children: A medical atlas for teachers.* New York: Grune & Stratton.

Betts, G.(1985). *Autonomous learner model: For the gifted and talented.* Greeley, C. O.: Autonomous Learning Publications and Specialists.

Blackhurst, A. E. (1981). Noncategorical teacher preparation: Problems and Promises. *Exceptional Children, 48*(3), 197-205.

Blackhurst, A. E. (1985). The growth of special education. In W. H. Berdine & A. E. Blackhurst (Eds.), *An introduction to special education.* Boston: Little, Brown & Company.

Blake, K. A. (1981). *Educating Exceptional Pupils. Reading, Massachusetts: Addison-Wesley.*

Bleck, E. E. (1982a). Myelomeningocele, Meningocele, and Spina bifida. In E. E. Bleck & D. A. Nagel (Eds.), *Physically handicapped children: A medical atlas for teachers.* New York: Grune & Stratton.

Bleck, E. E. (1982b). Poliomyelitis, In E. E. Bleck & D. A. Nagel (Eds.), *Physically handicapped children: A medical atlas for teachers.* New York: Grune & Stratton.

Bleck, E. E. (1982c). Muscular dystrophy Duchenne type. In E. E. Bleck & D. A. Nagel (Eds.), *Physically handicapped children: A medical atlas for teachers.* New York: Grune & Stratton.

Bloom, B. (1956). *Taxonomy of educational objectives: cognitive domain.* New York: McKay.

Bloom, B. S. (1982). The role of gifts and markers in the development of talent. *Exceptional Children, 48,* 510-522.

Botterbusch, K. F. (1976). *The use of psychological tests with individuals who are severely disabled.* Materials Development Center, Stout Vocational Rehabilitation Institute, University of

Wisconsin-Stout.

Bouchard, T. J. & McGue, M. (1981). Familial studies of intelligence: A review. *Science, 212,* 1055-1059.

Bower, E. & Lambert, N. (1971). In-school screening of children with emotional handicaps. In N. Long, W. Morse, & R. Newman(Eds.), *Conflict in the classroom.* Belmont, CA: Wadsworth.

Braga, J. L. (1969). Analysis and evaluation of early admission to school for mentally advanced children. *Journal of Educational Research, 63,* 103-6.

Bruininks, R. H. (1974). Physical and motor development of retarded persons. In N. R. Ellis (Ed.), *International review of research in mental retardation (Vol. 7),* 209-261. New York: Academic Press.

Bruner, J. (1966). *Toward a theory of instruction.* Cambridge, Mass.: Belknap Press.

Byrne, M. C. & Shervanian, C. C. (1977). *Introduction to Communicative disorders.* New York: Harper & Row.

Callahan, C. M. & Kauffman, J. M. (1982). Involving gifted children's parents: Federal law is silent, but its assumptions apply. *Exceptional Education Quarterly, 3,* 50-55.

Cartwright C. P., Cartwright, C. A., & Ward, M. E. (1981). *Educating special learners.* Belmont, CA: Wadsworth.

Christiansen, R. O. & Hintz, R. L. (1982). Juvenile diabetes mellitus. In E. E. Bleck & D. A. Nagel (Eds.), *Physically handicapped children: A medical atlas for teachers.* New York: Grune & Stratton

Clark, B. (1979). *Growing up gifted.* Columbus, Ohio: Charles E. Merrill.

Clark, B. (1992), *Growing up gifted: Developing the potential of children at home and at school.* New York: MacMillan.

Clark, G. M. & Kolstoe, O. P. (1990). *Career development and transition education for adolescents with disabilities.* Boston: Allyn & Bacon.

Clausen, J. A. (1967). Mental deficiency: Development of a concept. *American Journal of Mental Deficiency, 71,* 727-45.

Cleland, C. C. & Swartz, J. D. (1982). *Exceptionalities through the lifespan: An introduction.* New York: MacMillan.

Clements, S. D. (1966). Minimal brain dysfunctions in children. *NINDS Monograph, No. 3. Public Health Service Bulletin No. 1415.* Washington, D. C.: U. S. Department of Health, Education and Welfare.

Coleman, J. C. (1976). *Abnormal psychology and modern life*. Glenview, Ill: Scott, Foresman & Co.

Coles, G. S. (1978). The learning disabilities test battery: Empirical and social issues. *Harvard Educational Review, 48*, 313-340.

Cotzin, M. & Dallenbach, K. M. (1950). "Facial vision": The role of pitch and loudness in the perception of obstacles by the blind. *American Journal of Psychology, 63*, 485-515.

Cravioto, J., Gaona, C. E., & Birch, H. G. (1967). Early malnutrition and auditory-visual integration in school age children. *Journal of Special Education, 2,* 75-91.

Cross, D. P. (1985). Physical and health-related disabilities. In W. H. Berdine & A. E. Blackhurst (Eds.), *An introduction to special education*. Boston: Little, Brown and Company.

Cruickshank, W. M. (1976). The Problem and its scope. In W. M. Cruickshank (Ed.), *Cerebral Palsy: A developmental disability* (3rd Ed.). Syracuse, NY: Syracuse University Press.

Dearman, N. & Plisko, V. (1981). *The Condition of education*. Washington, D. C.: National Center for Education statistics.

DeFries, J. C. & Decker, S. N. (1981). Genetic aspects of reading disability. In P. G. Aaron & M. Halatesha (Eds.), *Neuropsychological and Neuropsycholinguistic aspects of reading disabilities*. New York: Academic Press.

DeLisle, J. (Nov/Dec 1980). Preventative Counseling for the gifted adolescent: From words to action. *Roeper Review 3,* 21-25.

Denny, M. R. (1964). Research in learning and performance. In H. A. Stevens & R. Heber (Eds.), *Mental retardation: A review of research, 100-142*. Chicago: University of Chicago Press.

DeRuiter, J. & Wansart, W. (1982). *Psychology of learning disabilities*. Rockville, MD. Aspen.

Detterman, D. K. (1979). Memory in the mentally retarded. In N. R. Ellis (Ed.), *Handbook of mental deficiency, psychological theory and research, 727-760*. Hillsdale, N. J.: Lawrence Erlbaum Associates.

Doll, E. A. (1941). The essentials of an inclusive concept of mental deficiency. *American Journal of Mental Deficiency, 46, 214-9*.

Dunn, L. M. (Ed.). (1973). *Exceptional Children in the schools*. New York: Holt, Rinehart & Winston.

Edgar, E. (1977). Development of individual education programs. In N. G. Haring (Ed.), *Developing effective individualized education programs for severely handicapped children and youth*. Department of Health, Education and Welfare.

Eichel, V. J. (1978). Mannerisms of the blind: A review of the literature, *Journal of visual impairment and blindness, 72*, 125-130.

Eisenson, J. & Ogilvie, M. (1971). *Speech correction in the schools.* New York: The MacMillan Company.

Ellis, N. R. (1963). The stimulus trace and behavioral inadequacy. In N. R. Ellis (Ed.), *Handbook of mental deficiency.* New York: McGraw-Hill.

Ellis, N. R. (1970). Memory Processes in retardates and normals. In N. R. Ellis (Ed.), *International review of research in mental retardation(Vol. 4).* New York: Academic Press.

Fagen, S., Long, N., & Stevens, D. (1975). *Teaching children self-control in the classroom.* Columbus, Ohio: Charles E. Merrill.

Faris, R. (1944). Reflections of social disorganization in the behavior of Schizophrenics. *American Journal of Sociology, 50*, 134-141.

Feingold, B. F. (1975). *Why your child is hyperactive.* New York: Random House.

Feldman, D. D. (1978). *Deciphering deviance.* Boston: Little, Brown & Co.

Ferguson, A. B. (1975). *Orthopedic surgery in infancy and childhood.* Baltimore: Williams & Wilkins.

Fireman, P. (1971). A review of asthma admissions and deaths at the Children's Hospital of Pittsburgh from 1935 to 1968. *Journal of Allergy, 46*, 257-69.

Fisch, R. O., Bilek, M. K., Horrobin, J. M., & Chang, P. (1976). Children with superior intelligence at 7 years of age. *American Journal of Diseases of Children, 130*, 481-487.

Fisher, M. A. & Zeaman, D. (1973). An attention-retention theory of retardate discrimination learning. In N. R. Ellis (Ed.), *The international review of research in mental retardation (Vol. 6).* New York: Academic Press.

Foss, G. & Peterson, S. (1981). Social interpersonal skills relevant to job tenure for mentally retarded adults. *Mental Retardation, 19*, 103-106.

Fowler, E. P. & Fletcher, H. (1926). Three million deafened school children, their detection and treatment. *Journal of the American Medical Association, 87*, 1877-1882.

Fraser, K. (1989). *Someone at school has AIDS.* Alexandria, VA: National Association of State Boards of Education.

Freeman, J. (1981). The intellectually gifted. In K. I. Abroms & J. W. Bennett (Eds.), *Genetics and exceptional children.* San Francisco: Jossey-Bass.

Furth, H. (1966). *Thinking without language: Psychological implications of deafness.* New York: The

Free Press.

Furth, H. (1973). *Deafness and learning: A psychological approach.* Belmont, CA: Wadsworth.

Gallagher, J. J. (1960). *Analysis of research on the education of gifted children.* Springfield, Illinois: Superintendent of Public Instruction.

Gallagher, J. J. (1975). *Teaching the gifted Child.* Boston: Allyn & Bacon.

Gardner, W. (1977). *Learning and behavior characteristics of exceptional children and youth.* Boston: Allyn & Bacon.

Gast, D. L. & Wolery, M. (1985). Severe developmental disabilities. In W. H. Berdine & A. E. Blackhurst (Eds.), *An introduction to special education.* Boston: Little, Brown & Company.

Gearheart, B. R. (Ed.). (1972). *Education of the exceptional child: History, present practices, and trends.* Scranton, Pennsylvania: Intext Educational Publishers.

Gearheart, B. R. (1980). *Special education for the' 80s.* St. Louis: The C. V. Mosby.

Gearheart, B. R. (1985). *Learning disabilities: Educational Strategies.* St. Louis: Times Mirror/Mosby College Publishing.

Gearheart, B. R. & Litton, F. W. (1979). *The trainable retarded: A foundations approach.* St. Louis, Missouri: The C. V. Mosby Company.

Gearheart, B. R. & Weishahn, M. W. (1980). *The handicapped student in the regular classroom.* St. Louis: The C. V. Mosby.

Gearheart, B. R., Weishahn, M. W., & Gearheart, C. J. (1992). *The exceptional stdent in the regular classroom.* New York: MacMillan.

Gelfand, D. M., Jenson, W. R., & Drew, C. J. (1982). *Understanding Children's behavior disorders.* New York: Holt, Rinehart & Winston.

Gelof, M. (1963). Comparisons of systems of classifications relating degrees of retardation to measured intelligence. *American Journal of Mental Deficiency, 68,* 297-317.

General Accounting Office(1980). *Disparities still exist in who gets special education.* Report to the chairman, Subcommittee on Select Education, Committee on Education and Labor, House of Representatives of the United States. Gaithersburg, MD: Author.

Geschwind, N. (1968). Human brain: Left-right asymmetrics in temporal speech region. *Science, 161,* 186-87.

Gottlieb, J. (1974). Attitudes toward retarded children: Effects of labeling and academic performance. *American Journal of Mental Deficiency, 79,* 268-273.

Gowan, J. C. & Torrance, E. P. (Eds.). (1971). *Educating the ablest: A book of readings on the educa-*

tion of gifted children. Itasca, Ill.: F. E. Peacock Publishers.

Grossman, H. J. (Ed.). (1977). *Manual on terminology and classification in mental retardation.* Washington, D. C.: American Association on Mental Deficiency.

Grossman, H. J. (Ed.). (1983). *Classification in mental retardation.* Washington, D. C.: American Association on Mental Deficiency.

Guilford, J. P. (1967). *The nature of human intelligence.* New York: McGraw-Hill.

Guilford, J. P. (1977). *Way beyond the IQ.* Buffalo: Creative Education Foundation.

Hallahan, D. P. & Kauffman, J. M. (1994). *Exceptional children: Introduction to special education.* Boston: Allyn & Bacon.

Hallgren, B. (1950). Specific dyslexia (Congenital wordblindness): A clinical and genetic study. *Acta Psychiatrica et Neurologica, 65,* 1-279,

Hammill, D. D., Leigh, J. E., McNutt, G., & Larsen, S. C. (1981) A new definition of learning disabilities. *Learning Disabilities Quarterly, 4,* 336-342.

Hardman, M. L., Drew, C. J., & Egan, M. W. (1984). *Human exceptionality: Society, School, and Family.* Boston: Allyn & Bacon.

Haring, N. (1963). The emotionally disturbed. In S. Kirk & B. Weiner(Eds.), *Behavioral research on exceptional children.* Washington, D. C.: Council for Exceptional Children.

Haring, N. G. & Bricker, D. (1976). Overview of Comprehensive services for the severely/profoundly handicapped. In N. Haring & L. Brown (Eds.), *Teaching the severely handicapped (Vol. 1).* New York: Grune & Stratton.

Harvey, B. (1982). Asthma. In E. E. Bleck & D. A. Nagel (Eds.), *Physically handicapped children: A medical atlas for teachers.* New York: Grune & Stratton.

Hathaway, S. R. & McKinley, J. C. (1943). *The Minnesota Multiphasic Inventory.* New York: Psychological Corp.

Hayes, S. P. (1950). Measuring the intelligence of the blind. In P. A. Zahl (Ed.), *Blindness. Princeton, N. J.:* Princeton University Press.

Helm, N., Butler, K. B., & Benson, D. F. (1977). Acquired stuttering. *Neurology, 27,* 349-50.

Hetherington, E. M. (1979). Divorce: A Child's Perspective. *American Psychologist, 34,* 851-858.

Heward, W. L. & Orlansky, M. D. (1992). *Exceptional children: An introductory survey of spec-ial education.* New York: MacMillan.

Hobbs, N. (1975). *The futures of children: Categories, labels, and their consequences.* San Francisco: Jossey-Bass.

Hobbs, N. (Ed.). (1975). *Issues in the classification of children (Vol. 2)*. San Francisco: Jossey-Bass.

Hoemann, H. W. & Briga, J. S. (1981). Hearing impairments. In J. M. Kauffman & D. P. Hallahan (Eds.), *Handbook of special education*. Englewood Cliffs, NJ: Prentice-Hall.

Hofmeister, A. M. (1982). Microcomputers in perspective. *Exceptional Children, 49,* 115-121.

Holland, B. F. (1936). A study of the reactions of physically normal, blind and deaf children to questions in a verbal intelligence test. *Teachers Forum, 9,* 2-10.

Hollingworth, L. A. (1926). *Gifted children, their nature and nurture.* New York: MacMillan.

Horton, K. (1974). Infant intervention and language learning. In R. Schiefelbusch & L. Lloyd (Eds.), *Language perspectives: Acquisition, retardation, and intervention.* Baltimore: University Park Press.

Idol-Maestas, L., Lloyd, S., & Lilly, M. S. (1981). A noncategorical approach to direct service and teacher education. *Exceptional Children, 48* (3), 213-220.

Inhelder, B. (1968). *The diagnosis of reasoning in the mentally retarded.* New York: John Day.

Jenkins, W. M. & Odle, S. J. (1980). Special education, vocational education, and vocational rehabilitation: A spectrum of services to the handicapped. In J. W. Schifani, R. M. Anderson, & S. J. Odle (Eds.), *Implementing learning in the least restrictive environment.* Baltimore: University Park Press.

Jensema, C. (1975). *The relationship between academic achievement and the demographic characteristics of hearing impaired children and youth.* Washington, D. C.: Gallaudet College.

Johnson, C. (1981). *The diagnosis of learning disabilities.* Boulder, Colorado: Pruett Publishing Company.

Kanner, L. (1949). *A miniature textbook of feeblemindedness.* New York: Child Care Publications.

Karnes, M. & Teska, J. (1975). Children's response to intervention programs. In J. Gallagher (Ed.), *The application of child development research to exceptional children.* Reston, VA: Council for Exceptional Children.

Kauffman, J. M. (1977). *Characteristics of children's behavior disorders.* Columbus: Charles E. Merrill.

Kauffman, J. M. (1985). *Characteristics of children's behavior disorders.* Columbus: Charles E. Merrill.

Kephart, J., Kephart, C., & Schwartz, G. (1974). A journey into the world of the blind child. *Exceptional Children, 40,* 421-429.

Kessler, J. (1966). *Psychopathology of childhood.* Englewood Cliffs, N. J.: Prentice-Hall.

Kirk, S. A. (1972). *Educating exceptional children.* Boston: Houghton Mifflin.

Kirk, S. A., & Gallagher, J. J. (1983). *Educating exceptional children.* Boston: Houghton Mifflin.

Kirk, S. A., Gallagher, J. J., & Anastasiow, N. J. (2000). *Educating exceptional children.* Boston: Houghton Mifflin.

Kirk, S. A. & Johnson, G. O. (1951). *Educating the retarded child.* Cambridge, Mass: Riverside Press.

Kirk, S. A., McCarthy, J. J., & Kirk, W. D. (1968). *The Illinois Test of Psycholinguistic Abilities.* Urbana: University of Illinois Press.

Kneedler, R. D., Hallahan, D. P., & Kauffman, J. M. (1984). *Special education for today.* Englewood Cliffs, New Jersey: Prentice-Hall.

Kohn, J. G. (1982). Multiply handicapped child: Severe physical and mental disability. In E. E. Bleck & D. A. Nagel (Eds.), *Physically handicapped children: A medical atlas for teachers.* New York: Grune & Stratton.

Kokaska, C. J. & Brolin, D. E. (1985). *Career education for handicapped individuals.* Columbus: Charles E. Merrill.

Kolloff, P. B. & Feldhusen, J. F.(1984). The effects of enrichment on self-concept and creative thinking. *Gifted Child Quarterly, 28,* 53-57.

Kolstoe, O. P. (1976). *Teaching educable mentally retarded children.* New York: Holt, Rinehart, & Winston.

Kretschmer, R. R. & Kretschmer, L. M. (1978). *Language development and intervention with the hearing impaired.* Baltimore: University Park Press.

Kuzemko, J. A. (1980). Incidence, prognosis, and mortality. In J. A. Kuzemko (Ed.), *Asthma in Children.* Baltimore: University Park Press.

Lambert, N. M. & Bower, E. M. (1961). *A Process for in-school screening of children with emotional handicaps: Manual for school administrators and teachers.* Sacramento: California State Department of Education.

Lerman, A. & Guilfoyle, G. (1970). *The development of prevocational behavior in deaf adolescents.* New York: Teachers College Press.

Lerner, J. W. (1981). *Learning disabilities: Theories, diagnosis and teaching strategies.* Boston: Houghton Mifflin Company.

Lewin, K. (1935). *A dynamic theory of personality: selected papers.* A. K. Adams & K. E. Zenner (Trans.). New York: McGraw-Hill.

Lewis, E. O. (1933). Types of mental deficiency and their social significance. *Journal of Mental Science, 79,* 298-304.

Lewis, R. B. & Doorlag, D. H. (1983). *Teaching special students in the mainstream.* Columbus: Charles E. Merrill.

Louttit, C. M. (1947). *Clinical Psychology.* New York: Harper & Brothers.

Lowenfeld, B. (Ed.). (1973). *The visually handicapped child in school.* New York: John Day.

Lowenfeld, B. (1980). Psychological problems of children with severely impaired vision. In W. M. Cruickshank (Ed.), *Psychology of exceptional children and youth (4th Ed.).* Englewood Cliffs, NJ: Prentice-Hall.

Luckasson, R., Coulter, D. L., Polloway, E. A., Reiss, S., Schalock, R. L., Snell, M. E., Spitalnik, D. M., & Stark, J. A.(1992). *Mental retardation: Definition, classification, and systems of supports.* Washington, D. C.: American Association on Mental Retardation.

Luria, A. R. (1963). Psychological studies of mental deficiency in the Soviet Union. In N. R. Ellis (Ed.), *Handbook of Mental Deficiency, 353-87.* New York: McGraw-Hill.

MacMillan, D. L. (1977). *Mental retardation in school and society.* Boston: Little, Brown & Company.

Maker, C. J. (1977). *Providing programs for the gifted handicapped.* Reston, Virginia: The Council for Exceptional Children.

Maker, C. J. (1982). *Curriculum development for the gifted.* Rockville, MD : Aspen Systems Corp.

Mandell, C. J. & Fiscus, E. (1981). *Understanding exceptional people.* St. Paul, Minn.: West Publishing Co.

Marland, S. (1972). *Education of the gifted and talented: Report to the Congress of the United States by the U.S. Commissioner of Education.* Washington, D. C.: U. S. Government Printing Office.

McClure, W. J. (1966). Current problems and trends in the education of the deaf. *Deaf American, 18,* 8-14.

Meadow, K. P. (1980). *Deafness and child development.* Berkeley, CA: University of California Press.

Meier, J. (1971). Prevalence and characteristics of learning disabilities found in second grade children. *Journal of Learning Disabilities, 4,* 6-19.

Menolascino, F. J. (November 1979). Handicapped children and youth: Current-future international perspectives and challenges. *Exceptional Children,* 168-173.

Mercer, C. D. & Snell, M. E. (1977). *Learning theory research in mental retardation: Implications for teaching*. Columbus: Charles E. Merrill.

Mercer, J. R. (1973). *Labelling the mentally retarded*. Berkeley: University of California Press.

Meyen, E. L. (1978). *Exceptional children and youth: An introduction*. Denver, Colorado: Love Publishing Company.

Mitchell, D. R. (1983). International trends in special education. *The Canadian Journal on Mental Retardation, 33* (4), 6-13.

Moreno, J. (1943). Sociometry in the classroom. *Sociometry, 6,* 425-428.

Morgan, A. B. (1987). Causes and treatment of hearing loss in children. In F. N. Martin (Ed.), *Hearing disorders in children: Pediatric audiology,* 5-48. Austin, Texas: PRO-ED.

Morgan, D. P. & Jenson, W. R. (1988). *Teaching behaviorally disordered students: Preferred Practices.* Columbus, Ohio: Merrill.

Morsink, C. V. (1985). Learning disabilities. In W. H. Berdine & A. E. Blackhurst (Eds.), *An introduction to special education.* Boston: Little, Brown & Company.

Mullins, J. B. (1979). *A teacher's guide to management of the physically handicapped.* Springfield, Illinois: Charles C. Thomas.

Myklebust, H. R. & Boshes, B. (1969). *Minimal brain damage in children.* Final report, Contract 108-65-142, Neurological and Sensory Disease Control Program. Washington, D. C.: Department of Health, Education, & Welfare.

Nance, W. E. (1976). Studies of hereditary deafness: Present, past, and future. *The Volta Review, 78,* 6-11.

National Advisory Committee on Handicapped Children (1968). *Special education for handicapped children,* 1st annual report. Washington, D. C.: U. S. Department of Health, Education, & Welfare.

National Commission on Diabetes. (1975). Diabetes forecast. *Diabetes* (Supplement No. 1, Special Education), *28,* 1-60.

National Joint Committee on Learning Disabilities (1989, September 18). Letter from NJCLD to *member organizations.* Topic: Modifications to the NJCLD definition of learning disabilities.

Nelson, C. M. (1985). Behavior disorders. In W. H. Berdine & A. E. Blackhurst (Eds.), A*n introduction to special education.* Boston: Little, Brown & Company.

Newcomer, P. L. (1980). *Understanding and teaching emotionally disturbed children.* Boston: Allyn & Bacon.

Nix, G. W. (1976). *Mainstream education for hearing impaired children and youth.* New York: Grune & Stratton.

Oden, M. (1968). The fulfillment of promise: Forty year follow-up of the Terman gifted group. *Genetic Psychology Monographs, 77,* 3-92.

Oyers, H. J. & Frankmann, J. P. (1975). *The aural rehabilitation process: A Conceptual framework analysis.* New York: Holt, Rinehart & Winston.

Parker, H. J. (1979). Children and youth with physical and health disabilities. In B. M. Swanson & D. J. Willis (Eds.), *Understanding exceptional children and youth.* Chicago: Rand-McNally.

Pate, J. (1963). Emotionally disturbed and socially maladjusted children. In L. Dunn (Ed.), *Exceptional children in the schools.* New York: Holt, Rinehart & Winston.

Patterson, G. R., Reid, J. B., Jones, R. R., & Conger, R. E. (1975). *A social learning approach to family intervention: Vol. 1 Families with aggressive children.* Eugene, OR: Castalia.

Paul, J. L. & Epanchin, B. L. (1982). *Emotional disturbance in children.* Columbus, Ohio: Charles E. Merrill.

Payne, J. S. & Patton, J. R. (1981). *Mental retardation.* Columbus, Ohio: Charles E. Merrill.

Perkins, W. H. (1980). Disorders of speech flow. In T. J. Hixon, L. D. Shriberg, & J. H. Saxman (Eds.), *Introduction to communication disorders.* Englewood Cliffs, N. J.: Prentice-Hall.

Peter, L. (1965). *Prescriptive teaching.* New York: McGraw Hill.

Pinter, R., Eisenson, J., & Stanton, M. (1941). *The psychology of the physically handicapped.* New York: F. S. Crofts & Co.

Plomin, R., DeFries, J., & McClearn, G. (1980). *Behavioral genetics: A Primer.* San Francisco: W. H. Freeman.

President's Committee on Mental Retardation (1970). *The six-hour retarded child.* Washington, D. C.: U. S. Department of Education, Office of special Education.

Public Law 94-142 (1975). Washington, D. C.: U. S. Government Printing Office.

Public Law 95-561 (1978). Washington, D. C.: U. S. Government Printing Office.

Quay, H. C. (1979). Classification. In H. C. Quay & J. S. Werry (Eds.), *Psychopathological disorders of childhood.* New York: John Wiley & Sons.

Ramey, C. T. & Campbell, F. A. (1979). Early childhood education for psychosocially disadvantaged children: Effects on Psychological Processes. *American Journal of Mental Deficiency, 83,* 645-648.

Ramos-Ford, H., & Gardner, H. (1997). Giftedness from a multiple intelligences perspective.

In N. Colangelo and G. David (Eds.), *Handbook of Gifted Education*, Boston: Allyn & Bacon.

Raschke, D. & Young, A. (1976). The dialectic teaching system: A comprehensive model derived from two educational approaches. *Education and Training of the Mentally Retarded, 11*, 232-246.

Reinert, H. R. (1976). *Children in conflict.* Saint Louis: The C. V. Mosby.

Reinert, H. R. & Huang, A. (1987). *Children in conflict: Educational strategies for the emotionally disturbed and behaviorally disordered.* Columbus, Ohio: Merrill.

Renzulli, J. S. (1977). *The enrichment triad model: A guide for developing defensible programs for the gifted and talented.* Mansfield Center, Connecticut: Creative Learning Press.

Renzulli, J. S. (1982). Dear Mr. & Mrs. Copernicus: We regret to inform you.... *Gifted Child Quarterly, 26,* 11-14.

Renzulli, J. S. & Smith, L. H. (1980), Revolving door: A truer turn for the gifted. *Learning 9,* 91-93.

Renzulli. J., Smith, L., White, A., Callahan, C., & Hartman, R.(1976). *Scales for rating the behavioral characteristics of superior students.* Mansfield Center, Conn.: Creative Learning Products.

Reynolds, M. C. & Birch, J. W. (1977). *Teaching exceptional children in all America's schools.* Reston, VA: Council for Exceptional Children.

Ries, P. (1973). *Reported causes of hearing loss for hearing impaired students: 1970-1971,* (Annual Survey of Hearing Impaired Children and Youth, Ser. D, No. 12.) Washington, D. C.: Gallaudet College.

Rimland, B. (1964). *Infantile autism.* New York: Meredith.

Rimland, B (1969). Psychogenesis versus biogenesis: the issues and evidence. In Plog, S. C. & Edgerton, R. B. (Eds.), *Changing perspectives in mental illness.* New York: Holt, Rinehart & Winston.

Roberts. T. B. (1975). *Four psychologies applied to education: Freudian-behavioral-humanistic-transpersonal.* Cambridge, Mass.: Schenkman.

Robinson, N. M. & Robinson, H. B. (1976). *The mentally retarded child.* New York: McGraw-Hill.

Rosenthal, D. (Ed.). (1963). *The Genain quadruplets: A case study and theoretical analysis of heredity and environment in schizophrenia.* New York: Basic Books.

Ross, M., Brackett, D., & Maxon, A. (1982). *Hard of hearing children in regular schools.* Englewood Cliffs, N. J.: Prentice-Hall.

Ross, P. (Ed.). (1993). *National excellence.* Washington, D. C.: U. S. Department of Education.

Rynders, J. E. & Horrobin, J. M. (1975). Project EDGE: The University of Minnesota's Communication Stimulation Program for Down's syndrome infants. In B. E. Friedlander (Ed.), *Exceptional infant, Vol. 3,* 173-92. New York: Brunner/Mazel.

Sabatino, D. A. (1979). The seriously handicapped. In D. A. Sabatino & T. L. Miller (Eds.), *Describing learner characteristics of handicapped children and youth.* New York: Grune & Stratton.

Salvia, J. & Ysseldyke, J. E. (1981). *Assessment in special education* (2nd Ed.). Boston: Houghton-Mifflin.

Schalock, R. L., Stark, J. A., Snell, M. E., Coulter, D. L., Polloway, E. A., Luckasson, R., Reiss, S., & Spitalnik, D. M. (1994). The changing conception of mental retardation: Implications for the field. *Mental Retardation, 32*(3), 181-193.

Scheetz, N. A. (1993). *Orientation to deafness. Boston* : Allyn & Bacon.

Schein, J. D. & Delk, M. T., Jr. (1974). *The deaf population of the United States.* Silver Spring, MD: National Association of the Deaf.

Seligman, T., Randel, H. O., & Stevens, J. J. (1970). Conditioning program for children with asthma. *Physical Therapy Journal, 50,* 641-47.

Setoguchi, Y. (1982). Amputations in Children. In E. E. Bleck & D. A. Nagel (Eds.) *Physically handicapped children: A medical atlas for teachers.* New York: Grune & Stratton.

Shane, H. C. & Bashir, A. S. (1980). Election criteria for the adoption of an augmentative communication system: Preliminary considerations. *Journal of Speech and Hearing Disorders, 45,* 408-414.

Shea, T. M. (1978). *Teaching children and youth with behavior disorders.* Saint Louis: The C. V. Mosby.

Simpson, R. L. (1982). *Conferencing parents of exceptional children,* Austin, Texas: PRO-ED.

Sloan, W. & Birch, J. W. (1955). A rationale for degrees of retardation. *American Journal of Mental Deficiency, 60,* 258-64.

Snell, M. E.(Ed.). (1978). *Systematic instruction of the moderately and severely handicapped.* Columbus, Ohio: Charles E. Merrill.

Solano, D. H. & George, W. L. (1976). College courses for the gifted. *Gifted Child Quarterly, 20* (3),274-85.

Solomon, G. E. & Plum, F. (1976). *Clinical management of seizures.* Philadelphia: W. B. Saunders.

Spitz, H. H. (1973). The role of input organization in the learning and memory of mental retardates. In N. R. Ellis (Ed.), *International review of research in mental retardation (Vol. 2).* New

York: Academic Press.

Stephens, T. M. & Wolf, J. S. (1978). The gifted child. In N. G. Haring (Ed.), *Behavior of exceptional children*. Columbus, Ohio: Charles E. Merrill.

Strauss, A. A. & Lehtinen, M. A. (1947). *Psychopathology and education of the brain-injured child*. New York: Grune & Stratton.

Stuckless, E. R. (1975). The developmental component in the preparation of the handicapped for careers. *Proceedings of the conference on research needs related to career education for the handicapped*. Washington, D. C.: Bureau of Education for the Handicapped. (ERIC Document Reproduction Service No. ED 121 001).

Swanson, H. L. & Reinert, H. R. (1984). Teaching strategies for children in conflict: Curriculum, methods, and materials. St. Louis: Times Mirror/Mosby.

Swap, S. M., Prieto, A. G., & Harth, R. (1982). Ecological perspectives of the emotionally disturbed child. In R. L. McDowell, G. W. Adamson, and F. H. Wood (Eds.), *Teaching emotionally disturbed children*. Boston: Little, Brown.

Swassing, R. H. (1985). *Teaching gifted children and adolescents*. Columbus: Charles E. Merrill.

Taylor, J. L. (1976). Mainstreaming visually handicapped children and youth: Yesterday, today, and tomorrow. In Association for Education of the Visually Handicapped, *Selected papers from the fifty-third biennial conference*. Philadelphia, PA: Association for Education of the Visually Handicapped.

Terman, L. & Oden, M. (1951). The Stanford studies of the gifted. In P. Witty (Ed.), *The gifted child*. Lexington, Mass.: D. C. Heath.

Tillman, M. H. & Osborne, R. T. (1969). The performance of blind and sighted children on the Wechsler Intelligence Scale for Children: Interaction effects. *Education of the Visually Handicapped, 1,* 1-4.

Torrance, E. P. (1970). *Encouraging Creativity in the classroom*. Dubuque, IA: William C. Brown.

Torrance, E. P. (1974). Differences are not deficits. *Teachers College Record, 75,* 471-487.

Tredgold, A. F. (1908). *Mental deficiency*. London: Bailliera, Tindall, & Fox.

Treffinger, D. J. (1978). Guidelines for encouraging independence and self-direction among gifted students. *Journal of Creative Behavior, 12,* 14-20.

Trybus, R. J. & Karchmer, M. A. (1977). School achievement scores of hearing impaired children: National data on achievement status and growth patterns. *American Annals of the Deaf, 122,* 62-69.

Tucker, J. (1980). Ethnic proportions in classes for the learning disabled: Issues in nonbiased assessment. *Journal of Special Education, 14,* 93-105.

Turnure, J. E. (1970). Distractibility in the mentally retarded: Negative evidence for an orienting inadequacy. *Exceptional Children, 37,* 181-86.

Tuttle D. (1974). A comparison of three reading media for the blind: Braille, normal recording, and compressed speech. *Research Bulletin: American Foundation for the Blind, 27,* 217-230.

United Nations (1994). *The standard rules on the equalization of opportunities for persons with disabilities.*

U. S. Department of Health and Human Service (1981). *The NINDS research program, spina bifida and neural tube defects.* Washington, D. C.: U. S. Government Printing Office.

U. S. Office of Education (1974). *Definition of severely handicapped children.* Code of Federal Regulations, 1974, Title 45, Section 121.2.

U. S. Office of Education (1977). Assistance to states for education of handicapped children: Procedures for evaluating specific learning disabilities. *Federal Register, 42*(250), 65082-65085.

Van Etten, G. V., Arkell, C., & Van Etten, C. (1980). *The severely and profoundly handicapped.* St. Louis: C. V. Mosby.

Van Riper, C. (1978). Speech correction: Principles and methods (6th Ed.). Englewood Cliffs, N. J.: Prentice-Hall.

Verhaaren, P. & Conner, F. P. (1981). Special adaptations necessitated by physical disabilities. In J. M. Kauffman & D. P. Hallahan(Eds.), *Handbook of special education.* Englewood Cliffs, NJ: Prentice-Hall.

Vernon, M. (1968). Current etiological factors in deafness. *American Annals of the Deaf, 113,* 106-115

Vernon, M. & Brown, D. W. (1964). A guide to psychological tests and testing procedures in the evaluation of deaf and hard-of hearing children. *Journal of Speech and Disorders, 29* (4), 414-423.

Walberg, H. J., Tsai, S., Weinstein, T., Gabriel, C. L., Rasher, S. P., Rosencrans, T., Rovai, E., Ide, J., Trujillo, M., & Vukosavich, P. (1981). Childhood traits and environmental conditions of-highly eminent adults. *Gifted Child Quarterly, 25* (3), 103-7.

Warren, D. H. (1977). *Blindness and early childhood development.* New York: American Foundation for the Blind.

White, M. A. (1961). Evaluating psychological problems of school children. *Exceptional children, 28,* 75-78.

Wiederholt, J., Hammill, D., & Brown, V. (1978). *The resource teacher: A guide to effective practices.* Boston: Allyn & Bacon.

Williams, F. E. (1986). The cognitive-affective interaction model for enriching gifted programs. In J. S. Renzulli (Ed.), *Systems and models for developing programs for the gifted and talented.* Mansfield Center, CT : Creative Learning Press.

Willis, D. H. (1976). *A study of the relationship, between visual acuity, reading mode, and school systems for blind students 1976.* Louisville, KY: American Printing House for the Blind.

Wishik, S. M. (1956). Handicapped children in Georgia: a study of prevalence, disability, needs, and resources. *American Journal of Public Health, 46,* 195-203.

Wishik, S. M. (1964). *Georgia study of handicapped children.* Georgia Department of Public Health.

Wissink, J. F., Kass, C. E., & Ferrell, W. R. (1975). A bayesian approach to the identification of children with learning disabilities. *Journal of Learning Disabilities, 8,* 158-166.

Wolf, J. M. & Anderson, R. M. (1969). The multiply handicapped child: An overview. In J. M. Wolf & R. M. Anderson (Eds.), *The multiply handicapped child.* Springfield, Illinois: Charles C Thomas.

Wolf, J. M. & Anderson, R. M. (1969). Compendium and Comments. In J. M. Wolf & R. M. Anderson (Eds.), *The multiply handicapped child.* Springfield, Illinois: Charles C Thomas.

Wolfensberger, W. (1972). *The principle of normalization in human services.* Toronto, Canada: National Institute on Mental Retardation.

Wood, F. H. & Zabel, R. (1978). Making sense of reports on the incidence of behavior disorders/emotional disturbances in school-aged children. *Psychology in the Schools, 15,* 45-51.

Wrightstone, J. W., Aronow, M. S., & Moskowitz, S. (1963). Developing reading deaf norms for deaf children. *American Annals of the Deaf, 108,* 311-316.

Zeaman, D. & House, B. J. (1963). The role of attention in retardate discrimination learning. In N. R. Ellis (Ed.). *Handbook of Mental deficiency.* New York: McGraw-Hill.

Zigler, E. (1962). Rigidity in the feeble-minded. In E. P. Trapp & P. Himelstein (Eds.), *Readings on the exceptional Child,* 141-62. New York: Appleton-Century-Crofts.

附錄一　特殊教育法

中華民國九十年十二月二十六日總統華總(一)義
字 第 9000254110 號 令 修 正 公 布

第一章　總　則

第　一　條　為使身心障礙及資賦優異之國民，均有接受適性教育之權利，充
分發展身心潛能，培養健全人格，增進服務社會能力，特制定本
法；本法未規定者，依其他有關法律之規定。

第　二　條　本法所稱主管教育行政機關：在中央為教育部；在直轄市為直轄
市政府；在縣（市）為縣（市）政府。

本法所定事項涉及各目的事業主管機關業務時，各該機關應配合
辦理。

第　三　條　本法所稱身心障礙，係指因生理或心理之顯著障礙，致需特殊教
育和相關特殊教育服務措施之協助者。

本法所稱身心障礙，指具有下列情形之一者：

一、智能障礙。

二、視覺障礙。

三、聽覺障礙。

四、語言障礙。

五、肢體障礙。

六、身體病弱。

七、嚴重情緒障礙。

八、學習障礙。

九、多重障礙。

十、自閉症。

十一、發展遲緩。

十二、其他顯著障礙。

前項各款鑑定之標準，由中央主管教育行政機關會商相關機關定之。

第　四　條　本法所稱資賦優異，係指在下列領域中有卓越潛能或傑出表現者：

一、一般智能。

二、學術性向。

三、藝術才能。

四、創造能力。

五、領導能力。

六、其他特殊才能。

前項各款鑑定之標準，由中央主管教育行政機關定之。

第　五　條　特殊教育之課程、教材及教法，應保持彈性，適合學生身心特性及需要；其辦法，由中央主管教育行政機關定之。

對身心障礙學生，應配合其需要，進行有關復健、訓練治療。

第　六　條　各級主管教育行政機關為研究改進特殊教育課程、教材教法及教具之需要，應主動委託學術及特殊教育學校或特殊教育機構等相關單位進行研究。

中央主管教育行政機關應指定相關機關成立研究發展中心。

第　七　條　特殊教育之實施，分下列三階段：

一、學前教育階段，在醫院、家庭、幼稚園、托兒所、特殊幼稚園（班）、特殊教育學校幼稚部或其他適當場所實施。

二、國民教育階段，在醫院、國民小學、國民中學、特殊教育學校（班）或其他適當場所實施。

三、國民教育階段完成後，在高級中等以上學校、特殊教育學校（班）、醫院或其他成人教育機構等適當場所實施。

為因應特殊教育學校之教學需要，其教育階段及年級安排，應保持彈性。

第　八　條　學前教育及國民教育階段之特殊教育，由直轄市或縣（市）主管教育行政機關辦理為原則。

國民教育完成後之特殊教育，由各級主管教育行政機關辦理。

各階段之特殊教育，除由政府辦理外，並鼓勵或委託民間辦理。主管教育行政機關對民間辦理特殊教育應優予獎助；其獎助對象、條件、方式、違反規定時之處理及其他應遵行事項之辦法，由中央主管教育行政機關定之。

第　九　條　各階段特殊教育之學生入學年齡及修業年限，對身心障礙國民，除依義務教育之年限規定辦理外，並應向下延伸至三歲，於本法

公布施行六年內逐步完成。

國民教育階段身心障礙學生因身心發展狀況及學習需要，得經該管主管教育行政機關核定延長修業年限，並以延長二年為原則。

第二章　資賦優異教育

第　十　條　為執行特殊教育工作，各級主管教育行政機關應設專責單位，各級政府承辦特殊教育業務人員及特殊教育學校之主管人員，應優先任用相關專業人員。

第 十 一 條　各師範校院應設特殊教育中心，負責協助其輔導區內特殊教育學生之鑑定、教學及輔導工作。

　　　　　　大學校院設有教育院、系、所、學程或特殊教育系、所、學程者，應鼓勵設特殊教育中心。

第 十 二 條　直轄市及縣（市）主管教育行政機關應設特殊教育學生鑑定及就學輔導委員會，聘請衛生及有關機關代表、相關服務專業人員及學生家長代表為委員，處理有關鑑定、安置及輔導事宜。有關之學生家長並得列席。

第 十 三 條　各級學校應主動發掘學生特質，透過適當鑑定，按身心發展狀況及學習需要，輔導其就讀適當特殊教育學校（班）、普通學校相當班級或其他適當場所。身心障礙學生之教育安置，應以滿足學生學習需要為前提下，最少限制的環境為原則。

　　　　　　直轄市及縣（市）主管教育行政機關應每年重新評估其教育安置之適當性。

第 十 四 條　對於就讀普通班之身心障礙學生，應予適當安置及輔導；其安置原則及輔導方式之辦法，由各級主管教育行政機關定之。

　　　　　　為使普通班老師得以兼顧身心障礙學生及其他學生之需要，身心障礙學生就讀之普通班應減少班級人數；其減少班級人數之條件及核算方式之辦法，由各級主管教育行政機關定之。

第三章　身心障礙教育

第 十 五 條　各級主管教育行政機關應結合特殊教育機構及專業人員，提供普通學校輔導特殊教育學生之有關評量、教學及行政支援服務；其支援服務項目及實施方式之辦法，由中央主管教育行政機關定之。

第 十六 條　特殊教育學校（班）之設立，應力求普及，以小班、小校為原則，並朝社區化方向發展。少年矯正學校、社會福利機構及醫療機構附設特殊教育班，應報請當地主管教育行政機關核准後辦理。

第 十七 條　為普及身心障礙兒童及青少年之學前教育、早期療育及職業教育，各級主管教育行政機關應妥當規劃加強推動師資培訓及在職訓練。

特殊教育學校置校長，其聘任資格依教育人員任用條例之規定，聘任程序比照各該校所設學部最高教育階段之學校法規之規定。

特殊教育學校（班）、特殊幼稚園（班），應依實際需要置特殊教育教師、相關專業人員及助理人員。特殊教育教師之資格及聘任，依師資培育法及教育人員任用條例之規定；相關專業人員及助理人員之類別、職責、遴用資格、程序、報酬及其他權益事項之辦法，由中央主管教育行政機關定之。

特殊教育學校（班）、特殊幼稚園（班）設施之設置，應以適合個別化教學為原則，並提供無障礙之學習環境及適當之相關服務。

前二項人員之編制、設施規模、設備及組織之設置標準，由中央主管教育行政機關定之。

第 十八 條　設有特殊教育系（所）之師範大學、師範學院或一般大學，為辦理特殊教育各項實驗研究，並供教學實習，得附設特殊教育學校（班）。

第 十九 條　接受國民教育以上之特殊教育學生，其品學兼優或有特殊表現者，各級政府應給予獎助；家境清寒者，應給予助學金、獎學金或教育補助費。

前項學生屬身心障礙者，各級政府應減免其學雜費，並依其家庭經濟狀況，給予個人必需之教科書及教育補助器材。

身心障礙學生於接受國民教育時，無法自行上下學者，由各級政府免費提供交通工具；確有困難，無法提供者，補助其交通費。

前三項獎助之對象、條件、金額、名額、次數及其他應遵行事項之辦法，由各級政府定之。

第 二十 條　身心障礙學生，在特殊教育學校（班）修業期滿，依修業情形發給畢業證書或修業證書。

對失學之身心障礙國民，應辦理學力鑑定及規劃實施免費成人教育；其辦理學力鑑定及實施成人教育之對象、辦理單位、方式及

其他相關事項之辦法，由各級主管教育行政機關定之。

第四章 附 則

第二十一條 完成國民教育之身心障礙學生，依其志願報考各級學校或經主管
教育行政機關甄試、保送或登記、分發進入各級學校，各級學校
不得以身心障礙為由拒絕其入學；其升學輔導辦法，由中央主管
教育行政機關定之。各級學校入學試務單位應依考生障礙類型、
程度，提供考試適當服務措施，由各試務單位於考前訂定公告之。

第二十二條 身心障礙教育之診斷與教學工作，應以專業團隊合作進行為原則，
集合衛生醫療、教育、社會福利、就業服務等專業，共同提供課
業學習、生活、就業轉銜等協助；身心障礙教育專業團隊設置與
實施辦法，由中央主管教育行政機關定之。

第二十三條 各級主管教育行政機關應每年定期舉辦特殊教育學生狀況調查及
教育安置需求人口通報，出版統計年報，並依據實際需求規劃設
立各級特殊學校（班）或其他身心障礙教育措施及教育資源的分
配，以維護特殊教育學生接受適性教育之權利。

第二十四條 就讀特殊學校（班）及一般學校普通班之身心障礙者，學校應依
據其學習及生活需要，提供無障礙環境、資源教室、錄音及報讀
服務、提醒、手語翻譯、調頻助聽器、代抄筆記、盲用電腦、擴
視鏡、放大鏡、點字書籍、生活協助、復健治療、家庭支援、家
長諮詢等必要之教育輔助器材及相關支持服務；其實施辦法，由
各級主管教育行政機關定之。

第二十五條 為提供身心障礙兒童及早接受療育之機會，各級政府應由醫療主
管機關召集，結合醫療、教育、社政主管機關，共同規劃及辦理
早期療育工作。
對於就讀幼兒教育機構者，得發給教育補助費。

第二十六條 各級學校應提供特殊教育學生家庭包括資訊、諮詢、輔導、親職
教育課程等支援服務，特殊教育學生家長至少一人為該校家長會
委員。

第二十七條 各級學校應對每位身心障礙學生擬定個別化教育計畫，並應邀請
身心障礙學生家長參與其擬定與教育安置。

第二十八條 對資賦優異者，得降低入學年齡或縮短修業年限；縮短修業年限

之資賦優異學生，其學籍、畢業資格及升學，比照應屆畢業學生辦理；其降低入學年齡、縮短修業年限與升學及其他相關事項之辦法，由中央主管教育行政機關定之。

第二十九條　資賦優異教學，應以結合社區資源、參與社區各類方案為主，並得聘任具特殊專才者為特約指導教師。

各級學校對於身心障礙及社經文化地位不利之資賦優異學生，應加強鑑定與輔導。

第 三十 條　各級政府應按年從寬編列特殊教育預算，在中央政府不得低於當年度教育主管預算百分之三；在地方政府不得低於當年度教育主管預算百分之五。地方政府編列預算時，應優先辦理身心障礙學生教育。

中央政府為均衡地方身心障礙教育之發展，應視需要補助地方人事及業務經費以辦理身心障礙教育。

第三十一條　各級主管教育行政機關為促進特殊教育發展及處理各項權益申訴事宜，應聘請專家、學者、相關團體、機構及家長代表為諮詢委員，並定期召開會議。

為保障特殊教育學生教育權利，應提供申訴服務；其申訴案件之處理程序、方式及其他相關服務事項之辦法，由中央主管教育行政機關定之。

第三十二條　本法施行細則，由中央主管教育行政機關定之。

第三十三條　本法自公布日施行。

附錄二　特殊教育法施行細則

中華民國九十二年八月七日教育部臺參字第
0920117583A 號令修正發布第十三條條文

第 一 條　本細則依特殊教育法（以下簡稱本法）第三十二條規定訂定之。

第 二 條　（刪除）

第 三 條　本法第七條第一項第一款所稱特殊幼稚園，指為身心障礙或資賦優異者專設之幼稚園；所稱特殊幼稚班，指在幼稚園為身心障礙或資賦優異者專設之班。

本法第七條第一項第二款及第三款所稱特殊教育學校，指為身心障礙或資賦優異者專設之學校；所稱特殊教育班，指在國民小學、國民中學、高級中學、職業學校或依本法第十六條第二項為身心障礙或資賦優異者專設之班。

本法第七條第一項第三款所稱高級中等以上學校，指高級中學、職業學校、專科學校及大學。

第 四 條　政府、民間依本法第八條規定辦理特殊教育學校（班）者，其設立、變更及停辦之程序如下：

一、公立特殊教育學校：

　　㈠國立者，由中央主管教育行政機關核定。

　　㈡直轄市及縣（市）立者，由直轄市及縣（市）主管教育行政機關核定，報請中央主管教育行政機關備查。

二、公立學校之特殊教育班：由學校之主管教育行政機關核定。

三、私立特殊教育學校：依私立學校法規定之程序辦理。

四、私立學校之特殊教育班：由學校之主管教育行政機關核定。

各階段特殊教育除依前項規定辦理外，公、私立學校並得依學生之特殊教育需要，自行擬具特殊教育方案，向各級主管教育行政機關申請辦理之；其方案之基本內容及申請程序，由各級主管教育行政機關定之。

第 五 條　各級主管教育行政機關得依本法第八條第三項委託民間辦理特殊

教育學校（班）或其他教育方案，其委託方式及程序，由各該主管教育行政機關定之。

第　六　條　為辦理本法第九條第一項身心障礙學生入學年齡向下延伸至三歲事項，直轄市、縣（市）政府應普設學前特殊教育設施，提供適當之相關服務。

直轄市、縣（市）政府對於前項接受學前特殊教育之身心障礙學生，應視實際需要提供教育補助費。

第一項所稱學前特殊教育設施，指在本法第七條第一項第一款所定場所設置之設備或提供之措施。

第　七　條　學前教育階段身心障礙兒童，應以與普通兒童一起就學為原則。

第　八　條　本法第十條所稱專責單位，指於各級主管教育行政機關置專任人員辦理特殊教育行政工作之單位。

第　九　條　本法第十二條所稱特殊教育學生鑑定及就學輔導委員會（以下簡稱鑑輔會），應以綜合服務及團隊方式，辦理下列事項：

一、議決鑑定、安置及輔導之實施方式與程序。

二、建議專業團隊及特殊教育資源中心應遴聘之專業人員。

三、評估特殊教育工作績效。

四、執行鑑定、安置及輔導工作。

五、其他有關特殊教育鑑定、安置及輔導事項。

直轄市、縣（市）主管教育行政機關應從寬編列鑑輔會年度預算，必要時，由中央主管教育行政機關補助之。

鑑輔會應置主任委員一人，由直轄市、縣（市）主管教育行政機關首長兼任之；並指定專任人員辦理鑑輔會事務。鑑輔會之組織及運作方式，由直轄市、縣（市）主管教育行政機關定之。

第　十　條　直轄市、縣（市）主管教育行政機關應結合鑑輔會、特殊教育資源中心、特殊教育諮詢委員會、身心障礙教育專業團隊及其他相關組織，建立特殊教育行政支援系統；其聯繫及運作方式，由直轄市、縣（市）主管教育行政機關定之。

前項所稱特殊教育資源中心，指直轄市、縣（市）主管教育行政機關為協助辦理特殊教育相關事項所設之任務編組；其成員，由直轄市、縣（市）主管教育行政機關就學校教師、學者專家或相關專業人員聘兼之。

第 十一 條　鑑輔會依本法第十二條安置身心障礙學生，應於身心障礙學生教
　　　　　育安置會議七日前，將鑑定資料送交學生家長；家長得邀請教師、
　　　　　學者專家或相關專業人員陪同列席該會議。
　　　　　鑑輔會應就前項會議所為安置決議，於身心障礙學生入學前，對
　　　　　安置機構以書面提出下列建議：
　　　　　一、安置場所環境及設備之改良。
　　　　　二、復健服務之提供。
　　　　　三、教育輔助器材之準備。
　　　　　四、生活協助之計畫。
　　　　　前項安置決議，鑑輔會應依本法第十三條每年評估其適當性；必
　　　　　要時，得視實際狀況調整安置方式。

第 十二 條　國民教育階段特殊教育學生之就學以就近入學為原則。但其學區
　　　　　無合適特殊教育場所可安置者，得經其主管鑑輔會鑑定後，安置
　　　　　於適當學區之特殊教育場所。
　　　　　前項特殊教育學生屬身心障礙者，直轄市、縣（市）主管教育行
　　　　　政機關應依本法第十九條第三項規定，提供交通工具或補助其交
　　　　　通費。

第 十三 條　依本法第十三條輔導特殊教育學生就讀普通學校相當班級時，該
　　　　　班級教師應參與特殊教育專業知能研習，且應接受特殊教育教師
　　　　　或相關專業人員所提供之諮詢服務。
　　　　　本法第十三條所稱輔導就讀特殊教育學校（班），指下列就讀情形：
　　　　　一、學生同時在普通班及資源班上課者。
　　　　　二、學生同時在特殊教育班及普通班上課，且其在特殊教育班上
　　　　　　　課之時間超過其在校時間之二分之一者。
　　　　　三、學生在校時間全部在特殊教育班上課者。
　　　　　四、學生在特殊教育學校上課，且每日通學者。
　　　　　五、學生在特殊教育學校上課，且在校住宿者。

第 十四 條　資賦優異學生入學後，學校應予有計畫之個別輔導；其輔導項目，
　　　　　應視學生需要定之。

第 十五 條　資賦優異學生，如須轉入普通班或一般學校就讀者，原就讀學校
　　　　　應輔導轉班或轉校，並將個案資料隨同移轉，以便追蹤輔導。

第 十六 條　各級主管教育行政機關於依本法第二十三條實施特殊教育學生狀

況調查後，應建立各階段特殊教育學生通報系統，並與衛生、社政主管機關所建立之通報系統互相協調、結合。

本法第二十三條所定出版統計年報，應包含接受特殊教育服務之學生人數與比率、教育安置狀況、師資狀況及經費狀況等項目。

第 十七 條　本法第二十六條所定提供特殊教育學生家庭支援服務，應由各級學校指定專責單位辦理。其服務內容應於開學後二周內告知特殊教育學生家長；必要時，應依據家長之個別需要調整服務內容及方式。

第 十八 條　本法第二十七條所稱個別化教育計畫，指運用專業團隊合作方式，針對身心障礙學生個別特性所擬定之特殊教育及相關服務計畫，其內容應包括下列事項：

一、學生認知能力、溝通能力、行動能力、情緒、人際關係、感官功能、健康狀況、生活自理能力、國文、數學等學業能力之現況。

二、學生家庭狀況。

三、學生身心障礙狀況對其在普通班上課及生活之影響。

四、適合學生之評量方式。

五、學生因行為問題影響學習者，其行政支援及處理方式。

六、學年教育目標及學期教育目標。

七、學生所需要之特殊教育及相關專業服務。

八、學生能參與普通學校（班）之時間及項目。

九、學期教育目標是否達成之評量日期及標準。

一〇、學前教育大班、國小六年級、國中三年級及高中（職）三年級學生之轉銜服務內容。

前項第十款所稱轉銜服務，應依據各教育階段之需要，包括升學輔導、生活、就業、心理輔導、福利服務及其他相關專業服務等項目。參與擬定個別化教育計畫之人員，應包括學校行政人員、教師、學生家長、相關專業人員等，並得邀請學生參與；必要時，學生家長得邀請相關人員陪同。

第 十九 條　前條個別化教育計畫，學校應於身心障礙學生開學後一個月內訂定，每學期至少檢討一次。

第 二十 條　依本法第二十九條第二項鑑定身心障礙之資賦優異學生及社經文

化地位不利之資賦優異學生時，應選擇適用該學生之評量工具及程序，得不同於一般資賦優異學生。

依本法第二十九條第二項輔導身心障礙之資賦優異學生及社經文化地位不利之資賦優異學生時，其教育方案應保持最大彈性，不受人數限制，並得跨校實施。

學校對於身心障礙之資賦優異學生之教學，應就其身心狀況，予以特殊設計及支援。

第二十一條　各教育階段特殊教育之評鑑，該管主管教育行政機關，應至少每二年辦理一次；其評鑑項目，由各級主管教育行政機關定之。直轄市及縣（市）主管教育行政機關辦理特殊教育之績效，中央主管教育行政機關應至少每二年訪視評鑑一次。前二項之評鑑，必要時，該管主管教育行政機關得委任或委託大學校院或民間團體辦理之。

第二十二條　本細則自發布日施行。

附錄三　身心障礙者保護法

中華民國九十二年六月二十五日總統華總一義字第 09200116210 號令修正公布第二十六、六十二條條文；並增訂第六十四條之一條文

第一章　總　則

第　一　條　為維護身心障礙者之合法權益及生活，保障其公平參與社會生活之機會，結合政府及民間資源，規劃並推行各項扶助及福利措施，特制定本法；本法未規定者，適用其他法律之規定。

第　二　條　本法所稱主管機關：在中央為內政部；在直轄市為直轄市政府；在縣（市）為縣（市）政府。

本法所定事項，涉及各目的事業主管機關職掌者，由各目的事業主管機關辦理。

前二項各級主管機關及各目的事業主管機關權責劃分如下：

一、主管機關：主管身心障礙者人格及合法權益之維護、個人基本資料之建立、身心障礙手冊之核發、托育、養護、生活、諮詢、育樂、在宅服務等福利服務相關事宜之規劃及辦理。

二、衛生主管機關：主管身心障礙者之鑑定、醫療復健、早期醫療、健康保險與醫療復健輔助器具之研究發展等相關事宜之規劃及辦理。

三、教育主管機關：主管身心障礙者之教育及所需經費之補助、特殊教育教材、教學、輔助器具之研究發展、特殊教育教師之檢定及本法各類專業人員之教育培育，與身心障礙者就學及社會教育等相關事宜之規劃及辦理。

四、勞工主管機關：主管身心障礙者之職業訓練及就業服務、定額進用及就業保障之執行、薪資及勞動條件之維護、就業職業種類與輔助器具之研究發展、身心障礙者就業基金專戶經費之管理及運用等就業相關事宜之規劃及辦理。

五、建設、工務、國民住宅主管機關：提供身心障礙者申請公有

　　　　　公共場所零售商店、攤位、國民住宅、公共建築物停車位優
　　　　　惠事宜、公共設施及建築物無障礙生活環境等相關事宜之規
　　　　　劃及辦理。
　　六、交通主管機關：提供身心障礙者公共交通工具及公共停車場
　　　　　地優惠事宜、無障礙公共交通工具與生活通訊等相關事宜之
　　　　　規劃及辦理。
　　七、財政主管機關：主管身心障礙者及身心障礙福利機構稅捐之
　　　　　減免等相關事宜之規劃及辦理。
　　八、其他措施由各相關目的事業主管機關依職權辦理。

第　三　條　本法所稱身心障礙者，係指個人因生理或心理因素致其參與社會
　　　　　及從事生產活動功能受到限制或無法發揮，經鑑定符合中央衛生
　　　　　主管機關所定等級之下列障礙並領有身心障礙手冊者為範圍：
　　一、視覺障礙者。
　　二、聽覺機能障礙者。
　　三、平衡機能障礙者。
　　四、聲音機能或語言機能障礙者。
　　五、肢體障礙者。
　　六、智能障礙者。
　　七、重要器官失去功能者。
　　八、顏面損傷者。
　　九、植物人。
　　一〇、失智症者。
　　一一、自閉症者。
　　一二、慢性精神病患者。
　　一三、多重障礙者。
　　一四、頑性（難治型）癲癇症者。
　　一五、經中央衛生主管機關認定，因罕見疾病而致身心功能障礙
　　　　　者。
　　一六、其他經中央衛生主管機關認定之障礙者。
　　　　　前項障礙類別之等級、第七款重要器官及第十六款其他障礙類別
　　　　　之項目，由中央衛生主管機關定之。

第　四　條　身心障礙者之人格及合法權益，應受尊重與保障，除能證明其無

　　　　　　　　勝任能力者外，不得單獨以身心障礙為理由，拒絕其接受教育、
　　　　　　　　應考、進用或予其他不公平之待遇。

第　五　條　為預防、減低身心障礙之發生，各級政府相關目的事業主管機關，
　　　　　　　　應有計劃地推動身心障礙預防工作、優生保健、預防身心障礙之
　　　　　　　　知識，針對遺傳、疾病、災害、環境污染和其他致殘因素，並推
　　　　　　　　動相關宣導及社會教育。

第　六　條　中央與直轄市、縣（市）主管機關及各目的事業主管機關應設專
　　　　　　　　責單位或置專責人員辦理身心障礙者權益相關事宜，其人數依其
　　　　　　　　提供服務之實際需要定之。
　　　　　　　　身心障礙福利相關業務應遴用專業人員辦理。
　　　　　　　　前項專業人員之遴用、資格、訓練及培訓之辦法，由中央主管機
　　　　　　　　關及中央各目的事業主管機關定之。

第　七　條　各級主管機關應設立身心障礙者保護委員會，以行政首長為主任
　　　　　　　　委員，各目的事業主管機關、身心障礙者或其監護人代表、身心
　　　　　　　　障礙福利學者或專家、民意代表及民間相關機構、團體代表等為
　　　　　　　　委員；其中身心障礙者或其監護人代表、民意代表及民間相關機
　　　　　　　　構、團體代表等，不得少於三分之一。
　　　　　　　　前項保護委員會辦理下列事項：
　　　　　　　　一、整合規劃、研究、諮詢、協調推動促進身心障礙者保護相關
　　　　　　　　　　事宜。
　　　　　　　　二、審議身心障礙者權益受損申訴事宜。
　　　　　　　　三、其他促進身心障礙者權益及福利保護相關事宜。
　　　　　　　　第一項保護委員會組織與會議及前項第二款身心障礙者權益受損
　　　　　　　　申訴之處理，由各該主管機關定之。
　　　　　　　　身心障礙者權益遭受損失時，其最終申訴之審議，由中央主管機
　　　　　　　　關之保護委員會辦理。

第　八　條　各級政府應至少每三年定期於十二月舉辦身心障礙者生活需求調
　　　　　　　　查、出版統計報告。行政院每十年辦理全國人口普查時，應將身
　　　　　　　　心障礙者人口調查納入普查項目。

第　九　條　身心障礙福利經費來源如下：
　　　　　　　　一、各級政府按年專列之身心障礙福利預算。
　　　　　　　　二、社會福利基金。

三、身心障礙者就業基金專戶。

四、私人或團體捐款。

五、其他收入。

前項第一款身心障礙福利預算，應以前條之調查報告為依據，按年從寬專列。

第一項第一款身心障礙福利預算，直轄市、縣（市）主管機關財政確有困難者，應由中央政府補助。

第　十　條　直轄市及縣（市）衛生主管機關應設鑑定小組指定醫療機構或鑑定作業小組辦理第三條第一項之鑑定服務；對設戶籍於轄區內經鑑定合於規定者，應由主管機關主動核發身心障礙手冊。

前項鑑定作業辦法，由中央衛生主管機關定之；身心障礙手冊核發辦法，由中央主管機關定之。

第　十一　條　身心障礙者因障礙情況改變時，應依鑑定小組之指定或自行申請重新鑑定。

對鑑定結果有異議時，應於收到鑑定結果次日起三十日內，以書面向鑑定小組提出申請複檢，並以一次為限，且負擔百分之四十之鑑定費；其異議成立時，應退還之。

第　十二　條　有關身心障礙鑑定與免役鑑定間之相關問題，由內政部、教育部、衛生署會同國防部共同研商之。

第　十三　條　身心障礙者於障礙事實變更或消失時，應將身心障礙手冊繳還原發給機關變更或註銷。

原發給機關發現身心障礙者持有之身心障礙手冊，所記載之障礙類別及等級顯與事實不符時，應限期令其重新鑑定；逾期未重新鑑定者，原發給機關得逕行註銷其身心障礙手冊。

第　十四　條　為適時提供療育與服務，中央相關目的事業主管機關應建立彙報及下列通報系統：

一、衛生主管機關應建立疑似身心障礙六歲以下嬰幼兒早期發現通報系統。

二、教育主管機關應建立疑似身心障礙學生通報系統。

三、勞工主管機關應建立職業傷害通報系統。

四、警政主管機關應建立交通事故通報系統。

五、消防主管機關應建立緊急醫療救護通報系統。

六、戶政主管機關應建立身心障礙人口異動通報系統。

各目的事業主管機關依前項通報系統，發現有疑似本法所稱身心障礙者時，應即時通知當地主管機關主動協助。

第 十五 條　各級主管機關及目的事業主管機關應建立個別化專業服務制度，經由專業人員之評估，依身心障礙者實際需要提供服務，使其獲得最適當之輔導及安置。

前項個別化專業服務制度包括個案管理、就業服務、特殊教育、醫療復健等制度；其實施由各級主管機關及目的事業主管機關依各相關法規規定辦理或委託、輔導民間辦理。

第 十六 條　為促進身心障礙復健與無障礙環境之研究發展及整合規劃之功能，中央應設立或輔導民間設立身心障礙復健研究發展中心。

第二章　醫療復健

第 十七 條　中央衛生主管機關應整合全國醫療資源，辦理嬰幼兒健康檢查，提供身心障礙者適當之醫療復健及早期醫療等相關服務。

各級衛生主管機關對於安置於學前療育機構、相關服務機構及學校之身心障礙者，應配合提供其所需要之醫療復健服務。

第 十八 條　為加強身心障礙者之醫療復健服務及醫療復健輔助器具之研究發展，當地衛生主管機關應依據各類身心障礙者之人口數及需要，設立或獎勵設立復健醫療機構、醫療復健輔助器具之研究發展機構與護理之家機構。

第 十九 條　身心障礙者醫療復健所需之醫療費及醫療輔助器具，尚未納入全民健康保險給付範圍時，直轄市、縣（市）主管機關應視其障礙等級補助之。

前項補助辦法，由中央主管機關會同中央衛生主管機關定之。

第三章　教育權益

第 二十 條　中央與直轄市、縣（市）主管機關應根據身心障礙者人口調查之資料，規劃設立各級特殊教育學校、特殊教育班或以其他方式教育不能就讀於普通學校或普通班級之身心障礙者，以維護其受教育之權益。

前項學齡身心障礙兒童無法自行上下學者，應由政府免費提供交

　　　　　　通工具；確有困難，無法提供者，應補助其交通費；直轄市、縣
　　　　　　（市）主管機關經費不足者，由中央政府補助之。

第二十一條　各級教育主管機關應主動協助身心障礙者就學，各級學校亦不得
　　　　　　因其障礙類別、程度、或尚未設置特殊教育班（學校）而拒絕其
　　　　　　入學。

第二十二條　教育主管機關應視身心障礙者之障礙等級，優惠其本人及子女受
　　　　　　教育所需相關經費；其補助辦法由中央教育主管機關定之。

第二十三條　各級教育主管機關辦理身心障礙者教育及入學考試時，應依其障
　　　　　　礙情況及學習需要，提供各項必需之專業人員、特殊教材與各種
　　　　　　教育輔助器材、無障礙校園環境、點字讀物及相關教育資源，以
　　　　　　符公平合理接受教育之機會與應考條件。

第二十四條　各級政府應設立及獎勵民間設立學前療育機構，並獎勵幼稚園、
　　　　　　托兒所及其他學前療育機構，辦理身心障礙幼兒學前教育、托育
　　　　　　服務及特殊訓練。

第二十五條　為鼓勵並獎助身心障礙者繼續接受高級中等學校以上之教育，中
　　　　　　央教育主管機關應訂定獎助辦法獎助之。
　　　　　　前項提供身心障礙者就讀之學校，其無障礙軟、硬體設施，得向
　　　　　　中央教育主管機關申請補助。

第四章　促進就業

第二十六條　各級政府應依身心障礙者之障礙類別及等級，提供無障礙個別化
　　　　　　職業訓練及就業服務。其辦理情形，每半年應送各級民意機構備查。

第二十七條　勞工主管機關應設立或獎勵設立職業訓練及就業服務機構，依身
　　　　　　心障礙者實際需要，提供職業訓練、就業服務與就業所需輔助器
　　　　　　具之研究發展及相關服務。

第二十八條　勞工主管機關協助身心障礙者就業時，應先辦理職業輔導評量，
　　　　　　以提供適當之就業服務。
　　　　　　前項職業輔導評量辦法，由中央勞工主管機關定之。

第二十九條　勞工主管機關應視身心障礙者需要提供職業重建、創業貸款及就
　　　　　　業所需輔助器具等相關經費補助。
　　　　　　前項職業重建係指職業訓練、職業輔導評量、就業服務、追蹤及
　　　　　　輔導再就業等。

第一項之職業重建、創業貸款及就業所需輔助器具等相關補助辦法，由中央勞工主管機關定之。

第 三 十 條　勞工主管機關對於具有工作能力，但尚不足於進入競爭性就業市場之身心障礙者應提供支持性及個別化就業服務；對於具有工作意願，但工作能力不足之身心障礙者，應提供庇護性就業服務。主管機關及各目的事業主管機關得設立或獎勵設立庇護工場或商店。

第三十一條　各級政府機關、公立學校及公營事業機構員工總人數在五十人以上者，進用具有工作能力之身心障礙者人數，不得低於員工總人數百分之二。

私立學校、團體及民營事業機構員工總人數在一百人以上者，進用具有工作能力之身心障礙者人數，不得低於員工總人數百分之一。

前二項各級政府機關、公、私立學校、團體及公、民營事業機構為進用身心障礙者義務機關（構），其進用身心障礙者人數，未達前二項標準者，應定期向機關（構）所在地之直轄市或縣（市）勞工主管機關設立之身心障礙者就業基金專戶繳納差額補助費；其金額依差額人數乘以每月基本工資計算。依第一項、第二項進用重度身心障礙者，每進用一人以二人核計。

警政、消防、關務及法務等單位定額進用總人數之計算，得於本法施行細則另定之。

第三十二條　各級政府機關、公立學校及公營事業機構為進用身心障礙者，應洽請考試院依法舉行身心障礙人員特種考試，並取銷各項公務人員考試對身心障礙人員體位之不合理限制。

第三十三條　進用身心障礙者之機關（構），應本同工同酬之原則，不得為任何歧視待遇，且其正常工作時間所得不得低於基本工資。

身心障礙者就業，薪資比照一般待遇，於產能不足時，可酌予減少。但不得低於百分之七十。

前項產能不足之認定及扣減工資之金額遇有爭議時，得向本法第七條成立之保護委員會申訴之。

第三十四條　直轄市及縣（市）勞工主管機關對於進用身心障礙者達一定標準以上之機關（構），應以身心障礙就業基金專戶，補助其因進用身心障礙者必須購置、改裝、修繕器材、設備及其他為協助進用必要之費用。對於私立機構並得核發獎勵金，其金額按超額進用

人數乘以每月基本工資二分之一計算；其運用以協助進用身心障礙者必要之支出為限。

第三十五條　各級勞工主管機關對於進用身心障礙者工作績優之機關（構）應予獎勵。

前項獎勵辦法由中央勞工主管機關定之。

第三十六條　直轄市及縣（市）勞工主管機關依第三十一條第三項收取之差額補助費，應開立身心障礙者就業基金專戶儲存，除依本法補助進用身心障礙者機關（構）外，並作為辦理促進身心障礙者就業權益相關事項之用。

前項基金不列入政府年度預算，其專戶之收支、保管及運用辦法，由直轄市、縣（市）勞工主管機關定之。

第三十七條　非本法所稱視覺障礙者，不得從事按摩業。但醫護人員以按摩為病人治療者，不在此限。

視覺障礙者經專業訓練並取得資格者，得在固定場所從事理療按摩工作。

視覺障礙者從事按摩或理療按摩，應向執業所在地主管機關申請按摩或理療按摩執業許可證。

前項執業之資格與許可證之核發、換發、補發、廢止及其他應遵行事項之辦法，由中央主管機關會同中央衛生主管機關定之。

第五章　福利服務

第三十八條　直轄市及縣（市）主管機關對設籍於轄區內之身心障礙者，應依其障礙類別、等級及家庭經濟狀況提供生活、托育、養護及其他生活必要之福利等經費補助，並不得有設籍時間之限制。

前項經費補助辦法，由中央主管機關定之。

直轄市及縣（市）主管機關為辦理第一項業務，應於會計年度終了前，主動將已核定補助案件相關資料併同有關機關提供之資料重新審核。但主管機關於申領人申領資格變更或審核認有必要時，得請申領人提供相關證明文件。

第三十九條　直轄市、縣（市）主管機關得按需要，以提供場地、設備、經費或其他方式結合民間資源辦理身心障礙福利服務；其辦法，由中央主管機關定之。

第 四十 條　為協助身心障礙者得到所需之持續性照顧，直轄市、縣（市）主
　　　　　管機關應提供或結合民間資源提供下列居家服務：

一、居家護理。

二、居家照顧。

三、家務助理。

四、友善訪視。

五、電話問安。

六、送餐到家。

七、居家環境改善。

八、其他相關之居家服務。

第四十一條　為強化家庭照顧身心障礙者之意願及能力，直轄市、縣（市）主
　　　　　管機關應提供或結合民間資源提供下列社區服務：

一、復健服務。

二、心理諮詢。

三、日間照顧。

四、臨時及短期照顧。

五、餐飲服務。

六、交通服務。

七、休閒服務。

八、親職教育。

九、資訊提供。

一〇、轉介服務。

一一、其他相關之社區服務。

第四十二條　為使身心障礙者不同之生涯福利需求得以銜接，直轄市、縣（市）
　　　　　主管機關相關部門，應積極溝通、協調，制定生涯轉銜計畫，以
　　　　　提供身心障礙者整體性及持續性服務。

第四十三條　為使身心障礙者於其直系親屬或扶養者老邁時，仍受到應有照顧
　　　　　及保障，中央主管機關應會同相關目的事業主管機關，共同建立
　　　　　身心障礙者安養監護制度及財產信託制度。

第四十四條　身心障礙者參加社會保險，政府應視其家庭經濟狀況及障礙等級，
　　　　　補助其自付部分之保險費。但極重度及重度身心障礙者之保險費
　　　　　由政府全額負擔。

前項保險費補助辦法，由中央主管機關定之。

第四十五條　政府規劃國民年金制度時，應優先將身心障礙者納入辦理。

第四十六條　對於身心障礙者或其扶養者應繳納之稅捐，政府應按障礙等級及家庭經濟狀況，依法給予適當之減免。

納稅義務人或與其合併申報納稅之配偶或撫養親屬為身心障礙者，應准予列報身心障礙特別扣除額，其金額於所得稅法定之。

身心障礙者或其扶養者依本法規定所得之各項補助，應免納所得稅。

第四十七條　身心障礙者申請在公有公共場所開設零售商店或攤販，申請購買或承租國民住宅、停車位，政府應保留名額優先核准。

前項受核准者，須親自經營、居住或使用達一定期間；如需出租或轉讓，應以其他身心障礙者優先。但經親自居住五年以上，且主管機關公告後仍無人願承租或受讓者，主管單位得將其列為一般國民住宅，按照各地國民住宅主管機關所定辦法辦理。

身心障礙者購買或承租第一項之商店或攤販、國民住宅、停車位，政府應提供低利貸款；其辦法，由中央主管機關定之。

第一項應保留名額之比例，由直轄市、縣（市）政府定之。

第四十八條　公共停車場應保留百分之二比例做為身心障礙者專用停車位，車位未滿五十個之公共停車場，至少應保留一個身心障礙者專用停車位。非領有專用停車位識別證明之身心障礙者或其家屬，不得違規佔用。

前項身心障礙者專用停車位之設置地點、空間規劃、使用方式、識別證明之核發及違規佔用之罰則等由中央主管機關會同交通、營建等相關單位定之。

第四十九條　直轄市、縣（市）主管機關對於身心障礙者及其同住扶養者，因無自有房屋而需租賃房屋居住者，或首次購屋所需之貸款利息，應視其家庭經濟狀況，酌予補助。

前項房屋租金及貸款利息之補助辦法，由中央主管機關定之。

第　五十　條　身心障礙者及其監護人或必要陪伴者一人搭乘國內公、民營水、陸、空公共交通工具，憑身心障礙手冊，應予半價優待。

前項公共交通工具，身心障礙者得優先乘坐。

前二項實施辦法，由中央目的事業主管機關定之。

第五十一條　身心障礙者及其監護人或必要之陪伴者一人進入收費之公立風景

區、康樂場所或文教設施，憑身心障礙手冊應予免費。其為私人者，應予半價優待。

第五十二條　任何擁有、出租（或租用）或經營公共設施場所者，不得單獨以身心障礙為理由，使其無法完全公平地享用物品、服務、設備、權利、利益或設施。

第五十三條　各級政府及民間應採取下列措施豐富身心障礙者之文化及精神生活：

一、透過廣播、電視、電影、報刊、圖書等方式，反映身心障礙者生活。

二、設立並獎助身心障礙者各障礙類別之讀物，開辦電視手語節目，在部分影視作品中增加字幕及解說。

三、舉辦並鼓勵身心障礙者參與各項文化、體育、娛樂等活動、特殊才藝表演，參加重大國際性比賽和交流。

前項實施辦法，由中央主管機關會同各目的事業主管機關定之。

第五十四條　各級政府及民間資源應鼓勵、協助身心障礙者進行文學、藝術、教育、科學、技術或其他方面的創造性活動。

第五十五條　通訊業者應對身心障礙者提供電訊轉接或其他特別傳送服務；其實施辦法由中央目的事業主管機關定之。

第五十六條　各項新建公共建築物、活動場所及公共交通工具，應規劃設置便於各類身心障礙者行動與使用之設施及設備。未符合規定者，不得核發建築執照或對外開放使用。

前項公共建築物、活動場所及公共交通工具之無障礙設備與設施之設置規定，由中央各目的事業主管機關於其相關法令定之。

第一項已領建築執照或對外開放使用之公共建築物、活動場所及公共交通工具，其無障礙設備與設施不符合前項規定或前項規定修正後不符合修正後之規定者，各級目的事業主管機關應令其所有權人或管理機關負責人改善。但因軍事管制、古蹟維護、自然環境因素、建築物構造或設備限制等特殊情形，設置無障礙設備與設施確有困難者，得由所有權人或管理機關負責人提具替代改善計畫，申報各級目的事業主管機關核備並核定改善期限。有關作業程序及認定原則，由中央各目的事業主管機關定之。

第五十七條　實施刑事訴訟程序之公務員，於身心障礙者涉案或作證時，應就其障礙類別之特別需要，提供必要之協助。

第六章　福利機構

第五十八條　各級政府應按需要自行或結合民間資源，設立下列身心障礙福利
　　　　　　機構：
　　　　　　一、身心障礙者之教育、醫療、護理及復健機構。
　　　　　　二、視障者讀物出版社及視障者圖書館。
　　　　　　三、身心障礙庇護工場。
　　　　　　四、職業訓練及就業服務機構。
　　　　　　五、身心障礙收容及養護機構。
　　　　　　六、身心障礙服務及育樂機構。
　　　　　　七、其他身心障礙福利機構。
　　　　　　前項機構之業務應遴用專業人員辦理，並定期予以在職訓練；另
　　　　　　得就其所提供之設施或服務，酌收必要費用。
　　　　　　第一項各類機構得單獨或綜合設立；其設立許可、籌設、獎助、
　　　　　　查核之辦法及設施、人員配置、任用資格之標準，由中央主管機
　　　　　　關及中央各目的事業主管機關定之。
第五十九條　設立障礙福利機構，應向各目的事業主管機關申請許可。
　　　　　　依前項許可設立者，應於許可設立之日起三個月內依有關法令辦
　　　　　　理財團法人登記，於登記完成後，得接受補助或報經主管機關核
　　　　　　准後對外募捐並專款專用。但有下列情形之一者，得免辦理財團
　　　　　　法人登記：
　　　　　　一、依其他法律申請設立之財團法人或公益社團法人申請附設者。
　　　　　　二、小型設立且不對外募捐、接受補助或享受租稅減免者。
　　　　　　未依前項規定辦理財團法人登記或未符合前項免辦理財團法人登
　　　　　　記之機構，其有對外募捐行為時，主管機關應限期令其辦理財團
　　　　　　法人登記或停止對外募捐行為。
第 六 十 條　身心障礙福利機構設立之規模，應以社區化、小型化為原則；其
　　　　　　設置標準，由直轄市、縣（市）主管機關定之。
第六十一條　主管機關應定期輔導與評鑑身心障礙福利機構，經評鑑成績優良
　　　　　　者，應予獎勵。
　　　　　　身心障礙福利機構，辦理不善或違反設立標準者，主管機關應限
　　　　　　期令其改善。

第一項評鑑工作應由中央主管機關成立評鑑委員會為之，其辦法由中央主管機關定之。

第六十二條 身心障礙福利機構或團體所生產之物品及其可提供之服務，於合理價格及一定金額以下者，各級政府機關、公、私立學校、公營事業機構及接受政府補助之機構或團體應優先採購。

各級主管機關應定期公告或發函各義務採購單位，告知前項物品及服務，並應參酌相關法令規定，扶助身心障礙福利機構或團體承包或分包該物品及服務至一定比例。

前二項物品及服務項目、比例、一定金額、合理價格、扶助及其他應遵循事項之辦法，由中央主管機關定之。

第六十三條 身心障礙福利機構或團體申請在公共場所設立庇護工場、福利工廠或商店；申請在國民住宅設立社區家園或團體家庭者，應保留名額，優先核准。

前項受核准者，須親自經營、居住或使用並達一定期間；如需出租或轉讓，應以身心障礙福利機構或團體為限。

第七章　罰　則

第六十四條 公務員執行職務違反第四條規定時，應受懲戒。

違反第四條或第三十三條第一項或第二項規定者，處新臺幣十萬元以上五十萬元以下罰鍰。

第六十四條之一 公務員執行職務無正當理由違反第三十一條第一項或第六十二條規定者，應受懲戒。

私立學校、機構及團體無正當理由違反第三十一條第二項或第六十二條規定者，處新臺幣二萬元以上十萬元以下罰鍰。

第六十五條 違反第三十七條第一項者，處新臺幣一萬元以上三萬元以下罰鍰並限期改善。

前項違法事件如於營業場所內發生並依前項標準加倍處罰場所之負責人或所有權人。

前兩項罰鍰之收入不列入年度預算，應納入視障者就業基金專戶專款專用，專供作推動視障者職業訓練、就業服務與安置、創業貸款、示範按摩中心（院）補助之用。該基金管理及運用之辦法，由中央勞工主管機關會同各目的事業主管機

關定之。

第六十六條　　未依第五十九條第一項規定申請許可設立而辦理身心障礙福利機構者，處其負責人新臺幣六萬元以上三十萬元以下罰鍰。經主管機關限期申請設立許可或依第五十九條第三項規定期限令其辦理財團法人登記或停止對外募捐行為，仍不遵辦者，處其負責人新臺幣十萬元以上五十萬元以下罰鍰，得按次連續處罰，並公告其名稱，且得令其停辦。

第六十七條　　身心障礙福利機構經主管機關依第六十一條第二項規定限期令其改善，屆期未改善者，得令其停辦一個月以上一年以下，並公告其名稱。停辦期限屆滿仍未改善或違反法令情節重大者，應廢止其許可；其屬法人者，得予解散。

第六十八條　　身心障礙福利機構經主管機關依第六十六條或第六十七條規定令其停辦而拒不遵守者，再處新臺幣二十萬元以上一百萬元以下罰鍰。並得按次連續處罰。

第六十九條　　身心障礙福利機構停辦或決議解散時，主管機關對於該機構服務之身心障礙者，應即予適當之安置，身心障礙福利機構應予配合。不予配合者，強制實施之，並處新臺幣六萬元以上六十萬元以下罰鍰。

第　七十　條　　違反第四十七條第一項規定者，不得核發零售商店、攤販之營利事業登記證及國民住宅、停車位之使用執照。違反同條第二項規定者，目的事業主管機關得強制收回，並優先出售或出租予其他身心障礙者。

第七十一條　　違反第五十六條第三項規定未改善或未提具替代改善計畫或未依核定改善計畫之期限改善完成者，除應勒令停止其使用外，處其所有權人或管理機關負責人新臺幣六萬元以上三十萬元以下罰鍰，並限期改善；逾期未改善者，得按次連續處罰至其改善完成為止。必要時得停止供水、供電或封閉、強制拆除。

前項罰鍰收入應成立基金，供作改善及推動無障礙設備與設施經費使用。該基金管理及運用之辦法，由中央各目的事業主管機關定之。

第七十二條　　依本法所處之罰鍰及依第三十一條第三項應繳納之金額，經

通知限期繳納；逾期仍未繳納者，移送法院強制執行。

第八章　附　則

第七十三條　各級政府每年應向其民意機關報告本法之執行情形。

第七十四條　本法施行細則，由中央主管機關會商中央各目的事業主管機關定之。

第七十五條　本法自公布日施行。

附錄四　身心障礙者保護法施行細則

中華民國九十二年二月二十一日內政部臺內社字第09200075132號令修正發布刪除第四條條文

第　一　條　本細則依身心障礙者保護法（以下簡稱本法）第七十四條規定訂定之。

第　二　條　各級主管機關及各目的事業主管機關應依本法規定之權責，編訂年度預算規劃辦理。

第　三　條　本法第六條第一項所稱專責人員，指全職辦理身心障礙福利工作，未兼辦其他業務者。

本法第六條第二項所稱專業人員，指從事身心障礙相關福利工作，並符合專業人員之遴用標準及培訓辦法者。

第　四　條　（刪除）

第　五　條　依本法第十條辦理身心障礙鑑定服務所需之鑑定費，由直轄市、縣（市）衛生主管機關編列預算支應。

直轄市、縣（市）衛生主管機關應公告轄區內身心障礙鑑定之醫療機構。

第　六　條　醫療機構或鑑定作業小組依本法第十條第一項辦理鑑定時，對於可經由醫療復健或其他原因而改變原鑑定結果者，得指定期限辦理重新鑑定。

身心障礙手冊原發給機關應依據前項重新鑑定期限，註明身心障礙手冊之有效時間，並於有效時間屆滿三十日前主動通知身心障礙者或其監護人辦理重新鑑定。

第　七　條　身心障礙者依本法第十一條第二項申請複檢，應於收到鑑定結果次日起三十日內以書面向鑑定小組提出，逾期不得再對鑑定結果提出異議。

第　八　條　本法第十三條所稱障礙事實變更，指經重新鑑定障礙類別或等級已變更者；所稱障礙事實消失，指經重新鑑定已不符障礙類別或等級標準，或已逾身心障礙手冊所註明之有效時間者。

第　九　條　　本法第十三條第二項所定重新鑑定之限期為三十日。

第　十　條　　身心障礙手冊原發給機關應對轄區內身心障礙者建立檔案，並將其基本資料送戶政機關。

身心障礙者之戶籍有異動或死亡登記時，戶政機關應通報社政機關。

第　十一　條　　本法第十四條第二項所稱主動協助，指主管機關於接到各目的事業主管機關通報後，應於七日內協助疑似身心障礙者申辦鑑定；如合於身心障礙資格，應轉請各目的事業主管機關提供相關專業服務。

第　十二　條　　本法第三十一條之各級政府機關、公、私立學校、團體及公、民營事業機構員工總人數之計算方式，以勞工保險局、中央信託局所統計各該機關、學校、團體或機構每月一日參加勞保、公保人數為準。但下列單位人員不予計入：

一、警政單位：警察官。

二、消防單位：實際從事救災救護之員工。

三、關務單位：擔任海上及陸上查緝、驗貨、調查、燈塔管理之員工。

四、法務單位：檢察官、書記官、法醫師、檢驗員、法警、調查人員、矯正人員及駐衛警。

前項總人數之計算，因機關被裁減，其人員被資遣或退休而仍繼續參加勞保者，不予計入。

本法第三十一條第一項及第二項所定進用具有工作能力之身心障礙者人數，以整數為計算標準，未達整數部分不予計入。

第　十三　條　　進用身心障礙者之義務機關（構）進用人數未達法定比例時，應於每月十日前，向所在地直轄市或縣（市）勞工主管機關設立之身心障礙者就業基金專戶，繳納上月之差額補助費。

第　十四　條　　直轄市及縣（市）勞工主管機關應建立進用身心障礙者之義務機關（構）名冊，通知其定期申報進用身心障礙者或不定期抽查進用身心障礙者之實際狀況。

第十四條之一　　身心障礙者就業基金專戶之會計事務，應由直轄市、縣（市）勞工主管機關之主計機構或人員，依會計法、決算法、政府採購法及相關法令規定辦理；該基金專戶經費之管理及運用，

並應依直轄市、縣（市）勞工主管機關之規定辦理。

前項基金專戶之收支明細，每年應定期公告之。

第 十 五 條　本法第四十二條所稱生涯轉銜計畫，指對身心障礙者各個人生階段，由社會福利、教育、衛生及勞工等專業人員以團隊方式，會同身心障礙者或其家屬訂定之轉銜計畫。

前項轉銜計畫內容如下：

一、身心障礙者基本資料。

二、各階段專業服務資料。

三、家庭輔導計畫。

四、身心狀況評估。

五、未來安置協助建議方案。

六、轉銜準備服務事項。

第 十 六 條　本法第四十七條第二項所定一定期間為二年。

第 十 七 條　本法第六十二條第二項所定定期為六個月。

第 十 八 條　本法第六十三條第二項所定一定期間為二年。

第 十 九 條　本法第七十二條所定限期繳納之期間為三十日，自各目的事業主管機關通知送達之次日起算。

第 二 十 條　本細則自發布日施行。

附錄五 身心障礙及資賦優異學生鑑定標準

中華民國九十一年五月九日教育部(91)臺參字第 91063444 號令訂定發布全文 20 條；並自發布日 施 行

第 一 條 本標準依特殊教育法（以下簡稱本法）第三條第三項及第四條第 二項規定訂定之。

第 二 條 各類特殊教育學生之鑑定，由各直轄市、縣（市）政府「特殊教 育學生鑑定及就學輔導委員會」（以下簡稱鑑輔會）負責相關事宜。 各類特殊教育學生之鑑定，應採多元評量之原則，依學生個別狀 況，採取標準化評量、直接觀察、晤談、醫學檢查等方式，或參 考身心障礙手冊記載蒐集個案資料，綜合研判之。

第 三 條 本法第三條第二項第一款所稱智能障礙，指個人之智能發展較同 年齡者明顯遲緩，且在學習及生活適應能力表現上有嚴重困難者； 其鑑定標準如下：

一、心智功能明顯低下或個別智力測驗結果未達平均數負二個標 準差。

二、學生在自我照顧、動作、溝通、社會情緒或學科學習等表現 上較同年齡者有顯著困難情形。

第 四 條 本法第三條第二項第二款所稱視覺障礙，指由於先天或後天原因， 導致視覺器官之構造缺損，或機能發生部分或全部之障礙，經矯 正後對事物之視覺辨認仍有困難者；其鑑定標準如下：

一、視力經最佳矯正後，依萬國式視力表所測定優眼視力未達〇· 三或視野在二十度以內者。

二、無法以前款視力表測定時，以其他方式測定後認定者。

第 五 條 本法第三條第二項第三款所稱聽覺障礙，指由於先天或後天原因， 導致聽覺器官之構造缺損，或機能發生部分或全部之障礙，導致 對聲音之聽取或辨識有困難者；其鑑定標準如下：

一、接受自覺性純音聽力檢查後，其優耳語音頻率聽閾達二十五

　　　　　　　分貝以上者。

　　　　二、無法接受前款自覺性純音聽力檢查時，以他覺性聽力檢查方
　　　　　　式測定後認定者。

第　六　條　本法第三條第二項第四款所稱語言障礙，指語言理解或語言表達
　　　　　　能力與同年齡者相較，有顯著偏差或遲緩現象，而造成溝通困難
　　　　　　者；其狀況及鑑定標準如下：

　　　　一、構音障礙：說話之語音有省略、替代、添加、歪曲、聲調錯
　　　　　　誤或含糊不清等現象，並因而導致溝通困難者。

　　　　二、聲音異常：說話之音質、音調、音量或共鳴與個人之性別或
　　　　　　年齡不相稱，並因而導致溝通困難者。

　　　　三、語暢異常：說話之節律有明顯且不自主之重複、延長、中
　　　　　　斷，首語難發或急促不清等現象者。

　　　　四、語言發展遲緩：語言之語形、語意、語彙、語法、語用之發
　　　　　　展，在語言理解或語言表達方面，較同年齡者有明顯偏差或
　　　　　　遲緩現象者。

第　七　條　本法第三條第二項第五款所稱肢體障礙，指上肢、下肢或軀幹之
　　　　　　機能有部分或全部障礙，致影響學習者；其鑑定標準依行政院衛
　　　　　　生署所定「身心障礙等級」中所列肢體障礙之標準。

第　八　條　本法第三條第二項第六款所稱身體病弱，指罹患慢性疾病，體能
　　　　　　虛弱，需要長期療養，以致影響學習者；其鑑定由醫師診斷後認
　　　　　　定之。

第　九　條　本法第三條第二項第七款所稱嚴重情緒障礙，指長期情緒或行為
　　　　　　反應顯著異常，嚴重影響生活適應者；其障礙並非因智能、感官
　　　　　　或健康等因素直接造成之結果。情緒障礙之症狀包括精神性疾患、
　　　　　　情感性疾患、畏懼性疾患、焦慮性疾患、注意力缺陷過動症、或
　　　　　　有其他持續性之情緒或行為問題者。

　　　　　　嚴重情緒障礙之鑑定標準如下：

　　　　一、行為或情緒顯著異於其同年齡或社會文化之常態者，得參考
　　　　　　精神科醫師之診斷認定之。

　　　　二、除學校外，至少在其他一個情境中顯現適應困難者。

　　　　三、在學業、社會、人際、生活等適應有顯著困難，且經評估後
　　　　　　確定一般教育所提供之輔導無顯著成效者。

第 十 條　本法第三條第二項第八款所稱學習障礙，指統稱因神經心理功能異常而顯現出注意、記憶、理解、推理、表達、知覺或知覺動作協調等能力有顯著問題，以致在聽、說、讀、寫、算等學習上有顯著困難者；其障礙並非因感官、智能、情緒等障礙因素或文化刺激不足、教學不當等環境因素所直接造成之結果；其鑑定標準如下：

一、智力正常或在正常程度以上者。

二、個人內在能力有顯著差異者。

三、注意、記憶、聽覺理解、口語表達、基本閱讀技巧、閱讀理解、書寫、數學運算、推理或知覺動作協調等任一能力表現有顯著困難，且經評估後確定一般教育所提供之學習輔導無顯著成效者。

第 十一 條　本法第三條第二項第九款所稱多重障礙，指具兩種以上不具連帶關係且非源於同一原因造成之障礙而影響學習者。多重障礙之鑑定，應參照本標準其他各類障礙之鑑定標準。

第 十二 條　本法第三條第二項第十款所稱自閉症，指因神經心理功能異常而顯現出溝通、社會互動、行為及興趣表現上有嚴重問題，造成在學習及生活適應上有顯著困難者；其鑑定標準如下：

一、顯著口語、非口語之溝通困難者。

二、顯著社會互動困難者。

三、表現固定而有限之行為模式及興趣者。

第 十三 條　本法第三條第二項第十一款所稱發展遲緩，指未滿六歲之兒童，因生理、心理或社會環境因素，在知覺、認知、動作、溝通、社會情緒或自理能力等方面之發展較同年齡顯著遲緩，且其障礙類別無法確定者；其鑑定依兒童發展及養育環境評估等資料，綜合研判之。

第 十四 條　本法第四條第一項第一款所稱一般智能優異，指在記憶、理解、分析、綜合、推理、評鑑等方面較同年齡具有卓越潛能或傑出表現者；其鑑定標準如下：

一、智力或綜合性向測驗得分在平均數正一點五個標準差或百分等級九十三以上者。

二、專家學者、指導教師或家長觀察推薦，並檢附學習特質與表

現等具體資料者。

第 十 五 條　本法第四條第一項第二款所稱學術性向優異，指在語文、數學、社會科學或自然科學等學術領域，較同年齡具有卓越潛能或傑出表現者；其鑑定標準為下列各款規定之一：

一、某領域學術性向或成就測驗得分在平均數正一點五個標準差或百分等級九十三以上，經專家學者、指導教師或家長觀察推薦，並檢附專長學科學習特質與表現等具體資料者。

二、參加國際性或全國性有關學科競賽或展覽活動表現特別優異，獲前三等獎項者。

三、參加學術研究單位長期輔導之有關學科研習活動，成就特別優異，經主辦單位推薦者。

四、獨立研究成果優異，經專家學者或指導教師推薦，並檢附具體資料者。

第 十 六 條　本法第四條第一項第三款所稱藝術才能優異，指在視覺或表演藝術方面具有卓越潛能或傑出表現者；其鑑定標準為下列各款規定之一：

一、某領域藝術性向測驗得分在平均數正一點五個標準差或百分等級九十三以上者，或術科測驗表現優異者。

二、參加國際性或全國性各該類科競賽表現特別優異，獲前三等獎項者。

三、專家學者、指導教師或家長觀察推薦，並檢附藝術才能特質與表現等具體資料者。

第 十 七 條　本法第四條第一項第四款所稱創造能力優異，指運用心智能力產生創新及建設性之作品、發明、或問題解決者；其鑑定標準為下列各款規定之一：

一、創造能力測驗或創造性特質量表得分在平均數正一點五個標準差或百分等級九十三以上者。

二、參加國際性或全國性創造發明競賽表現特別優異，獲前三等獎項者。

三、專家學者、指導教師或家長觀察推薦，並檢附創造才能特質與表現等具體資料者。

第 十 八 條　本法第四條第一項第五款所稱領導才能優異，指具有優異之計畫、

組織、溝通、協調、預測、決策、評鑑等能力,而在處理團體事務上有傑出表現者;其鑑定標準為下列各款規定之一:

一、領導才能測驗或領導特質量表得分在平均數正一點五個標準差或百分等級九十三以上者。

二、專家學者、指導教師、家長或同儕觀察推薦,並檢附領導才能特質與表現等具體資料者。

第 十九 條 本法第四條第一項第六款所稱其他特殊才能優異,指在肢體動作、工具運用、電腦、棋藝、牌藝等能力具有卓越潛能或傑出表現者;其鑑定標準為下列各款規定之一:

一、參加國際性或全國性技藝競賽表現特別優異,獲前三等獎項者。

二、專家學者、指導教師或家長觀察推薦,並檢附專長才能特質與表現等具體資料者。

第 二十 條 本標準自發布日施行。

附錄六 身心障礙等級

中華民國九十一年二月七日行政院衛生署衛署
醫 字 第 0910014799 號 公 告 修 正

名稱	視 覺 障 礙		
定義	由於先天或後天原因，導致視覺器官（眼球、視覺神經、視覺徑路、大腦視覺中心）之構造或機能發生部分或全部之障礙，經治療仍對外界事物無法（或甚難）作視覺之辨識而言。		
等級	重 度	中 度	輕 度
標準	1. 兩眼視力優眼在〇・〇一（不含）以下者。 2. 優眼自動視野計中心三十度程式檢查，平均缺損大於二〇DB（不含）者。	1. 兩眼視力優眼在〇・一（不含）以下者。 2. 優眼自動視野計中心三十度程式檢查，平均缺損大於十五 DB（不含）者。 3. 單眼全盲（無光覺）而另眼視力〇・二以下（不含）者。	1. 兩眼視力優眼在〇・一（含）至〇・二者（含）者。 2. 兩眼視野各為二〇度以內者。 3. 優眼自動視野計中心三十度程式檢查，平均缺損大於十DB（不含）者。 4. 單眼全盲（無光覺）而另眼視力在〇・二（含）至〇・四（不含）者。
備註	身心障礙之核定標準，視力以矯正視力為準，經治療而無法恢復者。		

名稱	聽覺機能障礙		
定義	由於各種原因導致聽覺機能永久性缺損而言。		
等級	重　度	中　度	輕　度
標準	優耳聽力損失在九十分貝以上者。	優耳聽力損失在七十至八十九分貝者。	優耳聽力損失在五十五至六十九分貝者。
備註			

名稱	平衡機能障礙		
定義	因平衡器官如感覺神經系統、前庭神經系統、小腦脊髓基底核或其他中樞神經病變,引致之長久持續性之平衡障礙。		
等級	重度	中度	輕度
標準	平衡機能障礙而無法坐立者。	平衡機能障礙而無法站立者。	平衡機能障礙致步行困難者。
備註			

名稱	聲音機能或語言機能障礙		
定義	由於器質性或機能性異常導致語言理解、語言表達、說話清晰度、說話流暢性或發聲產生困難。		
等級	重　度	中　度	輕　度
標準	1. 無法用語言或聲音與人溝通者。 2. 喉部經手術全部摘除，發聲機能全廢者。	語言理解、語言表達、說話清晰度、說話流暢性或發聲有嚴重困難，導致與人溝通有顯著困難者。	語言理解、語言表達、說話清晰度、說話流暢性或發聲有明顯困難，且妨礙交談者。
備註			

名稱	肢體障礙		
定義	係指由於發育遲緩，中樞或周圍神經系統發生病變，外傷或其他先天或後天性骨骼肌肉系統之缺損或疾病而形成肢體障礙致無法或難以修復者。		
等級	上 肢		
	重 度	中 度	輕 度
標準	1. 兩上肢之機能全廢者。 2. 兩上肢由腕關節以上欠缺者。	1. 兩上肢機能顯著障礙者。 2. 一上肢機能全廢者。 3. 兩上肢大拇指及食指欠缺或機能全廢者。 4. 一上肢的上臂二分之一以上欠缺者。	1. 一上肢機能顯著障礙者。 2. 上肢的戶關節或肘關節、腕關節其中任何一關節機能全廢者，或有顯著障礙者。 3. 一上肢的拇指及食指欠缺或機能全廢者，或有顯著障礙者。 4. 一上肢三指欠缺或機能全廢或顯著障礙，其中包括拇指或食指者。 5. 兩上肢拇指機能有顯著障礙者。
備註	一、一人同時具有上、下肢、軀幹或四肢中之兩項以上障礙者，以較重級者為準，如有兩項以上同級時，可晉一級，但最多以晉一級為限。 二、機能顯著障礙係指以下情形之一： 　　1.正常關節活動度喪失百分之七十以上（以上所述關節，上肢包括肩、肘、腕關節，下肢包括髖、膝、踝關節）。 　　2.肌力喪失程度在三級（含）以下（以零至五級之肌力分類法判定）。		

名稱	肢體障礙		
定義			
等級	下　肢		
	重　度	中　度	輕　度
標準	1. 兩下肢的機能全廢者。 2. 兩下肢自大腿二分之一以上欠缺者。	1. 兩下肢的機能顯著障礙者。 2. 兩下肢自踝關節以上欠缺者。 3. 一下肢自膝關節以上欠缺者。 4. 一下肢的機能全廢者。	1. 一下肢自踝關節以上欠缺者。 2. 一下肢的機能顯著障礙者。 3. 兩下肢的全部腳趾欠缺或機能全廢者。 4. 一下肢的股關節或膝關節的機能全廢或有顯著障礙者。 5. 一下肢與健全側比較時短少五公分以上或十五分之一以上者。
備註			

名稱	肢體障礙		
定義			
等級	軀　幹		
	重　度	中　度	輕　度
標準	因軀幹之機能障礙而無法坐立者。	因軀幹的機能障礙而致站立困難者。	因軀幹的機能障礙而致步行困難者。
備註			

名稱	肢體障礙	
定義		
等級	四　肢	
	極重度	
標準	四肢的機能全廢者。	
備註		

名稱	智能障礙	
定義	成長過程中，心智的發展停滯或不完全發展，導致認知、能力和社會適應有關之智能技巧的障礙稱為智能障礙。	
等級	極重度	重度
標準	智商未達智力測驗的平均值以下五個標準差，或成年後心理年齡未滿三歲，無自我照顧能力，亦無自謀生活能力，須賴人長期養護的極重度智能不足者。	智商界於該智力測驗的平均值以下四個標準差至五個標準差（含）之間，或成年後心理年齡在三歲以上至未滿六歲之間，無法獨立自我照顧，亦無自謀生活能力，須賴人長期養護的重度智能不足者。
備註	一、智商鑑定若採用魏氏兒童或成人智力測驗時，智商範圍極重度為二十四以下，重度為二十五至三十九，中度為四十至五十四，輕度為五十五至六十九。 二、智商鑑定若採用比西智力量表時，智力範圍極重度為十九以下，重度為二十至三十五，中度為三十六至五十一，輕度為五十二至六十七。 三、若無法施測智力測驗時，可參考其他發展適應行為量表評估，或臨床綜合評量，以評估其等級。	

名稱	智能障礙	
定義		
等級	中　度	輕　度
標準	智商界於該智力測驗的平均值以下三個標準差至四個標準差（含）之間，或成年後心理年齡介於六歲以至未滿九歲之間，於他人監護指導下僅可部分自理簡單生活，於他人庇護下可從事非技術性的工作，但無獨立自謀生活能力的中度智能不足者。	智商界於該智力測驗的平均值以下二個標準差至三個標準差（含）之間，或成年後心理年齡介於九歲至未滿十二歲之間，在特殊教育下可部分獨立自理生活，及從事半技術性或簡單技術性工作的輕度智能不足者。
備註		

名稱	重要器官失去功能
定義	1.其殘障之認定必須俟治療中止，確知無法矯治，對身體功能確具障礙者。 2.有二種以上重要臟器併存身心障礙時，提高一等級。 3.各臟器之身心障礙標準： 　(一)症狀綜合衡量。 　(二)有無工作能力。 　(三)影響其日常生活活動。 　(四)需他人扶助之情形。
等級	心　臟
	極重度
標準	心臟血管機能遺存極度障礙，生活自理能力喪失，並經常需賴醫藥及家人周密照顧，而有下列情形之一者： 一、難以控制之進行性慢性鬱血性心衰竭，心臟機能損害第四度，且經治療三個月仍無法改善者。 二、由高血壓心臟病導致之腦血管障礙，極度喪失自理能力，且經治療六個月仍無法改善者。 三、心臟移植者。
備註	心臟機能損害分類標準： 第一度：有心臟病，但無運動障礙，平常之活動下，無氣喘胸痛疲倦或心悸現象。 第二度：有心臟病，且有輕度運動障礙，在休息或輕工作時無症狀，但日常生活較重之工作時則有症狀。 第三度：有心臟病，且有重度運動障礙，休息時無症狀，但稍有活動即有症狀。 第四度：有心臟病，且無法活動者，在靜止狀態下有心臟代償不全，活動時症狀加重。

名稱	重要器官失去功能
定義	
等級	心　臟
	重　度
標準	心臟血管機能遺存顯著障礙，生活自理能力缺欠，需賴醫藥及家人周密照顧，而有下列情形之一者： 一、任何心臟病，心臟機能損害第三度，有多發性鬱血性心衰竭，其心臟機能除飲食起居外，不能作任何操作勞動，且經治療六個月無效者。 二、難以控制之頻發性心絞痛，且無法接受冠狀動脈整形手術或繞道手術（或手術失敗），經診斷確實，而治療六個月無改善者。 三、多發性複雜心室性心律不整，合併多發性腦缺血症狀，經治療六個月無改善者。 四、重度心臟傳導阻滯，合併多發性腦缺血症狀，經心電圖證實，而無安裝人工心律調速器者。 五、任何心臟病，在手術後六個月，其心臟機能損害仍在第三度者。 六、肢體周邊動脈阻塞性疾病（經超音波或血管攝影證實），無法手術，但經藥物治療三個月以上仍有缺血性潰瘍者。
備註	

名稱	重要器官失去功能	
定義		
等級	心 臟	
	中 度	輕 度
標準	心臟血管機能遺存障礙，生活尚可自理，但需賴藥物治療，無法從事輕度勞務（第三度）或勞動可能導致生命危險，而有下列情形之一者： 一、經藥物或外科手術後之各種心臟病，有一次以上之鬱血性心衰竭，而藥物治療六個月，尚難完全控制症狀者。 二、患有夾層性主動瘤者。 三、動脈瘤無法手術完全切除者。	心臟血管機能遺存障礙，室內生活可自理，但室外活動仍受限制，或有危險性，而有下列情形之一者： 一、有鬱血性心衰竭病史及證據，但可用藥物控制症狀者。 二、接受永久性心律調整器者。 三、下肢深部靜脈疾病具有顯著下肢水腫者。
備註		

名稱	重要器官失去功能	
定義		
等級	肝 臟	
	極重度	重 度
標準	肝臟機能遺存極度障礙，生活無法自理，經常需要醫藥或家人周密照顧，有下列情形之一者： 一、符合 Pugh's modification of Child-Turcotte criteria 等級之 Child's class C 者。 二、肝臟移殖者。	肝臟機能遺存顯著障礙，生活自理能力喪失，需家人周密照顧，符合 Pugh's modification of Child-Turcotte criteria 等級之 Child's class B，且有下列情形之一者： 一、肝硬化併難治性腹水。 二、肝硬化併反覆發生及肝性腦病變。 三、肝硬化併反覆發生之食道或胃靜脈曲張破裂出血。 四、自發性腹膜炎。
備註	Pugh's modification of Child-Turcotte criteria 等級。	

名稱	重要器官失去功能	
定義		
等級	肝 臟	
	中 度	輕 度
標準	肝臟機能遺存顯著障礙，終身不能從事任何工作，日常生活需人扶助，而有下列情形之一者： 一、符合 Pugh's modification of Child-Turcotte criteria 等級之 Child's class B，且合併食道或胃靜脈曲張破裂出血者。 二、反覆性膽道狹窄或肝內膽管結石經兩次以上手術，仍有反覆性膽管發炎者。	室內生活可自理，室外生活仍受限制者，且符合 Pugh's modification of Child-Turcotte criteria 等級之 Child's class B 者。
備註		

名稱	重要器官失去功能	
定義		
等級	呼吸器官	
	極重度	
標準	需使用氧氣或人工呼吸器以維持生命者： 一、慢性穩定狀況時，未予額外氧氣呼吸，動脈血氧分壓低於（或等於）50mmHg，經治療三個月仍未改善者。 二、需使用人工呼吸器以維持生命，經治療三個月仍未改善者。	
備註	*1.* FEV1：用力呼氣一秒量。 *2.* FVC：用力呼氣肺活量。 *3.* DLco：肺瀰散量。	

名稱	重要器官失去功能
定義	
等級	呼吸器官
	重　度
標準	呼吸器官疾病經治療六個月以上，未能改善，經臨床與肺功能評估，確認其病況為不可逆之變化，日常生活高度依存他人照顧，而有下列情形之一者： 一、FEV1 為正常值百分之二十五（含）以下者。 二、FEV1/FVC 之比值為正常值百分之三十五（含）以下者。 三、DLco 為正常值百分之二十五（含）以下者。 四、肺臟切除一側或以上者。 五、施行永久性氣管切開術後，在未給予額外氧氣時，動脈血氧分壓於 50mmHg 至 55mmHg（含）。
備註	

名稱	重要器官失去功能
定義	
等級	呼吸器官
	中　度
標準	呼吸器官疾病經治療六個月以上，未能改善，經臨床與肺功能評估，確認其況為不可逆之變化，日常生活部分依存他人照顧，而有下列情形之一者： 一、FEV1 為正常值百分之二十五至三十（含）者。 二、FEV1/FVC 之比值為正常值百分之三十五至四十（含）者。 三、DLco 為正常值百分之二十五至三十（含）者。 四、肺臟切除兩葉或以上未達一側肺者。 五、施行永久性氣管切開術後，在未給予額外氧氣時，動脈血氧分壓於　55mmHg 至 60mmHg（含）。
備註	

名稱	重要器官失去功能
定義	
等級	呼吸器官
	輕 度
標準	呼吸器官疾病經治療六個月以上，未能改善，經臨床與肺功能評估，確認其病況為不可逆之變化，日常生活勉可自理，而有下列情形之一者： 一、FEV1 為正常值百分之三十至三十五（含）者。 二、FEV1/FVC 之比值為正常值百分之四十至四十五（含）者。 三、DLco 為正常值百分之三十至三十五（含）者。 四、肺臟切除一葉或以上未達兩葉者。 五、施行永久性氣管切開術後，需經常清除分泌物以維持呼吸功能者。 六、重度睡眠呼吸障礙，呼吸障礙指數（Respiratory Disturbance Index, RDI）大於或等於每小時四十次，或每日累積重度缺氧時間（Sp02 小於或等於百分之八十五）超過一小時（含）以上，需使用呼吸輔助器者。
備註	

名稱	重要器官失去功能	
定義		
等級	腎　臟	
	極重度	重　度
標準	慢性腎臟疾病或泌尿系統疾病併發尿毒症，需長期透析治療，生活無法自理，經常需要醫藥或家人周密照顧者。	腎臟機能遺存極度障礙，生活無法自理，經常需要醫藥或家人周密照顧，而有下列情形之一者： 一、慢性腎臟疾病或泌尿系統疾病併發腎機能衰竭且肌酸酐廓清試驗每分鐘在十五公攝以下，合併有高血壓或貧血，經治療三個月無進步者。 二、永久性尿路改道者。
備註	腎臟移植後應重新鑑定。	

名稱	重要器官失去功能	
定義		
等級	腎　臟	
	中　度	輕　度
標準	腎臟機能遺存極度障礙，生活自理能力喪失，並需家人周密照顧，而有下列情形之一者： 一、一側腎全切除或無機能者。 二、慢性腎臟病或泌尿系統疾病併發腎機能衰竭且肌酸酐廓清試驗每分鐘在十六至三十公攝之間，治療三個月無進步者。	慢性腎臟病或泌尿系統疾病，併發腎臟機能減退，有輕度氮血症（尿素氮及肌酸酐超出正常值，但每百公攝血液內分別在四十毫克與四毫克以下），不能從事任何工作，日常生活需人扶助，且經治療三個月無進步者。
備註		

名稱	重要器官失去功能	
定義	因吞嚥器官之神經或結構異常而致永久性之吞嚥機能缺損者。	
等級	吞嚥機能障礙	
	中　度	輕　度
標準	因吞嚥機能缺損而需長期以管食方式或造瘻灌食維持生命者。	食道嚴重狹窄經擴張術後僅能進食流質者。
備註		

名稱	重要器官失去功能
定義	
等級	胃
	輕　度
標準	因醫療目的將胃全部切除，經口飲食但無法保持理想體重的百分之七十五，或需長期全靜脈營養治療者。
備註	全胃切除後常有脹氣、食量減少，甚至有食物逆流口腔、吞嚥問題，體重無法保持而逐漸下降，致生活和工作發生障礙。

名稱	重要器官失去功能	
定義		
等級	腸　　道	
	重　度	輕　度
標準	因醫療目的將小腸大量切除，無法經口飲食保持一定體重，或需長期全靜脈營養治療者。	因醫療目的，將腸道部分外置於體表，需裝置永久性人工肛門，終生由腹表排便。
備註	小腸大量切除後，體重無法保持而逐漸下降，致生活和工作發生障礙。	人工肛門分為永久性及暫時性，永久性人工肛門患者，因終生需由腹表排便，身心難免受到衝擊，社會適應能力亦受影響，故永久性人工肛門患者可列為輕度身心障礙者範圍。至暫時性人工肛門患者，於病情穩定後即可恢復肛門排便，不屬殘障者範圍。

名稱	重要器官失去功能
定義	
等級	膀　胱
	輕　度
標準	1. 裝置永久性人工膀胱或膀胱造瘻，終生需由腹表排尿者。 2. 因神經受損致膀胱功能異常，無法正常排尿，需長期導尿照護者。
備註	

名稱	重要器官失去功能	
定義	由於骨髓造血機能異常，致無法正常生活及工作者。	
等級	造血機能	
	重　度	中　度
標準	造血功能極度缺陷，經治療三個月以上仍無改善，無法負荷日常工作，並需家人周密照顧，同時具有下列第一、二、三、四項，或有血色沈著病（hemochromomatosis）情形者： 一、顆粒性白血球 500/mm³ 以下。 二、血小板 20,000/mm³ 以下。 三、修正後網狀紅血球指數（index）在 0.8% 以下。 四、每個月至少需輸血一次。	造血功能缺陷，經治療三個月以上，仍同時具有下列項目中之兩項，且需不定期輸血，無法負荷日常工作者。 一、顆粒性白血球 500/mm³ 以下。 二、血小板 20,000/mm³ 以下。 三、修正後網狀紅血球指數（index）在 0.8% 以下。
備註	一、重新鑑定期間：兩年。 二、血色沈著病（hemochromomatosis）的判定需符合以下兩項： 　　1. 血清中 transferin saturation 大於百分之八十。 　　2. 心臟機能損害第三度以上或肝臟纖維化或硬化。	

名稱	重要器官失去功能		
定義			
等級	造血機能		
	輕　度		
標準	造血功能缺陷，經治療三個月以上，仍具有下列項目中之任一項，且每個月至少需輸血一次，無法負荷日常工作者。 一、顆粒性白血球 500/mm³ 以下。 二、血小板 20,000/mm³ 以下。 三、修正後網狀紅血球指數（index）在 0.8% 以下。		
備註			

名稱	顏面損傷		
定義	受先天或後天（外傷、疾病或疾病治療後）原因的影響，使頭、臉、顎骨、頸部，發生外殘缺變異，或造成呼吸、咀嚼、吞嚥等功能之障礙，而對社會生活適應困難者。		
等級	重　度	中　度	輕　度
標準	頭、臉、頸部殘缺面積占百分之六十以上，無法或難以修復者。	缺鼻、眼窩、雙側上顎、下顎二分之一或殘缺面積占百分之四十至五十九以上，而無法或難以修復者。	缺鼻二分之一，單側上顎或下顎缺損二分之一以下造成明顯中線偏移者；或殘缺面積占百分之三十至百分之三十九，而無法或難以修復者。
備註	一、以上所述殘缺面積即指頭、臉、頸部之可見部位所占面積之比例來算。 二、該等級均屬可變性，故須定期複查。		

名稱	植物人
定義	大腦功能嚴重障礙，完全臥床，無法照顧自己飲食起居及通便，無法與他人溝通。
等級	極重度
標準	大腦功能嚴重障礙，完全臥床，無法照顧自己飲食起居及通便，無法與他人溝通者。
備註	植物人因障礙嚴重，不論行動，溝通及維生皆需仰仗他人，應列入一級身心障礙，無法再分等級。

名稱	失智症	
定義	心智正常發展之成人，在意識清醒狀態下，有明顯症候足以認定其記憶、思考、定向、理解、計算、學習、語言和判斷等多種之高級腦功能障礙，致日常生活能力減退或消失，工作能力遲鈍，社交技巧瓦解，言語溝通能力逐漸喪失。	
等級	極重度	重度
標準	記憶力極度喪失，僅剩殘缺片斷記憶，語言能力瓦解，僅餘咕嚕聲，判斷力喪失，對人、時、地之定向力完全喪失，大、小便失禁，自我照顧能力完全喪失，需完全依賴他人養護者。	記憶力重度喪失，近事記憶能力全失，判斷力喪失，對時、地之定向力喪失，對親人之認知功能開始出現障礙，大、小便失禁，自我照顧能力喪失，開始出現簡單之日常生活功能障礙，需完全依賴他人養護者。
備註	一、失智症之鑑定係依國際疾病分類法鑑定之，而非以年齡為鑑定標準。 二、凡因腦疾病或創傷所致之不可治癒之失智症者，比照本類身心障礙等級辦理。	

名稱	失智症	
定義		
等級	中　度	輕　度
標準	記憶中度喪失，近事記憶困難，判斷力障礙，對時、地之定向力喪失，自我照顧能力缺損，且有明顯複雜性日常生活功能障礙，需部分依賴他人養護者。	記憶力輕度喪失，近事記憶局部障礙，判斷力障礙，對時間之定向力障礙，自我照顧能力部分缺損，且複雜的日常生活功能開始出現障礙，需在監督下生活者。
備註		

名稱	自閉症	
定義	合併有認知功能、語言功能及人際社會溝通等方面之特殊精神病理，以致罹患者之社會生活適應有顯著困難之廣泛性發展障礙。	
等級	極重度	重度
標準	1. 社會適應能力極重度障礙。 2. 社會適應能力重度障礙，語言功能極重度障礙或重度障礙。 3. 社會適應能力中度障礙，語言功能極重度障礙。 需完全仰賴他人養護，或需要密切監護，否則無法生存者。	1. 社會適應能力重度障礙，語言功能中度或輕度障礙。 2. 社會適應能力中度障礙，語言功能重度或中度障礙。 3. 社會適應能力輕度障礙，語言功能極重度障礙。 經過特殊教育和矯治訓練，通常可發展出最基本的日常生活自理能力，但無法發展出工作能力，仍需仰賴他人照顧者。
備註	有關社會適應能力及語言功能障礙程度之評定標準。	

名稱	自閉症	
定義		
等級	中　度	輕　度
標準	1. 社會適應能力中度障礙，語言功能輕度障礙。 2. 社會適應能力輕度障礙，語言功能重度或中度障礙。 經過特殊教育和矯治訓練，通常在庇護性環境內可自理日常生活，或有可能訓練出簡單的工作能力者。	社會適應能力輕度障礙，或語言功能輕度障礙。通常智能在一般範圍內，仍需要特殊教育和矯治訓練後，才能在適當的環境下工作者。
備註		

名稱	其他一：染色體異常	
定義	經由染色體檢查法或其他檢驗醫學之方法，證實為染色體數目異常或染色體結構發生畸變者。	
等級	極重度	重度
標準	因染色體異常而無自我照顧能力，亦無自謀生活能力，需賴人長期養護者；或因染色體異常而智商未達該智力測驗的平均值以下五個標準差，或成年後心理年齡未滿三歲之極重度智能不足者。	因染色體異常而無法獨立自我照顧，亦無自謀生活能力，需賴人長期養護者；或因染色體異常，而智商界於該智力測驗的平均值以下四個標準差至五個標準差（含）之間，或成年後心理年齡在三歲至未滿六歲之間之重度智能不足者。
備註	一、智商鑑定若採用魏氏兒童或成人智力測驗時，智商範圍極重度為二十四以下，重度為二十五至三十九，中度為四十至五十四，輕度為五十五至六十九。 二、智商鑑定若採用比西智力量表時，智力範圍極重度為十九以下，重度為二十五至三十五，中度為三十六至五十一，輕度為五十二至六十七。 三、若無法施測智力測驗時，可參考其他發展適應行為量表評估，或臨床綜合評量，以評估其等級。	

名稱	其他一：染色體異常	
定義		
等級	中　度	輕　度
標準	因染色體異常，而於他人監護指導下僅可部分自理簡單生活，於他人庇護下，可從事非技術性的工作，但無獨立自謀生活能力者；或因染色體異常，而智商界於該智力測驗的平均值以下三個標準差至四個標準差（含）之間，或成年後心理年齡在六歲至未滿九歲之間之中度智能不足者。	因染色體異常，而在特殊教育下可部分獨立自理生活，及從事半技術性或簡單技術性工作者；或因染色體異常，而智商界於該智力測驗的平均值以下二個標準差至三個標準差（含）之間，或成年後心理年齡在九歲至未滿十二歲之間之輕度智能不足者。
備註	四、障礙情形同時符合身心障礙者保護法第三條第一項各款所定之障礙者，以較重等級為準。	

名稱	其他二：先天代謝異常	
定義	由生化學或其他檢驗醫學之方法，證實為某種先天代謝異常者。	
等級	極重度	重　度
標準	因先天代謝異常而無自我照顧能力，亦無自謀生活能力需賴人長期養護者；或因先天代謝異常，而智商未達該智力測驗的平均值以下五個標準差，或成年後心理年齡未滿三歲之極重度智能不足者。	因先天代謝異常而無法獨立自我照顧，亦無自謀生活能力需賴人長期養護者；或因先天代謝異常，而智商界於該智力測驗的平均值以下四個標準差至五個標準差（含）之間，或成年後心理年齡在三歲至未滿六歲之間之重度智能不足者。
備註	一、智商鑑定若採用魏氏兒童或成人智力測驗時，智商範圍極重度為二十四以下，重度為二十五至三十九，中度為四十至五十四，輕度為五十五至六十九。 二、智商鑑定若採用比西智力量表時，智力範圍極重度為十九以下，重度為二十至三十五，中度為三十六至五十一，輕度為五十二至六十七。 三、若無法施測智力測驗時，可參考其他發展適應行為量表評估，或臨床綜合評量，以評估其等級。	

名稱	其他二：先天代謝異常	
定義		
等級	中　度	輕　度
標準	因先天代謝異常，而於他人監護指導下僅可部分自理簡單生活，於他人庇護下可從事非技術性的工作，但無獨立自謀生活能力者；或因先天代謝異常，而智商界於該智力測驗的平均值以下三個標準差至四個標準差（含）之間，或成年後心理年齡介於六歲至未滿九歲之間之中度智能不足者。	因先天代謝異常，而在特殊教育下可部分獨立自理生活，及從事半技術性或簡單技術性工作者；或因先天代謝異常，而智商界於該智力測驗的平均值以下二個標準差至三個標準差（含）之間，或成年後心理年齡介於九歲至未滿十二歲之間之輕度智能不足者。
備註	四、障礙情形同時符合身心障礙者保護法第三條第一項各款所定之障礙者，以較重等級為準。	

名稱	其他三：其他先天缺陷	
定義	由染色體檢查法、生化學檢查法或其他檢驗醫學的方法，未能確定為染色體異常或先天代謝異常，但經確認先天缺陷者。	
等級	極重度	重　度
標準	因其他先天缺陷，而無自我照顧能力，亦無自謀生活能力需賴人長期養護者；或因其他先天缺陷，而智商未達該智力測驗的平均值以下五個標準差，或成年後心理年齡未滿三歲之極重度智能不足者。	因其他先天缺陷而無法獨立自我照顧，亦無自謀生活能力需賴人長期養護者；或因其他先天缺陷，而智商界於該智力測驗的平均值以下四個標準差至五個標準差（含）之間，或成年後心理年齡在三歲至未滿六歲之間之重度智能不足者。
備註	一、智商鑑定若採用魏氏兒童或成人智力測驗時，智商範圍極重度為二十四以下，重度為二十五至三十九，中度為四十至五十四，輕度為五十五至六十九。 二、智商鑑定若採用比西智力量表時，智力範圍極重度為十九以下，重度為二十至三十五，中度為三十六至五十一，輕度為五十二至六十七。 三、若無法施測智力測驗時，可參考其他發展適應行為量表評估，或臨床綜合評量，以評估其等級。	

名稱	其他三：其他先天缺陷	
定義		
等級	中　度	輕　度
標準	因其他先天缺陷，而於他人監護指導下僅可部分自理簡單生活，於他人庇護下可從事非技術性的工作，但無獨立自謀生活能力者；或因其他先天缺陷，而智商界於該智力測驗的平均值以下三個標準差至四個標準差（含）之間，或成年後心理年齡介於六歲至未滿九歲之間之中度智能不足者。	因其他先天缺陷而可部分獨立自理生活，及從事半技術性或簡單技術性工作者；或因其他先天缺陷，而智商界於該智力測驗的平均值以下二個標準差至三個標準差（含）之間，或成年後心理年齡介於九歲至未滿十二歲之間之輕度智能不足者。
備註	四、障礙情形同時符合身心障礙者保護法第三條第一項各款所定之障礙者，以較重等級為準。	

名稱	多重障礙
定義	具有兩類或兩類以上障礙者。
等級	
標準	
備註	一人同時具有兩類或兩類以上不同等級之身心障礙時，以較重等級為準；同時具有兩類或兩類以上同一等級身心障礙時應晉一級，但最多以晉一級為限。

名稱	慢性精神病患者			
定義	係指由於罹患精神病，經必要適當醫療，未能痊癒且病情已經慢性化，導致職業功能、社交功能與日常生活適應上發生障礙，需要家庭、社會支持及照顧者。其範圍包括精神分裂症、情感性精神病、妄想病、老年期及初老期精神病狀態、其他器質性精神病狀態、其他非器質性精神病狀態、源發於兒童期之精神病。			
等級	極重度	重度	中度	輕度
標準	職業功能、社交功能、日常生活功能退化，需完全仰賴他人養護或需密切監護者。	職業功能、社交功能退化，需施以長期精神復健治療，以維持其日常生活最基本自我照顧能力，並需他人監護者。	職業功能、社交功能退化，經長期精神復健治療，可在庇護性工作場所發展出部分工作能力，亦可在他人部分監護，維持日常生活自我照顧能力者。	職業功能、社交功能輕度退化，在協助下可勉強維持發病前之工作能力或可在非庇護性工作場所工作，且毋需他人監護，即具日常生活自我照顧能力者。
備註	一、輕度與中度者，每一年重新評定一次，連續三次評定等級相同者，第三次由評定醫師依個案情況決定是否需要辦理重新鑑定；重度者，每二年重新評定一次，連續二次評定等級相同者，第二次由評定醫師依個案情況決定是否需要辦理重新鑑定。 二、源發於兒童期之精神病其身心障礙等級、鑑定標準比照自閉症身心障礙鑑定規定辦理。			

名稱	頑性（難治型）癲癇症者
定義	係指頑性（難治型）癲癇症患者。
等級	輕　度
標準	經神經科、神經外科或小兒神經科專科醫師認定有下列情形之一之頑性（難治型）癲癇症者： 一、依醫囑持續性及規則性服用兩種以上（含兩種）抗癲癇藥物治療至少一年以上，其近三個月內血中藥物已達治療濃度，且近一年內，平均每月仍有一次以上合併有意識喪失、明顯妨礙工作、學習或影響外界溝通之嚴重發作者。 二、雖未完全符合前項條件，但有充分醫學理由，經鑑定醫師認定，其發作情形確實嚴重影響其日常生活或工作者。
備註	一、每兩年重新鑑定乙次。 二、第二款所稱「雖未完全符合前項條件」，係指第一款之藥物治療、血中藥物濃度、發作情形等三要件，至少有兩要件符合。

名稱	經中央衛生主管機關認定，因罕見疾病而致身心功能障礙者	
定義	係指依罕見疾病防治及藥物法所稱之罕見疾病，且符合下列各等級標準者。	
等級	極重度	重　度
標準	因罕見疾病而致身心功能障礙，而無自我照顧能力，亦無自謀生活能力，需賴人長期養護者；或因罕見疾病，而智商未達該智力測驗的平均值以下五個標準差，或成年後心理年齡未滿三歲之極重度智能不足者。	因罕見疾病而致身心功能障礙，而無法獨立自我照顧，亦無自謀生活能力，需賴人長期養護者；或因罕見疾病，而智商界於該智力測驗的平均值以下四個標準差至五個標準差（含）之間，或成年後心理年齡在三歲至未滿六歲之間之重度智能不足者。
備註	一、智商鑑定若採用魏氏兒童或成人智力測驗時，智商範圍極重度為二十四以下，重度為二十五至三十九，中度為四十至五十四，輕度為五十五至六十九。 二、智商鑑定若採用比西智力量表時，智力範圍極重度為十九以下，重度為二十至三十五，中度為三十六至五十一，輕度為五十二至六十七。 三、若無法施測智力測驗時，可參考其他發展適應行為量表評估，或臨床綜合評量，以評估其等級。	

名稱	經中央衛生主管機關認定，因罕見疾病而致身心功能障礙者	
定義		
等級	中　度	輕　度
標準	因罕見疾病而致身心功能障礙，而於他人監護指導下僅可部分自理簡單生活，於他人庇護下可從事非技術性的工作，但無獨立自謀生活能力者；或因罕見疾病，而智商界於該智力測驗的平均值以下三個標準差至四個標準差（含）之間，或成年後心理年齡介於六歲至未滿九歲之間之中度智能不足者。	因罕見疾病而致身心功能障礙而可部分獨立自理生活，及從事半技術性或簡單技術性工作者；或因罕見疾病，而智商界於該智力測驗的平均值以下二個標準差至三個標準差（含）之間，或成年後心理年齡介於九歲至未滿十二歲之間之輕度智能不足者。
備註	四、障礙情形同時符合身心障礙者保護法第三條第一項各款所定之障礙者，以較重等級為準。	

附錄七　身心障礙者鑑定作業辦法

中華民國九十一年三月一日行政院衛生署⑼衛署醫字第 0910015496 號令修正發布第十二條條文

第　一　條　本辦法依身心障礙者保護法（以下簡稱本法）第十條第二項規定訂定之。

第　二　條　本辦法所稱衛生主管機關：在中央為行政院衛生署；在直轄市為直轄市政府衛生局；在縣（市）為縣（市）政府。

第　三　條　直轄市及縣（市）衛生主管機關應依本法第十條第一項規定，以任務編組方式設鑑定小組，辦理下列事項：

一、鑑定醫療機構之指定事項。

二、身心障礙等級重新鑑定之指定事項。

三、鑑定結果爭議與複檢之處理事項。

四、其他相關事項。

前項鑑定小組委員，由下列人員組成：

一、衛生局代表。

二、社會科（局）代表。

三、教育局代表。

四、醫療人員。

五、身心障礙者團體代表。

六、地方人士。

第　四　條　智能障礙者、自閉症、或慢性精神病患者之鑑定，必要時由所在地直轄市或縣（市）衛生主管機關邀集醫師、臨床心理人員、特殊教育人員、社會工作人員、職能治療人員組成鑑定作業小組予以鑑定。

第　五　條　申請身心障礙者之鑑定，應檢具下列文件：

一、一吋半身照片三張。

二、身分證影印本或戶口名簿影印本。

身心障礙者因障礙情況改變自行申請重新鑑定者,除檢具前項規定之文件外,並應另檢具三個月內之診斷證明。

第　六　條　身心障礙者之鑑定,其流程如下:

一、向戶籍所在地直轄市區公所或縣市鄉(鎮、市、區)公所申請。

二、經直轄市區公所或縣市鄉(鎮、市、區)公所詢視後發給身心障礙者鑑定表。

三、持憑身心障礙者鑑定表至指定之醫療機構或場所辦理鑑定。

四、鑑定醫療機構或鑑定作業小組應於鑑定後一個月內,將該鑑定表送達申請人戶籍所在地之直轄市及縣(市)衛生主管機關。

五、直轄市或縣(市)衛生主管機關核發鑑定費用,並將該鑑定表核轉直轄市或縣(市)社政主管機關依規定製發身心障礙手冊。

植物人或癱瘓在床無法自行至醫療機構辦理鑑定者,由直轄市或縣(市)衛生主管機關請鑑定醫療機構指派醫師前往鑑定。

第一項身心障礙者鑑定表之格式,由中央衛生主管機關定之。

第　七　條　對於鑑定結果有異議申請複檢,或因障礙情況改變申請重新鑑定,依前條第一項規定之流程辦理。

依前項規定申請複檢,應於收受鑑定結果通知之日起一個月內申請之,逾期者不予受理。

第　八　條　鑑定醫療機構對於身心障礙者之鑑定,其鑑定醫師資格、鑑定工具與鑑定檢查項目,應符合中央衛生主管機關之規定。

第　九　條　鑑定醫師應親自鑑定,始得填具專心障礙者鑑定表;鑑定結果對於身心障礙類別與等級之判定,應依身心障礙等級之標準辦理。

前項鑑定所施行之診斷、診察、檢查或檢驗等情形,均應詳載於病歷,其檢查、檢驗結果,鑑定醫療機構並應連同病歷依規定妥善保存。

鑑定醫師填具身心障礙鑑定表,其內容應詳實,字跡工整,以利判別,並需簽章,以示負責。

第　十　條　鑑定醫療機構已有其申請人三個月內之就診紀錄,足以依身心障礙等級之標準,判定其身心障礙類別與等級者,鑑定醫師得逕依

　　　　　　　其病歷紀錄，填具身心障礙者鑑定表。

第 十一 條　鑑定醫療機構、醫師因限於設備及專長，無法確定鑑定其身心障礙類別或等級時，應會診其他醫師或建議其轉診。

第 十二 條　除下列情形者外，申請身心障礙者鑑定，以三歲以上能明確判定身心障礙等級為限。

一、可明確鑑定其肢體或器官永久性缺陷之嬰幼兒。

二、由染色體、生化學或其他檢查、檢驗確定為先天缺陷或先天性染色體、代謝異常或經中央衛生主管機關認定因罕見疾病而致身心功能障礙之嬰幼兒。

　　　　　　　依前項第二款情形申請身心障礙者鑑定，經鑑定為身心障礙但無法區分其等級者，得先暫予以判定為重度身心障礙。

　　　　　　　依前項暫予判定為重度身心障礙者，應於滿三歲後，再申請鑑定其身心障礙等級。

第 十三 條　鑑定醫療機構、鑑定醫師，對於身心障礙者之鑑定，不得為虛偽之陳述或鑑定。

第 十四 條　依本辦法所為之鑑定，其鑑定費用由直轄市及縣（市）衛生主管機關依規定收費標準核付。鑑定醫療機構不得向申請身心障礙鑑定者另行收取鑑定費。

第 十五 條　本辦法自發布日施行。

附錄八　各類身心障礙之鑑定人員及鑑定方法與工具

中華民國九十一年二月七日行政院衛生署衛署
醫字第 0910014787 號公告修正

類別	鑑定人員	鑑定工具	鑑定方法		
			理學檢查	基本檢查	特殊檢查
視覺障礙	眼科專科醫師	1. 遠距離視力表 2. 近距離視力表 3. 眼底鏡 4. 網膜鏡 5. 眼壓計 6. 細隙燈顯微鏡 7. 電腦驗光機 8. 電腦視野計 9. ERG、EOG、VEP等電生理儀		1. 一般檢眼法 2. 視力檢查 3. 眼壓測定 4. 細隙燈檢查 5. 眼底檢查 6. 屈光檢查	1. 光覺測定 2. 超音波A掃描 3. 超音波B掃描 4. 螢光眼底攝影 5. 電腦視野計 6. 網膜電壓ERG 7. 眼電壓EOG 8. 視覺誘發電位檢查VEP 9. 詐盲檢查
聽覺機能障礙	耳鼻喉科專科醫師	1. 純音聽力檢查儀（Pur-etoneaudio-meter） 2. 聽阻聽力檢查儀（Imi-peda-nceaud-iometer） 3. 聽性腦幹聽力檢查儀（	醫師理學檢查	1. 純音聽力檢查（主觀） 2. 語音聽力檢查（SRT）	1. 詐聾聽力檢查 2. 聽性腦幹聽力檢查（客觀） 3. 聽阻聽力檢查（客觀） 4. 耳聲傳射檢查

		ABR）			
		4.語音聽力檢查儀（SRT）			
		5.耳聲傳射檢查儀（OAE）			
平衡機能障礙	耳鼻喉科專科醫師、神經科專科醫師、神經外科專科醫師、復健科專科醫師	眼振電圖檢查儀（ENG）	醫師理學檢查及平衡檢查	眼振電圖檢查	1.腦幹誘發電位檢查 2.體感誘發電位檢查 3.神經生理檢查，如神經傳導誘發電位眼振圖檢查 4.電腦斷層攝影 5.磁振造影 6.動態、靜態平衡機能檢查 7.眼球電圖檢查
聲音機能或語言機能障礙	耳鼻喉科專科醫師、復健科專科醫師、神經科專科醫師、神經外科專科醫師、整形外科專科醫師	醫師理學檢查及語言評估	醫師理學檢查	1.喉部發聲機能檢查 2.語言之接受及表達能力評估	1.聽力檢查 2.口腔咽喉鏡檢查 3.腦部電腦斷層 4.特殊語言評估

肢體障礙	1.肢體缺損部分：所有醫師 2.肢體功能缺損部分：骨科、神經科、復健科、神經外科或整形外科等科專科醫師			1.肢體基本結構檢查 2.關節活動度測量 3.徒手肌力檢查 4.肢體活動功能檢查 5.目視步態檢查	1.放射線檢查 2.肌電圖檢查 3.肌肉切片檢查 4.等速肌力檢查
智能障礙	1.精神科、神經內科、內科、小兒科、復健科或家庭醫學科專科醫師，且參加過智能障礙鑑定課程講習者。 2.必要時由直轄市或縣（市）政府邀集醫師、職能治療師、社會工作師、臨床心理人	1.基本身體檢查及神經學檢查工具 2.比西智力量表或魏氏智力測驗（成人或兒童） 3.嬰幼兒發展測驗 4.學齡前兒童行為調查 5.貝莉氏嬰兒發展量表之心理量表 6.萊特操作式智力測驗	理學檢查		1.神經學檢查 2.精神狀態檢查 3.語言能力檢查 4.自我照顧能力及社會適應能力評估 5.智力測驗	發展測驗

	員及特殊教育教師等組成鑑定小組。				
心臟	心臟專科醫師	X光、心電圖、超音波、心導管及心血管攝影、核子醫學檢查、X光斷層掃描、M.R.I.等	理學檢查	X光、超音波檢查、生化檢查、心電圖檢查	心導管及心血管攝影檢查、核子醫學檢查、MRI檢查、運動心電圖檢查
肝臟	消化系內、外科專科醫師	1.肝功能血液生化檢查 2.腹部超音波 3.上消化腸道X光檢查 4.凝血酶原時間測定 5.泛內視鏡檢查或經內視鏡逆行性膽胰管攝影。		1.生化檢查 2.腹部超音波檢查 3.上消化腸道X光檢查 4.內視鏡檢查	1.病理活體切片 2.電腦斷層攝影 3.肝動脈血管攝影 4.腹腔鏡
呼吸器官	胸腔專科醫師	1.胸部放射線學檢查 2.肺功能檢查：肺容積檢查、流速容積圖形、動脈血液氣體分析、肺瀰散量檢查 3.整夜睡眠多項生理檢查	理學檢查	1.病史分析 2.胸腔放射線檢查 3.肺功能檢查 4.綜合分析判斷	整夜睡眠多項生理檢查（重度睡眠呼吸障礙者適用）

腎臟	腎臟專科醫師、施行腎臟移植、腎臟手術之泌尿科或外科專科醫師	1.血液腎功能檢查（生化）、血色素、血比容 2.尿液檢查 3.腎臟超音波	一般理學檢查	1.血液腎功能檢查（生化）、血色素、血比容 2.尿液檢查	1.腎臟超音波檢查 2.靜脈腎盂攝影檢查 3.其他特殊檢查
吞嚥機能障礙	神經科、復健科、耳鼻喉科、胸腔外科專科醫師、消化系內、外科專科醫師	食道鏡	醫師理學檢查	吞嚥評估	吞嚥攝影 食道攝影
胃切除	消化系內、外科專科醫師	1.醫師理學檢查評估 2.醫師營養評估 3.手術紀錄病理診斷		1.病情回顧手術紀錄之確認 2.客觀營養評估	1.上消化道攝影 2.胃鏡檢查
小腸切除	消化系內、外科專科醫師	1.醫師理學檢查評估 2.醫師營養評估 3.手術紀錄病理診斷		1.病情回顧手術紀錄之確認 2.客觀營養評估	小腸攝影
永久性人工肛門	大腸直腸外科或消化外科專科醫師	1.醫師理學檢查評估 2.病史：包括手術紀錄，病理診斷	1.理學檢查 2.人工造口及會陰部之檢查	1.病情回顧，手術紀錄之確認 2.目視檢查	1.大腸鋇劑造影 2.大腸鏡檢查 3.肛門直腸動力學檢查

膀胱	泌尿科專科醫師、復健科專科醫師、熟悉尿動力學檢查之婦產科專科醫師（限為婦科手術個案膀胱功能之鑑定）	膀胱功能檢查、尿動力學檢查	餘尿測定	尿液檢查	尿流速檢查、填充膀胱容壓圖檢查、解尿膀胱容壓圖檢查
造血機能	血液科專科醫師	骨髓檢查血液檢查	醫師理學檢查	全套血球計數、白血球分類、鐵定量、肝臟、心臟功能	骨髓檢查、輸血記錄
顏面損傷	皮膚科、耳鼻喉科、口腔外科、整形外科等科專科醫師	X光、一般照片	理學檢查		1.正、仰、側面照片 2.頭顏部X光攝影
植物人	神經科專科醫師			1.色性期腦病變的診斷證明及病歷資料（如有當時之電氣生理，如腦電圖，及影像資料，如電腦斷層或磁振攝影，請提供參考。）	如無急性期腦病變的適當資料，則方能需要腦電圖，誘發波、電腦斷層或磁振攝影之檢查

				2. 床邊神經學檢查	
失智症	精神科專科醫師、神經科專科醫師、或曾參加癡呆症鑑定講習課程之醫師。	實驗室診斷：生化、核醫、X光、CTSCAN-OFBRAIN、神經心理衡鑑工具。	理學檢查	1. 神經學檢查 2. 精神狀態檢查 3. 認知功能檢查 4. 自我照顧能力及社會適應能力評估	Bloodroutine Urineroutine Stoolroutine SMA-C、VDRL、FerritinB12、Folate、T3、T4、FresT4、H8-TSH、CXR、KUB、CTscanofthebrain、Neuropsy-chological assessment、EEG、MRIofthebrain、HIVtest
自閉症	曾參加自閉症鑑定講習課程之精神科專科醫師；必要時由直轄市或縣（市）政府邀集醫師、職能治療師、社會工作師、臨床心理人員及特殊教育教師等組成鑑定小組。	1. 基本身體檢查、神經學檢查工具 2. 自閉症檢查工具：克氏行為量表 3. 發展能力評量工具嬰兒發展測驗、學齡前兒童行為量表、標準化智力量表、其他語言或社會適應評量工具。	理學檢查	1. 精神狀態檢查 2. 語言能力檢查 3. 自我照顧能力及社會適應能力評估	1. 發展測驗 2. 智力測驗

慢性精神病患者	1. 精神科專科醫師負責；鑑定過程所需心理衡鑑、職能評估及社會功能評估，則分別由臨床心理人員、職能治療師及社會工作師提供。 2. 必要時由直轄市或縣（市）政府邀集醫師、職能治療師、社會工作師、臨床心理人員及特殊教育教師等組成鑑定小組。			
其他經由中央主管機關認定之身心障礙者	小兒科專科醫師或曾參加臨床遺傳醫學相關訓練講習之醫師	1. 各項有關之臨床診斷設備 2. 各項智商鑑定工具 3. 各項遺傳醫	理學檢查	1. 一般檢驗醫學鑑定 2. 遺傳病檢驗 3. 自我照顧能力與社	1. 特殊細胞遺傳學鑑定 2. 特殊生化遺傳學鑑定 3. 分子遺傳學鑑定

		學之鑑定工具		會適應能力評估	
頑性（難治型）癲癇症者	神經科、神經外科、小兒神經科專科醫師	癲癇病史 血中藥物濃度檢測儀 腦波儀	理學檢查	血中藥物濃度檢查（三個月內） 腦波檢查（六個月內）	電腦斷層檢查 磁振攝影
經中央衛生主管機關認定，因罕見疾病而致身心功能障礙者	與該罕見疾病診療相關之專科醫師	1.各項有關之臨床診斷設備 2.各項智商鑑定工具 3.各項遺傳醫學之鑑定工具	理學檢查	1.一般檢驗醫學鑑定 2.遺傳病檢驗 3.自我照顧能力與社會適應能力評估	1.特殊細胞遺傳學鑑定 2.特殊生化遺傳學鑑定 3.分子遺傳學鑑定

附錄九　資賦優異學生降低入學年齡縮短修業年限及升學辦法

中華民國八十八年六月二十九日教育部(88)臺參
字第　88075896　號令修正發布第六條條文

第　一　條　本辦法依特殊教育法（以下簡稱本法）第九條第四項、第二十八
　　　　　　條第一項及藝術教育法第十一條規定訂定之。

第　二　條　資賦優異學生之入學年齡得依本法規定予以降低，不受各級學校
　　　　　　最低入學年齡之限制。

第　三　條　資賦優異之未足齡兒童提早入學國民小學，應由其父母或監護人
　　　　　　提出申請，並經特殊教育學生鑑定及就學輔導委員會鑑定符合下
　　　　　　列規定者為限：
　　　　　　一、智能評量之結果，在平均數正二個標準差以上或百分等級九
　　　　　　　　十七以上。
　　　　　　二、社會適應行為之評量結果與適齡兒童相當。
　　　　　　前項申請程序由直轄市及縣（市）主管教育行政機關定之。

第　四　條　各級學校應依資賦優異學生身心發展狀況、學習需要及其意願，
　　　　　　擬訂縮短修業年限方式及輔導計畫報請該管主管教育行政機關核定。
　　　　　　前項所稱縮短修業年限，指縮短專長學科學習年限或縮短各該教
　　　　　　育階段規定之修業年限，其方式如下：
　　　　　　一、學科成就測驗通過後免修該科課程。
　　　　　　二、逐科加速。
　　　　　　三、逐科跳級。
　　　　　　四、各科同時加速。
　　　　　　五、全部學科跳級。
　　　　　　六、提早選修高一年級以上之課程。
　　　　　　七、提早選修高一級以上教育階段之課程。
　　　　　　各級學校對前項各款方式之採用，應針對個別學生，就其超前之
　　　　　　學科，逐科評估其學習起點行為及能力，其實施內容由各級主管
　　　　　　教育行政機關定之。

第　五　條　提前修畢各科課程之高級中等以下學校資賦優異學生，得由其父
　　　　　　　母或監護人向學校提出申請，經學校就其社會適應行為之評量結
　　　　　　　果，認定與該級學校畢業年級學生相當後，報請該管主管教育行
　　　　　　　政機關認定其畢業資格；該校並應予以追蹤、輔導。
　　　　　　　依前條第二項第七款提早選修高一級以上教育階段課程者，該校
　　　　　　　對其及格科目於其入學後得予以抵免。

第　六　條　各類資賦優異學生，經認定合於下列情形之一者，得以推薦、保
　　　　　　　送、甄試、或其他入學方式升學：
　　　　　　　一、在校肄業期間經主管教育行政機關核定參加國際性或核定有
　　　　　　　　　案之全國性有關學科、藝術才能或創造發明等競賽活動，獲
　　　　　　　　　前三等獎項者。
　　　　　　　二、參加主管教育行政機關指定或委託學術研究機構長期輔導有
　　　　　　　　　關學科研習活動成就特別優異，經該機構推薦者。
　　　　　　　三、從事獨立研究、創作發表或領導才能優異，經相關學術研究
　　　　　　　　　機構所組成之審查委員會推薦者。
　　　　　　　前項入學方式，升學高級中等學校者由省（市）主管教育行政機
　　　　　　　關辦理，升學大專校院者，由各校依招生相關規定辦理。

第　七　條　依前條方式升學並經錄取之各類資賦優異學生，其重複參加入學
　　　　　　　考試者，前經錄取之升學資格應予註銷。

第　八　條　資賦優異學生於本辦法修正施行前入學者，仍依原規定參加保送
　　　　　　　甄試升學高一級教育階段，以一次為限。

第　九　條　本辦法自八十八年八月一日施行。

附錄十　完成國民教育身心障礙學生升學輔導辦法

中華民國九十一年十月二十九日教育部臺(91)參字第 91165068 號令修正發布第二、三、六條條文；刪　除　第　四　條　條　文

第　一　條　本辦法依特殊教育法（以下簡稱本法）第二十一條第一項規定訂定之。

第　二　條　身心障礙學生具有下列情形之一者，得依本辦法之規定，升學高級中等以上學校：

　　　　　　一、領有身心障礙手冊者。

　　　　　　二、各直轄市、縣（市）政府特殊教育學生鑑定及就學輔導委員會鑑定為身心障礙，應安置就學者。

第　三　條　身心障礙學生參加各高級中等學校申請入學、甄選入學或登記分發入學者，其國民中學學生基本學力測驗成績以加總分百分之二十五計算，達錄取標準者於學校原核定之各招生方式所定名額分別外加百分之二。但成績總分同分者，增額錄取。

　　　　　　前項參加甄選入學者，其第二階段非學科測驗分數，亦以加總分百分之二十五計算。

第　四　條　（刪除）

第　五　條　身心障礙學生年齡在十八足歲以下者，得自願就讀高級中等學校自足式特殊教育班或特殊教育學校高職部，經各直轄市、縣（市）政府特殊教育學生鑑定及就學輔導委員會鑑定後，由主管教育行政機關依社區化就近入學原則安置入學。

　　　　　　國中應屆畢業生之年齡不受前項年齡規定之限制。

第　六　條　除依第三條或前條之升學方式外，該管主管教育行政機關得依身心障礙學生實際需要，自行訂定升學高級中等學校之規定。

第　七　條　中央主管教育行政機關每學年應辦理一次身心障礙學生升學專科以上學校甄試。必要時，得委託學校或有關機關（構）辦理。

第　八　條　身心障礙學生參加升學甄試，應由本人或其法定代理人、監護人

或原就讀學校提出申請。

前項申請程序由該管主管教育行政機關另定之。

第　九　條　為保障身心障礙學生升學權益，各項升學甄試或考試招生委員會應遴聘特殊教育相關人員，專責處理各類身心障礙學生入學事宜。

第　十　條　各項升學甄試或考試招生委員會應依考生障礙類型及障礙程度之需要，規劃考試適當服務措施。

身心障礙學生得於各項升學甄試或考試報名時，向各該招生委員會提出甄試或考試適當服務措施之申請。

第　十一　條　身心障礙學生經鑑定具有本法第四條所定資賦優異情形之一者，其升學事項依資賦優異學生降低入學年齡縮短修業年限及升學辦法之規定辦理。

第　十二　條　本辦法自發布日施行。

索　引

☪ 一、人名部分

㈠中文人名

十　畫

十一畫

十二畫

十三畫

㈡英文人名（英漢對照）

A

B

S

★二、名詞部分

㈠漢英對照

一～三畫

四　畫

九 畫

十二畫

十三畫

十五畫

十六畫

十七畫

(二)英漢對照

A

C

D

E

I

N

國家圖書館出版品預行編目資料

特殊兒童心理與教育 ／何華國著.
—四版.—臺北市：五南，2004〔民93〕
面； 公分.
參考書目：面
含索引
ＩＳＢＮ 978-957-11-3520-5（精裝）
1.特殊教育 2.兒童心理學
529.6 93000712

1145

特殊兒童心理與教育

作 者	何華國(52)
發 行 人	楊榮川
總 編 輯	王翠華
主 編	陳念祖
編 輯	蔣和平

出 版 者－五南圖書出版股份有限公司
地 址：106台北市大安區和平東路二段339號4樓
電 話：(02)2705-5066 傳 真：(02)2706-6100
網 址：http://www.wunan.com.tw
電子郵件：wunan@wunan.com.tw
劃撥帳號：01068953
戶 名：五南圖書出版股份有限公司
台中市駐區辦公室/台中市中區中山路6號
電 話：(04)2223-0891 傳 真：(04)2223-3549
高雄市駐區辦公室/高雄市新興區中山一路290號
電 話：(07)2358-702 傳 真：(07)2350-236
法律顧問 林勝安律師事務所 林勝安律師
出版日期 1987年 1 月初版一刷
 1995年 8 月初版十二刷
 1995年10月二版一刷
 1998年10月二版六刷
 1999年 6 月三版一刷
 2002年10月三版八刷
 2004年 2 月四版一刷
 2014年 4 月四版十刷
定 價 新臺幣770元